Western Middle Classes

Theory and Practice

“十二五”国家重点图书出版规划项目

国外社会建设理论比较研究丛书 | 主编 周晓虹

西方中产阶级

理论与实践

周晓虹 王浩斌 陆 远 张戌凡 著

中国人民大学出版社
· 北京 ·

社会建设：西方理论与中国经验*

（代总序）

周晓虹

21 世纪对当代中国历史的意义不仅仅是一种单纯的时间标记，在这个全新的世纪，中国政治生活中最流行的主题语或话语解释框架悄然间发生了转变：从“以经济建设为中心”转向“以社会建设为重心”。① 作为这种转向的最重要的标志，从 2002 年中国共产党第十六次代表大会首次提出将“社会更加和谐”作为全面建设小康社会的目标之一，到 2004 年中国共产党十六届四中全会明确指出，要“不断提高构建社会主义和谐社会的能力”，再到 2007 年中国共产党第十七次代表大会的政治报告中单辟一节，讨论“以改善民生为重点的社会建设”。近十年来，“社会建设”已然成为整个社会的关注热点，甚至成为王思斌所说的当代中国的“国家景观”。②

鉴于西方或欧美社会近代以来一直走在全球现代化的前列，并且作为其急速社会变迁产物的现代社会科学在观照和反映这一变迁的过程中形成了诸多理论解释，积累了丰富的经验资料，在讨论如何创建“社会主义和谐社会”并有效推进社会建设之时，与此相关的林林总总的西方理论自然会成为中国社会科学家们关注和借鉴的重要资源。进一步，人们也意识到，因为经济与社会制度不同、历史

---

* 2005 年，由周晓虹主持的“国外社会建设理论的比较研究”课题，列入首批国家社会科学基金重大招标项目（项目号 05&ZD037），并获得 A 类资助。列入本丛书的六部著作皆为该项目的中期成果，项目的最终成果《社会和谐的建构与探索——国外社会建设理论的比较研究》（两卷本）将由北京大学出版社出版。项目经严格评审已于 2011 年正式结项，结项等级“优秀”。在此，我们诚挚地对自项目立项起至项目结项止的包括已故学者陆学艺教授在内的所有评审者、参与者和审阅者表示衷心的感谢。

① 参见王小章：《从“以经济建设为中心”到“以社会建设为重心”》，载《浙江学刊》，2011 (1)。

② 参见冯波：《当代中国社会建设主要理论模式述评》，载陆学艺主编：《中国社会建设与社会管理：对话·争鸣》，北京，社会科学文献出版社，2011。

与文化背景相异，源自西方的理论并不能直接搬用到中国的社会建设现实之中。在西方理论与中国经验之间存在着巨大的磨合空间，而在这个空间之中如何使西方理论与中国经验相互磨合，并最终形成具有中国特色的社会建设理论，自然成为包括社会学家在内的中国社会科学家们的历史职责。

一、西方社会建设理论的基本脉络

尽管在人类社会的发展过程中，自古希腊以降，人们就在形形色色的乌托邦理论的感召下，描绘过各式各样的理想社会，并留下了柏拉图的《理想国》和奥古斯丁的《上帝之城》等不朽著作，但是这种有关美好社会的理论及其建设方略大多流于空想和议论，只是从近代以来，具体说从现代社会学诞生以来，才成为一种相对完善的并能够付诸实践的系统努力。

众所周知，诞生于19世纪中叶的社会学是现代社会与传统社会断裂的直接结果，或者说，是因传统社会断裂而生的所谓“现代性”的产物。[①] 社会学乃至整个社会科学之所以诞生于19世纪的西方，是因为此前几百年开始出现的全新的社会生活和组织模式，导致欧洲传统的社会秩序发生了有史以来最剧烈的转型，而“急剧的社会变迁……有可能提高人们自觉地反复思考社会形式的程度”[②]。从这种意义上说，社会学的诞生不过是西方知识界对因工业文明和民主政治导致的旧制度的崩溃所产生的秩序问题的一种反应而已。将社会秩序或整个社会的重建视为自己的学科目标，决定了社会学从一开始就与西方社会建设有着不可分割的内在联系，而社会学理论从某种意义上说，也就是社会建设理论。[③]

社会学的诞生背景是传统社会向现代社会的转型，这一转型的基础及其导致社会学产生的社会力量是极其复杂和多样的。就其基础而言，社会学的研究对象——现代意义上的“社会”（society）——本身就是一种历史性的建构，其间文艺复兴运动、启蒙主义运动，尤其是“现代意义上的民族国家出现”，才使得

---

① 参见［英］吉登斯：《社会理论与现代社会学》，16页，北京，社会科学文献出版社，2003；Sallie Westwood，“Re-Branding Britain：Sociology，Futures and Futurology”，*Sociology*，2000，34（1），pp.185-202。

② ［美］约翰逊：《社会学理论》，18页，北京，国际文化出版公司，1988。

③ 参见刘少杰、王建民：《现代社会的建构与反思——西方社会建设理论的来龙去脉》，载《学习与探索》，2006（3）。

“社会”能够真正“作为一个统一体为人们所想象”。[①] 这也是自那以后，有关社会的分析常常与国家或民族国家相对应来讨论，而国家与社会关系的再建构近年来更成为一种社会治理叙事的原因所在。[②]

进一步，导致社会学产生的社会力量，事实上也是导致现代社会与传统社会揖别或断裂的那些变迁因素，主要包括政治革命、工业革命、资本主义的兴起、城市化、宗教改革和科学的成长[③]，以及人数虽然不多但十分重要的中产阶级阅听人的出现[④]。而“这些变迁的核心就是18世纪和19世纪欧洲发生的‘两次大革命’”[⑤]，即法国的政治革命和英国的产业革命。法国大革命不仅是一场推翻封建制度和神权政治、为法国资本主义登场开辟道路的政治革命，同时也是整个近代社会变革的象征。但从直接的浅表层面上看，社会学的出现最初则是对法国大革命及革命造成的旧社会秩序崩溃后果的消极回应，它孕育并造就了社会学的保守主义传统。工业革命也是一样，一方面，作为西方世界从农业社会向工业社会转型过程中积累起来的各种相互关联的因素的一次大推进，它造就了现代分工体系和科层制度，确立了以市场为中心的整个资本主义体系。另一方面，也是这次大推进，在摧毁城市封建行会和农村庄园经济的同时，造成了小手工业者和农民的大批破产，使他们成为无家可归的无产者；而随之而来的城市化既造就了中产阶级，促进了市民社会的形成，也带来了拥挤、贫困、污染、噪声和犯罪等一系列新的社会问题。可以说，正是这两次大变迁带来的这些消极和负面的影响，使得人们寻求秩序，进而对建立一门致力于恢复秩序、重建社会的社会科学的需求凸显出来，而社会学正是在这种背景下应运而生的。

被称为“社会学之父”的孔德是第一个提出恢复秩序和重建社会的社会学家。受孟德斯鸠、卢梭等人的启蒙主义和伯纳尔、梅斯特尔等人的传统主义正反两方面的影响，孔德的社会学理论体现了对进步和秩序的双重追求。就启蒙主义的影响而言，孔德和他同时代的其他法国知识分子一样，相信理智和进步，相信人性具有可完善性，同时也相信凭借科学的作用能够发现自然和社会秩序的规律

---

① 参见成伯清：《从乌托邦到好社会——西方现代社会建设理念的演变》，载《江苏社会科学》，2007（6）。

② 参见王家峰、孔繁斌：《政府与社会的双重建构：公共治理的实践命题》，载《南京社会科学》，2010（4）。

③ See G. Ritzer, *Sociological Theory*, Fourth Edition, The McGraw-Hill Companies, Inc., New York, 1996, pp. 6-9.

④ 参见［英］斯温杰伍德：《社会学思想简史》，26页，北京，社会科学文献出版社，1988。

⑤ A. Giddens, *Sociology: A Brief but Critical Introduction*, Macmillan Pr. Ltd., London, 1982.

并做出相应的预见。而就传统主义的影响而言，孔德和那些贵族思想家一样，对推翻了教权和王权、推翻了既存秩序的法国大革命充满了恐惧与不满，他感受到当时的社会确实受到了政治、社会、道德乃至学术方面的混乱状态的威胁。因此，传统主义者鼓吹的社会秩序也成了他最为关注的主题。他公开声明："唯有全面重建才能结束现代的重大危机，这种重建工作，从精神角度而言主要在于建立一门足以恰当解释整个人类历史的社会学理论。"①

在孔德之后，尽管经典社会学家们提出的理论各异、所做的努力不同，但究其根本都是对人类尤其是欧洲文明在整个 19 世纪和 20 世纪初所遭遇的社会危机做出的回应。几乎没有哪个社会学家是耽于个人幸福或个人享乐的利己主义者。即便是斯宾塞这样的拥护自由放任的经济政策的个人主义者，也强调作为社会的各个组成部分的个人应该相互依赖，以维护社会的存在。因此，经典社会学家们无论在何种个人生活境况下，都首先坚持以自己的方式回应欧洲当时所遭遇的社会和文明危机：马克思论述了资本主义社会的无序和崩溃的必然性，但他也设想将有一种更人道的社会体系的诞生，并解决在资本主义社会无处不见的物化和异化现象；涂尔干则相信，"工业主义的进一步扩张，将建立一种和谐而完美的社会生活，并且，这种社会生活将通过劳动分工与道德个人主义的结合而被整合"②。和马克思、涂尔干不同，滕尼斯、齐美尔、帕雷托特别是韦伯，则以悲观主义甚至绝望的心情来对待上述危机。例如，在韦伯眼中，人类社会要想取得任何物质方面的进步和扩张，都必须付出巨大的代价，这个代价就是与个人的创造性和自主性天然不容的科层制"铁笼"的不断扩张。

进入 20 世纪之后，社会学的"大本营"也移师美国，有关社会建设的理论探讨不但进一步学科化、具体化，而且在先前的经典社会学基础上形成了社会事实、社会释义、社会行为和社会批判等不同范式。③ 这些范式的分野，涉及社会学家们对人性和社会秩序及相互关系所持的基本看法，以及研究人性或社会秩序时所应采用的基本策略或研究路径。事实上，这些理论范式不但是社会学家对人性和社会秩序的解释模式，也是他们进行社会批判和社会建设的基本路径。

社会事实范式包括了结构功能主义和社会冲突论两种最为流行的理论流派，它们都强调社会结构对个人行为的约束及影响，区别只在于前者着重社会事实之

---

① ［法］孔德：《论实证精神》，43 页，北京，商务印书馆，2001。

② ［英］吉登斯：《现代性的后果》，6～7 页，南京，译林出版社，2000。

③ 参见 G. Ritzer，*Sociology：A Multiple Paradigm Science*，Allyn and Bacon，Boston，1975；周晓虹：《论社会学理论的基本范式》，载《社会学研究》，2002（5）。

间的联系和秩序，后者则着重社会事实间的冲突和无序。涂尔干是结构功能主义的奠基人，帕森斯继承了他的社会整合思想，希望“通过社会化使规范、价值、信仰即文化系统成为行动者的自觉，从而发挥社会整合的功能”①。同结构功能主义相比，社会冲突论虽然在马克思、齐美尔和韦伯那里已经获得了全部理论意蕴，但它在社会学中的地位主要是在 20 世纪 60 年代后确立的。社会冲突论对社会学理论的意义在于，它看到了冲突包括阶级冲突是人类社会发展的内在动力；而这一理论对社会建设的意义则在于，它揭示了冲突在社会生活中也是将人们联系在一起、促进社会整合的纽带。其实，因为秩序与冲突是现代社会学一对最为常见的术语，这两种理论在诸多社会学主题上多有交集：以社会分层（中产阶级理论不过是其中的一隅，尽管是现代社会最有吸引力的一隅）和社会流动研究为例，无论是结构功能理论还是冲突论，都看到了分层的整合功能。只不过功能的分层有利于社会整体的整合，而冲突的分层也许仅有利于利益群体的整合；进一步，一个社会的开放性和流动性则因为能够修改分层的边界而为达到总体的整合与和谐提供了可能。②

除了社会事实范式以外，其他几大理论范式同样解释人性和社会秩序，并在此基础上为建设理想社会做出了自己的努力。例如，社会行为范式的代表人物心理学家斯金纳和社会学家霍曼斯，因为相信人性是可以改造的，他们都曾尝试通过控制和改造人性建设理想社会。③ 在当代，类似的思考延续下来。例如，在有关社会信任的研究中，无论是布迪厄和科尔曼，还是帕特南和福山，他们的贡献都不仅在于意识到了信任或社会信任是社会秩序的前提，是社会整合的心理力量，而且在于指出了一如人性是可以改造的，信任或社会信任同样是可以培育或建构的。④ 又如，在齐美尔和韦伯思想基础上形成的社会释义范式认为，社会现实并不是独立于个体而存在的，而人的社会行为也不是简单地由社会现实派生出来的。相反，社会现实的意义存在于行动者的主观解释之中，因为正是通过作为社会行动者的个人间的社会互动，通过与他人的有目的的交往，人们之间的社会联系才会不断发生、形成和改变。再如，在马克思理论的基础上形成的社会批判范式，经曼海姆、卢卡奇和葛兰西之手，这种批判的锋芒从资本主义的经济领域

---

① 李培林、苏国勋等：《和谐社会建构与西方社会学社会建设理论》，载《社会》，2005（6）。

② 参见周怡：《寻求整合的分化：权力关系的独特作用》，载《社会学研究》，2006（5）。

③ 例如，为了达成理想社会的建设，斯金纳就不仅撰写了《超越自由与尊严》，而且出版了带有鲜明的社会重建性质的小说《沃登第二》（*Walden Two*，1948）。

④ 参见薛天山、翟学伟：《西方人际信任研究的路径与困境》，载《南京大学学报》，2009（2）。

主要转向文化和意识形态领域，从而为后来法兰克福学派的出现做了学理方面的铺垫。而法兰克福学派的巨擘哈贝马斯意识到，不论现代西方社会已进入吉登斯所说的“风险社会”，还是贝尔的“后工业社会”，或是利奥塔的“后现代社会”，由于资本主义社会中私人领域和公共领域间出现的矛盾，会使资本主义社会全面异化，因此，只有规范和重构资本主义公共领域的结构转型，重新回到生活世界，才能使资本主义社会继续向前发展。①

其实，在上述有关社会建设的纯理论社会学探讨之外，从现代社会学诞生甚至更早的时间起，直接面对社会重建之难题的经验研究就从未停止过。无以数计的政府官员、慈善人士、医生、律师、教师、企业经营者、社会名流、独立从事研究的社会科学家，以及后来越来越多的职业社会福利与社会工作者，“都在探讨如何建构和重建社会秩序，并且都依赖通过经验知识获得解决之道”②。这些努力影响了政府的社会福利政策和相关法律的制定：继 1883 年和 1889 年德国俾斯麦政府分别制定《疾病产孕救济法》和《老年、残疾和死亡救济法》之后，西方国家都开始陆续推进与医疗卫生、社会保险、家庭援助、贫困救济、就业保障有关的社会福利政策。在英国 1948 年宣布成为福利国家之后，挪威、瑞典、芬兰和丹麦等北欧诸国更是在此方向上后来居上，取得辉煌成就，在经济发展的同时形成了稳定的社会秩序、公正的再分配机制以及具有强烈的参与理念的公民社会，成为全球样板。③ 与此同时，与社会福利、社会保障、社会政策和社会工作相关的理论研究也在社会学、经济学及其他相关学科中活跃起来。

从孔德开始，近 200 年来有关社会秩序重建的观点在社会学中一直存在着，而这林林总总的有关社会建设理论的探索表现出的一个总的趋势，用成伯清的话说，即“从乌托邦走向好社会”。沉溺于对未来社会的理想状态的总体性想象的乌托邦倾向形成于经典社会学时期，在帕森斯的无所不包的体系中达到高峰。自

---

① 参见高和荣：《哈贝马斯交往行为理论的社会学探索》，载《学习与探索》，2004（4）。

② N. Timasheff & G. Theodorson, *Sociological theory*: *Its Nature and Growth*, Fourth Edition, Random House, New York, 1976, p. 87.

③ 参见林卡：《北欧国家福利改革：政策实施成效及其制度背景的制约》，载《欧洲研究》，2008（3）。另外，不仅北欧各国的人均 GDP 水平在世界上名列前茅，而且这些国家在人文发展指数、民主化程度、创新和竞争力、环境宜居等方面也名列前茅。例如，在世界幸福指数数据库的资料研究中，丹麦、芬兰和瑞典就分别位列第 1、第 5 和第 7 位（See R. Veenhoven, “Top 10 Happiest Countries in the World,” in www. financialjesus. com/how-to-get-rich/top-10-happiest-countries, Nov. 29, 2010）。

那以后，受卡尔·波兰尼和哈耶克正反两方面的影响[①]，罗伯特·贝拉和加尔布雷思提出了诸种“好社会”的设想，提倡根据经验而不是信仰来憧憬未来，并且意识到“社会不是一个浑然总体，可以找到一个支点从根本上予以撬动，并开展出一个统一的替代性秩序”[②]。虽然“好社会”的到来仍须假以时日，但全球化时代社会建设的理论探索却变得更加切实可行。

二、普适性与特殊性：西方理论的应用限度

在中国的语境中，尤其是在致力于建设“社会主义和谐社会”的当代中国的语境中讨论西方社会建设的理论，并不是一种单纯的学术活动，更不能将理论的应用价值及其背后意识形态轻易地悬置起来。简单说来，在从纵向的历史沿革和横向的现实探索两个纬度认真梳理和比较西方社会建设理论之后，我们有必要讨论这些源自西方的社会建设理论究竟在何种程度上是普适的，何种程度上又是特殊的。同时，更有意义的是，在与西方历史文化传统迥然不同、现有的社会政治体制又完全相左的中国，上述形形色色的理论在中国的社会建设会面临怎样的应用限度？

首先来看西方社会建设理论的普适性与特殊性问题。我们已经论述过，包括社会学在内的全部社会科学都是 18—19 世纪欧美社会转型或所谓“现代性”的产物，因为正是由法国大革命和英国工业革命推动的工业文明的进步和旧秩序的解体，为人类了解自身提供了现实的可能性。就像马克思和恩格斯所说：“工业的历史和工业的已经产生的**对象性**的存在，是一本**打开了的关于人的本质力量的**书，是感性地摆在我们面前的人的**心理学**……”[③] 如果有机会考察经济学、社会学、心理学、人类学、政治学和传播学的学科历史，就能够清晰地看到现代社会科学的诞生及其后的每一点进步，无一不与社会与经济结构的变动以及人类社会行为方式的改变密切相关，而后者背后的动力就是两次大革命带来的社会转型或者说现代性的降临。

---

① 1944 年，在波兰尼出版《大转折》的同时，哈耶克出版了《通往奴役之路》，都欲对乌托邦倾向进行批判和清算。不过，相映成趣的是，在波兰尼眼中市场经济是一种乌托邦，而在哈耶克那里乌托邦恰是极权政治和计划经济。

② 成伯清：《从乌托邦到好社会——西方现代社会建设理念的演变》，载《江苏社会科学》，2007 (6)。

③ 《马克思恩格斯全集》，第 42 卷，127 页，北京，人民出版社，1979。

既然欧美社会从传统农业社会向现代工业社会的转型直接孕育了社会学及整个社会科学，那么，在社会学和社会科学的一般叙事逻辑中，从一开始建立在单线进化论基础上的有关传统与现代的讨论就会成为韦伯所说的“理想类型”(idea type)。如此，在经典社会科学的文献中，几乎随处可见“传统—现代”这对二元模式的各种变项。如曼恩的“身份社会—契约社会”、斯宾塞的“尚武社会—工业社会”、马克思的“封建主义社会—资本主义社会”、滕尼斯的“共同体—社会”、托克维尔的“贵族制—民主制”、涂尔干的“机械团结—有机团结”以及韦伯的“宗法传统经济—理性资本主义经济”，等等。其实，在现代社会信任研究中广泛采用的帕森斯的“普遍主义—特殊主义”，也是一对二元模式变项，并且它与“传统—现代”这对二元模式变项具有密切的内在关联。[①] 在这里，“普遍主义”对应“传统”，“特殊主义”则对应“现代”。事实上，经典时代有关“社会”的所有“乌托邦”想象，说到底都不过是站在“传统”的此岸向“现代”或更为“现代”的彼岸所作的理论眺望。

除了“传统—现代”这对理想类型以外，另一对在西方社会科学的叙事语境中广为应用的概念是“国家—社会”(state-society)。如何处理国家与社会以及市场的关系，在多数社会学家看来是社会建设的制度层面的核心。显然，西方社会建设理论对国家—社会的探讨是有悠久的理论基础的，不仅“市民社会”的概念最早可以追溯到亚里士多德，如前所述，现代意义上的“社会”概念以及西方现行的社会形态也是西方现代化进程的产物。研究者常常认为，一个具有活力的、理想的市民社会应该具有这样一些特点：(1) 以市场经济/私有产权，以及社会流动和分化为基础；(2) 其内在联系不是传统的血缘关系或其他指令性关系，而是契约关系；(3) 遵循法治原则；(4) 高度自治；(5) 存在公共领域；(6) 内部正常的民主发展。[②] 显然，这样的社会形态及其特点，都是西方社会的发展尤其是近代以来的发展的产物，也必然打上了西方历史和文明的烙印。

那么，这种建立在西方社会的历史发展基础上的社会建设理论和一般社会科学叙事，究竟是否具备普适性呢？对此，我想回答是肯定的。这种普适性的基础在于：(1) 无论是作为一般意义上的人类社会成员，还是作为处在某一特定时期的社会结构中的人，西方人或由西方人组成的西方社会，和包括中国在内的其他

---

① 参见［美］约翰逊：《社会学理论》，515页，北京，国际文化出版公司，1988。

② 参见邓正来：《国家与社会——回顾中国市民社会研究》，见张静主编：《国家与社会》，278～279页，杭州，浙江人民出版社，1998。

非西方社会的人类群体之间，除了可以肯定的差异以外，一定也具有相当程度的一致性或普遍性；而这正是人类社会共同的期望和追求，是所谓“人性”的基调。[①]（2）西方社会自17世纪以来，开始进入传统向现代社会或农耕社会向工业社会的转型，伴随着这种转型，国家的统治与治理方式，市场的作用与市民社会的组织方式也发生了相当大的变化；虽然落后200年左右的时间，虽然现代化的动因和历程与西方不尽相同，但近代中国自1840年在“西方的冲击”（或侵略）下被迫转型的历史，从总的方向上看与西方世界的转型并没有什么特别的不同，也是从传统走向现代，或者说从农耕社会转向工业社会，只是至今我们还没有完成这一转型而已。[②]（3）在漫长的现代化转型过程中，早期西方社会曾广泛出现的那些矛盾和问题，如人口膨胀、贫困失业、分配不公、贫富差距、越轨与犯罪、环境污染、社会失序以及不同的利益群体或阶层间的矛盾与冲突等，这些我们曾经以为独属于资本主义的“制度弊端”，随着工业化的不断发展和改革开放的深入，也不同程度地相继出现在我们的社会生活中。这一方面说明，在经济与社会发展的现代化进程中，中国并不是一个“例外”，它所遇到的问题与西方世界曾经遇到的问题在性质上是相似的，在程度上可能不同；另一方面也说明，“他山之石，可以攻玉”，西方发达国家在现代化进程中形成的社会建设理论以及具体的应对和解决方式，对我们处理社会矛盾和社会问题，推进社会建设是具有借鉴意义和普适价值的。

承认西方社会建设理论和一般社会科学叙事具有普适性，并不是说它就是一种“放之四海而皆准”的公理或准则。西方社会建设理论及其所依赖的一般社会科学叙事，最初也是一种建立在特殊的社会实践基础上的话语体系，它只是随着从西方开始的现代化进程向全球推进而开始获得其普遍意义的。事实上，这套话语体系及由此形成的政策逻辑和治理技术，因为下述具体社会历史条件的制约和限制，对中国这样一个人口众多且现代化转型一直困难重重的东方国家来说，同

① 在讨论与中国研究相关的一些议题时，我们曾以相似的观点谈论过：如果说，先前的发端于西方的“中国研究”以及各种不同的区域研究中存在的西方中心主义或“东方主义”都是通过将中国或东方的普遍性特殊化，同时将西方的特殊性普遍化形成的，那么，在力求“还原西方普遍性话语的特殊性”的同时，我们一样有必要揭示或承认自己的普遍性的一面。否则，中国或东方就只能永远是只具有特殊意义的“他者”。［参见周晓虹：《“中国研究”的国际视野与本土意义》，载《学术月刊》，2010（9）］

② 持这一观点的人很多，如秦晓就曾借哈贝马斯的话说，中国社会的转型“到今天它依然是一个‘未完成的方案’”（转引自丁学良：《辩论“中国模式”》，1页，北京，社会科学文献出版社，2011）。作为一种回应，金耀基写道：“中国前现代社会的文明秩序已倾圮解体，而中国的现代文明秩序还远远没有建立，今天仍处于一个社会大转型的过程中。”（转引自丁学良：《辩论“中国模式”》，2页）

样具有内在的特殊性：（1）西方从17世纪开始的从传统向现代的社会大转型，是在政治革命、工业革命和科学革命的推动下内生的。如果说以法国大革命为代表的政治革命推翻了封建制度和神权统治，从而为资本主义的登场开辟了道路，那么以英国为代表的工业革命则在推动工业和技术进步的同时，建立了资本主义的市场经济体系，而科学革命则像科恩所说促成了“信仰的转变”[①] ……这一切从各个方面促成了西方社会形态的整体改变，即实现了传统向现代的转型。尽管这种转型的意义怎样估量都不为过，但它毕竟只是一种历史样态，甚至只是一种发展经验的“偶然”[②]，起码其内在的动力机制和发展基础，与中国这样的最初只是在西方的推动下才迈入现代化进程的“后发国家”完全不同，因此对包括中国在内的所有发展中的非西方国家来说其历史意义可能都是“特殊的”。（2）尽管如前所述，西方社会建设理论最初形成于传统向现代的社会大转型，或者说形成于法国大革命后秩序危机导致的社会紊乱，与中国社会现在所面临的转型带来的秩序紊乱状态十分相似，但西方社会建设理论在这种转型完成之后的近百年间仍然获得了充分而空前的发展，这使得其基本立场、理论内涵、面对的主要问题，以及处理问题时能够凭借的资源和手段都与现今的中国社会迥然不同。如果说在前一点上，我们欲图申明，中国社会的发展道路可能与西方社会不尽相同，因此西方的经验和理论对我们的社会建设事业来说未必百分之百合适，那么，在后一点上我们则试图说明，即使中西方的发展道路在某些方面或某些领域基本相似，中国和西方发达国家也处在不同的发展阶段上。由此，相对而言更加现代的、工业化的甚至后工业化的西方社会建设理论对于中国来说起码在时空纬度上依旧是“特殊的”，或者说其普适性是有限度的。

这样看来，在中国社会建设的伟大进程中，毫无疑问，一方面我们应该努力借鉴作为人类文明成果之一的西方社会建设理论，但另一方面这种借鉴并不是没有应用限度的。具体说来，我们可以从西方社会建设理论的性质和中国社会建设的现实两个方面理解这种应用限度。

其一，西方社会建设理论，是西方世界在迈向现代化的进程中，面对社会秩序的紊乱、市场和资本的侵蚀、阶级矛盾的激烈、国家与市民社会的冲突、共同体与个人诉求的紧张以及价值观和信仰危机所引发的各式各样的社会问题，通过

---

① I. B. Cohen, *Revolution in Science*, the Belknap Press of Harvard University Press, Cambridge, Mass., 1985, p. 10.

② 参见邓正来：《中国发展研究的检视——兼论中国市民社会研究》，见邓正来、［英］亚历山大主编：《国家与市民社会》，455页，北京，中央编译出版社，1999。

调整社会政策和社会福利，形成的一整套涉及合理配置社会资源、促进社会公正、调整利益格局、缓解社会矛盾、动员社会力量、改善国民生活的综合性和应用性的社会科学理论；这些理论本身是西方各国在社会转型过程中经历的困窘、矛盾和应对措施的历史反映，因此它对发展中的非西方国家的社会建设既具有借鉴意义，又具有不可忽视的局限性。

其二，中国的社会建设，是由进入 21 世纪后中国社会转型的现实决定的，而这种现实决定了中国的社会建设从一开始就与西方国家的社会建设有着明显的差异：（1）不仅社会主义中国的社会建设是由中国共产党主导和推进的，而且也因此使得中国的社会建设一开始就有着十分鲜明的国家色彩。例如，在十六届四中全会上它是作为中国共产党的一种执政能力而被表述的①，所以作为当代中国“国家景观”的社会建设，说到底就是一种执政党在国家意识形态层面上推进的治国策略。（2）中国提出“社会建设”的战略构想有着自己完全特殊的历史和社会背景，或者说有着自己完全独特的“国情”。具体说来，中国目前的社会建设是在 1978 年开始的改革开放取得举世瞩目的经济建设成就、同时市场化的改革引发大量新老社会矛盾和社会问题凸现的转型大背景下，提出的一种宏大治理策略和“新改革共识”②。（3）中国的社会建设也有着上述两个方面因素所决定的特定而具体的内涵或重点，以及其所面临的独特的制度瓶颈。那么，中国社会建设的基本内涵或重点究竟是什么呢？这就是胡锦涛在中共十七大报告中所说的，“以改善民生为重点”③。而在改善民生的背后，社会建设的核心其实就是如何突破迄今为止仍然刚性十足的“体制性”瓶颈。④ 显然，正是因为现有“体制”的不完善，才会在经济高速增长的今天本应迎刃而解的“民生”反倒成为“问题”。

既然上述三点都决定了中国社会建设的特殊性或者说与西方社会建设的差异性，那么这也决定了我们无法全盘或单纯地“移植”或“借用”西方现成的社会建设理论与经验。如此，借用或考量西方社会建设理论在中国社会建设中的可行性与有效性，是探索社会建设的中国道路的理论任务之一，如前所述，它也应当

---

① 参见《中共中央关于加强党的执政能力建设的决定》，见 http：//www. people. com. cn/GB/40531/40746/2994977. html，2004－11－17。

② 李友梅、肖瑛、黄晓春：《当代中国社会建设的公共性困境及其超越》，载《中国社会科学》，2012（4）。

③ 《胡锦涛在党的十七大上的报告》，见 http：//politics. people. com. cn/GB/8198/6429195. html，2007－10－24。

④ 参见秦德君：《中国社会建设演进路径与社会体制构成分析》，见陆学艺主编：《中国社会建设与社会管理：探索·发现》，56 页，北京，社会科学文献出版社，2011。

成为中国社会科学家自觉承担的一种历史使命。

三、探寻社会建设的中国道路

作为一种精神探索或思维活动，研究、分析与吸收西方社会建设理论尽管具有独立自成的理论价值和学术意义，但其更现实的价值和深远的意义则表现为通过研究和解读西方社会建设理论，为中国社会建设提供更广阔的设计思路和政策依据，同时探索出一条既能够与世界现代化的常规道路接轨，又符合我国国情的社会建设的中国道路。

在一般人的印象中，“社会建设”一词的盛行始于2004年召开的中共十六届四中全会，但事实上这一概念早在1910年代和1930年代就曾两度流行。[①] 1917年，张勋复辟之后，孙中山先生有感于中国民主政治建设的缺失，撰写了《民权初步（社会建设）》一文，之后收入《建国方略》，成了他关于国家建设基本构想的重要组成部分。1935年，孙本文在《社会学原理》中专辟“社会建设与社会指导”一节，并于次年写成“关于社会建设的几个基本问题”，再作深入探讨。[②]不仅在1943年，孙本文主持了以“战后社会建设问题”为主题的中国社会学社第7次年会，而且在1944年他更是联合中国社会学社和国民政府社会部合办了《社会建设》月刊，自任主编，连续多年探讨社会建设问题[③]，并最终“确立了现代社会建设思想的基本体系”[④]。

回到我们当下讨论的语境。众所周知，作为一种国家的宏观战略选择，中国“社会建设”的提出并不是哪一位或哪一届领导人心血来潮的举措，而是改革开放进入新时期后形成的一种全新的国家治理共识或前述李友梅等所说的“新改革共识”。仔细考察2002—2007年的历史，在短短不过五六年的时间里，在党的两次大会和多次全会上，以这样的力度和频率讨论“社会建设”这样的政治和经济以外的论题，在中国共产党的历史上还是第一次。它在相当程度上说明，经过数十年的风风雨雨和艰难探索，中国共产党不但摒弃了在“文革”时期发挥到极致的“斗争哲学”，而且对单纯的经济增长与整个社会和谐稳固发展间的关系也有

---

① 参见陆学艺：《关于社会建设的理论与实践》，载《国家行政学院学报》，2008（2）；鞠春彦：《孙本文社会建设思想评述》，载《学习与实践》，2008（8）。

② 参见周晓虹：《孙本文与二十世纪上半叶的中国社会学》，载《社会学研究》，2012（3）。

③ 参见韩明谟：《中国社会学名家》，73～74页，天津，天津人民出版社，2005。

④ 宣朝庆、王铂辉：《一九四〇年代中国社会建设思想的形成》，载《中国社会科学》，2009（6）。

了进一步的认识。这种认识的形成既和以经济全球化为代表的整个国际形势发生的深刻变化有关，更和经过几十年的努力，中国实现了令人瞩目的以 GDP 快速增长为标志的“经济奇迹”，同时又因为面临新的难题或进入了改革开放的新阶段不无关联。

在这种意义上，将“社会建设”提上执政党和国家的发展议程，与中国在 1949 年后尤其是改革开放后所选择的国家发展战略密切相关。也就是说，强调或重视社会建设，既是解决由所谓中国模式或中国经验所带来的一系列与成功相伴的亟待解决的问题的必由之路，也是完善和推进所谓中国模式或中国经验的必要组成部分。在这里，我们经常谈论的“中国经验”，并不是一个单一的、边界清楚的概念，与这一概念相似的术语包括“中国模式”、“中国道路”、“中国奇迹”……而最初的源头则是美国《时代》周刊的乔舒亚・雷默提出的“北京共识”。[①] 雷默使用“北京共识”的意图非常明显，即用这一概念取代先前建立在以资本和市场为中心的新自由主义基础之上的“华盛顿共识”，或起码在“华盛顿共识”之外确立另一种发展模式。尽管大多数中国学者并不认为中国所走的道路已经能够与“华盛顿共识”相提并论（所以他们代之以“中国模式”甚至更为谨慎的“中国经验”），但相当多的人认为中国的一切与西方国家的发展道路确有不同。可以认为，中国模式“是中国作为一个发展中国家在全球化背景下实现现代化的一种战略选择，它是中国在改革开放过程中逐渐发展起来的一整套应对全球化挑战的发展战略和治理模式”[②]。

探讨中国模式或中国经验的文献称得上汗牛充栋，尽管论及其基本特点的表述各异，但一般都认为包括以下诸点：（1）有一个强有力的政党，以及在其领导下的权威政府；（2）具有较大柔性的诱致性制度变迁和渐进式改革；（3）经济改革的“理性超前”和政治改革的“理性滞后”；（4）坚持市场化的改革方向，但又警惕和反对市场极端主义。[③] 简单来说，也可以表述为：“坚持市场导向的经济改革，同时辅之以强有力的政府调控。”[④] 这些构成中国模式或中国经验的发

---

① 参见周晓虹：《中国经验与中国体验：理解社会变迁的双重视角》，载《天津社会科学》，2011（6）。

② 俞可平：《“中国模式”：经验与戒鉴》，见俞可平等主编：《中国模式与“北京共识”——超越“华盛顿共识”》，11 页，北京，社会科学文献出版社，2006。

③ 参见邹东涛：《“华盛顿共识”、“北京共识”与中国独特的发展道路》，见俞可平等主编：《中国模式与“北京共识”——超越“华盛顿共识”》，410 页，北京，社会科学文献出版社，2006。

④ 俞可平：《“中国模式”：经验与戒鉴》，见俞可平等主编：《中国模式与“北京共识”——超越“华盛顿共识”》，14 页，北京，社会科学文献出版社，2006。

展特点，在改革开放的30多年中创造了举世瞩目的经济奇迹，不仅中国经济自1978年起连续以9%～10%的年均增长率高速增长，中国已经成为仅次于美国的世界第二大经济体，而且经济的高速增长也开始引领古老的中国迈入民族复兴的伟大进程。

不过，就像人们常常说的那样，“天下没有免费的午餐”，自进入21世纪后，人们也开始注意到，“我国已经进入了改革发展的关键时期，经济体制深刻变革，社会结构深刻变动，利益格局深刻调整，思想观念深刻变化。这种空前的社会变革，给我国发展进步带来巨大活力，也必然带来这样那样的矛盾和问题”[①]。而且，仔细分析起来，这些矛盾和问题大多也与中国模式和中国经验的那些特点有着这样或那样的内在关联。例如，1994年后中国加快了市场化的步伐，但“泛市场化”的改革和政策思路加剧了贫富两极分化、城乡和区域差距，随着基尼系数的一路飙升，在少数暴富阶层和20%左右的中产阶级出现的同时，相当数量的普通民众成为无法共享改革开放成果的利益受损群体，由此而生的矛盾冲突愈演愈烈；再如，改革的“渐进性”和政治体制改革的滞后，使得个别地方政府违背市场和经济规律盲干、滥用权力与民争利、贪污腐败等现象时有发生，而且人民缺乏深度参与公共事务的渠道，缺乏对政府问责的手段，阻碍了真正现代意义上的协调共济的公民社会的完善。

从某种程度上说，既然中国的发展模式或所谓中国经验带来了中国社会的进步，尤其是经济的高速增长，同时也形成了其特有的社会矛盾和社会问题，那么如前所述，这些矛盾和问题势必也从根本上决定了现阶段中国社会建设的内涵或重点，以及解决问题和矛盾时可能面临的制度瓶颈。我们认为，只要清楚地意识到中国社会建设所应着力的重点和制度瓶颈，并制定相应的改革路径和解决手段，我们就有可能在社会建设方面找到一条切合实际的中国道路。

先来看中国社会建设的内涵，这是我们当今应该着力的重点。我们已经提及胡锦涛在中共十七大报告中，将现阶段社会建设的重点表述为“改善民生”，并具体地论述道：“必须在经济发展的基础上，更加注重社会建设，着力保障和改善民生，推进社会体制改革，扩大公共服务，完善社会管理，促进社会公平正义”，而改善民生、推动社会建设的实践目的，就是“努力使全体人民学有所教、

① 《中共中央关于加强党的执政能力建设的决定》，见 http：//www.people.com.cn/GB/40531/40746/2994977.html，2004－11－17。

劳有所得、病有所医、老有所养、住有所居，推动建设和谐社会”[①]。从我们上面的分析来看，应该说从改善民生入手来界定中国社会建设的内涵或现阶段的重点，是非常准确的。它“体现了以人为本，体现了发展为了人民、发展依靠人民、发展成果由人民共享的原则，回应了广大人民群众的迫切要求，符合社会主义初级阶段的特点，凸显了我们党领导的社会建设的本质属性”[②]。

再来看中国社会建设的瓶颈问题，这是我们当今应该把握的核心。上文也已经提及，现阶段中国社会建设的瓶颈就是经过30多年的改革开放依旧刚性十足的社会体制。所谓“社会体制”，用秦德君的话来说，是“社会领域一系列制度安排的结构和样式，即在特定的国家或地区内反映政府、市场与社会组织职能，体现中央与地方各层级政府事权、财权责任，在社会管理、公共服务、解决社会问题和社会发展方面的机制与制度的结构和样式”[③]。我们之所以会将社会体制看作推动中国社会建设的瓶颈，其基本的考虑是：（1）从根本上说，一个社会的体制决定了这个社会的构成性原则，它从本源上制约了一个社会的发展限度与绩效。因此，体制的合理性和完善性是人类社会进步的主要标志之一，没有合理与完善的社会体制，就不能从根本上推进社会建设。（2）现行的社会体制是新中国60多年的社会主义实践的结果，它与现行的政治体制、经济体制和文化体制有着密切的内在关联，也受制于其他各类体制。这一社会体制既具有社会动员和社会控制能力强的特点，因此在应对突发事件、重大事件时具有较高的效率（这也是人们常说“集中力量办大事”的优越之处，在抵御汶川地震和主办奥运会时都显示了它的威力），但这一体制同时也限制了社会的生存和行动空间，从而带来了底层活力不足、封闭性强的弱点。（3）因为中国现行的社会体制未能很好地处理社会结构、社会组织和社会管理等方面的问题，造成了整个社会的二元结构，而这些二元结构恰好成为社会不和谐的问题所在。[④] 其实，说社会

---

① 《胡锦涛在党的十七大上的报告》，见 http：//politics. people. com. cn/GB/8198/6429195. html，2007-10-24。

② 景天魁：《社会科学的科学构想和周密布局》，见陆学艺主编：《中国社会建设与管理：探索·发现》，35页，北京，社会科学文献出版社。

③ 秦德君：《中国社会建设演进路径与社会体制构成分析》，见陆学艺主编：《中国社会建设与社会管理：探索·发现》，57页，北京，社会科学文献出版社。

④ 例如：区域发展上的二元化，使得东西部差异越来越大；城乡结构上的二元化，使得城市的繁荣与乡村的凋敝并存；社会结构上的二元化，使得贫与富、强势与弱势群体水火不容。而东西部差距、城乡差距和贫富差距，都是造成社会不和谐的重要原因。

体制是社会建设的瓶颈，归根结底是因为：一方面正是这些体制弊端阻碍了社会建设向前推进，使得改革这些弊端成了我们实现建设和谐社会这场伟大战役的攻坚战；另一方面则指这些体制弊端的刚性特点带来了攻坚的难度。

寻找社会建设的中国道路，从根本上说，就是要依据中国国情和现实的社会状况，着力解决社会建设过程中的重点问题，同时努力突破影响社会建设顺利推进的制度瓶颈。就解决社会建设中的重点问题即"民生"问题而言，胡锦涛在十七大报告中提出了六项基本内容，包括优先发展教育、实施扩大就业战略、深化收入分配制度改革、建立覆盖城乡居民的社会保障体系、建立基本医疗卫生制度，以及完善社会管理等，而诸多民生问题中最突出的矛盾就是收入分配问题。正是收入分配差距太大，才使得低收入阶层无法分享改革开放的成果，无法学有所教、病有所医、老有所养、住有所居，也才使得整个社会充满了不平、紧张和敌意，人们无法同舟共济、和睦相处。而就突破影响社会建设顺利推进的瓶颈而言，最根本的应该是"推进社会体制的改革和创新"，具体说来就是"加强党的领导，强化政府社会管理职能，强化各类企事业单位社会管理和社会服务职责，引导各类社会组织加强自身建设、增强服务社会能力，支持人民团体参与社会管理和社会服务，发挥群众参与社会管理的基础作用"①。在这里，强调党和政府在社会建设中的地位和作用，既是基于中国共产党的执政地位这一现实，也是为了表明一如党和政府有责任推动经济发展一样，党和政府也有责任推进和谐社会建设。就像郑永年所说："中国由计划经济向市场经济转型是出于国家策划。同样地，解决由市场经济引出的各种问题也应是国家的任务。"② 进一步，如果真能形成这种"党委领导、政府负责、社会协同、公众参与"③ 的社会管理新格局，就能够打破社会建设的制度瓶颈，真正克服当代中国社会建设中的公共性困境，建设一种和谐而有活力的现代化社会。

---

① 《扎扎实实提高社会管理科学化水平　建设中国特色主义社会管理体系》，见 http：//opinion. people. com. cn/GB/ 13980925. html，2011－02－23。

② 郑永年：《中国模式：经验与困局》，169 页，杭州，浙江人民出版社，2010。

③ 《中共中央关于加强党的执政能力建设的决定》，见 http：//www. people. com. cn/GB/40531/40746/2994977. html，2004－11－17。

目录

下篇　全球中产阶级

导言：西方中产阶级的历史脉络与理论演进

最近十余年来，关于社会分层和社会流动的研究一直是中国社会学界的一个热点话题，其中有关中国中产阶级的讨论更吸引了众多社会学家的关注（陆学艺，2002；周晓虹，2002b，2005a；李春玲，2005；李路路、王宇，2009；陆学艺，2010）。从现实生活的变动来看，随着中国经济狂飙突进式的持续发展、GDP 的不断提高、市场经济体系的确立、房地产市场的开放、消费政策的改变以及高等教育的不断扩张，自 20 世纪最后 20 年开始出现中国社会阶级阶层结构的分化，进入 21 世纪以来，1949 年后已经消失的中产阶级开始出现并迅速崛起，连同城市化一起成为 21 世纪中国社会最壮观的历史景象。

中产阶级的出现和崛起引发了一系列的相关讨论，其中包括中产阶级的基本特征和阶级属性、中产阶级兴起的社会意义、中产阶级对中国经济的影响、中产阶级对消费尤其是房地产市场的拉动作用、中产阶级与中国社会的稳定，以及中产阶级的政治参与。考虑到在今天这个全球经济乃至文化一体化的时代，对包括中产阶级在内的任何议题的讨论仅仅限于某一个国家已经变得不切实际，我们有必要认真审视西方发达国家中产阶级的历史脉络和理论演进，这对我们理解中国中产阶级的发展和命运、建设社会主义和谐社会有着切实的理论和现实意义。从某种意义上说，在不远的将来，越来越多的中国人能够凭借自己的努力成为中产阶级或中等收入者，将是最实在也最易为人所理解的“中国梦”。

一、中产阶级：现代工业社会的结构性产儿

尽管“中产阶级”概念十分流行，但由于中产阶级本身的历史流变复杂，不同的学者在使用“中产阶级”一词时的理论背景和理解各异，因此迄今为止还没有一个明确统一的有关中产阶级的界定。在已有的社会学文献中，罗列在“中产

阶级”标签之下的相关内容不仅繁杂，有时甚至互相矛盾、大相径庭。尽管我们在本书第一章中将会论述，早在古希腊时期，西方世界的圣哲亚里士多德就使用过“中产阶级”的概念，但真正现代意义上的中产阶级则是工业社会或资本主义社会的产儿。[①]正是近代以来传统农业社会向现代工业社会的转型，摧毁了旧的社会关系和社会秩序，带来了阶级结构的变化和都市化的推进，进而促成了西方市民社会的形成，才最终导致了中产阶级这一特定的人群共同体或阶级共同体的形成（周晓虹，2002a：21－22）。

按19世纪英国法学家亨利·萨姆纳·曼恩的看法，从农业社会及前农业社会向工业社会的转变，是一种“从身份迈向契约的运动”（转引自Tonnies，1988：182）。尽管按马克思的观点，阶级现象古已有之，但在前工业社会，社会分层地位常常是由先赋因素决定的，此即曼恩所说的“身份”（status）；直到在工业社会，那由后天的经济社会和自致因素决定的社会分层地位，才是我们现在常说的“阶级”（class）。事实也是这样，在18世纪中叶欧洲重农主义者使用“阶级”（class）一词之前，人们通常使用的是“status”“estate”或“order”：前者强调的是各个不同群体的经济功能，以及与此相关的职业因素，而后者强调的则是身份的差异（Pilbeam，1990：3）。可以说，正是现代工业社会或资本主义的出现，改变了传统的社会结构，也改变了决定人们的社会分层地位的那些决定性因素。从这时起，阶级成为社会分析的重要单位，而与此相关的中产阶级及其概念也开始在现代意义上被广泛使用。

严格意义上说，对社会结构的变化怀有高度的敏感，并且最早注意到中产阶级出现的人还是马克思。马克思不仅提出了现在仍然广为使用的阶级分析方法，而且也是最早论述阶级及社会分层的经典社会学家之一。尽管马克思在单纯论战性的文章中大多持二元化或极化的资本主义分层模式，认为在资本主义社会，“整个社会日益分裂为两大敌对的阵营，分裂为两大相互直接对立的阶级：资产阶级和无产阶级”（马克思、恩格斯，1995a：273），但他在其他许多文章中也使用过更复杂的包括其他阶级在内的分层模式。尤为重要的是，马克思不但使用过现代意义的“中产阶级”的概念，而且可以认为他本人就是这一概念的最早创用者之一。在有关中产阶级的历史文献中，这一概念最早出现于1848年马克思、恩格斯用德文写成的《共产党宣言》。在描述资本主义社会的阶级斗争和社会流

① 按照美国历史学家斯迈尔的观点，中产阶级及其文化的起源应当在18世纪，在工业革命刚刚开始的时期（Smail，1994：12）。

动时，马克思、恩格斯写道：“以前的中间等级的下层，即小工业家、小商人和小食利者，手工业者和农民——所有这些阶级都降落到无产阶级的队伍里来了……”（马克思、恩格斯，1995a：280）。马克思的多种著作的中文版中那个被称为“中等阶级”或“中间阶级”的群体在德文版中为“mittel klasse”，在英文版中被译作“middle class”。①因此，可以认为在马克思和恩格斯著作的中文版中使用的“中等阶级”“中间阶级”的概念就是我们这里的“中产阶级”。据不完全统计，在《马克思恩格斯全集》1～39卷中，直接论及中产阶级或中间阶级的地方就有83处之多（陆梅，1998）。在马克思那里，中产阶级的基本构成包括小工业家、小商人、小食利者、富农、小自由农、医生、律师、牧师、学者和为数尚不多的管理者。而中产阶级的划分依据，基本上仍然是这一群体与生产资料的占有关系。

另外，不仅马克思最早使用了中产阶级的概念，而且他还多次预测，随着资本主义的发展，“介于工人为一方和资本家、土地所有者为另一方之间的中间阶级不断增加，中间阶级……直接依靠收入过活，成了作为社会基础的工人身上的沉重负担，同时也增加了上流社会的社会安全和力量”（马克思、恩格斯，1973：653）。②这样的论述虽然与马克思的其他论述似乎有些矛盾，但却与中产阶级在整个20世纪的发展实态十分吻合。

在马克思之后，中产阶级的出现及其壮大也引起了其他许多学者的关注。例如，在法国，许多学者同样注意到了这一阶级的出现，一些法国史学家称之为中等中产阶级（middle middle class），也有的学者称其为小资产阶级（the petty bourgeoisie），而曾任法兰西第三共和国内阁总理的甘必大1872年在格勒诺尔发表演说时则干脆说：“共和国的到来，标志着中等社会阶层——新社会阶层（new social strata）已经进入权力机关。”甘必大所说的“新社会阶层”，就是19世纪50—70年代之间法国因经济增长而不断壮大的新兴集团，“新阶层”也成了

① 也有人在重译《共产党宣言》时，将“中产阶级”的英文译成“intermediate strata”（Draper，1978：616）。这一版本为人所重视的原因在于，按瓦尔·布里斯的说法，1888年即在马克思死后5年出版的英文版是导致人们将马克思的阶级结构理论归为简单的极化观点的主要来源之一（Burris，1995：49）。

② 另外，也是在《剩余价值理论》中，马克思批判马尔萨斯时指出：“他的最高希望是，中等阶级的人数将增加，无产阶级（有工作的无产阶级）在总人口中占的比例将相对地越来越小（虽然它的人数会绝对地增加）。马尔萨斯自己认为这种希望多少有些空想。然而实际上资产阶级社会的**发展进程**却正是这样。”（马克思、恩格斯，1974：63）由此可以认为，马克思关于随着资本主义的发展，中产阶级会进一步扩大的看法不是随意的，而是比较成熟的。

这个新兴集团最广为接受的称谓（宋亚萍，1999）。

认真考证起来，虽然像甘必大这样的资产阶级学者都对中产阶级概念的提出有所贡献，但较全面的理论探讨恰恰是在马克思主义阵营中获得最初的发展的。19世纪末20世纪初，围绕着中产阶级的有无及其性质，在马克思主义者或者说在当时的德国社会民主党内部引发了一场大规模的争论。争论的一方如考茨基，坚持马克思关于资本主义社会阶级结构的极化观点，他们将无产阶级定义为所有通过工作获取工资或薪水的人，并认为这些人越来越多、正在成为社会的主体，用考茨基的话说，“在所有的国家，人口的大多数都已经落入无产阶级的境地……无产阶级的境况正在成为越来越多的人口的境况”（Kautsky，1971：35－42）。而争论的另一方如修正主义者伯恩施坦，则同意德国经济学家、德国空想社会主义的创始人古斯塔夫·冯·施穆勒的观点，认为应该将公务员、技术雇员、管理者、办公室人员和销售人员等薪金雇员（salaried employees）阶层视为“新中产阶级”（这是“new middle class”一词最早见诸文献），而新中产阶级的兴起，弥补了老中产阶级衰落带来的问题，结束了资本主义社会的不稳定（Vidich，1995：25）。

上述两派观点分歧虽多，但主要集中在薪金雇员的归属问题上。考茨基等人认为薪金雇员不占有生产资料，仍然是无产阶级的一部分，是所谓“硬领无产阶级”（stiff-collar proletariat），因此这部分人的出现和增长并没有改变资本主义社会两极化的阶级格局。当然，考茨基也意识到，这些“无产阶级”的阶级意识常常落后于他们的客观存在，“他们中的大多数仍然以为自己的境况要好于无产阶级。他们错误地将自己归属于资产阶级，就像男仆认同于其主人一样”（Kautsky，1971：40）。和考茨基不同，伯恩施坦接受了施穆勒的新中产阶级的观点。他反对阶级极化的理论，认为在现代资本主义社会，小资产阶级并不是一个正在消亡的阶级，而是一个“相对数和绝对数都在增长的阶级”（Bernstein，1961：48）。在伯恩施坦看来，白领雇员数量的增长和多样化反映了作为整体的工人阶级的内在分化和经济改善趋势。这种趋势使得资本主义社会没有出现马克思预言的两极分化，“在工人阶级和巨富之间的阶层没有一个环节显著地缩小”（中共中央编译局国际共运研究室，1981：25）。由此，他断言阶级的分化未必会引发革命的爆发，渐进主义的社会改良策略才是可行的。

德国社会学家埃米尔·莱德勒也是倡导薪金雇员非无产阶级化的第一批社会民主党理论家。在其《现代薪金雇员问题》（德文版1912年，英文版1937年）和《新中产阶级》（1926）等书中，莱德勒也接受了前述施穆勒的新中产阶级概念，将薪金雇员从无产阶级中排除出去。他认为薪金雇员尤其是其中的技术人员和商业雇员在资产阶级与无产阶级之间占据着一个“中间位置”。“在两个阶级之间占据的这种中等位置——这是一种消极特征，而不是确定的技术功能——是薪金雇员的社会特征，他们在自己的意识和群体评估中建立起了自己的社会性格”(Lederer，1937：8)。莱德勒证实，在19世纪末20世纪初的德国，独立企业主(即老式中产阶级)在经济活跃人口中的比重持续下降，从1882年的28%降到1907年的不足20%；同一阶段，手工劳动者的比重也仅有小幅增长；而薪金雇员在劳动力人口中的比重，则从1882年的1.8%上升到1907年的6.7%。这和后来米尔斯揭示的美国同一时期的社会结构变动趋势十分相似(Mills，1951：63-65)。

第二次世界大战之后，随着大规模的社会变迁，欧美各国的社会结构都发生了很大的变化，其中最鲜明的变化之一是中产阶级“白领”阶层的扩张。这种变动或“扩张”，使得有关中产阶级的研究成为西方社会科学中的一个热门话题，相关的研究也层出不穷。其中最著名的包括米尔斯的《白领：美国的中产阶级》(1951)、帕克的《中产阶级的神话》(1972)、吉登斯的《发达社会的阶级结构》(1975)、古尔德纳的《知识分子的未来和新阶级的兴起》(1979)，以及阿瑟·维迪奇主编的《新中产阶级：生活方式、地位诉求和政治取向》(1995)等，而关于某一国家或某一地区或某一类群体的中产阶级研究论著更是汗牛充栋。

应该指出的是，尽管从字面上看，理解中产阶级即英文中的“middle class”似乎并不困难，它指的是那些在社会资源的占有上处在社会结构中间层的阶级，但是问题在于，这个社会资源究竟是一元的还是多元的？在马克思那里，社会或阶级分层的标准是一元的，即人们对生产资料的占有关系。而在马克斯·韦伯那里，社会分层的标准是多元的，至少包括：(1)从经济的角度界定的阶级(class)，“从具体利益的观点来看，阶级是由同样经济地位的人组成的一些集团”，或者说他们具有共同的生活机遇；(2)从社会的角度界定的身份或地位(status)，不同的身份或地位群体“具有较高的社会声望或缺乏这种声望……它是通过具体的生活方式来体现的”(Gerth & Mills，1985：405)；(3)从政治的角度界定的权力(power)，这是在社会生活中贯彻一个人或一个集团的意志的机会。这种由财富、声望和权力构成的所谓“三位一体”分层法后来影响了众多社会学家的社会分层研究，其中最著名的是美国社会学家吉尔伯特和卡尔的包括职业、收入、财产、个人声望、交往、社会化、权力、阶级意识和流动在内的九变量系统(吉尔伯特、卡尔，1992：19)。这九个变量既包括职业、收入、财产等客观因素，也包括个人声望、阶级意识等主观因素。尽管这九大因素中的任何一个或几个，以及这九个以外的其他因素都常常被人们视为划分中产阶级的标准，但一般而言，对生产资料的占有状况或收入和财产等经济因素是人们用来划分中产阶级的常规标准之一。例如，早期人们将老式中产阶级称为“小资产阶级”，而现在中国人习惯将中产阶级称为“中等收入群体”。职业也是人们用来划分中产阶级尤其是新中产阶级的另一常规标准，例如，在米尔斯眼里，新老中产阶级的交替，就是“从财产到新的分层轴线——职业的转变”（Mills，1951：65）。

二、西方中产阶级的历史脉络

一般说来，现代意义上的“中产阶级”即英文中的“middle class”最早出现在近代以来的欧洲。自 17 世纪甚至更早，欧洲社会就出现了现在被称作“现代化”的社会变迁历程，这场绵延数百年并不断向整个世界蔓延的大变迁使人类延续了数千年的社会组织、社会结构、生产和生活方式发生了翻天覆地的变化，而人们公认的这场大变迁的“震中”就是 18 世纪欧洲的两次大革命。

现代意义上的英国中产阶级的出现与工业革命有着最密切的关联。这场以纺纱机和蒸汽机的发明与使用为前导的技术革命，在产生了现代大工业的同时，也使得以市场为中心的整个资本主义体制得以确立，同时使英国的社会结构发生了根本性的变化。在工业革命前后，英国原先繁复的社会等级逐渐演变成贵族阶级（gentry class）、市民阶级（burghers class）和劳工阶级（working class），他们分别为英国社会的上层阶级（upper class）、中产阶级（middle class）和下层阶级（lower class）。早期的英国中产阶级由大小不等的商业和工业资本家构成，他们对财富孜孜以求，借以实现社会地位的提升。

法国中产阶级的最初形态是那个后来在 1789 年的法国大革命中扮演了积极角色的第三等级（third estate）。同教士与贵族即所谓第一和第二等级相比，第三等级数量庞大，占到人口总数的 97%，并且其涵盖范围也很广。按托克维尔的说法，“最有钱的商人、最富足的银行家、最干练的工业家、作家、学者同小农场主、城市小店主以及耕种土地的农民一样，均成为第三等级的一部分”（托克维尔，1996：287）。虽然第三等级包括了所谓“中产阶级”，但显然并不是所有的第三等级都是中产阶级。第三等级包括了一个民族的所有成分，也就是说，第三等级中有富人和穷人，有目不识丁的人和受过教育的人，当然，也包括了中产阶级，或法国人所说的“小资产阶级”。具体来说，第三等级中的富人有：资产阶级，包括最有钱的商人、银行家和工业家；中产阶级或小资产阶级，包括小农场主、小店主；占总人口80%的农民中的10%的富裕者；以及为数不多的作家、医生、学者等自由职业者和公务员、专业人员等。而穷人则是大多数农民和手工业者等城市贫民。在法国大革命之前，随着资本主义经济日新月异的发展，这个在政治上仍然处在被统治地位的第三等级，包括上述大资产阶级，不但在经济上而且在日常生活方式上已经对包括贵族在内的整个法国社会产生了广泛的影响。在资产阶级、小资产阶级和法国贵族阶级之间上演了一场有声有色的相互模仿的“闹剧”：一方面，传统的贵族阶级对向上攀爬的资产阶级和小资产阶级充满了鄙夷和不屑，甚至“bourgeois”一词本身在贵族阶级眼里就是粗鄙和缺乏教养的代名词（Maza，1997）；这种鄙夷和不屑使得包括资产阶级和小资产阶级在内的新兴市民阶级既反对贵族阶级的特权，又对这种特权顶礼膜拜。在当时的法国，用金钱购买贵族的身份几乎是每一个法国新富们追逐的时尚，而莫里哀笔下的那个醉心贵族的小市民——茹尔丹先生不过是千千万万个小市民或小资产阶级的真实写照罢了。另一方面，有着天生的商业冲动的资产阶级和小资产阶级们，也像托克维尔所说，通过用各种手段获得的“财富这一特权来反对他们的对手所享受的五花八门的特权，他们当然会在贵族眼前炫耀所有的豪华富足”（托克维尔，1996：286）。像贵族成为资产阶级和小资产阶级的模仿对象一样，贵族反过来也以后者为模仿对象——既要学资产阶级和小资产阶级的阔气，但又不知生财之道，于是很快就产生了经济上的拮据，或用托克维尔的话说，即其收入赶不上需求。在某种意义上，贵族阶级在经济上的衰落，既是那场摧枯拉朽式的法国大革命的起因（起码是起因之一），也是其必然后果。法国大革命期间及革命之后，资产阶级又开始具备了经济以外的政治特征，它和“无套裤汉”（sans-culottes，指激进的巴黎市民，包括小手工业者、小商贩、小店主以及一部分富人，与小资产阶级有十分相似的构成）一样，成为革命的主要动力。

尽管德国不是中产阶级最早的发源地，但是就像我们已经提到的那样，包括马克思在内的德国思想家们却是中产阶级理论的主要倡导者。确实，德国资本主义的出现晚于英法两国，但是1870年的普法战争之后，新崛起的德意志帝国的工业化和城市化就齐头并进，到19世纪末，德国的工业产值已经超过英法两国，而它的首都柏林也“从一个相当偏僻、死气沉沉的市镇一下子变为世界性的城市”（Coser，1977：203）。从19世纪的最后25年，一直到20世纪20年代短暂的魏玛共和国时代，尽管政治上的安宁一天也没有过，但是经济的发展和文化领域的活跃却为德国造就了一大批中产阶级。正是在这期间，埃米尔·莱德勒和雅各布·马沙克注意到了由薪金雇员和公务人员构成的所谓“新中产阶级”的出现。除了这两个主要的群体外，它还包括私人教师，护士，各种经济联盟、职业团体、工会和消费者协会中的高级雇员，劳动组织的秘书，保险公司的雇员，以及演员、歌手、音乐家、合唱队员、药店雇员、报刊编辑与记者，等等。尽管包括莱德勒在内的许多德国理论家们都认为，中产阶级在德国社会结构中的中间位置结束了社会系统的不稳定性，加强了阶级之间的亲和力，但是20世纪20—30年代的德国却为这种说法提供了反例。1918年德国在第一次世界大战中的战败，造成了整个德国的社会和经济的衰落，此时的中产阶级尤其是那些“边缘”或“低等”中产阶级终于发现，自己既不见容于资产阶级，也不见容于劳工阶级，他们一方面因资本主义大工业的扩展感到压抑，另一方面也对工人阶级力量的崛起惊恐万分。这种两头不靠的“中间状况”或“中产阶级的惊恐”（panic in the middle class）终于使他们成为社会民主党理论家西奥多·盖格所说的“法西斯主义的社会基础”。

其实，在盖格提出上述观点7年前，1923年卢奇·萨尔瓦托里就以意大利为例，对法西斯主义的兴起做出了同样的解释（转引自Felice，1977：129）。这种关于法西斯主义在本质上是一种中产阶级运动的解释在第二次世界大战后获得了认同：法兰克福学派的埃里希·弗洛姆、弗朗兹·纽曼，意大利历史学家伦佐·德费利切，美国社会学家塔尔科特·帕森斯、威廉·科恩豪泽和西摩·马丁·李普赛特都是这一观点的积极拥护者。李普赛特在《政治人》中提出，政治意识形态可以分为左、中、右三种类型，它们分别代表着劳工阶级、中产阶级和上层阶级的利益。在不同的政治和历史环境下，每个阶级都会采取一种或温和或激进的意识形态。劳工阶级温和的和激进的意识形态分别是社会民主主义和共产主义，上层阶级的温和的和激进的意识形态分别是保守主义和右翼激进主义，而中产阶级温和的和激进的意识形态则分别是自由主义和法西斯主义。如此，在李普赛特眼中，法西斯主义是“中间派的激进主义”，“它从根本上说代表了中产阶级对资本主义和社会主义的反抗，对大型企业和工会的反抗”（Lipset，1960：131）。一句话，法西斯主义是20世纪30年代在资本主义和社会主义之外的第三条道路。

谈论中产阶级不可能不谈论美国，因为很久以前美国就是一个中产阶级社会。在工业化之前，美国的老式中产阶级，包括自由农场主、店主和小企业主，就曾占过总人口的80%（吉尔伯特、卡尔，1992：80）。这与美国广袤的土地为大多数老移民提供了足够的资源有关，也与米尔斯所说美国没有经历封建时代、在工业化之前缺乏一个暴敛社会财富的上层贵族阶级有关（Mills，1951：12－13）。但是，在进入工业化之后，尤其在工业化的早期，一是由于新移民的大量涌入，二是由于部分农民和小企业主的破产，工人阶级逐渐占总人口的大多数。美国工业化的早期历史，在一定程度上印证了马克思关于资本主义早期社会日益分化为工人和资本家两个对立阶级的看法。

但是，20 世纪 30 年代以后尤其是第二次世界大战以后，随着美国社会工业化的完成以及向后工业社会的转变，工人阶级的人数开始减少，中产阶级的人数重新开始回升。“1956 年，在美国职业结构中，白领工作者的数量在工业文明史中第一次超过蓝领工作者。……到 1970 年，白领工作者与蓝领工作者的比例超过了五比四”（Bell，1999：17）。而且，尤为重要的是，在中产阶级中，大量出现的不是小农场主、店主和小企业主这些被米尔斯称为“老式中产阶级”的人，而是随着后工业社会的出现而日益增多的所谓“新中产阶级”，包括专业技术人员、经理阶层、学校教师、办公室的工作人员以及在商店内部和外部从事推销工作的人。米尔斯发现，1860 年中产阶级雇员只有 75 万人，而 1940 年达到 1 250 万人。其中，新中产阶级的人数占 56%（70 年前他们只占 15%），老式中产阶级则只占 44%（70 年前他们还占 85%）（Mills，1951：65）。在此之后，随着科技革命的发展和大型垄断组织的兴起，美国白领的总数也从 20 世纪 40 年代的 1 000余万上升到 70 年代的 5 000 万，1980 年白领占全部劳动力的 50%以上（吉尔伯特、卡尔，1992：86－87）。而在今天的美国，“工人阶级只占劳力的 25%，而专业和技术的阶级（像管理者、教师和研究者）则占总劳力的 30%以上”（Bell，2002）。在丹尼尔·贝尔看来，与从制造业经济转向服务业经济相伴随，“科学的日益科层化和脑力劳动的分门别类日益专门化”，使得专业技术人员无论在人数还是在重要性上，都开始取代企业主而居于社会的主导地位（Bell，1999：13）。而这一切，正是所谓“后工业社会”（post-industrial society）的主要景观。

无论社会学家们的论述有怎样的区别，在美国和其他也先后进入工业社会或转向后工业社会的国家和地区，自 20 世纪 50 年代以来都开始出现了新中产阶级数量不断增长的趋势。欧洲是这样，日本和其他一些东亚国家也是这样。早在 1963 年，美国社会学家傅高义根据 1958—1960 年间在日本的田野研究就发现，通过战后的重建和资本主义经济的迅猛发展，在 20 世纪 50 年代末 60 年代初的日本，“新社会秩序中的一个重要现象是大批‘新中产阶级’的出现。‘老式中产阶级’（独立经营的小商人和小土地所有者）的权力和影响正在衰落，他们正在逐渐为‘新中产阶级’即大商行的白领雇员和政府职员所取代”（Vogel，1970：

4）。十多年后，日本的这种现象也出现在中国台湾、中国香港、韩国、新加坡这些有“亚洲四小龙”之称的东亚地区。和日本一样，东亚地区“新中产阶级”的出现和整个社会结构的变动，也是这一地区向资本主义工业化和后工业社会转变的结果。不过，社会学家注意到，战后东亚资本主义的发展时间虽短，但仍基本沿袭了欧美资本主义200年发展的道路。而在中产阶级的生发方面，东亚的个案和西方世界则有所不同。其中最重要的区别在于，在东亚地区的发展中，国家或政府的力量通过直接和强有力的干预，在塑造和重塑阶级结构方面发挥着巨大的作用（Hsiao，1993：3）。20世纪90年代以后，社会学家的眼光又开始落在中国大陆这个开始了大规模的工业化但某些地区和部门已经出现后工业征兆的国家（Pearson，1997；Goodman，1999；周晓虹，2002b）。上述个案表明，有关中产阶级的研究确实成了世界范围内后工业语境中的一个共同话题。

三、新老中产阶级：理论争论与阶级归属

从近代以来中产阶级出现并引起社会理论家们的关注开始，有关中产阶级的类型学分析一直是中产阶级研究的一个重要议题。这种分析中最流行的划分方法是将中产阶级分为老中产阶级（old middle class）和新中产阶级（new middle class）两大类型，而主要的理论争论又常常集中在新中产阶级的属性及其社会功能之上。

有关新老中产阶级的划分以及新中产阶级的社会属性问题，之所以会在20世纪20年代甚至更早就成为中产阶级理论的关注焦点，主要原因有二。其一，在19世纪末和20世纪初，随着资本主义从自由竞争向垄断的过渡，出现了大规模的资本集中，许多小企业被大的垄断组织取代，代之而起的是散布于工业、交通、通信、金融、建筑、商业、保险和不动产等行业领域的各种股份公司，而随着股份公司的出现和股权的分散，企业的管理权从早期的所有者手中转移到迅速庞大起来的从事行政、管理、销售、财会、公共关系工作的白领群体手中，资本的所有权和管理权发生了分离①；现代国家的发展及功能的分化和扩展，也造成了大批的文职公务人员。这两个主要方面造成了大量白领管理人员的出现，并改变了原有的社会结构。其二，上述变化自20世纪20年代后之所以会引起马克思主义阵营和非马克思主义阵营共同的关注，是因为它不仅对马克思早期的关于资本主义社会的极化观点提出了挑战，也促使资本主义社会的阶级与阶级斗争态势

① 例如，在20世纪60年代的美国，在200家最大的、几乎控制着全国公司财产的一半的公司中，有44%的公司就是由经理们而不是所有者控制的（伦斯基，1988：361－362）。

发生了相当深刻的变化。这林林总总的一切，就像瓦尔·布里斯所说，“在政治社会学中，很少有什么主题会像新中产阶级的性质与政治的问题这样能获得这样多的关注。在马克思主义者中，从事脑力劳动的薪水雇员的阶级位置在最近一个世纪以来一直是论战的中心。对这一问题的关注起码能够追溯到19世纪90年代关于修正主义的论战。它也是20世纪30年代马克思主义者关于法西斯主义的分析的核心问题，今天在西方社会主义者和共产党内部仍是最热门的话题。在非马克思主义圈子中，新中产阶级的兴起同样不乏诱惑力。从索尔斯坦·凡勃伦和詹姆斯·伯恩海姆的专家治国论的预言，到C·赖特·米尔斯的《白领：美国的中产阶级》中的‘新小人物’（new litter man），再到丹尼尔·贝尔和阿尔文·古尔德纳的后工业社会理论，每一代社会理论家都将对新变动的社会秩序的解释置于这一阶级的重新发现和解释上”（Burris，1995：15）。

在新老中产阶级的类型学分析及新中产阶级的属性方面，除了前述马克思主义阵营内部的争论外，美国经济学家詹姆斯·伯恩海姆和赖特·米尔斯的理论值得一提。1941年，伯恩海姆在《管理革命》一书中，受社会学家凡勃伦的企业家和工业家两种资本主义阶级类型划分的影响（周晓虹，2002a：410），提出资本主义社会正在向以工业所有权和控制权的分离为标志的“管理社会”转变。在管理社会中，拥有所有权的资本家不再对生产有任何贡献，他们成为被管理人员挣来的利润所喂养的人，而管理人员则实际控制着生产资料，而“生产资料处于社会统治的位置，谁控制了它们，谁就事实上有了控制社会的权威，因为它们是社会赖以生存的手段”（Burnham，1941：125）。这个被称作“新阶级”的管理阶级包括了业务人员、生产管理人员、工厂主管人员及其协作者，以及一般行政人员、宣传专家和技术管理人员。

10年之后，米尔斯在《白领：美国的中产阶级》一书中，对新老中产阶级的特征及区别做了最全面的分析。在米尔斯看来，新中产阶级和老中产阶级的最大区别有二：其一，无论是自由农场主还是小企业家，老中产阶级中的大多数人都拥有自己的财产；而新中产阶级则大多没有自己能够独立经营的财产，他们作为高级雇员为拥有大型资本的人工作。因此，从财产方面说，他们的地位和普通劳动者一样；而“从职业收入方面说，他们多少是‘处在中间的’”（Mills，1951：73）。正因为如此，米尔斯会提出，老中产阶级向新中产阶级的转变，从消极的意义上说是从有产到无产的转变；而从积极的意义上说，则是一种从以财产到以新的轴线——职业——来分层的转变。其二，即使在今天的美国，老中产阶级还是会自己动手从事一些体力劳动；但新中产阶级（除了大型百货超市中的售货员）从事的一般是脑力劳动，并且其中相当多的职业是专业技术性的，他们从事的工作用米尔斯的话说是“与人和符号打交道”（Mills，1951：65）。这既是新中产阶级也可以称为“白领”（white collar）的原因，也是这个阶级能够获取职业声望的资本。

米尔斯对中产阶级的研究获得了广泛的关注。在各种具有社会学意义的研究中，阿尔文·古尔德纳的看法独树一帜。和米尔斯一样，古尔德纳也认为出现了一个新阶级，但这个新阶级的组成比米尔斯的新中产阶级要单纯一些，它由占主导地位的技术知识分子和处于边缘地位的人文知识分子组成。他们和旧阶级一样对这个社会施加影响和控制，不同的地方在于：新阶级的资本是它在教育的基础上获得的“人力资本”（human capital），而旧阶级凭借的是财富资本（古尔德纳，2002：6）。与凡勃伦尤其是伯恩海姆一致的是，古尔德纳也认为，由知识分子组成的这个新阶级正在逐步将占有生产资料的旧阶级转变为一个食利者阶级，转变为靠自身的利润、租金和利息生活的领取养老金的人，或转变为通过吸收新阶级的特点而重组其阶级性质的阶级；同样，他也预测，虽然新阶级在目前的美国还没有成为统治阶级，但它却完全有可能在不远的将来成为统治阶级。

尽管我们这里论述的伯恩海姆、米尔斯和古尔德纳，以及我们没有论述的普兰查斯等20世纪的思想家们，都将有关中产阶级或相应人群的论述重点放在了对新中产阶级的考察之上，但事实上他们在论述过程中还是将新老中产阶级的界限清晰地划分了出来。如果借用马克斯·韦伯的“理想类型”（ideal types）概念的话，我们显然可以将老中产阶级和新中产阶级视为中产阶级社会构成的两个主要类型，或中产阶级的两种主要亚型。将新老中产阶级视为一对理想类型，能够有效地说明，尽管这两种亚型之间在财产关系、收入、职业、地位、社会声望、生活方式上存在着这样那样的客观差别，但这种概念类型的区分本身在相当大程度上仍是研究者的一种主观建构，是为了社会结构研究的便利而进行的一种理论化约。

老中产阶级，在马克思那里包括了小工业家、小商人、小食利者、富农、小自由农，以及医生、学者、牧师等为数不多的自由职业者；在米尔斯那里则被进一步简约为小农场主、小商人和同样极少数的自由职业者。除了人数极少的自由职业者外，我们能够看到，尽管在100多年的历史演变中，欧美国家的社会结构都发生了相当大的变化，包括在美国这样的国家里，老中产阶级的绝对数和相对数都大为降低，但其最基本的核心特征并没有变，即对小额资本或财产的占有，并且这种占有方式常常以个人或家庭所有为特征（现时的大资产阶级对资本的占有方式则更多的是股票或债券），这也是他们常常被称为“小资产阶级”的原因所在。按斯图尔德·克莱格的观点，现时西方社会的小资产阶级或老中产阶级主要包括各种类型的小公司和农场主两种类型。前者主要集中在竞争性更强的边缘工业中（大公司则集中在制造业），因为拥有资本所有权而享有一定程度的独立性和自主性，其中有一些具有发展的潜力，但大多数或受制于大公司，或面临激烈的市场竞争，一般说来它们的雇佣人数不足10人；而后者的财产一般说来不是在市场上获得的，而是从上辈那里继承来的——继承性是小农场主区别于城市老中产阶级的主要特征（转引自周琪，1995：225－228）。

老中产阶级的意识形态带有浓厚的传统色彩，他们信奉个人竞争和经济上的自由放任，它将私人所有制、合理分配利润视为合乎社会需要的。因为深信资本主义的现时发展对老中产阶级构成了威胁，他们希望能够重建一个自由的“道德的经济”，在这种经济中能够固守自己的“独立”，继续“做自己的老板”的理想。显然，老中产阶级承载了资本主义社会的基本的价值观念，或者用米尔斯的话说，他们“仍然是旧的并且现在依然强大的美国方式的定位之锚”（Mills，1951：54）。

同老中产阶级相比，新中产阶级确实是一种迥然有别的理想类型。尽管新中产阶级是相对于老中产阶级而言的，但他们在财产上却没有任何可比性。换言之，新中产阶级“没有任何独立的财产可言”（Mills，1951：63）。其实，没有独立的财产只是新中产阶级的一个特征，一个与老中产阶级及资产阶级相区别的特征；他们的另一个特征，另一个与工人阶级相区别的特征是，他们同时还是米尔斯所说的从事脑力劳动的“白领”，或普兰查斯所说的“非生产性的非体力劳动者”。其基本的社会构成起码包括经理阶层、专业人员、销售人员和行政办公人员。

围绕新中产阶级的上述特征，形成了不同的理论解释。在这些不同的理论解释中，有关新中产阶级的不同称谓，既涉及这一阶级的基本特点，也与其社会功能有关。在有关新中产阶级的理论中，至少有这样5种值得我们探讨：（1）我们已经提到过的“专业—管理阶级”理论。这一理论虽然也有某些亚型存在，但其一致的地方在于它们都认为，在现代资本主义社会中，随着所有权和控制权的分离，发展出了一个承担“管理”职能的阶级。（2）“新工人阶级”理论。该理论认为，当劳动过程发生专业化、科学化和自动化时，劳动力也必须相应地进行专业化训练，这就产生了掌握了先进技术的新工人阶级。（3）“新小资产阶级”理论。该理论的代表人物即前述普兰查斯，他认为薪金“白领”阶层即“非生产性的非体力劳动者”构成了资本主义社会一个十分特殊的阶级——新小资产阶级，他们是现代资本主义社会变化的产物。(4)“新知识分子”理论。该理论认为整个知识分子群体通过对科技知识的垄断控制了生产资料和当代社会的暴力手段，他们具有自己的共同文化，拒绝任何非他们所建立的理论和知识统治的权威。由于这个阶级有自己的利益诉求，同时又拥有集体的或普遍的利益，因此他们是“历史上最进步的阶级”。(5)“服务阶级”理论。奥地利马克思主义者卡尔·伦纳提出，在当代资本主义社会中，专业技术人员起到了支持和服务于资本家阶级的功能，构成了包括公共部门中的雇员（政府官员）、私人经济机构中的雇员（商业行政人员、管理人员和技术专家）和社会服务机构中的雇员（“福利分配的代理人”）三大部分在内的服务阶级。“尽管这个阶级不分享生产资料所有权，但由于他们的劳动是非生产性的，他们便不同于工人阶级，他们不是剩余价值的创造者，而是直接地索取从工人阶级那里榨取的剩余价值。”(周琪，1995：210)

我们可以将上述有关新中产阶级的社会属性及功能的论述归纳为两种，这两种观点在某种程度上是对立的：一种观点如“新工人阶级”或“新知识分子”理论认为，新中产阶级不具有财产所有权，他们是与工人阶级地位相接近的雇佣劳动者；另一种观点如“服务阶级”理论则认为，新中产阶级与资产阶级的地位更接近，他们体现了资产阶级或功能的某种延伸，因为他们承担了先前由资产阶级承担的监督管理或服务功能，同时他们也和资产阶级一起分享了工人阶级创造的剩余价值（尽管数量上要少于资产阶级)。在某种意义上，这两种对立的观点，反映了新中产阶级本身矛盾的社会地位和与此相应的矛盾的社会态度。

四、全球化与中产阶级的世界性成长

上文已经论述，尽管从英国工业革命和法国大革命开始，现代意义上的中产阶级已有数百年的历史，但事实上直到20世纪七八十年代，它都不是一个具有世界性意义的话题。并且，不仅早期中产阶级仅存在于欧洲国家和美国这些老牌资本主义国家，而且即使在这些国家中，中产阶级也不是一种主要的社会存在。以18世纪的法国为例。众所周知，法国中产阶级的最初形态源自第三等级。虽然第三等级数量庞大，占到法国人口总数的97%，但其中真正能够被称作“中产阶级”即法国人所说的“小资产阶级”的，却不过10%～15%，包括小农场主、小企业主、小店主，以及为数不多的作家、医生、学者等自由职业者和公务人员。正是面对这样的社会结构现实，富有洞察力的马克思在承认中产阶级存在的同时，还是干脆地将整个西方社会划分为两大敌对阵营：无产阶级与资产阶级

（马克思、恩格斯，1995a：273）。

回顾历史，在中产阶级的成长过程中，有这样两大因素起到了积极的推动作用：一是西方资本主义国家从工业社会向后工业社会的转变；二是西方的工业化在全球范围的推进，即所谓“全球化”。

就第一个转变而言，它不仅造成了西方发达国家社会结构中中产阶级数量的增加，而且还影响了中产阶级本身的形态变化：如上文所述，随着后工业社会的出现，早期那些占有少量生产资料的小农场主、小企业主和小商业主——美国社会学家米尔斯所说的“老中产阶级”——逐渐让位于为大资本或国家服务的从事脑力劳动的“新中产阶级”（Mills，1951：63－65）。中产阶级的这一变动，与贝尔所说的“后工业社会”的特征密切相关，具体来说：（1）服务性经济的创立，“后工业社会第一个、最简单的特点，就是大多数劳动力不再从事农业或制造业，而是从事服务业，如贸易、金融、运输、保健、娱乐、研究、教育和管理”；（2）在后工业社会中，专业和技术人员人数不断增多并且确立了优越地位，这“自然而然地使劳动力向白领职业转移”；（3）因为后工业社会是围绕着知识组织起来的，其目的在于进行社会管理和指导革新与变革，因此理论知识的重要性开始凸显；（4）后工业社会有可能有意识、有计划地推动技术变革，从而减少经济前途的“不确定性”；（5）后工业社会有可能使我们使用各种新型的“智能技术”，而使我们这个庞大的社会变得井然有序（Bell，1999：12－23）。显然，在发达资本主义国家，20世纪50年代后，正是所谓“后工业社会”的出现，导致了传统的工人阶级以及农民的减少或衰落，白领阶层或新中产阶级不仅在人数上而且在社会地位上开始出现明显的上升趋势。

以美国这个自第二次世界大战后就开始进入后工业社会的国家为例，现在它确实不仅在经济上从产品生产转向了服务性经济，而且专业技术人员即我们所说的“新中产阶级”或古尔德纳所说的“新阶级”在职业分布中也占据了主导地位。于是，美国的“阶级结构变得越来越非无产阶级化，拥有技术专长的工人所占的比例越来越高，对不需动脑的机械性工作的需求变少了，对责任和知识的需求变多了”（赖特，2004：93）。从一些研究（Gouldner，1979；Bell，1999；赖特，2004）来看，美国在20世纪60—90年代，阶级结构变化表现出如下基本趋势：（1）主要由于20世纪70—80年代制造业中工人阶级人数的急剧减少，美国工人阶级的数量或占全部经济活动人口的比例较战后的50年代进一步降低；（2）包括经理、监督者、专业技术人员、专家和技术工人在内的所谓“白领”阶层的人数继续增长，这个需要资格证书和专长才能够“上岗”的阶级开始遍及社会各个部门，它所占劳动力总数的比例从 40 年代的 31%，上升到 60 年代的 42.02%，继而上升到 90 年代的 48.73%①；（3）与贝尔的后工业社会理论相一致，美国“白领”、新阶级或新中产阶级的增长是 20 世纪 60 年代社会政治服务业的膨胀和 70—80 年代商业服务业的扩展的直接后果。

在美国以外的其他也先后进入工业社会或转向后工业社会的国家和地区，自 20 世纪 50 年代以来都开始出现了中产阶级尤其是新中产阶级数量不断增长的趋势。自第二次世界大战以来，欧洲及日本等诸多老牌资本主义国家经济都获得了全新的发展，这些国家传统产业工人的数量都发生了锐减，而中产阶级的人数则大幅增加（周晓虹，2005b）。例如，在英国，随着工党政府推行“福利国家”政策，19 世纪激烈的阶级冲突和对抗逐渐消失，工人阶级队伍缩小，中产阶级不断壮大（钱乘旦等，1999：183），加之 20 世纪 80 年代以后以信息与服务业为支柱的新的经济结构的形成，大量非技术职业消失，越来越多的人进入非体力劳动部门。又如日本，战后在美国的扶持下也开始了经济的腾飞，而这种腾飞带来的直接后果之一就是中产阶级尤其是新中产阶级的快速增长。上文我们曾提及美国社会学家傅高义在《日本的中产阶级》一书中的发现，除了中产阶级绝对数量的增长外，新中产阶级比例的增长也是一个显著的特征（Vogel，1970）。从那时开始，日本的新中产阶级始终在不断增长，尽管连续遭受过 1973 年的“石油危机”、1997 年的“东亚金融危机”，尽管也不时有学者警示日本其实是一个“不平等的社会”，但整个日本还是沉浸在“全民中产”或“一亿中流”的兴奋之中，中产阶级的自我认同率甚至超过欧美，达到 90%（周晓虹，2005b：179）。

第二个转变，对于欧美发达国家以外的中产阶级的产生和成长而言自然更为重要。在某种程度上，尽管亚洲“四小龙”、中国大陆、印度以及苏联和东欧社会主义国家经济腾飞的动力不一、时间不一、资本以及市场的发育程度不一，但它们在 20 世纪最后几十年中出现的变化，却多多少少受到现在越来越强劲的经济全球化力量的影响；进一步，这些国家内部阶级结构的变动和中产阶级的产生，也与西方资本主义在全球范围内的推进有着不同程度的联系。就我们这里所讨论的主题而言，全球化所带来的资本主义的国际特征，正如我们开篇所言，使得我们对包括中产阶级在内的全部社会分层的讨论仅限于某个单一的国家已经变得不切实际。全球化对社会分层的影响及由此而生的全球中产阶级的变动至少表

① 由于统计资料的来源不同，包括丹尼尔·贝尔在内，许多人认为 20 世纪 80 年代美国“白领”人数占劳动力的比例已经超过 50%。

现在如下几个方面。

首先，全球化直接造成了全球产业结构及相应的职业结构的变动，它在相当多的国家或地区培育出更多的中产阶级的同时，也对另一些国家或地区的中产阶级的生存和成长构成了新的威胁。具体说来，正是全球资本主义市场的形成，使得产业结构的布局和调整能够在世界范围内完成，在劳动密集型的制造业纷纷在欧美以外的国家和地区驻足的同时，“全球化导致美国局部去工业化，因为产业生产转移至世界其他地区（不是消失），全球化淘汰了传统制造业的工作”（卡斯特，2003：152）。事实上，为了降低生产成本，美国和欧洲的一些大公司和大企业甚至开始将技术密集型产业转移到海外。例如，在印度就建立起了许多现代的跨国企业，在有“印度硅谷”之称的海德拉巴的大庆山附近已经建立了一个规模宏大的经济区，软件信息产业的巨人如微软、甲骨文等纷纷在这里落户，而作为这个城市新的象征的比尔·盖茨的数码大厦则汇集了数以万计的软件工程师（Tyckaert，2007）；这种投资对资本的益处是显而易见的，因为印度工程师的薪水只有美国类似工作薪资的20%（卡斯特，2001：287）。

在这样的经济背景下，一方面因为高端技术的使用和信息化的浪潮，另一方面因为计算机的使用而导致的管理层次的简化，美国和欧洲等发达国家的文化程度或专业化程度不高的管理白领跌入或面临失业的境地。战后在发达国家造成中产阶级暴涨的那些职业，如一般的管理人员、文职人员、销售人员面临挑战，他们不仅数量增长缓慢，而且在阶级结构中的相对地位也开始下降。以致在古斯塔·阿斯平-安德森等“美、英观察家眼里，世界是一个‘中产阶级’衰落、工作两极分化、新的底层阶级正在形成的世界”（阿斯平-安德森，2005：730）。但是，在印度这样的发展中国家，同样也是因为全球化，外发（outsourcing）的经济形式则促成了中产阶级的进一步扩大。在20世纪80年代，庞大而低效的公共部门的薪水雇员增加了21.2%；到1991年时，印度政府还是最大的雇主，为中产阶级提供就业机会；但在20世纪90年代，就业模式发生了变化，政府部门仅仅增加了2.5%，而私人企业增加了12.6%，城市中产阶级成倍增长。其实，不仅是印度，包括亚洲“四小龙”及中国大陆在内的发展中国家和地区，在这几十年内都因为全球化的影响催生了低技术的制造业的快速发展。这种快速增长，既有过度消耗能源、破坏生态、造成原有的社会结构解体等消极的一面，也有通过实现初步的工业化，向更多人提供职位和物质性收益的积极的一面。以致连对全球化持悲观态度的阿斯平-安德森也承认，“‘南半球’从控制大生产制造业中获益，在国内创造了大量的就业机会与财富，为他们自己的非乡村化进程铺平了道路”（阿斯平-安德森，2005：732）。事实也是这样，在过去的亚洲“四小龙”国家或地区，以及今天的中国大陆和印度，那种因为经济全球化而发展起来的出口导向型的工业化，确实改变了原有的社会结构，使得中产阶级的人数快速增长起来。

其次，经济活动的全球化势必形成全球性的劳动力市场，进而影响全球不同国家和地区劳动力的收入分配，它在一些国家和地区造成失业率上升、收入降低、贫富差距过大以及社会福利锐减的同时，也在另一些国家和地区为更多人群提供了就业和改善生活条件的机会。劳动力收入降低和贫富差距过大的现象在发达国家十分明显。1980—2000 年间，美国、英国、日本、加拿大、瑞典、德国等国家的国内收入差距都有所提高（卡斯特，2003：88），其原因之一就是全球化造成了发达国家尤其是美国社会移民群体的持续增加，在促进整体经济增长的同时也助长了不平等的产生，因为新移民的工资都是低于市场行情的。受到移民劳动力市场的竞争与挑战，在比尔·盖茨这样的“科技贵族”暴富的同时，许多发达国家的中产阶级家庭的生活境况受到前所未有的冲击，他们的年均工作时间在这 20 年中增加了 10%以上，从 1979 年的 3 020 小时增长到 1997 年的 3 335 小时，但他们的收入增加却十分缓慢，“20 世纪 80 年代是一个经济缓慢增长的时期，中等家庭的年平均收入增长为 0.4%，90 年代经济周期中，增幅更小，只有 0.1%”（赫顿、吉登斯，2003：140）。同样也在发达国家，尤其是北欧国家和加拿大等高福利国家都因为难以承受全球化带来的全球范围内的竞争而改变了原有的福利政策，这也对中产阶级的成长产生了影响。具体来说，因为长期以来一直奉行高工资的福利政策，福利国家的企业在产品成本方面不具有任何优势，这直接削弱了福利国家的市场竞争力；加之为了应付诸多的福利项目，福利国家的财政一直面临巨大压力。要解决这些矛盾，只有降低工资收入和社会福利，这对福利国家中产阶级的生活不能不产生巨大的冲击。这使人难免会产生“福利国家能挺过全球化吗”的疑问（周晓虹，2005b：146）。

但是，相比之下，在印度、新加坡、马来西亚、韩国以及中国香港和台湾等亚洲的新兴国家和地区（中国大陆是一个例外），近 20 年来其国内或地区内的收入差距却缩小了。全球化推动了包括中国在内的上述国家和地区的制造业甚至高科技产业的繁荣，并造就了人数庞大的中产阶级群体，印度理工学院和北京中关村造就的 IT 行业人才，以及在中国南方沿海地区随处可见的加工工业商就是其中的佼佼者。不过，值得注意的是，发展中国家中产阶级群体成长的事实本身，并不能说明全球化带给第三世界的全部都是福音。恰恰相反，它在促进第三世界国家经济增长的同时，也最大限度地剥削了这些国家，使它们与发达国家差距更大。例如，据《联合国发展报告》统计，1960—1993年，发达国家与发展中国家每人收入的差额从5 700美元增加为15 000美元，30多年间竟增加了3倍（UNDP，1996：2-3）。

再次，经济的全球化还形成了全球性的消费品市场，以及与这种市场相应的消费行为与生活方式，这在相当程度上促进了中产阶级在全球范围内的成长与发育。其实，即使是单纯的经济全球化也至少涉及三个方面的全球性流动，那就是资本、产品和服务以及人员。资本的流入会成为一个国家或地区经济起飞的杠杆；产品和服务的输入有助于形成世界性的消费品市场；而人员的流入则不仅会带动消费，还会输入新的价值观念和生活方式。事实上，消费主义（consumerism）本身就与全球化有着千丝万缕的联系：在全球化的过程中，消费主义获得了空前的膨胀（Cross，2000），同时它又从意识形态上支撑着全球化的资本主义（Sklair，2001）。因此，当亚洲"四小龙"、印度和中国大陆以及拉美国家在全球化影响下经济起飞与发展时，初期的制造基地经过相当的发展之后必然会成为消费基地，或者说从世界性工厂转变为世界性市场。例如，过去在西方人的眼中，印度有着数量庞大的人口，但就是没有消费者，但是自20世纪下半叶以来，印度人尤其是中产阶级群体表现出的消费能力却令人瞠目结舌。早在1994年，印度的一项"消费者调查"就发现，印度上层阶级已有600万人；上中产阶级有1.5亿人，他们可以批量购买各种耐用消费品；下中产阶级有2.75亿人，他们先消费商品，进而尝试消费品牌（Varma，1998：171）。

其实，在这方面，中国更是一个具有说服力的个案。20世纪90年代初，当中国羞答答地出版第一本以中产阶级消费为定位的《时尚》杂志时，大多数人的头脑中还没有消除过度或超前消费是一种"错误"的观念；但现在几十种时尚杂志的基本主题都是倡导中产阶级白领消费、消费、再消费，消费已经成为中产阶级群体寻求自我认同的一种主要方式。从各种家用电器开始，中国中产阶级的消费现在已经转移到宽敞明亮的住房和家用汽车上。在2000年后的十余年间，中国的房价翻了几番，沿海城市的房价更是青云直上，因为投资住房而暴富的人不计其数。在城市里，无处不在的各种跨国商品广告同样在为全球化的市场摇旗呐喊，而消费者感知到的产品国籍常常比其真实的国籍更重要（Zhou & Belk，2004）。尽管古尔德曼认为，成长中的中国中产阶级在生活和消费方式上对普通民众的引导性与他们在推动民主政治上的作为不大有关（Goodman，1999：240-241），但几乎所有的人都承认，与先前那个"短缺经济"时代相比，中国出现了表征中产阶级出现和壮大的“消费革命”(Davis，2000)。

全球化是一把“双刃剑”。一方面，它加快了世界经济的发展，促进了技术的扩展与革新，推动了全球范围内生产力的进步，为那些审时度势的发展中国家实现工业化和现代化，减少贫困人口，培育中产阶级提供了新的历史机遇；另一方面，它又在全球范围内扩大了贫富差距，资本的全球流动造成了工作条件和劳工利益的“向下竞争”，不仅“加剧了全球工人阶级身份认同的危机和传统劳工运动的衰落”(余晓敏，2006)，而且也对发达国家中产阶级的进一步成长造成了威胁。一句话，全球化在给人类带来前所未有的经济繁荣和发展机遇的同时，也带来了巨大的风险和挑战。在某种意义上，人类未来的命运尤其是社会稳定就依赖于我们能够在何种程度上有效地应对这一风险和挑战。

上　篇

古典中产阶级

在 15—19 世纪期间，西方中产阶级的划分标准经历了从政治、经济到社会的变迁。最初的中产阶级是根据政治地位来确定的，因此，早期的中产阶级便是政治等级秩序中的第三等级，即市民等级。在经历了资产阶级革命和资本主义经济大发展之后，由于封建制度的解体、现代民族国家的建立，以及资本主义制度的确定，经济在社会生活中开始具备主导性地位；与此同时，政治经济学成为当时人文社会科学中最重要的学科门类，即学术从政治学（政治算术）到政治经济学。与此种社会变迁与学术思想发展对应的是，对中产阶级进行划分的理论标准也由政治过渡到经济方面。

进入 20 世纪以后，随着资本主义从自由走向垄断，文化、社会等方面的因素与政治、经济等因素一起，构成了影响社会分层的多重因素；与此同时，随着社会学的崛起，有关中产阶级的研究从经济学的角度转向更宽广的社会层面。与此对应的是，对中产阶级的指认，也经历了从市民等级、中小资产阶级到中间阶层的变迁。其中，如果说等级属于政治学范畴，阶级属于经济学范畴，那么阶层则属于社会学范畴。“等级—阶级—阶层”这一理论范式的发展变化可以折射出中产阶级这一群体的社会变迁。

中产阶级作为一股重要的社会力量，在传统社会向现代社会的转型过程中发挥了重要甚至是最根本的力量。从市民阶级在英国革命和法国大革命中所展示的力量，以及在工业革命中所发挥的经济作用，可以说中产阶级是社会、文化和经济向现代转型的先驱和代表。在某种意义上，他们就是现代性的化身。因为各个国家对现代化的路径的选择，很大程度上是与中产阶级在现代化进程中的作用紧密联系在一起的。这使得中产阶级的理论和实践与各个国家进入现代化进程的历史环境密切相关，中产阶级自身也不能够脱离各个国家的历史环境而发挥作用。

因此，在考察 15—18 世纪现代社会变迁中的中产阶级时，我们采取了“现代化模式—中产阶级理论与实践”同构的分析方法。具体来说，以英国为例，说明随着工业化和城市化的发展，中间等级是如何兴起，而后随着现代大工业的发展，中间等级（小资产阶级）是如何逐渐没落的；以法国的政治革命为例，说明作为第三等级的市民等级如何变成作为统治集团的资产阶级；以德国为例，说明新中产阶级如何兴起并改变了二元对立的社会结构。当然，这样做的目的最主要的是为了提炼出具有典型意义的、对当代中国社会转型中的中产阶级理论与实践具有启发价值的理论模型，因此这一理论模型在提供简单明确的理论形态时，难免会遗漏英、法、德等国中产阶级在具体历史发展过程中表现出来的一些方面。

此外，中产阶级的概念必然与马克思主义的阶级理论具有千丝万缕的联系。

其中最核心的问题是，我们在讨论“中产阶级”这个概念时，实际上面临着一个赖特所说的“阶级结构”和“阶级构成”之间的区别。正如赖特所指出的，在“阶级分析中，阶级结构和阶级构成之间的区别是阶级分析基本的，但常常是隐含着的区别”，“阶级结构指的是个人参与其中的社会关系的结构，这种结构决定着他们的阶级利益”；“阶级构成指的是阶级结构中以该阶级结构所形成的利益为基础而组织起来的群体的构成。阶级构成是可变的”（赖特，2006：11）。由此可见，“阶级结构”的重心在于社会关系，更进一步说则是生产关系和阶级关系；而“阶级构成”的重心则在于群体的具体构成。

有趣的是，“阶级结构”和“阶级构成”之间的区别，正好构成了古典时代中产阶级理论发展的两个阶段：一是英国古典政治经济学以及马克思在政治经济学语境中的中产阶级概念的基础是“阶级结构”的分析方法，我们在分析英国的中产阶级时，主要是从这一角度来论述的；二是德国的社会学家以及社会民主党的理论家则是从“阶级构成”的角度来认识中产阶级的，我们在分析德国的中产阶级理论时，也主要是从这一角度来理解的。

正是因为对于中产阶级的认识不同，德国社会民主党，尤其是其领袖人物伯恩施坦才“修正”了马克思主义，使得中产阶级的理论模型从古典转向现代，从对中产阶级“阶级结构”的分析转向对其“阶级构成”的分析，在分析方法上也从古典政治经济学的逻辑演绎方法转向现代社会学的归纳和统计方法。

第一章　前现代中产阶级的理论与历史

一、古代中产阶级理论

古代的封建社会的分层主要是从政治角度出发的，因为那种社会形态本质上是一个政治社会，用滕尼斯的话说，就是一个“政治共同体”。在这种政治共同体中，人天生是政治动物（亚里士多德语），政治对于人的社会分层结构具有决定性的意义。因此，古希腊的思想家们对于社会分层的最初解释，是从政治、伦理甚至宗教的层面来进行的。这些理论与实践最初体现在柏拉图所设想的理想国和亚里士多德对“政体”①的设计中。

在分析古代社会的分层结构时，需要注意的一个关键问题是：奴隶阶级没有进入古代思想家们的社会分层结构理论的视野。按马克思在《路易·波拿巴的雾月十八日》第二版序言中所指出的，当人们把当下的社会和古希腊社会作简单历史对比时，“忘记了主要的一点，即在古罗马，阶级斗争只是在享有特权的少数人内部进行，只是在富有的自由民与贫穷的自由民之间进行，而从事生产的广大民众，即奴隶，则不过为这些斗士充当消极的舞台台柱。人们忘记了**西斯蒙第**所说的一句名言：罗马的无产阶级依靠社会过活，现代社会则依靠无产阶级过活……古代阶级斗争同现代阶级斗争在物质经济条件方面有这样的根本区别”（马克思、恩格斯，1995a：581）。因此，我们在分析古希腊思想家的中产阶级理论时，需要注意的是，他们的阶级理论具有两个前提：一是在研究对象上，其中

---

① 柏拉图和亚里士多德所说的“政体”，与当代中国语境中的政体并不是一回事。中国语境中的政体，指的是资本主义与社会主义的根本性制度；他们所说的政体，则相当于政治体制，所以在此加上引号，以示区别。

产阶级理论只限于具有自由民身份的“公民”，没有把整个国家的人口都包括进来，也就是没有把奴隶、农奴以及边区居民、外邦人等纳入进来。因为这些人既没有政治权利，也没有法律上的主体地位，因此也就没有参与城邦公共政治活动和自由发表言论的基本权利。[①]二是在空间上，其阶级理论只适用于城市社会，即所谓的城邦这个层面，而不适用于国家这个层面。与今天的社会科学研究者把民族国家（甚至是全球）当作自己研究不言而喻的前提不同的是，古代的思想家既没有民族国家的观念，更没有全球的视野，因此不能把古代的中产阶级理论简单套用到现代社会分析中。总之，城市（城邦）与公民（这个问题在近代则演变成城市与市民，即所谓的市民社会，从而构成了现代社会的基本形态），构成了古典中产阶级理论的隐含前提和基本框架，这是我们在理解和把握这些理论时需要时刻注意的方面。[②]

1. “阶级结构论”与柏拉图的公民美德

对社会的结构进行分析并且在某种社会结构中理解和把握社会的中间阶级，最早可以追溯到西方思想的发端——古希腊时期。柏拉图不仅是西方思想的源头，也是最早对此进行系统研究的学者，他在研究理想的政治体制和国家形态的过程中，对社会的结构问题做了系统论述，从而成为西方思想史上研究中产阶级的第一人。

社会正义论、整体论与“阶级结构论”　从社会学的角度来看，柏拉图是主张社会实体论和社会团结的第一人，正如周晓虹所指出的，柏拉图将“社会看成一个类似于自然界的各种成分相互结合的统一整体”（周晓虹，2002a：5）。这实际上构成了西方学发展中的一个重要线索：社会有机论。从黑格尔的社会有机体论到帕森斯的结构功能主义，与此均有密切关系。[③]

---

① 公民权的问题到了罗马帝国时期才得以部分解决，真正的解决则是在法国大革命中。由于地域广大，经济活动发达，为了保障社会经济活动的进行，罗马帝国不得不给予外邦人以公民权，在著名的《查士丁尼法典》中，把市民权给予了外邦人。从此以后，古代希腊社会的公民权问题，以市民权的方式体现出来；与此相应的是，以政治为特征的公民社会（城邦）在历史中的意义开始让位于以经济为特征的市民社会。

② 目前有许多关于古希腊中产阶级的研究，往往忽视了这两个前提，造成了某种历史的错觉，导致对古希腊中产阶级理论的误读。一个典型的误读就是把城邦理解成国家，许多学者在论述柏拉图等人的中产阶级理论时，往往用“国家”这个表述来取代“城邦”。其实要理解古希腊的中产阶级理论，“城邦”二字中的“城”字更重要，把城邦理解成城市可能更合适，最多只能理解成城市国家，它与现代性意义的民族国家是有区别的。

③ 黑格尔正是基于社会有机体论的立场，才提出了中间阶级对于社会整合的意义，从而为德国思想的劳资合作、和谐社会主张与政策提供了一个重要的思想来源。当然，这是后话。本书将在第三章中对此展开分析。

柏拉图认为，理想的城邦应当是一个统一的有机整体。这种统一的整体论思想实际上是把个人从属于一个团体，正如基佐所说的，“如果你在古代文明中看到有自由，那是政治上的自由，公民的自由。人不为自己的个人自由，而为他作为公民的自由而努力奋斗。他属于一个团体，他效忠于一个团体，他准备把自己奉献给一个团体”（基佐，2005：42）。希腊城邦的这种统一性和整体性与封建社会基于人身依附关系而形成的贵族政治组织不一样，封建制度下的贵族政治组织强调的是人对人的忠诚和依附关系，而希腊城邦是强调人对社会的忠诚，“在古代共和国里，你看不到一个人自愿地依附于另一个人；他们都依附于社会”（基佐，2005：43）。这种人对社会的忠诚决定了当时的思想家们是基于社会的需要和分工来思考理想的社会形态的。因此，柏拉图的社会分层理论是以他关于社会整体的观念以及社会分工论为基础的。他认为，城邦的基础是以分工为标志的相互依靠的生活，由于人无法自给自足，人们为了满足自己的需要，不得不依靠其他人的帮助，由此便产生了社会分工和相互帮助。柏拉图的这一思想实际上已经构成了现代社会理论的原形之一。在这里，我们其实可以隐约看到帕森斯结构功能主义的模糊影子。进一步说，作为现代社会科学皇冠上的明珠的经济学，正是从需要和分工这两个理论前提出发，来构建其社会经济分析的理论大厦的。就现代的阶级理论起源来说，古典经济学正是从需要和分工的角度提出了自己的阶级观点，从而为中产阶级的两大范式之一——“阶级结构”理论，奠定了基础的。①而马克思正是在这个“阶级结构”理论基础上构建起了系统的阶级理论和社会理论（即所谓的阶级斗争理论和历史唯物主义原理）。本书将在第二章对这个问题展开分析，这里只是提示读者注意，柏拉图的社会有机体观念是现代中产阶级理论关于社会稳定观点的原形之一。

不过，虽然柏拉图与现代社会思想家一样都主张社会有机体的观念；但是，与现代社会经济理论不同的是，他所主张的社会有机体是以等级划分为基础的。换言之，柏拉图是以政治和伦理为依托，以秩序和谐和伦理正义为目的来构建其理想的国家（社会）形态的。这一点适应于城邦社会的需要，适应于政治的需

---

① 现代中产阶级理论的两大范式是“阶级结构”与“阶级构成”。阶级结构的理论范式与古典政治经济学具有密不可分的关系。现代社会中最初产生的社会哲学就是古典经济学，而不是孔德式的社会学，因为当时基本上所有的古典经济学著作都有一个副标题——社会哲学。这一点为当今中国乃至国外社会学界的社会学思想史研究所忽视，从而将现代社会学的起源不恰当地归结为孔德。本书将在第二章系统论述这个问题。这里只是指出，现代中产阶级的“阶级结构”理论范式与柏拉图的社会有机论思想关系密切。

要，但不适用于现代社会，更不适用于市场经济型社会。这是古代中产阶级理论与现代中产阶级理论的最大区别。在古希腊的奴隶社会中，用我们今天以民族国家为分析单元（而不是以城市为分析单元）的阶级分析方法来看，整个社会可以明确地分成奴隶主和奴隶两大对立阶级，此外便是大量介于两者之间的平民。根据现代社会学的上、中、下三分法，我们可以把平民当作中间阶层来看待。当时的法律以及制度规定了人的身份，其中比较主要的身份有两种：一种是奴隶，另一种是自由民，即公民。在《理想国》一书中，柏拉图将公民划分成三个等级，其中产阶级理论就建立在这个划分的基础上。在柏拉图看来，公民的第一等级是管理国家的统治者，他们是集政治家与哲学家（因为当时的哲学是“智慧”之意，它与知识、科学具有同样内涵）于一身的哲学王。由于柏拉图自己便出身于贵族家庭，他的出身、经历、立场以及当时的社会环境，使他自然认为“农民、工人、商人是物质财富的生产者和推销者，他们不可能也不必要去担负行政上的许多事务”，“政治活动是领导阶层的专职，是领导阶层义不容辞的一种道德责任。领导阶层与群众分工合作的政治结构和政治体制应当是这个样子：领导阶层尽其全力来治理国家，捍卫国家。他们受工农商的供养，反过来给工农商办好教育、治安和国防”（柏拉图，1985：译者引言）。公民的第二等级是辅助统治者维护国家的武士，由于当时没有职业军人制度，这些武士平时是城市居民，战时则变成战士，而且需要自备武器和战马。公民的第三等级是商人、工匠、农民等，他们主要为城邦提供生产生活资料，执行的是经济职能。这三个等级正好对应于城邦的政治、军事、经济三大职能。从这可以看出，柏拉图的理论已经将社会结构与功能分析很好地结合起来。

从柏拉图的这一社会分层理论来看，他实际上是把公民中第二等级武士从属于第一等级即既是政治家又是哲学家的贵族。这样，我们就可以把古希腊公民社会中的贵族以及武士作为社会的上层阶层，因为无论是贵族还是武士，他们基本上都是大大小小的奴隶主。而柏拉图所说的为整个社会提供生产资料和消费资料的商人、工匠和农民，则属于社会的中间阶层。除此以外的，便是处于社会最底层的奴隶阶级。从这一理论模型中，我们可以明显地看出上、中、下三层社会结构。在这三层结构中，处于中间层面的、具有自由民身份的商人、工匠、农民，即柏拉图所说的工农商阶层，是当时古希腊社会的中间阶层；他们与中世纪后期崛起的、处于封建贵族和无产阶级之间的市民等级十分相近。

公民节制美德与中产阶级精神　柏拉图提出，社会分工是等级划分（社会分层）的基础，而社会分工又是由各人的天赋以及能力来决定的，“对于不同样的禀赋给予不同样的职业，对同样的禀赋给予同样的职业”（柏拉图，1985：185）。在柏拉图看来，社会的上层应是具有智慧以及勇气的贵族；社会的中间阶层则是具有一般天赋、适于从事工农商这些职业的平民。他们的天赋，用柏拉图的话来说，便是具有“有节制的美德”。从现代社会学的观点来看，这实际上是“经济人”所特有性格。

柏拉图认为，人的灵魂由三个部分——理性、意志和情欲——组成，理性体现为智慧的美德、意志体现为勇敢的美德、情欲体现为有节制的美德。这三种美德与三大社会等级是相应的，这样就能做到人尽其才，使整个社会达到和谐。第一等级的公民代表了理性，他们具有智慧的美德，用中国式的语言来说就是，这个等级的人“所谋者大”、胸怀天下、考虑国家大事，柏拉图的说法是，这些“公民具有一种知识，这种知识并不是用来考虑国中某个特定方面的事情的，而只用来考虑整个国家大事”，“这种知识是护国者的知识”，“而能够具有这种知识的人按照自然规律总是最少数”（柏拉图，1985：146－147）。显然，柏拉图在这里所指认的是社会的上层阶级即奴隶主贵族领导阶层。第二等级的公民代表了意志，他们是具有勇敢精神的战士。柏拉图所说的“勇敢”是指对信念的坚持，而这种信念并不是第二等级公民所固有的，而是由第一等级的领导者灌输给他们的，也就是说，柏拉图所界定的第二等级实际上没有自己的“阶级意识”，他们完全接受第一等级的思想、观念与法律，所以不能作为一个独立的阶层而存在，用马克思的话说就是，他们不能自己代表自己，必须由别人来代表他们，所以，他们就只能作为第一等级的附属阶层，即上层阶级的下层。

如此，我们排除了柏拉图的社会分层理论中的第二等级作为中间阶级的可能，那么，只有“第三等级”才是我们所要研究的中间阶级。在柏拉图看来，第三等级的公民代表了情欲，他们的美德就是节制，“节制是一种好秩序或对某些快乐与欲望的控制”（柏拉图，1985：150）。柏拉图所强调的第三等级公民的特征，与后世的韦伯对中产阶级的精神面貌的描述具有异曲同工之处。韦伯在《新教伦理与资本主义精神》一书中提出，加尔文教义和清教伦理——严谨工作和对财富的追求，促进了资本主义的兴起。在柏拉图看来，节制这一美德主要体现在“生意人”身上，从整个社会的层面看，即我们前面所提的从事工农商等生产活动的自由民。这已经有了后来我们所说的从事工商业的资产阶级（市民等级）的影子。

在柏拉图看来，只要处于不同社会阶层的人安分守己（孔子也持这种思想）、互不干扰、相互合作，所谓的正义——用今天流行的话来说便是和谐社会——就会实现。柏拉图说："当生意人、辅助者和护国者这三种人在国家里各做各的事而不相互干扰时，便有了正义，从而也就使国家成为正义的国家了"，"木匠做木匠的事，鞋匠做鞋匠的事，其他人也都这样，各起各的天然作用，不起别种人的作用，这种正确的分工乃是正义的影子"（柏拉图，1985：172）。正是基于这一点，柏拉图反对社会各阶层之间的流动，特别反对第一等级和其他等级之间的流动，他说，如果一个手艺人或者一个生意人，企图爬上军人等级，或者一个军人企图爬上护国者等级，这会导致"国家的毁灭"（柏拉图，1985：156），通俗说法就是"会乱套"。我们知道，社会变迁，其实就是不同社会阶层的人发生流动，导致原有社会结构的崩溃。从这些论述中可以看出，柏拉图实际上已经意识到后世马克思所提出的那个命题——社会阶级结构（即经济基础）变迁会导致上层政治建筑的革命即"国家的毁灭"。而维护社会正义，就是要维持社会的稳定，柏拉图的这个问题，被他的学生亚里士多德接了过来。

2. 亚里士多德："阶级构成论"与中间阶级的功能

如果说我们从柏拉图关于社会整体与正义、需要及分工的见解中，隐约可以看到古代中产阶级的影子的话；那么，从柏拉图的学生亚里士多德的著作中，我们则可以看到更明确的关于古代中产阶级的论述。由于古希腊没有"社会科学"这种说法，当时的城邦学或者政治学，其实相当于现代意义上的社会科学。因此，亚里士多德的《政治学》不仅在西方政治思想史上具有极其重要的地位，而且也是第一部构建"中产阶级理论"的社会科学著作。

亚里士多德思想的社会科学性，首先体现在其研究方法上。周晓虹指出，与柏拉图相比，亚里士多德"更多地具有科学主义的品质。进一步看，如果说柏拉图的社会思想大多来自其天才的假设和推演的话，那么亚里士多德的观点则主要来自经验的归纳"（周晓虹，2002a：5）。需要特别注意的问题是，柏拉图式的"天才的假设和推演"和亚里士多德的"来自经验的归纳"不仅构成了现代社会理论的两种基本范式，而且构成了中产阶级理论的两种基本范式，本书所提出的中产阶级的"阶级结构"与"阶级构成"问题，正分别代表了柏拉图和亚里士多德两种不同的社会分析方法，本书将在第二章中展开对这一问题的详细分析。

正是基于经验的归纳，亚里士多德对中产阶级的理解不是从抽象的"人的灵魂"理念出发，而是源于现实的生活，特别是根据财产状况来区分的。在公元前594年雅典的政治改革中，梭伦曾把公民分成日佣级、双牛级、骑士级和500麦斗级等四个等级，这是首次按照财产状况来对统治阶级内部的公民进行阶层划分。

亚里士多德则在上述基础上对公民阶层进行了更简洁明确的区分，这就是根据现实中的财产状况将公民分为三个层次，他说："在一切城邦中，所有公民可以分为三个部分（阶级）——极富、极贫和两者之间的中产阶级。"这种从财产的角度来划分阶级的观念，比柏拉图从职业的角度来划分阶级的理论，要更深刻。从亚里士多德的这个界定可以看出，极富的公民主要指500麦斗级，即大奴隶主；极贫的公民指日佣级，即处于下层甚至破产境地、失去土地的公民；而中产阶级则指为了生计而奔波的小奴隶主，即双牛级和骑士级的公民。按史料记载，双牛级的公民所拥有的财产大约有几亩地，在战争中主要充任重装步兵，是战斗的主力；骑士级的公民所拥有的财产则在几亩地的基础上加上一头牲畜（战马或耕牛），由于他们拥有战马，所以在战斗中充任骑兵，也是战斗主力。雅典后来之所以灭亡，跟充当战斗主力的双牛级和骑士级的公民的衰弱有关。从双牛级和骑士级的公民的财产水平来看，当时的中产阶级的收入其实颇微薄，只能勉强养家糊口。

亚里士多德在《政治学》中提出，"所有城邦都是某种共同体"，"人天生是一种政治动物"（亚里士多德，2005：1－2）。这继承了柏拉图的社会有机论。但是，对于由哪一个公民阶层来代表这个社会有机体的最高利益，亚里士多德与柏拉图有着不同的理解。柏拉图所代表的是公民中的富有奴隶主阶层，而且他所提出的社会分工论反对阶层流动、固定各阶级的社会地位；亚里士多德则代表了中间阶层的观点。有学者已经注意到，亚里士多德把体现中间阶层统治原则的共和政体看成现实所能达到的最好政体，把中产阶级看成社会的中坚力量。因为亚里士多德深刻地意识到，经济基础对于政治制度具有决定性的作用，当中产阶级弱小无力时，国家就会分裂为穷人和富人两派，富人得势必然建立寡头制，中产阶级和穷人被排除在政治生活之外，穷人得势必然建立极端民主制，以多数的暴政取代法治（毛寿龙，2001：275）。亚里士多德之所以反对富人的寡头政治，是因为富有的阶层"狂暴""暴戾"，这跟中国传统文化所批判的"为富不仁者"类似；同时，亚里士多德也反对穷人所建立的极端民主制，因为贫穷的阶层"下贱""狡诈"，他们与马克思所批判的流氓无产阶级具有相似性，也就是俗话所说的"可怜之人必有可恨之处"，所以他们不能承担管理国家的责任。基于这个判断，亚里士多德提出，中间阶层是城邦中"最安稳的"阶层，"最好的政治社会是由中等阶级（阶层）的公民组成的"（亚里士多德，2005：206），这是因为，中产阶级执政实行的共和政体综合了寡头政体和平民政体的优长，兼顾了贫富两者的利益，不会出现经济上的两极分化和极端政体。

亚里士多德不仅深刻地意识到经济地位对政治制度的决定性作用，而且还从文化或品位的层面来理解中产阶级。他认为，极富阶级常常“逞强放肆”，这有点类似于欺男霸女的豪强；而极贫阶级则“懒散无赖”，其精神状况则有点类似于流氓无产者。因此，这两个阶级都缺乏理性，只有中产阶级具有理性。亚里士多德之所以把社会稳定的希望寄托在中产阶级的身上，是因为他认为，“德性就是中道，作为最高的善和极端的美”（亚里士多德，1999：37），而中产阶级具有“中道”的美德。与富人和穷人这两个阶级相比，中产阶级具有自己独特的阶级意识和社会心态：地位稳定、心态平和、没有野心（用现在的说法是小富即安）、富于理性。中产阶级之所以具有这种品德，是因为他们主要是从事农、工、商的公民群体，这个群体善于计算契约的商业行为也使得他们形成理性的习惯，因此在政治和哲学领域里他们显得比富人更有理性的智慧（毛勤勇，2005）。亚里士多德提出：“中产阶级（小康之家）比任何其他阶级都更稳定。他们既不像穷人那样希图他人的财物，他们的资产也不像富人那样多得足以引起穷人的觊觎。既不对别人抱有任何阴谋，也不会自相残害。”“大家既然已公认节制和中庸常常是最好的品德，那么人生所赋有的善德就完全应当以（毋过毋不及的）中间境界为最佳。处在这种境界的人们最能顺从理性。趋向这一端或那一端——过美、过强、过贵、过富或太丑、太弱、太贱、太穷——的人民都是不愿顺从理性的引导的。第一类人们常常逞强放肆致犯重罪，第二类则往往懒散无赖易犯小罪：大多数的祸患就起源于放肆和无赖。中产阶级的人们还有一个长处，即他们很少有野心。在军事和文治机构中，有了野心的人对于城邦常会酿成大害。”（亚里士多德，2005：205）在亚里士多德看来，正是没有野心、顺从理性的中产阶级，构成了社会稳定的重要基础。

总之，亚里士多德的最大贡献在于，不仅从经济的层面划分阶层（这已经比较接近现代的阶级理论），而且还从文化的层面来把握中产阶级。可以说，现代的中产阶级理论的雏形在亚里士多德那里已经清晰可见，后世思想家所要做的事情就是根据社会现实赋予其“时代精神”，基本的分析框架其实没有多少改变，这大约也是现代社会科学在追溯起源时不得不“言必称希腊”的原因。

与柏拉图把各个社会阶层“安分守己”“各做各的事”视作社会正义与和谐的基础不同的是，亚里士多德单独把中产阶级视作社会稳定的基础。其原因在于，由于当时希腊的社会变迁，社会的中间阶层开始出现衰弱的趋势，并且导致了社会矛盾与冲突，最终导致希腊的衰亡。亚里士多德生活的公元前 4 世纪正是古希腊社会从繁荣走向衰退的时期，伯罗奔尼撒战争持续 27 年之久，给社会造成了沉重的负担。正如前文所说，从财产状况来看，中产阶级的收入其实颇微薄，只能勉强养家糊口而已。战争使中产阶级背上了沉重的社会负担，再加上战后土地兼并加剧、高利贷盛行，许多本来就不富裕的中产阶级因此破产，没有破产的中产阶级也不得不为生计而奔波，整个社会的贫富差距日趋严重。这种状况导致中产阶级的政治热情大大降低，对城邦事务缺乏热情，经常不参加公民大会，对城邦的忠诚度也在不断下降，整个社会渐渐处于疏离状态中。

中产阶级的这些变化导致城邦民主制的衰落和国家危机，从而使导致城邦从民主走向专制。这与一战之后，德国从民主制走向法西斯主义具有惊人的相似性，这一点给我们提供了重要的历史教训：中产阶级的破产将导致民主制衰落和社会危机，从而使社会容易走向专制。亚里士多德之所以对处于衰弱境地的中产阶级特别关注，并提出自己的中产阶级理论，其实是试图扭转这种中产阶级破产、社会疏离的趋势。正是这一点，给今天的社会研究提供了重要的启示——中产阶级的衰弱将引发社会的衰亡。这正是我们需要重视亚里士多德的中产阶级理论的原因。面对当时危机重重的社会，亚里士多德将希望寄托在中产阶级的身上，试图通过中产阶级来解决政治体制问题，从而为逐渐分崩离析的社会找到一个医治的良方，这便是所谓的“中产阶级社会稳定器”问题的由来（毛勤勇，2005）。

亚里士多德对以中产阶级为主的“平民主义政体”优点的论证，其基本的理论特点与政治实践是提倡中产阶级对民主政治的稳定功能，反对“极富者”即奴隶主贵族的寡头政治。这一点对后世，尤其是资产阶级革命的政治理论有重大影响，如作为德国资产阶级的思想家的黑格尔就特别向往古希腊的城邦政治，他在《法哲学原理》中所设想的政治制度与亚里士多德的思想具有许多相通之处。而亚里士多德的中产阶级理论以及在此基础上建构的民主政治观，通过黑格尔影响了德国的社会民主党，对欧洲的民主社会主义等产生了深远的影响。在后面的章节中我们会进一步讨论这个问题。

此外要注意的是，与柏拉图一样，亚里士多德的社会分层理论所研究的是公民[①]，奴隶是被排除在外的，他并不将奴隶看作人，而只作为“物”。“那种在本性上不属于自己而属于他人的人，就是天生的奴隶，可以说他是他人的人，作为

---

① 据记载，雅典全盛时代自由公民的总数连妇女和儿童在内约为9万人，而男女奴隶为36.5万人，被保护民——外地人和被释放的奴隶为4.5万人。当时的所谓“全权公民”仅指自由民中的成年男子，总数估计在3～4万人，而出席公民大会的通常不超过3 000人（陈恒，2001：33）。

奴隶，也是一件所有物。”“奴隶就是一种有生命的所有物。”（亚里士多德，2005：7）由此可见，在对待奴隶的问题上，亚里士多德继承了他老师柏拉图从人的灵魂的角度进行社会分工的理论。因此，无论是亚里士多德还是柏拉图的中产阶级理论，与我们今天的社会分层理论中的中产阶级理论都有一种理论错位的效应。这是由于，在他们的视野里，奴隶只是活的工具，不能算人，更不可能构成一个阶级，因而他们所划分的等级或阶级也只存在于公民即自由民的内部，这样，他们将奴隶排除在社会分层理论之外，所以，他们的社会分层理论中的下层，即破产或失地的平民，无论如何，其社会地位总是高于奴隶的。因此，在他们的理论中被归属于下层的平民，若以今天的社会分层标准来看，显然属于社会的中间阶层，而奴隶才是真正的社会下层。这是由于他们把奴隶排除在“人”这个概念之外而造成的理论错位。所以从根本上讲，亚里士多德的中产阶级理论以阶级不平等的政治社会为根本特征，与现代中产阶级理论在时代话语和社会情境上完全不同，其在政治学理论框架中阐释的“中产阶级”实际上不能被称为一个阶级，至多是统治阶级中的一个阶层。

二、近代中间等级的崛起

在今天的语境中，中产阶级往往被人们直观地理解成“白领＋小老板”，人们很少会将中产阶级与有一定实力的“老板”联系起来，这其实是历史语境的不同造成的理解差异。而实际上，在中世纪后期，中产阶级成员并不仅仅是“小老板”，而是指与市场经济、资本主义和工业革命相伴随而生的工厂主、商人、农场主。他们在早期被称作“市民阶层”，在政治上被限定在第三等级的地位。这些人处于有头衔的封建贵族的压迫之下，社会地位并不高，但他们相对于劳工阶层来说，又具有较强的经济实力，处于社会的中间，因此被人们称为“中间等级”。

需要说明的是，封建社会后期的中间等级不同于20世纪现代社会的中间等级，他们与资本主义社会结构变迁的不同历史时段相关。具体而言，封建社会后期的中间等级指的是市民阶层与新兴的资产阶级，这些人拥有一定甚至较多的经济资本，其实力远超过今天人们所理解的“小老板”；而20世纪之后的现代社会的中间等级则主要由“小老板”和拥有一定文化与知识资本的“白领”构成。

需要注意的是，近代的中间等级在形成的过程中有多种表述，分别是：burghers class、middle station、middle class。它们分别属于不同的历史时期和历史语境，现代的研究者往往忽视了其特定的历史语境，不加区别地使用这些概念，在一定程度上造成了中产阶级理论研究的混乱。

1. 近代工商业“资产者阶层”的兴起

在《理想国》中，柏拉图描述了一个处于社会中间层的、具有自由民身份的农民、工匠、商人和佣工阶层，即柏拉图所说的“工农商阶层”。这个群体是当时希腊社会的中间阶层，他们在社会生活中主要承担的经济职能，与中世纪后期崛起的、处于封建贵族和无产阶级之间的市民等级所起的经济作用十分相近。在《政治学》中，亚里士多德通过考察城邦政治，分析了中产阶级的经济地位、阶层性格和政治行为，提出了中产阶级执政的政治思想以及通过中产阶级来协调社会各阶级关系的治国理念。从古希腊思想家关于中产阶级的论述来看，他们已经意识到了中产阶级的政治经济功能，即发展工商业与稳定社会关系的功能。然而，这还只是理论上的假设，真正体现中产阶级政治、经济作用的是封建社会后期随资本主义工商业而兴起的现代市民阶层，这也是近代意义上的中产阶级。

我们知道，封建社会的基本结构是“组成军事贵族阶层的贵族、构成教会和知识显贵集团的教士和以自己的劳动供养以上两个阶级的农民”（斯塔夫里阿诺斯，2005：508）。有学者形象地指出，“中世纪流行着一个简单的阶层划分公式，把人们分为战斗的、做工的和祈祷的”（朱孝远，1996：4），分别对应的是贵族、农民和教士。在这种基本的社会结构中，贵族以及教士阶级，与农民阶级构成了两个基本对立的阶级结构，其中处于上层的是贵族阶级，处于下层的是农民阶级。然而，需要注意的是，这种二元社会结构并不是固定不变的，而是相反，“在中世纪，贵族的命运是多变的。旧的贵族世家会因权势削弱、财富减少或无嗣继承而退出贵族集团。由于贵族的人员经常变动，所以15世纪以后欧洲的君主们不得不常常统计贵族的人数，以确定他们的地位”（朱孝远，1996：5）。

欧洲的贵族可以简单地分为大贵族和小贵族两类，“大的贵族是公爵、侯爵和伯爵，这些人常被称为诸侯，他们管理一个很大的地区，小的贵族主要是指骑士，他们主要以军事为职业，为国王和大贵族服务”（朱孝远，1996：3）。在中世纪后期，“严格意义上的欧洲旧贵族已随封建社会的瓦解而走向衰弱，而各种新兴势力又不断步入上层社会的舞台”（朱孝远，1996：6）。在贵族的命运变化与贵族阶层的社会流动过程中，小贵族首先受到资本主义新兴工商业阶层的冲击。如果把欧洲中世纪的贵族与希腊时代的城邦公民做比较，就可以发现，小贵族其实类似于希腊城邦的中产阶级：如同城邦中的中产阶级是希腊民主制的支柱一样，中世纪的小贵族则是欧洲军事封建制度的主要支柱。当商品经济与资本主义兴起以后，首先受到冲击的是这部分旧社会的中间阶层，经济上的困境使小贵族和骑士们已不可能再履行个人的军事服务，他们为生活所迫甚至公开抢劫①，这导致了封建贵族制度解体："贵族制度瓦解的另一个表现是，贵族在经济上走向衰弱。大贵族依靠传统势力和实力，作种种挣扎的努力。中小贵族则开始完全没落，沦为一般地主，甚至穷人。这标志着贵族作为一个社会等级，已经面临崩溃。"（朱孝远，1996：130）

"贵族在经济上主要受到两次严重打击。一是农业危机的打击。人口下降后，城市人口减少；饥荒过去后，农业品价格下跌。粮食价格下降的速度超过其他的物品。贵族即使想支付高的工资也不可能。一些人在财政上崩溃了，另一些人在战争中丧生。二是受商品经济的打击。他们的收入主要来自地产、地租和法律审判所收的罚金等。16、17 世纪时这些贵族仍然过着奢侈生活。有三件事情毁灭了贵族：金钱、奢侈和战争。和平之时他们奢侈享受，战争之时他们因无金钱储备只好抵押磨坊和地产，1492 年后货币租普遍流行，城市居民从贵族的地产抵押中获得成千上万的金币。"（朱孝远，1996：130－131）与此同时，由于资本主义商业的兴起而出现了一个新兴的社会中间阶层——资产者阶层（burghers class），他们开始步入上层社会的舞台，引发了剧烈的社会流动。在中世纪后期即 14—15 世纪，出现了大量社会地位迅速提升的例子，一些人从"商人中间等级上升到贵族社会顶层"，"更经常出现的是平民——富裕农民和城市商人——向小贵族的流动。对这些小人物而言，中世纪晚期的军事和政治环境同样有利于社会流动"。"在 15 世纪的法国，富裕农民家庭轻而易举地进入贵族阶层，其途径只不过是获得封地、加入当地豪强地主的侍从行列"，"快速而不正常的流动，同样是 15 世纪英国社会的特征，1450 年到 1500 年，大约 1/3 小有成就的伦敦商人的后代成为拥有地产的绅士"（德瓦尔德，2008：23）。

资产者阶层的崛起改变了贵族与农民对立的二元阶级结构，使得中世纪后期欧洲的社会结构出现了贵族、资产者阶层、农民这三个层次的阶级结构。在这一

---

① 旧制度下的中间等级既可能是原制度的支柱，也可能是原制度的破坏者。欧洲封建制度下的小贵族开始是旧制度的支柱，但随着他们在经济上陷入破产境地后，就成了封建制度的破坏者，正如有学者所指出的，"15、16 世纪的社会动荡给中、小贵族的公开掠夺提供可能，这样，骑士又变成了强盗。'皮领强盗'即是一例。百年战争时期，骑士获得了机会。在战争休战期间和战后，这些无所事事的贵族就结帮拉派，成为一伙到处抢掠的武装匪徒，被称为'皮领强盗'。皮领强盗主要是贵族，因为只有贵族才被允许穿戴皮制衣领。这些皮领强盗到处杀人越货"（朱孝远，1996：136）。第一次世界大战前后的德国新中产阶级也一样，在战争之前，他们是社会和谐和缓解资本主义社会劳资冲突的重要力量，但随着德国的战败和经济凋敝，他们则成了法西斯主义的社会基础。这说明，任何一种社会制度中的中间等级，他们的繁荣构成了这个制度的基础，他们的衰败则会埋葬这个制度，希腊的中产阶级如此，欧洲中世纪的小贵族也是这样，20 世纪的德国新中产阶级还是如此。

结构中，资产者阶层处于社会的中间阶层，因此也被称为“中间阶级”。这个资产者阶层最初是由手工业者发展而来的。10—11 世纪，“在德意志从事手工业的基本上是农业人口”，因此最初的手工业者“尚未摆脱与农业劳动最后的联系”（沈汉，1998：111，114）。随着资本主义工商业的发展，手工业者内部分化成师傅与帮工这两个阶层。师傅由于具有市民身份，从而拥有市民权（类似于希腊罗马时期的公民权）。这些市民（资产）阶级[①]的社会地位实际上“得到城市习惯和国王立法的承认和保护”（沈汉，1998：133），“封建制度把资产者改造成一个有身份规定的等级。这不是一个有财产即成为其成员的集团。资产者的身份经过了一定的演变，习俗规定也经过了一些变化，立法则把这种演变制度化地规定下来。在欧洲中世纪一段时间里，要想成为资产者，就必须符合一定的条件。在法国的波尔多，要进入资产者阶层，就必须在城里居住一个月以上，在城里拥有‘房产、住宅和家庭’，缴纳居留税等等一系列条件”（沈汉，1998：132）。随着经济的发展，师傅这个群体的财产不断积累，逐渐发展成资产者，而帮工则发展成无产者，而圈地运动又使失地农民不得不进城打工，成为无产阶级队伍的成员。这样就导致封建社会贵族（包括教士）与农民的二元社会结构逐渐演变成贵族、资产阶级、无产阶级这种三元的社会结构。[②]

总之，中世纪后期的资产者已处于社会的中间位置，在贵族、资产阶级、无产阶级这种三元的社会结构中，在这一历史时期处于社会中间位置的资产阶级正是本书所要研究的中产阶级。恩格斯在《英国工人阶级状况》一书中对这个中间等级作了如下解释：“英文中的 middle-class（或通常所说的 middle-classes），它同法文的 bourgeoisie（资产阶级）一样是表示有产阶级，即和所谓的贵族有所区别的有产阶级”（马克思、恩格斯，1957：280）；而在《共产党宣言》中，这个中间等级则被明确地描述成“资产者”，传统马克思主义理论视域中的“资产阶

① 在德语中，“市民阶级”与“资产阶级”是同一个词，这实际上反映了在某一个历史时期，资产阶级与中产阶级实际上指同一个社会群体，也就是本书所分析的中间等级。

② 与西方的三元社会结构形成鲜明对照的是，在中国长达千年的封建社会中，由于没有市场经济所造就的中间等级，中国社会一直维持着一种地主与农民的二元社会结构，历朝历代的革命只能是农民对地主统治阶级的造反，其最终结果也只能是沦为改朝换代的造反运动，而不是改变社会结构与社会关系的现代化运动。在这个意义上，东西方社会的最大差异在于西方的市场经济造就了一个新的中间等级，而中国恰恰缺乏这样一个中间等级：中国传统社会中的下层精英人士既无法通过市场经济的方式向上流动，也无法形成一个独立的中间等级和独立的意识形态，只能通过认同统治阶级意识形态，以读书做官的方式加入统治集团，这样就消解了下层民众的革命力量与底层设计能力，使中国的社会结构数千年维持不变。在西方，正是由这个中间等级发动了文艺复兴、思想启蒙、技术革命以及政治革命等一系列社会改造运动，推动了西方社会从传统向现代转型、从封建小国走向全球化。

级”一词以及其所负载的观念、意识形态、争论等皆由此引发。

2. 城市化、工业化与中间等级的壮大

上述分析已指出，现代意义上的中产阶级的产生与市民阶级的兴起密切相关，而这个市民阶级实际上是城市社会的产物，正如马克思在《共产党宣言》中所指出的，“从这个市民等级中发展出最初的资产阶级分子”。在中世纪后期，所谓的市民等级在英、法、德有不同指称，在英国叫作“burghers class”，在法国是“bourgeoisie”，在德国则叫作“bürgertum”。这三个词都有一个共同的词根即“bourg”“bürg”，意思是“城镇”。这反映了当时的中产阶级概念与城市密切相关，换言之，只有城市中的市民阶级才是真正的中产阶级。由此可见，最初的中产阶级与城市这个特定的地理空间以及城市化进程相关。

所谓的城市化，以今天的眼光来看，其实质是以市场方式使人口和资源在城市空间中集聚，其最初的兴起与自治城市的产生相关。据史料记载，最初的城市自治发生在公元 10 世纪，“967 年塞纳河畔莫尔维尔城的自治证书。当时该城居民归神圣罗马帝国管辖，不是法兰克国王的成员，他们要求摆脱农奴身份”，他们于 1007 年获得了特许自治证书，住在这个城市的自由居民免除了向贵族的赋税（沈汉，1998：122），这些自由城市的市民成了早期的资产者，也就是封建社会最初的中产阶级。到了中世纪后期，大约在 11—13 世纪，西欧各地的城市自治运动吸引了许多逃亡农奴，使城市人口增加，城市数量也大大增加，城市化进程加剧。英国是最早进行城市化的国家，在 14 世纪，英国拥有大大小小各类城镇 550 个左右，伦敦人口也由《末日审判书》时期的 1 万增加到 5 万（谷延方，2008）。到了伊丽莎白女王统治的时期，英国社会已经出现了一个由商人和工匠所构成的中间等级，他们主要是由中世纪的商人发展而来的工商业资本家和拥有特殊技能、能为市场经济提供专业服务的专业技术人士，这便是“middle station”和“middling sort”这两个概念所指的群体。

15 世纪以来的工业革命引发了英国城市社会的工业化进程。在工业化进程中，新技术的发明和新式交通工具的广泛应用把欧洲各国联结成一个密切相连的工业整体，统一的市场开始形成，“工业革命通过在世界范围内有效地利用人力资源和自然资源，史无前例地提高了生产率”（斯塔夫里阿诺斯，2005：495）。城市化和工业化的双重动力，使整个社会经济活动从封建时代的以庄园为主的分散状态向现代以城市为主的集中状态发展。生产与消费逐渐集中到交通便捷的城市，中世纪以来的市镇借机成长起来，城市规模日益扩大、数量增多。工业革命不仅导致了生产技术的变革和劳动生产率的提高，而且引发了深刻的社会制度变化，使得以市场（经济力量）为中心的资本主义体制在英国确立，带动了农村剩余劳动力向城市转移，使非农业人口的比例、城市人口在社会总人口中的比例越来越大。“以最先实现现代化的英国为例，到19世纪中叶，英国的城市人口占全国总人口的比例跃升到51%，初步实现了城市化。”（赵煦，2008）

工业革命不仅使欧洲城市的人口进一步增多，“还引起了世界各地前所未有的城市化浪潮……这是人类历史上一个巨大的社会变化，因为在城市居住意味着一种全新的生活方式”（斯塔夫里阿诺斯，2005：495）。这种全新的城市化生活、市场化体制和工业化生产，使英国中产阶级的财富和社会地位迅速增长，壮大了他们的力量。同时也使英国原先繁复的社会等级逐渐演变成贵族阶级（gentry class）、市民（资产）阶级（burghers class）和劳工阶级（working class），并形成英国社会的上层阶级（upper class）、中产阶级（middle class）和下层阶级（lower class）（周晓虹，2005b：7）。中产阶级的茁壮成长反过来又对城市的发展产生了巨大的影响。正如一些学者所指出的，中产阶级促使城市功能形态发生变化，出现工业区、商业区、居住区的功能分区，从交通方式到居民居住模式都发生了变化，中产阶层及社会精英迁居城郊或郊区的独立、半独立式住宅使城市发展出现了郊区化趋势；此外中产阶级的壮大还促进了城镇管理走向民主（陆伟芳，2007）。

在此市场化、城市化、工业化的背景下，中产阶级逐渐成为社会的重要力量；与此相应的是居住在乡村的贵族对社会的影响力日益衰落，其势力日渐衰弱。到了封建社会末期，纯粹的根据政治身份来确定社会地位的制度为资本主义的经济力量所破坏：一方面，一些封建贵族由于经济上的破产，实质上已落入社会底层，“没落贵族”一词是这些人社会地位变迁的最好写照；另一方面，资产者发财而成为贵族。19世纪50—70年代，英国出现了庞大的处于中间地位的中产阶级集团，大商人、银行家等最富裕人群的数量已经超过了地主中的大富翁数量。正如有学者指出，“被工业革命推上权势顶端的是这样一些人：他们中大多数未曾经商，更不是贵族，没有光荣的族谱和坚强的后盾。他们的祖父曾种过地，他们的父亲破了产，他们自己则穷困潦倒飘零半生。在工业革命的风暴中，他们凭自己的创造才能取得发明专利，更凭精明的计算和心狠手辣开办工厂，在社会财富的梯级上越爬越高，成为万人瞩目的大富翁。他们往往被称做‘暴发户’或‘中产阶级’”（钱乘旦，1982：107）。这些人处于中产阶级的中上层，被称为“富裕的中产阶级”，用马克思的说法便是资产阶级。他们的经济条件优越，迫切追求一定的政治地位，治安法官和议员即从中产生。也正是他们主导了资产阶级的政治革命。除了上层的“富裕的中产阶级”外，市场经济体系还催生了许多独立谋生的零售商、小工厂主等“小老板”，他们构成了中产阶级的下层，用马克思的话说就是“小资产阶级”。在法国大革命前，富裕的资产阶级与经济状况一般的小资产阶级一样，都没有相应的政治权力，因此被称为第三等级。后经过革命的洗礼，作为市民等级的第三等级变成了现代社会的资产阶级，把国家政权变成了“管理资产阶级公共事务的委员会”，马克思正是基于这一阶级结构的重大变化，指出封建社会转型为现代的资产阶级社会。

此外，工业化和城市化不仅成就了上述那些被称作“暴发户”或上层“中产阶级”的实业家，而且还产生了大量的管理和服务阶层，即所谓的“白领”——中下层的中产阶级。城市化社会的管理需要一个庞大并且组织严密的系统，政府机构越来越庞大，各种商业组织的规模不断扩张，这些越来越大的机构需要雇佣大量的管理服务人员和专业技术人士，如各层次的管理人员以及会计师、律师、医生、工程师、艺术家、股票地产经纪人等专业人士，这导致中下层中产阶级不断发展壮大。这些中下层的中产阶级与一无所有、没有文化、只能靠出卖劳动力为生的无产阶级不同的是，他们拥有特殊的、现代城市社会所需要的知识和专业技能，能在社会剩余产品的分配中分一杯羹。正如《共产党宣言》所说：“资产阶级抹去了一切向来受人尊崇和令人敬畏的职业的神圣光环。它把医生、律师、教士、诗人和学者变成了它出钱招雇的雇佣劳动者。”（马克思、恩格斯，1995a：275）只是，与富有的资本主义工商实业家相比，这些人只处于中产阶级的中下层次，后来当传统的中产阶级——小资产阶级衰弱以后，他们便成了新的中产阶级的重要来源。

法国的情况与英国类似。法国社会的上层阶层按其身份分为第一等级的僧侣和第二等级的贵族，第三等级就是所谓的市民阶级，包括实业家及银行家、律师、医生等中上层的中产阶级以及工匠、小店主等中下层的中产阶级，由于经济的发展，他们获得了某种政治上的身份。在法国大革命前，由三个等级组成的三级会议反映了市民阶级已经开始获得一些政治权力，而在法国大革命当中，第三等级则充当了革命恐怖主义的主力。

3. 中产阶级文化与意识形态的形成

在阶级这个问题上，马克思不仅从经济地位予以界定，而且注重从思想意识形态的层面来理解，因此马克思才会提出“自在的阶级”和“自为的阶级”的区分。然而，遗憾的是，马克思并没有对从“自在的阶级”变成“自为的阶级”的关键——阶级意识问题——进行深入的研究，因而成为历史的遗憾，引发后人激烈的争论。[①]

与马克思一样，斯迈尔认为，中产阶级文化与意识的形成是中产阶级的标志。无论是英国的“burghers class”，法国的“bourgeoisie”还是德国的“bürgertum”，这些概念都指的是中产阶级（当时的说法是中间等级）的物质和经济方面的内涵。然而，仅仅具有相似的物质和经济条件，并不能构成“自为”的中产阶级。在工业化、城市化进程中壮大起来的中产阶级，逐渐产生了自己的文化并进而形成自己的阶级意识之后，才从“自在的阶级”变成“自为的阶级”，使得中间等级（middle station、middling sort）变成了现代的中产阶级（middle class）。换言之，中间等级与中产阶级的关键区别，在于阶级意识与文化的不同。正因为如此，斯迈尔没有将中间等级等同于中产阶级，因为他认为中间等级没有表现出形成一种阶级认同的可能。有学者指出，英国最初出现的是中等阶层（middle station、middling sort）而不是中产阶级（middle class），威廉斯则认为中产阶级（middle-class）这个概念出现在18世纪末（刘长江，2008），等等，这些看法是有道理的，其关键就在于阶级意识的形成问题。

在斯迈尔看来，阶级意识的建构就是“阶级形成的文化理论”。斯迈尔认为，中产阶级的文化是在公共领域形成的，1670年以后在英国出现了大批咖啡馆，许多中产阶级人士经常在咖啡馆中聊天、交流，一个人可以在这个平民聚会的场所与任何人交流所有话题，其讨论不受任何限制。通过在一起讨论，这些聚集在咖啡馆的个人最终形成了一种新的公共文化。因此咖啡馆被认为是中产阶级的公共领域之一，对中产阶级意识的形成具有重要作用（刘长江，2006）。

如果说在英国，咖啡馆是中产阶级的公共领域，对于中产阶级意识和文化的形成起到重要作用；那么在法国，中产阶级的公共领域主要是沙龙、小酒馆、出版物等（参见《18世纪的印刷机》一书）。进出沙龙的主要是中产阶级中的知识阶层，启蒙思想家的一些理论观点就产生于沙龙活动。因此哈贝马斯认为法国的沙龙所起的作用类似于英国的咖啡馆。[②] 进出小酒馆的主要是工匠和小商人（当时希特勒就是在小酒馆发表自己的思想并且发动暴动的）。对于处于封建制度下

① 这个问题留给了列宁和第二国际的思想家，列宁、考茨基以及伯恩施坦都曾就此问题展开激烈的争论，详见第三章中的“伯恩施坦的中产阶级理论”。

② 有学者指出，由于法国中产阶级的阶级意识是在不同的公共领域形成的，其内部实际上存在不同的阶级利益和政治理想。革命一旦爆发，就只能向着激进主义的方向不断挺进。在沙龙中形成阶级意识的中产阶级与在小酒馆中形成阶级意识的中产阶级创立了两个不同的传统：自由民主与激进民主。他们最终走向对抗和斗争。大革命确定了此后法国政治的主旋律：政治激进主义和接连不断的革命与反革命（刘长江，2006）。

的法国人来说，小酒馆是聚会的好地方，在那里可以进行自由的交流和社会交往，并且封建君主权力很难涉足其间进行控制，小酒馆从而慢慢地成为一个对君主和宫廷政治形成挑战的场所，为革命的成功发动立下了汗马功劳。

此外，更广泛的公共领域是出版传播领域。1450 年前后，古登堡发明了印刷机，在这之前，书籍很少在社会上流传，主要是被收藏在修道院或者少数几所大学的图书馆中，普通民众很难接触到书本，因而思想的传播受到了极大的限制。印刷机的发明让书籍和小册子的大量刊印成为可能，产生了人类历史上第一次信息革命，人们意识到信息传播的重要性。法国的中产阶级充分利用了印刷机这一工具，印刷了很多“小册子”进行意识形态宣传，争夺公共领域的话语权。“随着印刷和出版机会的迅速增加，小册子作家在各国如雨后春笋般涌现”（熊彼特，1991：245），在思想意识形态领域发挥了很大作用。在法国大革命前，修道院院长西耶斯神甫（他虽然自己是一个教士，也是第一等级的成员，但他还是为第三等级辩护）发表的《第三等级是什么》的小册子专门对第三等级的现状、地位、革命目标等进行了分析，可以说是对法国大革命提前作了分析和解释，在当时具有很大影响力，被法国著名历史学家基佐称为“震撼人心的小册子”（基佐，2005：131）。1798 年这本书出版后即销售一空，而西耶斯神甫也成为仅有的 3 名被选为第三等级在三级会议中的代表的教士之一。在《论特权》这个小册子中，西耶斯提出：“按事物的性质来说，所有的特权都是不公正的、令人憎恶的，与整个政治社会的最高目的背道而驰”，因此要废除封建等级特权，“只存在法律面前一律平等的公民”（西耶斯，1990：3，11）。“法国的贵族是寄生虫，他们对社会没有任何贡献，却占有大部分的社会财富和荣誉。消灭他们会使法国强大，而不会削弱法国。真正的国民是第三等级，只有这种国民才能生产产品并发挥它的能力。”（德瓦尔德，2008：217）。正是因为这种代表中产阶级利益的公民平等思想的广泛传播，才有了资产阶级革命中的“法律面前人人平等”原则的确立。熊彼特甚至认为，这些小册子作家对现代经济学、社会科学的产生起到了重要作用：“早期古典经济学从他们那里得到了很多帮助，所以我们不能忽视他们”（熊彼特，1991：246）。换言之，现代学术就是在书籍和小册子大量传播的基础上发展起来的。

如果说咖啡馆、小酒馆、沙龙以及出版物等构成了中产阶级意识形成的公共领域的话，那么，作为时代精神和风气之学理反映的现代主流人文社会科学则构成了中产阶级意识形态最深厚的土壤和根基。黑格尔认为，哲学是时代精神的精华。在黑格尔那里，“哲学”其实指一切学问，在今天这个社会科学成为显学并占主流的时代，黑格尔的这句话可以改为“社会科学是现代社会时代精神的精华”，而现代社会科学是从启蒙运动中发展起来的。

众所周知，近代历史的帷幕是由文艺复兴和启蒙运动拉开的，15 世纪意大利文艺复兴时期的马基雅维利的《君主论》开创了现代社会科学研究的传统，把政治学与伦理学分开，而被称为“现代政治学奠基人”。如前所述，古代希腊是从伦理角度来展开社会分层以及政治问题的思考的，而马基雅维利则开始了一个新的时代，把伦理问题归为形而上学，而把社会、政治问题作为“人的科学”或“新科学”（维柯的观点）来研究，由此引发了人文主义思潮。18 世纪以前，在现代社会科学还没有产生之前，一批启蒙思想家在哲学、历史、文学等领域中著书立说，试图摆脱罗马基督教传统的影响，开创一个与之对立的关于人、关于社会的科学。

在中世纪的基督教神学传统中，宇宙被认识为一个等级序列，在这个由神创造的、有序的宇宙中，每个人的存在都有一个恰当的位置和目的；而启蒙思想家则认为，宇宙和社会是一个机械的体系，遵守着自然的法则，社会不过是对人类意图作应答的个人互动领域，人类创造了社会，人类的历史是一个展现巨大社会变异的自由活动，历史具有内在的规律（塞德曼，2002：4）。基督教神学传统与启蒙思想这两种世界观的对立，实际上是两种社会力量对立的表现：一方是教会和贵族阶级，他们是维护社会等级制度的力量；另一方是新兴的工商业阶层，即本书所分析的中产阶级，他们要求获得更多的自由、平等和民主权利，因此他们是社会变革的力量。

到了 18 世纪这个现代社会科学诞生的时代，许多代表新兴的工商业阶层利益的思想家纷纷著书立说，提出自己的思想体系，在此基础上诞生了现代经济学、社会学、政治学等（传统马克思主义将此批判为资产阶级意识形态）。现代经济学以亚当·斯密的“看不见的手”所代表的经济自由主义观点最为著名，其基本观点是主张限制国家（封建贵族）的力量，国家不能干预市场经济的运行，只能充当市场经济的“守夜人”，马克思将其表达为“市民社会决定国家”这一政治哲学命题。政治学则以宪政、三权分立说等确定了现代民主政治的基本框架。

现代社会学在其产生之初则更明确地主张中产阶级的统治地位。以圣西门为例，他作为新兴市民阶层的代言人，在《一个日内瓦居民给当代人的信》中明确提出，人类社会分成三个阶级：“第一个阶级，是我和您有幸所在的那个由学者、艺术家和一切有自由思想的人所构成的阶级，它高举着人类理性进步的旗帜前进。第二个阶级的旗子上写着：不进行任何改革！凡是不属于第一个阶级的有财产的人，都属于这个阶级。第三个阶级是在平等的口号下联合起来的人们，它包括人类的其余一切成员。”（圣西门，1979：10）在这里，圣西门明确认同主张自由平等的第三个阶级，并把第三个阶级当作人类成员的主要代表，这是因为，圣西门认为，作为第三个阶级的实业家阶级由农民、工人、商人、工厂主和银行家等构成，他们占了人口的大部分。需要说明的是，圣西门所推崇的“实业家阶级”虽然是由工人、农民、工厂主、商人和银行家等共同构成的，但他认为，工厂主、商人和银行家是实业家阶级中的最积极最文明的部分——实际上中产阶级是这一阶级的“天然领袖”；同时，他对劳动阶级的政治智力、能力和政治德性充满怀疑，主张工人、农民都应由中产阶级来领导。由于有了实业家阶级的领导，理想社会的实现就只能采取“和平手段”，寄希望于统治阶层来进行社会改造（圣西门，1982：15）。同时，圣西门也进行了一系列的社会建设试验——建立合作社，希望通过合作社的示范效应来促进统治阶层进行社会改良。圣西门的设想虽然在当时失败了，被马克思主义批评为“空想社会主义”，但有许多设想在后来的社会民主党的民主社会主义实践中却成了现实。

孔德作为圣西门的助手，19岁时就与圣西门共事，在担任圣西门秘书期间与圣西门合作编辑出版了《工业》《政治家》《组织者》等刊物，他用实证思想及圣西门的物理学方法研究社会现象，被认为是现代社会学的鼻祖。他认为，社会发展的基础是人类心智的进化，社会和政治制度的变化是与文化进化相互联系的。在神学阶段，社会由牧师和军事机构所统治。在形而上学阶段，大约对应于现代早期（1300—1700年），社会是由律师和僧侣统治的。实证阶段，即欧洲社会正在迎来的时代，则是工业家和科学家们的社会权威逐渐上升的时代（塞德曼，2002：10）。在这里，孔德继承了圣西门等思想家所代表的工商业阶级的立场，认为现代社会的统治阶级应当是实业家，即原来处于第三等级的工商业阶层，这一思想实际上反映了中产阶级的心声。

4. 中产阶级的政治革命

经过思想启蒙之后，中产阶级逐渐产生了自己的文化与意识形态，慢慢地从一个“自在的阶级”——中间等级，发展成一个“自为的阶级”——中产阶级，并不可避免地要提出提高政治地位甚至夺取政治权力的要求。这一过程虽然缓慢，但其趋势不可避免。工业革命首先突出了中产阶级在经济方面的重要性，进而提升了他们的政治地位，使他们有资格与贵族合作，达成政治妥协。正如恩格斯指出的，“从亨利七世以来，英国的‘贵族’不但不反对工业生产的发展，反而力图间接地从中取得利益；而且经常有这样一部分大地主，由于经济的或政治的原因，愿意同金融资产阶级和工业资产阶级的首脑人物合作。这样，1689 年的妥协很容易就达成了。‘俸禄和官职’这些政治上的战利品留给了大地主家庭，其条件是充分照顾金融的、工业的和商业的中等阶级的经验利益”，“从这个时候起，资产阶级就成了英国统治阶级的微末的但却是得到承认的一部分了”（马克思、恩格斯，1965b：350－351）。

如果说在 16—18 世纪，中产阶级与贵族统治阶级达成政治妥协，那么 19 世纪开始的市政改革则直接把中产阶级送上了统治宝座。1833 年的苏格兰市政法以及 1835 年的英格兰市政法，为除伦敦以外的城市自治做了系统规定，规定苏格兰的市政机关由年收入不少于十英镑的房主选举产生，英格兰的市政机关则由全体纳税人选举产生。显然，这些规定有利于中产阶级。在 1832 年的议会改革中，中产阶级开始占据优势。1850 年以后，在一些工业城市地方政府机构中拥有较大影响力的中产阶级充分利用手中掌握的财富以及在地方城市机构中的影响力，积极参与城市改革。尤其是代表中产阶级利益的辉格党在许多大城市获得了政权。据统计，1865 年议会中的土地利益代表有 436 人，工商业、金融界的代表有 545 人，占一半以上；到 1900 年时，后者增加到了 77%（萨拜因，1990：350）。与此同时，君主政府为了加强统治机器的力量，进行了文官制度改革和军队改革，使中产阶级代替了腐败的贵族官僚。这样在英国，从中央到地方，中产阶级通过温和的政治改革之路参与政治生活，因此英国中产阶级被认为是政治稳健型的中产阶级。

法国的中产阶级则相对激进，法国大革命典型地体现了中产阶级以暴力革命的方式对国家机器进行改造，“标志着一个新的社会组织已经上升到具有最大权势的位置。因此，法国革命可以被称为世界革命”（拉斯韦尔，2000：91）。在法国，专制君主由于受到贵族的挑战而与资产阶级结成联盟，法国国王路易十四在统治时期采取“抑制旧贵族的策略”，前后选择了一些出身平民的人作为自己的大臣、顾问和助手，封他们为贵族，允许他们进入宫廷，这些“由市民阶层进入贵族阶层的人士称为‘穿袍贵族’，他们无须履行军事义务，也不担任军事职务，他们中进入宫廷者均担任文职，各级司法、行政和国王参议机构中的成员，大都是从穿袍贵族中挑选出来的”（沈汉，1998：148）。不过，这些能出入宫廷并被封为贵族的市民毕竟只是少数。路易十四的做法也只是一种策略和权宜之计，并没有像英国那样进行正式的改革和主动的制度变迁。从整个社会层面来看，中产阶级整体并没有分享政治权力，这种状况一直持续到法国大革命之前。

在大革命前期召开三级会议时，法国国王仍然“遵循将法国社会分为三个等级的做法，因为这已为人们所熟知近八个世纪了。这就是第一等级教士、第二等级贵族、第三等级平民”（德瓦尔德，2008：217）。由于此时中产阶级已经崛起成为一股重要的社会力量，因此法国国王对中产阶级作出一定的让步，同意第三等级也就是中产阶级的代表名额是另外两个等级即教士和贵族名额的两倍。但是法国国王却坚持每个等级分别开会，并按等级投票，即教士、贵族、平民各有一票，而不是按三级会议代表的人数来投票。这引起了中产阶级的不满，他们要求召开制宪会议，导致了法国大革命的发生，在政变中建立了以热月党人为代表的大资产阶级政权。在这场革命中，出身于社会中下层的拿破仑成为法国的皇帝。这一事件本身代表了中世纪后期的中产阶级上升为统治阶级。正因为如此，当黑格尔看到拿破仑骑着大马，以征服者的姿态进入耶拿城时，意味深长地说了一句“拿破仑是马背上的世界精神”。虽然拿破仑后来战败身亡，1814 年贵族重新掌权，恢复旧君主制，但已无法恢复到大革命前的状况，很多重大的政治与社会改革已经成为永久性的变动。

在法国大革命时期，有许多历史学家已经充分意识到中产阶级的巨大政治力量。当时中产阶级的政治代表人物梯叶里、米涅和基佐等历史学家基本上不主张劳动阶级的斗争，认为第三等级才是现代法国革命的主导力量。基佐对于自己代表中产阶级有明确的自我意识，他认为法国中产阶级是历史发展的必然结果：“在 12 世纪，这个阶级几乎完全由商人、小店主、在市镇里居住的土地或房产小业主组成。三百年后，中产阶级的行列包括律师、医生、各种学有专长的人和当地的行政官员。中产阶级是逐渐形成的，作为一个总的名称，历史记载没有提到它的变异性和多样性。每当提及中产阶级，似乎人们认为它的成分在各不同时代都是一样的，真是大谬不然。……当它的成分还不包括官员和文人，还没有演变为 16 世纪的资产阶级时，他在国家内就不具有那种重要性和作用。”（基佐，2005：142）可以说，是历史给了中产阶级取得最终政权的资格：城市“自治权的实施创立了一个广泛的新阶级。各地市民之间不存在联盟，因此作为阶级来说，他们不具有普遍和公开的性质。但是全国充满了这样处于同一境遇的人，他们有共同的利益、同样的生活习俗，在他们之间不可避免会逐渐建立起一种联系和一致性，于是就产生了‘中产阶级’。中产阶级，这一大阶级的形成，正是市民地方自治的必然产物”（基佐，2005：141）。

拿破仑失败后，斯图亚特王朝重获政权，但是不久（1830 年）即发生七月革命，建立了大资产阶级主导的君主立宪制，“中、小资产阶级的政治积极性和政治要求都增强了”，这些中、小资产阶级主要指“法官、记者、教授、工程师”等，“他们都是以脑力劳动为职业的”，“自16世纪以来，他们因其工作在社会上享有声望，他们挤满了各级法庭，拿破仑以后，他们又在教育界找到了自己充分发展的环境。从19世纪初起，这个阶层的一些代表就已经在政府机构中占据显要地位，他们著名的代表就是梯叶里和基佐”（沈汉，1998：247）。法国1848年再次发生革命，建立了民主制，1875年终于建立了共和制。此后政府、议会等权力部门的多数位置终于被中小资产阶级占据。因此，法国大革命的最后胜利者实际上是中产阶级。

总之，在英、法等发达资本主义国家，中产阶级通过政治革命的方式，或稳健或激进，或和平或暴力，夺得了政权，成了新的统治阶级，一个被马克思称为资产阶级的社会正式来临了。

然而，由于法国的中产阶级处于“两头不靠”的位置，他们不但不愿意与贵族联合（英、德的中产阶级都采取与贵族联合的手段以保持社会稳定和维护自己的利益），也不打算与劳工阶级分享政权。佩尔努认为，中产阶级远离“旧日的特权和注定从事体力职业的阶级”（佩尔努，1991：400）。这就决定了他们在取得政权以后与工人阶级处于尖锐的对抗状态，引起了工人阶级的不满和革命。此外，在中产阶级内部也存在政治自由主义与政治激进主义的分歧。中产阶级的上层持政治自由主义立场，基佐、梯叶里等历史学家是其代表；中产阶级的下层主要由“无套裤汉”构成，即“激进的巴黎市民，包括小手工业者、小商贩、小店主等”（周晓虹，2005c：9）。因此，法国从1789年爆发革命开始，在80多年的时间中先后经历了三次革命，最后一次甚至建立了无产阶级性质的政权——巴黎公社。中产阶级内部的分歧所导致的多次社会革命、动荡和消耗，使得法国的经济与综合国力始终没有超过英国，甚至也比不上后来居上的德国，最终在1870年的德法战争中一败涂地，失去了世界舞台上一流强国的地位。

三、从市民等级到资产阶级

关于中间等级所发动的思想启蒙、工业革命与政治革命及其引发的巨大的历史变迁以及社会转型发展，在“现代性”的统一旗帜下，不同的思想家却有着不同的理解与认识。涂尔干认为是有机团体与机械联合，还有一些思想家从传统与现代、农业社会与工业社会等角度进行论述。然而，不管人们以何种方式来描述这场社会变化的特点，中产阶级当仁不让地是这场社会变化的历史主角，其变迁决定了特定历史的结构。在马克思看来，中产阶级这一历史主体的变化过程体现为“现代市民等级发展成资产阶级”，从而导致封建社会向资本主义的过渡。马克思在《德意志意识形态》《共产党宣言》和《资本论》等著作中对这一从传统到现代的社会变迁过程做了最好的描述，提供了一个动态的、系统的中产阶级理论体系，可以概括为“三个阶段、两种范式”：所谓的动态，指的是马克思的中产阶级理论是基于历史发展线索的理解；所谓的系统，指的是马克思的中产阶级理论“类型学”既涉及中产阶级的阶级结构，又涉及其阶级构成。下面首先分析马克思中产阶级理论的动态的、历史的线索这一维度。

1. 市民等级发展与资产阶级的三个阶段

关于欧洲近代社会中的中产阶级如何从市民等级发展成资产阶级，马克思、恩格斯在《共产党宣言》第一章“资产者和无产者”中，以阶级斗争为逻辑中轴，对历史做了一个全景的考察与分析，对于我们认识这个阶段的中产阶级具有十分重要的意义。① 马克思、恩格斯回顾了历史上的阶级斗争情况之后，用一句话概括了从市民到资产者、从市民等级到资产阶级的历史过程，这就是：“从中世纪的农奴中产生了初期城市的城关市民；从这个市民等级中发展出最初的资产阶级分子。”接着，马克思以生产方式为标准，划分了现代社会发展的三个历史时段：（1）行会阶段，即“封建的或行会的工业经营方式”；（2）工场手工业的阶段，采用“工场手工业”的经营方式；（3）现代化大生产阶段，采用“现代大工业”的经营方式。这三种不同的生产方式分别产生了相应的阶级关系和中产阶级。

在中产阶级发展的三个历史阶段中，第一个阶段是市民等级的萌芽阶段，严格意义上讲，他们当时还没有形成一个独立的阶级；第二个阶段是工场手工业阶段，此时现代的市民等级开始形成并壮大，真正意义上的阶级从此时开始，即市民等级发展成资产阶级；第三个阶段是现代大工业阶段，此时市民等级已经发展成资产阶级并且夺得政权，此后由于自由竞争导致的资本集中和“大鱼吃小鱼”竞争格局，资产阶级社会的中间阶级即小资产阶级开始走向没落。下面进行具体论述：

行会阶段为第一个阶段，即“封建的或行会的工业经营方式”阶段，“在城

① 传统的马克思主义理论从两极阶级对立的立场，把《共产党宣言》中所说的资产者狭隘地理解成夺取政权的、残酷压迫无产阶级的资产阶级，而不是理解成一个历史的、动态发展的社会中间阶层，从而大大地遮蔽了马克思中产阶级理论的丰富内涵。

市中与这种土地占有的封建结构相适应的是同业公会所有制，即手工业的封建组织”（马克思、恩格斯，1995a：70）。“封建时代的所有制的主要形式，一方面是土地所有制和束缚于土地所有制的农奴劳动，另一方面是拥有少量资本并支配着帮工劳动的自身劳动。这两种所有制的结构都是由狭隘的生产关系——小规模的粗陋的土地耕作和手工业式的工业——决定的。”（马克思、恩格斯，1995a：71）

在“行会的工业经营方式”阶段，师傅和帮工、有产者和平民是作为整个市民阶级而存在的，这是封建社会的中间等级。虽然“随着城市的出现……在这里，居民第一次划分为两大阶级，这种划分直接以分工和生产工具为基础”（马克思、恩格斯，1995a：104）。但是，需要特别注意的是，在早期市民社会中，居民虽然分为有产者与平民、师傅与帮工，但他们并没有获得“独立的发展”，还没有形成一个独立的阶级，这是现代资本主义产生之前中产阶级的重要特性之一。

工场手工业这个阶段开始进入马克思所说的资本主义诞生期，马克思对现代资本主义两个历史发展进行区分：“第一是资产阶级在封建主义和专制君主制的统治下形成为阶级；第二是形成阶级之后，推翻封建主义和君主制度，把社会改造成资产阶级社会。”（马克思、恩格斯，1995a：193）第一个阶段是工场手工业阶段，此时社会的中间等级开始分化，阶级开始形成。随着交往的扩大和“不同城市之间的分工”，“直接结果就是工场手工业的产生，即超出行会制度范围的生产部分的产生”（马克思、恩格斯，1995a：108）。“随着摆脱了行会束缚的工场手工业的出现，所有制关系也立即发生了变化。”（马克思、恩格斯，1995a：109）“各个市民的生活条件，由于同现存关系相对立并由于这些关系所决定的劳动方式，便成了对他们来说全都是共同的和不以每一个人为转移的条件……随着各城市间的联系的产生，这些共同的条件发展为阶级条件。”（马克思、恩格斯，1995a：117）“当十五世纪末，海上航路的伟大发现，为它开辟了一个新的更加广大的活动场所时，它使封建社会内部的主要靠手工进行的工业和产品交换发展到比较高的水平……在最先进的国家的主要工业部门里，手工业就为工场手工业所代替了。”（马克思、恩格斯，1971：114－115）这便是中产阶级发展的第二阶段。

在第二阶段，“工场手工业代替了（行会）这种经营方式。行会师傅被工业的中间等级排挤掉了”（马克思、恩格斯，1995a：273）。在第一个阶段即“在封建的中世纪”孕育的中产阶级“在它进一步的发展中，注定成为现代平等要求的代表者，这就是市民等级”（马克思、恩格斯，1971：114）。而“随着中世纪的行会师傅发展成为现代的资产者，行会帮工和行会外的短工便相应地发展成为无产者”（马克思、恩格斯，1963：206），现代社会的两大对立阶级开始成型。

现代化大生产阶段也是马克思所说的第三个阶段。在此阶段，“产业大军的首领，现代资产者，代替了工业的中间等级”，即现代资产阶级取代了原来的中间等级。正如马克思在《1844 年经济学哲学手稿》中所说的，“竞争的必然结果是资本在少数人手中积累起来……整个社会必然分化为两个阶级，即**有产者**阶级和没有财产的**工人**阶级”（马克思、恩格斯，1979a：89）。“资产阶级本身只是逐渐地随同自己的生存条件一起发展起来……”（马克思、恩格斯，1995a：117）。“在 17 世纪，商业和工场手工业不可阻挡地集中于一个国家——英国。这种集中逐渐地给这个国家创造了相对的世界市场……它产生了大工业——把自然力用于工业目的，采用机器生产以及实行最广泛的分工”（马克思、恩格斯，1995a：113）。以大工业为基础的市民社会主要产生于英国，在竞争的扩散机制作用下，迅速蔓延到世界各国，于是世界范围内的大资产阶级市民社会就逐渐建构起来。

现代大工业生产所对应的阶级结构是现代资产阶级与无产阶级的两极分化。马克思的表述是：“蒸汽和机器引起了工业生产的革命。现代大工业代替了工场手工业；工业中的百万富翁，一支一支产业大军的首领，现代资产者，代替了工业的中间等级。”（马克思、恩格斯，1995a：273）在这里，工场手工业的生产方式所对应的工业中间等级——市民等级，在现代化大工业阶段出现内部分化，其成功者，即中产阶级的上层发展成“现代资产者”——“工业中的百万富翁，整批整批产业军的统领”，而中产阶级的下层则破产和落入无产阶级的境地。

与此同时，马克思和恩格斯还指出：“资产阶级的这种发展的每一个阶段，都伴随着相应的政治上的进展。”（马克思、恩格斯，1995a：274）因此如果“社会的政治结构决不是紧跟着社会的经济生活条件的这种剧烈的变革发生相应的改变。当社会日益成为资产阶级社会的时候，国家制度仍然是封建的”（马克思、恩格斯，1971：115），那么必然要发生革命。中产阶级第一个阶段的政治成就是，“在封建主统治下”“被压迫的等级”采取了一系列维护自己权益的措施，一是新兴城市中的“武装的和自治的团体”，二是“独立的城市共和国”（如意大利），三是“君主国中的纳税的第三等级”（如法国）（马克思、恩格斯，1995a：274）对税收的抗争。中产阶级第二个阶段的成就是，“它是等级君主国或专制君主国中同贵族抗衡的势力，而且是大君主国的主要基础”（马克思、恩格斯，1995a：274）。中产阶级第三个阶段的政治成就是，“从大工业和世界市场建立的时候起，它在现代的代议制国家里夺得了独占的政治统治。现代的国家政权不过是管理整个资产阶级的共同事务的委员会罢了”（马克思、恩格斯，1995a：274）。

2. 市民等级与资产阶级的历史分界与逻辑标识

马克思在这里清楚地指出，由于商业往来和城市间联系的发生，在整个社会范围形成阶级的条件逐渐成熟，于是资产阶级在这种条件下发展起来。这便是各个城市中的作为有产者的市民阶级到整个社会范围内的资产阶级的形成过程，即我们这里所指的“从有产者到资产阶级”这个社会存在的历史变迁，也就是马克思、恩格斯在《共产党宣言》中所总结的：“从中世纪的农奴中产生了初期城市的城关市民；从这个市民等级中发展出最初的资产阶级分子。”（马克思、恩格斯，1995a：273）

恩格斯在《反杜林论》中也描述了一个从“市民（资产者）”走向“资产阶级”并夺取政权的历史过程，“这个进程是资产阶级的发展史……起初，市民等级是一个被压迫的等级，它不得不向统治的封建贵族缴纳贡税，它由各种各样的农奴和奴隶出身的人补充自己的队伍，它在反对贵族的不断斗争中占领了一个又一个的阵地，最后，在最发达的国家中取代了贵族的统治；在法国它直接推翻了贵族，在英国它逐步地使贵族资产阶级化，并把贵族同化，作为它自己装潢门面的上层。它是怎样达到这个地步的呢？只是通过‘经济情况’的改变，而政治状态的改革则是或早或迟”（马克思、恩格斯，1971：178－179）。

从以上分析我们可以清楚地看出，马克思明确区别了中产阶级的两个历史时段：市民等级阶段和资产阶级阶段。市民等级指的是城市共同体的居民，它仅仅是一个等级，还没有形成阶级；而资产阶级则指从市民等级中分化出来的资产者阶级；“市民等级”和“资产阶级”这两个概念是有严格的时间性的，市民等级概念属于分工和工场手工业形成之前，而资产阶级概念则属于16世纪至工业革命之后的历史时期。也就是说，在工场手工业形成之前的封建社会中，城关的市民等级是当时的中间阶级；当历史发展到现代大工业阶段时，资产阶级取代了原来的市民等级，此时的资产阶级社会的中间阶级才是那个介于资产阶级与无产阶级之间的小资产阶级。

四、从中间等级到中产阶级

关于“中产阶级”这个概念，有两个方面需要引起特别的注意：一是阶级到底是“class”，还是“estate”或“order”。如果它指的是“order”，我们所讨论的“中产阶级”就是一个错误的概念，因为在一个存在“order”的封建社会中，社会的分层已由政治和身份所决定、固定了，根本不需要进行社会学和统计学的分析，正如今天的社会分层无法以过去那种简单的干部、工人、农民这三个身份来确认一样。二是“middle class”到底强调的是“中产”还是“中间”，它涉及社会分层的标准是一元论还是多元论。当我们使用“中间等级”这个概念时，应当明确首先指的是欧洲封建社会末期的市民等级；而当我们使用“中产阶级”这个概念时，首先应当明确的则是它是指现代社会的中间阶级。

当中产阶级从封建社会末期的市民等级发展现代资产阶级以后，资产阶级的时代便来临了。从此开始，中产阶级在理论与现实实践中都发生了两个关键性的转变：一是从“等级”到“阶级”的历史变化；二是从“中间”到“中产”，财产因素在社会分层中的意义更凸显。反映在社会理论上，前者导致古代中产阶级理论从仅仅关注公民这个特殊的群体转向对全体社会成员的关注，个人不仅在法律的意义上成为平等的个体，而且在社会分析中也成为平等的个体，真正意义的实证的社会分析与社会理论才得以建立（因为只有个体是无差别的，统计才有意义）；后者则是对古希腊已经发生的从政治伦理（柏拉图）转向经济状况（亚里士多德）的古代中产阶级理论的现代发展。反映在社会制度层面上，前者是由于封建等级特权的取消；后来则源于资本主义制度的正式确立。因此，从中间等级到中产阶级的大转变，不仅体现了历史发展的逻辑，也体现了社会理论发展的内在逻辑。

1. 从“等级”到“阶级”

如前所述，在前农业社会的神学政治学说以及社会制度中，社会分层地位常常是由先赋因素决定的，即曼恩所说的“身份”（status）。只有在工业社会由后天的经济、社会和自致因素决定的社会分层地位才是我们现在常说的“阶级”（class）（周晓虹，2005b，导言：2）。因此，在18世纪之前，无论是英国的市民等级，还是法国的第三等级，都不能简单等同于今天的中产阶级。因为它们是一种身份标志，如英国市民等级和法国第三等级中的大资本家，以今天的标准来看，他们无疑是社会的上层人士，但在当时，无论他们有多大的经济实力，他们都只能屈居于社会的中间层次，除非他们获得了贵族的称号。之所以这样，是因为当时的社会属于前资本主义性质的封建社会。

可以说，正是现代工业社会或资本主义的出现改变了传统的社会结构，也改变了判定人们的社会分层地位的那些决定性因素。从这时起，阶级成为社会分析的重要单位，而与此相关的中产阶级及其概念也开始浮出水面。因此马克思、恩格斯明确，阶级只是现代资产阶级社会的产物，在《哲学的贫困》中，马克思、恩格斯指出："这里所谓等级是指历史意义上的封建国家的等级，这些等级有一定的和有限的特权。资产阶级革命消灭了等级及其特权。资产阶级社会只有**阶级**，因此，谁把无产阶级称为'第四等级'，他就完全违背了历史。"（马克思、恩格斯，1995a：194）

正如俄国历史学家克柳切夫斯基所指出的，"等级划分的基础是各阶级在权利和义务上的不平等，而当代制度的基础则是经济状况的变化无常"，中世纪的"ordo 或 status，或者如法语的 etal，德语的 stan，这是国家法的一个术语，它意味着一系列的政治设施。人们把按权利和义务划分的社会等级称为阶层……阶层完全是法律上的划分，它同依据经济条件、智力条件、道德条件乃至体力条件进行的其他社会划分不同，是经法律认可的"，而现代社会的个人，"其政治地位动荡莫测，不断浮游于各政治集团之间，随个人在经济斗争中的成败而起伏波动"（克柳切夫斯基，1990：1）。用卢卡奇的话来说是，"前资本主义社会中的各阶级利益，从来没有得到完全清楚的表达。因此，社会结构分为等级和阶层，意味着经济要素不可避免地同政治、宗教因素结合在一起。与此相对照，资产阶级的统治意味着废除等级制度，这导致按阶级线索来组织社会"（卢卡奇，1992：55）。

换言之，在一个政治化的等级社会中，讨论中产阶级问题即使不说是一个伪命题，至少其概念是不严谨的。在政治化的等级社会中，对社会的分层只要根据政治等级的区别来进行，一切都是清楚的，在这个意义上，中产阶级问题其实不需要讨论，因为法律已经作了明确的规定。只有在现代性的商业社会中，中产阶级才以"法律面前人人平等的口号"打破了过去一切固化的等级制度，按马克思在《共产党宣言》中的表述则是"一切等级的和固定的东西都烟消云散了"，这也是鲍曼所所谓的"流动性的现代性"。

因此，只有打破固定不变的等级，只有在这种现代社会中的"碎片化"的"人"中，我们才能理解古典经济学与马克思的阶级理论；只有在现代商业社会中，而不是传统的政治伦理共同体中，阶级的概念才有意义。等级的概念只适用于传统的共同体式的封建社会。这是我们对中产阶级理论进行分析的历史与逻辑前提。换言之，我们不可能去讨论封建社会的中间阶级（尽管这个社会也可以分成上、中、下三个层面），而只能在现代工商业的市场经济社会中来讨论中间阶级。总之，中间阶级（中产阶级）是一个现代性的范畴，而中间等级是一个传统社会的范畴，切不可混用，否则必会引发理论逻辑与社会历史阶级概念的混乱，这正是本书将古代中产等级、近代的中间等级、市民等级与资产阶级等统一界定为“古典中产阶级”的原因所在。当下中国学界“迄今为止仍缺乏一个明确统一的中产阶级概念的界定。在已有的社会文献中，罗列于‘中产阶级’标签之下的相关内容不仅繁杂，有时甚至互为矛盾、大相径庭”（周晓虹，2005b，导言：2），其原因其实就在于没有很明确地界定中间等级与中产阶级概念的历史区别。

2. 从“中间”到“中产”

资产阶级革命以后，由于政治特权的取消，整个社会结构由等级社会向阶级社会变迁。在封建等级社会中，每一个人属于法律规定的某个等级；而在资本主义社会中，由于封建等级特权的取消，人们社会地位的确定和区分由以政治特权为中心转向以财产为中心。由于资本主义发展早期是处于工场手工业阶段和现代化大生产的初级阶段，当时财产概念的范围比较狭隘，主要体现为生产资料的所有权，即古典经济学所说的“资产”、马克思所说的“资本”，所以，以财产为中心区分社会地位就被简化成了根据资产（资本）来进行社会分层，这就是这里所说的从“中间”到“中产”的内涵。1870 年之后，随着新中产阶级的出现，职业因素成为社会分层的关键，这种社会分层理论范式其实是从“中产”回到了“中间”模式。

自 20 世纪 90 年代以来，随着改革的深化和市场经济体制的建立，由此引发的中国社会的阶级结构变迁引起了社会学界的广泛关注。由于多种经济成分的社会主义市场经济体制的建立，传统的工人阶级和农民阶级的社会阶级结构范式已不能适应新的社会状况，在此背景下，有学者受二战以来的西方社会结构理论的影响，开始关注社会结构中的中间阶层这一群体，西方国家的 middle class 理论及其分析范式被引入国内学界。自从 middle class 进入中国学界以来，它便有了两种对应的中文译词：一是“中产阶级”；二是“中间阶级”。学界往往把“中产阶级”与“中间阶级”这两个词不加区分地混用，而实际上这两个中文词所对应的却是不同的理论范式，而且这两种理论范式在古典时代都能找到自己的理论先驱。

具体来说，对于欧洲中世纪末期到 19 世纪之前的市民（citizen），到了 19 世纪变成了一个什么样的阶级，不同的思想家之间存在着两种不同的认识：一是英语世界的思想家认为他们变成了社会的中间阶级，即 middle class，我们将 middle class 译为“中间阶级”，与这种传统更接近；而德国的思想家，特别是马克思主义传统的思想家则认为他们变成了资产阶级，即 bourgeois，我们将 middle class 译为“中产阶级”（中等的资产阶级）实则与这一传统接近。

首先，我们来说“中间阶级”，它直接反映了 middle class 的字面意思，也是英语世界中最通行的词语。按威廉斯的说法，“中产阶级（middle class）这个译词提供了 bourgeois 在 19 世纪前的大部分含义，它指向同样阶层的人、其生活方式及更早的 citizen、cit 及 civil 等词的含义。18 世纪末之前的 citizen 及 cit 为普遍通用的词语，但自 18 世纪末 middle class 出现之后，就变得不那么普遍了”（威廉斯，2005：29）。威廉斯的这段话告诉我们一个重要的历史事实：中产阶级（middle class）从 18 世纪末 19 世纪初取代了之前的 citizen，也就是说，现代所谓的“中产阶级”在 19 世纪之前便是 citizen，即市民等级，前面所分析的“从市民等级到资产阶级”对应的正是这段历史。从 18 世纪之前的 citizen（市民等级）到 19 世纪的 middle class（中产阶级），正是欧洲从传统社会到现代性社会的大转型，在这一大转型过程中，中产阶级发挥了至关重要的作用——工业革命、城市化以及以法国大革命为代表的政治革命和德国的文化运动都是这一阶级的杰作。人类数千年的社会组织、社会结构、生产和生活方式发生了翻天覆地的变化。英、法、德作为近代资本主义兴起的主要强国，其现代化道路无疑具有代表性，而中产阶级概念的内涵也与这三个国家现代化进程的历史语境与文化传统具有密切关系。

从语言上看，以英语为母语或者以英语为官方语言的国家称之为“中间阶级”（middle class），而德国学者称他们为“小资产阶级”（bourgeoisie）。在语言的背后，隐藏着不同的理论传统与范式：德国学者强调的是其财产状况，英国学者强调的是中产阶级在社会中的中间位置。英语世界中的“middle class”更多是一个相对的社会空间概念，即任何社会都可以分成上、中、下三个层次，“middle class”只是笼统地指这个处于中间层次的群体。因此，我们可以用多种指标来衡量这个阶层，换言之，一般意义上的社会中间阶级，必然有多元的判断标准。所以，西方学者用许多指标来说明社会的中间阶级，其内涵及其表征的群体也比较明确。

然而，随着“middle class”被引入国内学界，与马克思主义传统的资产阶级概念相联结，吸收了“资产阶级”概念的内涵，“middle class”被中国学界理解为中小资产阶级，西方的 middle class 理论在中国的语境中发生了意义上的转换，由此产生争论。一是由于与传统马克思主义的阶级分析相嫁接，将西方学者理论中的社会中间阶级的“middle class”译成了“中产阶级”。而我们知道，所谓的中产阶级，按其字面意思，应当指的是中等资产阶级。在经典的马克思主义理论中，现代工业社会的阶级结构是资产阶级与无产阶级的二元对立，而资产阶级又可进一步分成大资产阶级和小资产阶级。所以在资本主义发展早期，以马克思主义理论分析，社会结构可以分成大资产阶级、小资产阶级、工人阶级，其中小资产阶级将随着资本主义的发展而分化，一部分成为大资产阶级，另一部分将落入工人阶级队伍。所以，如果将现代西方社会 20 世纪 40 年代（主要是二战后）以来大规模出现的 middle class 进行跨时空的套用，硬套到马克思主义的阶级理论中，我们就可以把 middle class 等同于小资产阶级。当然，由于小资产阶级在中国社会的历次社会运动中饱受批判，早已声名狼藉，于是人们采用了“中产阶级”来对应 middle class。所以，中国学界虽然把“middle class”译作“中产阶级”，然而，其现实含义又与传统马克思主义理论中的“中小资产阶级”不同，它不是指一个具有相同经济地位、阶级意识的社会阶级，而是一个社会学意义上的社会群体。正如刘玉能指出的，中国的“中产阶级”（middle class）又称“中产阶层”或“中间阶级”，是一个社会学概念，它并非马克思主义所有制关系意义上的阶级，而是指社会上具有相近的自我评价、生活方式、价值取向、心理特征的一个群体或一个社会阶层（傅宏波，2004）。

把西方的中间阶级转换为中国的中产阶级，这一转换虽然巧妙，但却产生了诸多理论问题。西方的 middle class 仅指社会中间群体，按米尔斯的说法，主要指白领，即专业人员，是从职业的角度来观察一个群体。而中产阶级概念的字面义则源自马克思主义传统，与“是什么领”无关，主要与有多少“产”（财产）相关。将英文中的“middle class”译为“中产阶级”，使其与财产问题相关，进而在实证研究中考察该阶级的财产或收入状况；但若译为“中间阶级”，则引出的社会分层并不直接与财产相关，从现代新中产阶级的视角来看，主要与其职业相关，也就是说中间阶级是有一技之长的人，在这个意义上它与专业人员相同。总之，若将“middle class”译为“中产阶级”，那就使我们将注意力放到其收入以及所拥有的财产方面，若译为“中间阶级”，则不一定以财产作为其分层标准，而是以职业、教育等作为标准。然而，在目前的中产阶级理论研究中，人们往往把西方的“middle class”理解为“中产阶级”或“中间阶级”，并认为这两个概念是无差别的，这本身就表明我们对 middle class 的理论传统认识模糊。

中产阶级与中间阶级，只有一字之差：“产”与“间”。正是这关键的一字之差，引出不同的社会分层的理论范式。换言之，“中产阶级”这一概念，强调的是社会分层是按“资产”来划分，资产状况（在马克思主义传统中特指资本所有权）是社会分层的唯一标准，这说明这一概念与一种一元化的社会分层理论——马克思主义传统相对应；而“中间阶级”强调的是社会空间中的一个相对位置，而没有指出这种社会空间中的相对层次是依靠什么来确定的，根据韦伯以来的社会学传统，社会分层可根据财产、声望、文化、教育程度等来确定，当然这个标准的内容还可以根据社会的发展而不断扩充。总之，把西方的“middle class”译为“中产阶级”，是与马克思主义强调的经济状况即在一种所有制下所拥有的财产相关；而将其译为“中间阶级”，则与韦伯式的多元化社会分层标准相关。当代中国社会学家所使用的中产阶级概念，无论是其方法论基础还是定义，都离不开这两种理论范式。而这两种理论范式不仅提供了不同的认识视角，而且导致了关于中产阶级社会地位和作用的截然不同的结论，因此不能混淆。

第二章　古典中产阶级理论的两种范式

正如埃里克·欧林·赖特指出的，在“阶级分析中，阶级结构和阶级构成之间的区别是阶级分析的基本但常常隐含着的区别”：“阶级结构指的是个人参与其中的社会关系的结构，这种结构决定着他们的阶级利益”；“阶级构成指的是阶级结构中以该阶级结构所形成的利益为基础而组织起来的群体的构成。阶级构成是可变的”（赖特，2006：11）。赖特的说法是有道理的，也与马克思的思想相吻合。然而，赖特仅知其然而不其所以然，他没有说清的关键问题是：这两种截然不同的理论范式究竟从何而来。正是这个关键的问题，引发了第二国际思想家和马克思之间关于中产阶级理论的分歧，从而产生了不同的斗争策略。本章将对此问题一探究竟，以理清其历史脉络。

一、马克思：中产阶级的“阶级结构”与“阶级构成”

毫无疑问的是，马克思是古典时代（自由资本主义时期）阶级理论的代表人物。马克思对历史变迁中的阶级问题的关注，首先是从中产阶级开始的，即中产阶级所发动的政治革命，这在马克思主义的语境中被表述成“资产阶级革命”。在中产阶级这个问题上，马克思的分析是我们无法回避的课题；然而，关于中产阶级的理论，学界往往莫衷一是，许多人简单地将其理解成小资产阶级理论。实际上，马克思在对资本主义社会的研究中，在不同的时期提出了不同的中产阶级理论，同时也形成了不同的理论范式，本书将其概括为“三个阶段、两种范式”。

1. 马克思中产阶级理论的三个阶段

从马克思的分析中，我们可以知道，中间等级（中产阶级）并不是一个固定不变的概念，其内涵随着社会经济的发展而变化。恩格斯认为，在1689年的光荣革命之前，英国社会的中产阶级是资产阶级，而光荣革命之后，随着资产阶级统治的确立和资本主义的发展，此时社会的中间等级就不再是简单的资产阶级——资产阶级内部发生了分化，即分成大资产阶级与中小资产阶级。所谓的中产阶级则指小资产阶级。可见，马克思、恩格斯的资产阶级概念充满着历史感，不能简单地给其下一个定义，而应根据资本主义发展的不同阶段来界定中产阶级概念的不同内涵。从马克思的整个分析来看，我们发现其中产阶级概念根据不同的历史阶段可以界定出三个不同的理论内涵：(1) 传统的中间等级（市民阶级与资产阶级）阶段。在封建社会末期的前现代性社会，所谓的中间等级指的便是18世纪之前的市民阶级。而当时的社会正处于封建社会向资本主义过渡时期，因此，那个时期的中间等级指市民阶级。而在德国的文化与历史语境中，市民阶级与资产阶级是同义的。“burgeliche”即“布尔乔亚”，既指市民也指资产者、资产阶级，因此“burgeliche gesellschaft”这个词既可以译作“市民社会”，也可以译作“资产阶级社会”。在古典时代已有许多思想家注意到当时作为第三等级的中间等级已今非昔比，他们已经成长壮大，随着经济力量的膨胀，他们需要在整个社会中起主导作用，这个过程便是马克思所说的市民阶级到资产阶级的历史进程。在上一章中，我们对此进行了论述。(2) 面临竞争和破产压力的小资产阶级阶段。当现代资产阶级社会建立以后（19世纪上半叶），所谓的中产阶级指的是介于资产阶级与无产阶级之间的小资产阶级。马克思对此进行了政治经济学的分析。从经济角度来理解的阶级变迁正与近代资本主义兴起和社会转型的历史进程相关。(3) 新生的职业经理和服务阶层阶段。在19世纪70年代之后的资本主义现代化大生产过程中，由于经济危机所导致的行业整合，出现了股份制公司和大企业。马克思晚年在《资本论》中通过复杂劳动与简单劳动的比较，认为现代化大生产中的职业经理层（执行资本家）是新中产阶级。

从政治经济学关于资本与劳动的视角看，老的中产阶级属于资本家的阶层，只不过他们所拥有的资本有限（很小），力量较弱，所以马克思称之为小资产阶级。这是老中产阶级的主要理论资源。而新的职业经理和服务阶层是随着资本主义的发展而出现的新的社会阶层，他们成为后来新中产阶级的源头。从政治经济学的资本与劳动的视角来看，新中产阶级并不是资本家，而主要还是薪金阶层，在这个意义上，他们属于劳动者阶层，只不过这种劳动者阶层与早期的劳工有所不同，他们出卖的主要不是体力，而是脑力与智力，这就涉及教育问题，即通过教育和工作经验的积累来增加个人人力资本，从马克思的角度看，这正是简单劳动与复杂劳动的区别。所以，新中产阶级产生的关键在于他们从事的是复杂劳动，因为随着第二次工业革命以及生产与管理技术的越来越复杂，社会对劳动的要求越来越高。具体的分析我们将在后文展开。

2. 马克思中产阶级理论的两种范式

众所周知，马克思主义的两大社会分析方法是阶级分析法与历史分析法，而且，阶级分析与历史分析并不是并行的两种方法，实际上是一种方法，是一个问题的两个方面。正如马克思本人指出的，这种历史与阶级的方法实际上起源于法国历史学（其实是历史社会学）。不过，让这种阶级与历史分析方法成为一个显性问题，则离不开马克思的贡献。关于阶级分析方法，马克思明确指出，“发现现代社会中有阶级存在或发现各阶级间的斗争”不是他的功劳，而是法国大革命时期历史学家和英法古典政治经济学家的贡献，“我所加上的新内容就是证明了下列几点：（1）**阶级的存在**仅仅同**生产发展的一定历史阶段**相联系；（2）阶级斗争必然导致**无产阶级专政**；（3）这个专政不过是达到**消灭一切阶级**和进入**无阶级社会**的过渡”（马克思、恩格斯，1995d：547）。在这里，英法古典政治经济学家采取的阶级分析方法正是赖特所说的“阶级结构”（在马克思的著作中称作“经济结构”）；而法国大革命时期的历史学家采取的方法正是赖特所说的“阶级构成”。

正因为如此，赖特才说，马克思的著作涉及了阶级的两个问题：第一个问题是对“阶级关系的抽象结构构图（abstract structural maps）”的描述，这种分析方法关注的是“由生产的社会组织方式决定了一个由阶级关系中的空白位置所组成的结构”（阶级结构），这种分析主要见于《资本论》等政治经济学著作（赖特，2006：8）；第二个问题是对“阶级作为行为主体的具体事态构图（concrete conjunctural maps）”的描述，这种分析关注的是“阶级结构中的人们组织成为集体来参与斗争的方式”（阶级构成），它主要“见于马克思的政治和历史著作”，如马克思在《路易·波拿巴的雾月十八日》中，“至少谈到了以下处于社会冲突中的角色：资产阶级、无产阶级、大土地所有者……小资产阶级、中间阶级等”（赖特，2006：8）。

总之，马克思的阶级理论有两个来源：一是来源于古典政治经济学，这在马克思的著作中主要体现为一种“阶级结构”的理论模型，马克思通过这一理论模型来提出一系列社会发展规律理论；二是来源于历史学、社会学，这在马克思的著作中主要体现为对“阶级构成”的实证分析。前面所分析的“马克思中产阶级理论的三个阶段”，大致可以与这两种阶级分析方法对应起来：马克思在第一个阶段所分析的中间等级对应的是“阶级构成”理论范式；在第二个阶段所分析的小资产阶级对应的是“阶级结构”理论范式；在第三个阶段所分析的职业经理层对应的是“阶级构成”理论范式。

二、阶级结构的理论范式与老中产阶级

1.“阶级结构”范式的形成

在上一章中，我们介绍了马克思对市民阶级发展为资产阶级的历史过程的分析，这主要继承了法国大革命时期的历史学家对社会变迁的分析，这从马克思的《德意志意识形态》《共产党宣言》中对历史进程的描述可以看出来。然而，在《德意志意识形态》《共产党宣言》等著作中，马克思对市民阶级发展为资产阶级的进程主要作了历史的分析，就理论建构的角度而言，马克思还没有提出一种阶级的理论模型，这个任务是在研究并吸收了古典政治经济学的逻辑分析方法之后才完成的。如果说法国历史学家为马克思早期的中间等级理论——市民阶级理论——提供了基础的话，那么马克思后来关于中产阶级的理论模型则源于古典政治经济学，这正是赖特所说的中产阶级的“阶级结构”的理论来源。

在法国大革命时期，当时的历史学家如梯叶里不仅用阶级利益来解释阶级斗争，而且还用阶级利益冲突来解释宗教运动。米涅在其代表作《法国革命史》中认为，自中世纪以来，法国社会的历史就是阶级斗争的历史，法国革命就是阶级斗争的具体表现。基佐认为，“阶级间的斗争。由这一斗争构成的生活现实充满现代历史中。现代欧洲就是从社会各阶级的斗争中诞生的”（基佐：2005：142）。从这些法国历史学家的阶级理论中我们可以看出，他们已经开始从经济的角度来界定阶级。只不过他们仅仅观察到了经济利益决定阶级性质这一历史现象，但没有建构出一个理论模型，而这个工作正是由古典政治经济学家完成的。

英法两国的古典政治经济学对社会分层结构的分析，是人类思想史上第一次科学、系统地研究社会的分层结构以及由这个社会结构主导的利益分配关系。马克思正是在古典政治经济学对社会结构分析的基础上，结合法国历史学家的观点，提出了著名的阶级理论。这一理论，构成了整个古典时代主导性的中产阶级理论的基础。所以谈到马克思的阶级理解模式，就必须涉及古典政治经济学。实际上，在古典时代，不仅马克思主义关注阶级，整个古典时代的社会科学都关注阶级，其中最重要的是古典经济学。当时的古典经济学并不是一种纯粹的经济理论，而是一门社会科学，即社会哲学，这一点从当时人们把社会哲学作为政治经济学教科书的书名（副标题）便可见一斑。正是由于古典经济学建构了阶级理论的最重要的基础，所以列宁曾经指出：“由于古典经济学家发现了价值规律和社会划分为阶级这一基本现象，创立了这门科学，由于18世纪的启蒙运动者同前

者一起用反封建反僧侣主义的斗争进一步丰富了这门科学，由于19世纪初那些抱有反动观点的历史学家和哲学家们，进一步阐明了阶级斗争的问题，发展了辩证法，并把它用于或开始用于社会生活，从而把这门科学推向前进，所以说，在这方面获得许多巨大成就的马克思主义是欧洲整个历史科学、经济科学和哲学科学的最高发展。这才是合乎逻辑的结论。”（列宁，1958：198）这番论述是针对马克思主义的形成而言的，阶级学说无疑也包括在其中。

由于15世纪以来资本主义工商业的发展，经济力量在社会阶级结构中扮演了重要角色。当时的启蒙思想家也开始注意到社会不平等和阶级划分与经济力量之间的关系。英国的洛克认为，应该承认财产所有者同劳动者之间的区别。美国总统麦迪逊也认识到经济利益的对立对社会分化的作用，并指出了有产者与无产者之间的区别。人们逐渐用“阶级”这个更具有经济学意味的术语，代替了封建时代惯用的、具有政治意味的“等级”这个术语。准确地说，正是在这个时候，“中间等级”这个概念开始向“中产阶级”这个概念转化。需要说明是，在今天的学术思想中，“阶级”主要被人们理解为一个政治范畴，而实际上，在19世纪的古典经济学中，“阶级”是一个经济范畴。正因为如此，马克思在政治经济学中所说的“经济基础”，指的是阶级结构，以及由这种结构所决定的所有制。下面我们就从古典经济学的视角来考察“中产阶级”这个概念。

“阶级”一词由重农主义者率先使用，它渐渐取代“等级”，着重强调各群体不同的经济功能（周晓虹，2005b，导言：2）。阶级分析取代等级定位，是社会分析方法的重大进步。早在18世纪中叶，法国重农学派创始人、经济学家魁奈从他的“纯产品”理论（他认为农业是唯一的生产部门，只有农业才能够使物质财富增加，生产出纯产品，即农产品扣除生产耗费后的余额）出发，把当时的法国社会划分为三个阶级：生产阶级，即从事农业而生产“纯产品”的阶级，包括租地农场主（农业资本家）和农业工人；土地所有者阶级，即以地租形式占有“纯产品”的阶级，包括地主及其仆役、君主、官吏和僧侣等；不生产者阶级，包括从事工商业的资本家和工人。这是对资本主义社会初期阶级关系的最早的经济分析，其最重要的理论贡献是把阶级划分与社会生产的产品结合起来。

从这种阶级结构观出发，魁奈在《经济表》中分析了社会总产品的再生产及其在三个阶级之间的分配和流通。18世纪后半叶，法国重农学派的另一个重要经济学家杜尔哥在魁奈划分的三个阶级的基础上，进一步把生产阶级划分为农场主阶级和农业工人阶级，把不生产阶级划分为资本家阶级和工人阶级，并描述了资本家阶级和工人阶级的特征。需要强调的是，他已经指出，工人除了可以把自己的“劳动”出卖给别人以外，一无所有。从杜尔哥的理论中，我们已经可以看出一种根据所有制度（产权制度）来对人进行划分的经济学范式。

英国古典经济学的先驱配第的主要贡献在于提出了劳动价值论的一些基本观点，在此基础上初步考察了工资、地租、利息等范畴。他实际上提出了古典政治经济学家分析社会结构的三个基本概念：工资对应的是工人阶级、地租对应的是地主阶级、利息对应的是资本家阶级。

在马克思之前，从政治经济学的角度对社会的阶级结构进行最深入研究的当属英国古典经济学家亚当·斯密，他吸收了魁奈的社会“纯产品”在几个阶级之间分配的理论，对资本主义的剩余价值分配进行了深入分析，在政治经济学史上第一次比较正确地阐述了资本主义社会的阶级结构。斯密认为，一个国家的全部年产物之价值，可分成地主的地租、劳动者的工资和资本家的利润三部分。这三个部分也就构成了三个阶级的收入来源，这样就形成了资本主义社会的三大阶级：地主阶级、工人阶级和资产阶级。

从斯密的阶级理论可以看出，他分别吸收了魁奈和杜尔哥的长处：斯密借鉴了魁奈根据社会总产品的分配来决定社会各阶级构成的方法，所以他根据一国的土地和劳动的全部年产物或年产物的全部价值可分成地租、工资、利润这三部分来决定阶级；而他还吸收了杜尔哥根据所有权来划分阶级构成的方法，根据土地属于地主所有、资本属于资本家所有、劳动力属于工人所有，以这三种生产要素的所有权归属来划分阶级，非常清晰地划分了资本主义社会的阶级状况，成为古典经济学研究一个前提。

李嘉图是英国古典经济学的完成者。他在 1817 年提出了以劳动价值论为基础、以分配论为中心的严谨的理论体系。他强调经济学的主要任务是阐明财富在社会各阶级间分配的规律，认为全部价值都是由劳动生产的，工资由工人的必要生活资料的价值决定，利润是工资以上的余额，地租是工资和利润以上的余额。由此，他阐明了工资和利润的对立，工资、利润和地租的对立。古典经济学到李嘉图时达到了顶峰，对后来的经济学发展有着深远的影响，尤其对马克思产生了重要影响。作为英国古典经济学的高峰，李嘉图继承了斯密根据社会生产总收入的分配来划分资本主义社会的阶级结构的方法，从根本上提出，收入方式决定了阶级差别和阶级对立，资本家的利润无非来自雇佣工人的无偿劳动，这是从社会冲突的角度来揭示资本主义的阶级结构，对马克思的阶级斗争理论有重要的影响。

李嘉图正因为揭示了收入方式决定阶级对立，得到了马克思的高度评价，因此马克思在《资本论》中指出："李嘉图揭示并说明了阶级之间的经济对立——正如内在联系所表明的那样——这样一来，在经济学中，历史斗争和历史发展过程的根源被抓住了，并且被揭示出来了。"（马克思、恩格斯，2008：184）从马克思的阶级斗争理论中，我们可以看出，它基本上是按照古典政治经济学所揭示的收入方式决定阶级结构的路径进行分析的，在这一理论模型中，工人、资本家、地主之间的斗争可以归结为整个社会总收入通过工资、利润和地租的方式进行分配的斗争。这是古典政治经济学阶级理论的一个成就。

李嘉图还提出了地租理论，认为地租是剩余价值的一部分，是资本家以地租的方式付给地主的一部分剩余价值。从阶级构成角度来看，在现代资本主义社会中，由于资本主义的生产方式占主导地位，因此地主这一阶级没有独立的阶级地位，他们属于资本家阶级。这样，把李嘉图的地租理论和他的阶级理论结合起来，马克思发现，在现代资本主义社会，整个社会结构可以分成资本家与工人、资产阶级与无产阶级两个对立阶级，这是现代社会阶级斗争的根源。

如前所述，在古典政治经济学中，社会结构与分层研究始终是其核心问题，无论是重农学派把社会分成几个阶级，还是斯密按生产要素——土地、资本、工资——把社会分成地主、资本家、工人阶级三个层次结构。马克思正是在这个理论基础之上，认为地主是通过土地分享一部分工业利益的，所以没有把地主作为一个独立的阶级，因此从政治经济学的分析逻辑上来看，整个社会应分成两个阶级：资产阶级与无产阶级。

阶级分析是马克思主义用来分析阶级社会主体结构的基本方法，它以人们在生产关系中的地位作为切入点，并由此将各类主体划分为不同阶级：从人们在生产关系中所处的不同地位入手区分不同的阶级，可以抓住社会分层问题的本质。需要说明的是，李嘉图—马克思式的阶级理论只是一种政治经济学分析高度抽象的理论模型，用社会学的术语来说，就是一个"理想类型"，作为一个理想类型，它具有两个特征："其一，它存在于分析者的观念中，是我们对现实的社会结构或社会分层的一种抽象；其二，我们使用的这一对理想类型所代表的社会现象是接近典型的，但现实中的社会现象只能与之近似，并不会同其完全一致。"（周晓虹，2005c：15）在这个马克思的理想类型（理论模型）中，整个社会被分成两大对立阶级，由资本家阶级所主导的社会叫资本主义社会，在这个社会中，工人阶级处于被剥削和压迫的地位。

2. 资本（资产）："阶级结构"范式的核心概念

我们知道，现代社会早期的思想家如古典经济学家、孔德以及马克思等把社会看作一个有机整体，这个社会整体的各个组成部分就像机器一样巧妙地连接在一起，这样整个社会的主轴和变迁方向就可以确定，历史发展的方向也就明确了，如黑格尔认为是精神，马克思认为是经济结构，即整个社会制度的基础是财产所有权（所有制），这种所有制决定了社会的阶级分工，资本家拥有资本、地主拥有土地、工人拥有劳动力，这些社会阶级之间进行交换，而法制、文化、政治制度等是建立在这一图景之上的。这便是经济基础决定上层建筑的基本内涵。在这一认识图景中，所有制决定了阶级关系，而阶级关系、矛盾及其斗争又决定了历史发展的方向，并最终走向社会主义。前面我们指出，中产阶级的关键词在于其“产”，即中产阶级所拥有的资产和资本，可见，资本问题实为中产阶级理论的核心，正是因为这一点，马克思对资本进行了深入的分析，这为我们理解现代社会的阶级提供了一个基本视角。

关于从传统社会向现代社会的结构变迁，有多种理论范式，如从共同体到社会（滕尼斯）、从机械团结到有机团结等，其中，影响最大的是马克思的资本主义理论。在马克思看来，从传统社会向现代社会的变迁，资本的力量在其中扮演了关键角色，以至于马克思把现代性的社会变迁称作资本主义。我们知道，马克思主义最初对阶级的划分是资产阶级与无产阶级的对立，而在《资本论》中，他则进一步分析了资产阶级与无产阶级的阶级对立的关键在于他们生产资料所有权的对立，即资本所有权的对立。而且正是由于资本的作用，社会结构才明显地分为资本家阶级与工人阶级。

马克思在《1844 年经济学哲学手稿》中说：“**资本**，即对他人劳动产品的私有权”，“资本是对劳动及其产品的**支配权**”（马克思、恩格斯，1979a：62）。用现代经济学的说法，资本就是剩余索取权。这表明，马克思是从产权关系，或者说是从法律关系的角度来理解资本的：“**资本**也是一种社会生产关系。这是**资产阶级的生产关系**，是资产阶级社会的生产关系。构成资本的生活资料、劳动工具和原料，难道不是在一定的社会条件下，不是在一定的社会关系内生产出来和积累起来的吗？难道这一切不是在一定的社会条件下，在一定的社会关系内被用来进行新生产的吗？并且，难道不正是这种一定的社会性质把那些用来进行新生产的产品变为**资本**的吗？”（马克思、恩格斯，1995a：345）“资本不仅包括生产资料、劳动工具和原料，不仅包括物质产品，而且还包括**交换价值**……所以，资本不仅是若干物质产品的总和，而且也是若干商品、若干交换价值、若干**社会量**的总和。”（马克思、恩格斯，1995a：345）

马克思此时认识到，这些物质产品在一定的生产关系下成为资本，如马克思所说的："黑人就是黑人。只有在一定的关系下，他才成为**奴隶**。纺纱机是纺棉花的机器。只有在一定的关系下，它才成为**资本**。脱离了这种关系，它也就不是资本了，就像**黄金**本身并不是**货币**，砂糖并不是砂糖的**价格**一样。"（马克思、恩格斯，1995a：344）"只是由于积累起来的、过去的、对象化的劳动支配直接的、活的劳动，积累起来的劳动才变为资本"，"资本的实质并不在于积累起来的劳动是替活劳动充当进行新生产的手段。它的实质在于活劳动是替积累起来的劳动充当保存并增加其交换价值的手段"（马克思、恩格斯，1995a：346）。

在《1857—1858 年经济学手稿》中，马克思从分析商品和货币入手过渡到资本，马克思指出，并非每一笔货币都是资本，只有在资产阶级社会的历史条件下，货币才变成资本；货币转化为资本即物质转化为关系有一个特定的过程，是和资产阶级生产联系在一起的。在资本的分析中，马克思一开始就强调"资本"应被理解为关系（马克思、恩格斯，1979b：212），现代资产阶级生产方式是"建立在资本上的生产方式"（马克思、恩格斯，1979b：205）、"受资本统治的生产方式"（马克思、恩格斯，1979b：456）。"资本显然是**关系，而且只能是生产关系**"（马克思、恩格斯，1979b：518）。在这里，我们可以看出，马克思在这时已经十分明确地把资本和资本构成的物质区分开来，从而也把他的资本概念和古典经济学的资本（资产）概念区别开来，明确界定了资本就是指"资本主义生产关系"。

在这里，我们要特别注意，马克思的资本概念与日常用语中的资本概念根本不同，具有质的区别。在我们的日常用语中，"资本"一词通常用于表述个人所拥有的作为财富的资产。在古典经济学那里，"资本"也仅指其拥有者不断产生收益的资产。总而言之，它最多只是一个会计学或经济学术语，只被理解为物质。马克思的"资本"概念不同于日常生活和古典经济学的理解，而属于社会科学的用语，并非仅仅是会计学或经济学术语，在本质上，它指一种社会关系——现代资产阶级社会所特有的关系。而"资本"（capital）这个概念于 1211 年已经问世，在 14 世纪得到普遍使用（布罗代尔，1993：236）。"资本"最初是法律和商业用语，对罗马的法理学家和他们的后继者来说，指贷款的"本金"，以区别于利息；后来便指合伙人投入合伙企业的货币总和或其等价物。那时的"资本"概念实质上是货币性的、仅具有会计学的意义，主要用于会计师的账目，它或者指货币，或者指用货币估价的某些货物。17 世纪下半叶，作为产业资本意识形态的古典经济学逐渐产生。重农学派首先迈出了最初的一步，魁奈把资本和生产联系在一起，用“资本”指生产投资（“垫支”概念）。马克思的“资本”概念指一种生产“关系”和“运动”过程。马克思的阶级分析方法对中产阶级研究，特别是对社会分层研究的理论建构具有特殊意义。

西方影响力较大的社会分层方法大致可以归为以下几类：(1) 基于是否占有生产资料，如马克思的有关论述；(2) 依据财富、身份和权力，如韦伯的《经济与社会》；(3) 依据权威关系，如德国社会学家达伦多夫的《工业社会中的阶级与冲突》；(4) 依据职业地位，如美国社会学家布劳和邓肯合著的《美国的职业机构》；(5) 依据声望（财富、收入、职业、家庭背景等），如美国社会学家沃纳对美国的一座小城扬基城（Yankee City）的研究；(6) 依据劳动技术分工，如美国社会学家贝尔的《后工业社会的来临》；(7) 依据权威和技能，如西方新马克思主义分析学派代表人物、美国社会学家怀特的《阶级论争》和《阶级计量——关于阶级分析方法的比较研究》；(8) 依据人们在职业关系（劳动力市场和生产单位）中的位置，如新韦伯分析学派的代表人物、英国社会学家高德索普的《高德索普阶级模式》；(9) 依据职业、收入和财产、文化教育水平，如法国社会学家布迪厄、帕塞隆、布东、孟德拉斯等人，他们在研究社会分层时不约而同地把这三个指标作为评价标准，并把研究社会各阶层的生活方式和文化方式结合起来（陈义平，2002）。但是，西方学者的阶级划分方法导致了逻辑上的多重性，只有马克思的阶级分析方法保持了逻辑的一致性。

作为一种客观的分析逻辑，我们需要保持逻辑的一致性，正如马克思在分析英国古典经济学和德国历史学派经济学家的方法时指出，前者保持了逻辑的一致性。从这一思想史的线索来看，关于阶级划分的方法只有两类：一是逻辑上的一致性的；二是现象上的描述的。而马克思则是从资本理论的角度，为阶级的划分提供了一个逻辑上一致的模式。此外，马克思从资本的角度来划分阶级，为马克思主义中产阶级理论与西方社会学的中产阶级理论两大传统的结合提供了契机，布迪厄深知这一点，所以他扩展了马克思的资本理论，提出社会资本、文化资本等范畴，而将社会资本、文化资本等要素引入资本理论，为我们观察和分析中产阶级提供了知识、文化、技能、社会关系等视角，从而为将马克思的抽象的阶级理论引入实证分析提供了可能，因为这样可以使阶级在社会学的统计上可以转换成知识、文化、收入等因素。

目前来看，似乎还没有更好的术语可以取代“资本主义”这一说法，更清楚地说明现代社会的性质，尽管有了可以与“资本主义”概念竞争的、具有“现代性”含义的概念，如“现代社会”（区别于传统社会）、“工业社会”

（区别于农业社会）等。可以这样说，在所有解释传统社会向现代社会变迁的现代性理论范式中，马克思的资本主义理论由于关注阶级问题（阶级斗争与革命等）而与我们的中产阶级理论密切关联。从马克思主义的立场看，社会结构以所有制为基础，资产阶级与无产阶级的分野在于它们有产与无产，更进一步地看，有产与无产只能体现人们的贫富差距，而不能解释人们之间的阶级对立。从“资本论”的逻辑出发，可以发现，资产阶级与无产阶级的分野在于它们有没有资本。正是这一区分造成了阶级的分野。

换言之，根据人们的贫富差异是很难区分两个阶级的，而资本的有无却可以区分两个不同的阶级阵营，正是在这个意义上，马克思后来在经济学著作中，把资产阶级与无产阶级的对立改成了资本家阶级与工人阶级的对立。显然，资本家与工人这个概念比资产阶级与无产阶级更科学，因为随着资本主义经济的发展，工人阶级并不是一无所有的无产阶级，“无产阶级”这个概念很难准确地反映现代社会中工人阶级的实际情况，它更多体现了资本主义原始积累时期的工人阶级的阶级状况。所以，从资本的角度，可以准确地区分资本家与工人，而根据资本的不同，我们还可以进一步区分出介于资本家与工人之间的中产阶级——拥有文化资本、人力资本（技能，skill）、社会资本的劳动者。

3. 老中产阶级的“阶级结构”分析

严格来说，在李嘉图—马克思式的阶级理论中，实际上是没有中产阶级的位置的。也就是说，马克思对中产阶级的描述主要是从社会学、历史学实证角度出发，而不是从古典政治经济学逻辑中演绎出来的。马克思是在古典政治经济学的基础上建构其阶级理论模型的，他并没有专门提出一种中产阶级理论，他在谈及这个问题时，用的都是“小资产阶级”这个概念，而且，马克思把小资产阶级描述为一个没有独立性的、过渡性的、即将消亡的阶级。因此，在马克思的政治经济学理论模型中，中产阶级其实只是一个相对存在的概念——相对于资产阶级与无产阶级而言的概念。所以我们要了解马克思的中产阶级概念，首先需要了解处于上层的资产阶级和处于下层的无产阶级的定义。

从马克思的理论模型中，我们可以清楚地看出，工人与资本家这两大阶级的区分是基于产权（所有制）的：资本家拥有生产资本，而工人除了拥有自己的劳动力外一无所有。这就带来一个问题，在资本主义社会中，有大量的小生产者，他们拥有少量生产资料，同时自己也进行劳动，换言之，这些小生产者既当资本家又当工人，他们的阶级地位应当如何界定呢？马克思根据政治经济学的阶级理论，把他们界定为小资产阶级，处于资本家阶级与工人阶级之间。在马克思的政治经济学著作中，由于其重点是强调资本主义社会阶级关系日益两极化的特点，所以他虽然定义了“中间阶级”，但并没有进行重点分析。

不过，我们从马克思对剥削阶级（资产阶级）和被剥削阶级（无产阶级）的划定，以及对介于这两大对立阶级间的小资产阶级的描述中，依稀可见马克思主义的中产阶级概念的基本框架。

马克思指出，“除了资产阶级和无产阶级以外，现代大工业还产生了一个站在它们之间的中间阶级——小资产阶级。”（马克思、恩格斯，2003：103）其阶级成员，在马克思看来，包括“小工业家、小商人、手工业者、农民”（马克思、恩格斯，1995a：282）他们组成了国民的最大部分。对于现实社会中的这部分社会成员，马克思使用较多的概念是“中等阶级”和“中等阶层”，而不是“中间等级”，主要是为了表明其处于小资产阶级的地位。因为无论从收入还是从社会地位来看，他们都处于资产阶级和无产阶级两大基本阶级的中间地位（王存福，2006）。

正是基于古典政治经济学的理论模型，马克思对中等阶级的发展趋势进行了分析和预测，认为“破产在小资产阶级那里成为一种经常现象”（马克思、恩格斯，2003：104），无产阶级队伍将不断地从破产的小资产阶级和小农中得到补充。“资产阶级社会内的中等阶层，即小资产阶级和农民阶级，就必定要随着他们境况的恶化以及他们与资产阶级对抗的尖锐化而越来越紧密地靠拢无产阶级”（马克思、恩格斯，1995a：400）。

随着这些中等阶级的不断破产，他们源源不断地汇入无产阶级的队伍，从而使资本主义社会成为资产阶级和无产阶级两大阶级严重分化与对抗的社会。这样，无产阶级革命的时代就到来了（王存福，2006）。基于这一判断，马克思、恩格斯乐观地估计，随着资本主义的发展，“我们在本世纪末就能夺得社会中等阶层的大部分，小资产阶级和小农，发展成为国内的一个决定力量”（马克思、恩格斯，1995d：523），这时在无产阶级政党的领导下，无产阶级革命就会爆发并走向成功。

这部分中间阶级，从政治经济学的视角和传统马克思主义生产方式分析的方式来看，应当是介于剥削阶级与被剥削阶级之间的阶级。他们在古典时代是小资产阶级，拥有少量资产，依靠这些资产还不足以大规模地雇佣和剥削他人，只能自我雇佣——用自己少量资本使用自己的劳动力。这类人群在现代社会中也存在，即目前的中小企业主。另一类则是现代社会中拥有一定生产要素的人——主要拥有技术和文化。因为在现代社会中，文化、技术也成为生产要素（生产资料)，所以英国当代著名社会学家吉登斯认为，社会可以根据三种“市场能力”划分为三种阶级，即掌握生产资料的市场能力的上层阶级、具有教育和技能的市场能力的中产阶级、具有体力劳动的市场能力的下层阶级。2001 年 10 月，陆学艺主持的“当代中国社会结构变迁研究”课题组中的“中国中间阶层研究”专题报告也从教育和职业技能的角度对现阶段中国中间阶层进行了界定：“所谓中间阶层，是指占有一定的知识资本及职业声望资本，以从事脑力劳动为主，主要靠工资及薪金谋生，具有谋取一份较高收入、较好工作环境及条件的职业的就业能力及相应的家庭消费能力，有一定的闲暇生活质量；对其劳动、工作对象拥有一定的支配权；具有公民、公德意识及相应社会关怀的社会地位分层群体。”(郑杭生，2004：157－159)

无论是吉登斯还是陆学艺的观点，实际上都与马克思的阶级理论有相通之处：拥有一定文化资本，从所有制的角度来看，即拥有一定的生产要素，可以参与剩余价值的分配，因此具有资本家的一些特质，他们可以通过自己所拥有的文化资本来获得一部分剩余价值；但是，由于他们的文化资本还不是很多，不足以剥削别人，也不像大资本家那样可以获得大部分的剩余价值，而只能被雇佣。所以，从马克思的角度来看，他们实际上具有双重性：一方面他们是被大资本家剥削的被剥削者；而另一方面，他们又可以通过自己的文化资本来剥削劳工，是文化与技术的剥削者。因此，从阶级性质来讲，他们正是处于传统的典型的资产阶级与无产阶级之间的中间阶级。这样，当代所有对中产阶级的实证分析就与马克思的阶级理论模型相吻合了。

所以，以马克思的基本理论来分析，古典中产阶级是拥有一定资本但又不能雇佣工人而只能自我雇佣的人，由于既有一定的资本，又要从事劳动，介于不劳而获的资产阶级与一无所有的无产阶级之间，所以是中产阶级或中间阶级，而现代社会的新中产阶级只不过是把古典时代老中产阶级的经济资本换成了人力资本、文化资本而已，这是经济、社会发展的必然。

从政治经济学的角度来看，无产阶级并不是指无任何财产的人，恩格斯在《共产主义原理》中曾明确定义过：“无产阶级是完全靠出卖自己的劳动而不是靠某一种资本的利润来获得生活资料的社会阶级……一句话，无产阶级或无产者阶级是 19 世纪的劳动阶级。”(马克思、恩格斯，1995a：230）由此可见，无产阶级定义的关键在于他们是劳动者，而不在于他们有没有财产。与此同时，恩格斯也谈到中产阶级。他说，在产业革命之前，“从前的中间等级，特别是小手工业师傅日益破产，工人原来的状况发生了根本的变化”(马克思、恩格斯，1995a：

231)。换言之，恩格斯认为从前小手工业者之所以是社会的中层等级，是因为他们在工场手工业时期，既有生产资料，又要从事劳动。从资本的角度而言，他们既有资本，同时又从事劳动，因此，从马克思、恩格斯所论述的工业革命之前的小资产阶级的特点可知，他们对中产阶级的定义是：既有少量资本，又从事劳动。与此相对，资本家阶级则是拥有资本而不从事劳动的阶级；无产阶级则是没有资本，只从事劳动的阶级。

从马克思、恩格斯的界定中，我们可以知道，中产阶级是拥有少量资本且从事劳动的阶级。所以，现代社会的新中产阶级是拥有文化资本、人力资本的雇佣劳动者，无产阶级则是出卖体力劳动的雇佣劳动者（当然，由于出卖文化资本、人力资本的劳动与出卖体力的劳动在职业特点上具有明显区别，所以米尔斯才会认为，现代新中产阶级是以职业为中心的）。

在马克思的经典分析中，整个资本主义社会分成两个阶级：资产阶级与无产阶级。马克思认为中间阶级（或中产阶级）随着机器大工业生产的发展必然产生两极分化，一部分发展成大资产阶级者，另一部分则由于经营不善而破产，最终落入无产阶级的队伍，《共产党宣言》中这样写道："以前的中间等级的下层，即小工业家、小商人和小食利者，手工业者和农民——所有这些阶级都降落到无产阶级的队伍里来了。"（马克思、恩格斯，1995a：280）这种分析，是以当时的历史实践为支撑的。因为随着资本主义经济的发展，必须出现资本的集中，因此中小企业必然会受到大企业的打击和兼并，因此马克思才预言小资产阶级会出现分化，一部分落入无产阶级，另一部分则上升为资产阶级。然而，这只是针对某些行业而言，即传统行业会出现集中的趋势，从而使中小企业被兼并或破产，但是另一方面，同时也会不断有新兴的行业产生，因而也不断有中小企业出现。

综上所述，根据李嘉图—马克思式的政治经济学视域中的阶级理论，古典时代的中间阶级便是马克思所说的小资产阶级，他们是只拥有少量生产资料、自我雇佣的小生产者，他们既当资本家，又当工人，在整个阶级结构中处于资本家阶级和工人阶级之间。马克思认为这个中间的阶级会随着资本主义自由竞争而破产，从而落入社会的下层阶级。在《雇佣劳动与资本》中，马克思用政治经济学原理，建构了一个资本主义自由竞争的理论模型，很好地解释了中间阶级消灭和大资产阶级形成的历史过程，马克思总结道："不言而喻，小产业家是支持不住这种战争的；这种战争的首要条件之一就是生产的规模经常扩大，也就是说必须要做大产业家而绝不能做一个小产业家。"

（马克思、恩格斯，1961a：505）这同时也解释了中间阶层的破产和沦为工人阶级，从而科学地说明了现代社会的两大阶级对立：资产阶级与无产阶级的对立（马克思、恩格斯，1961a：499－505）。现代经济学——新制度主义主将科斯的《经济史上的结构与变革》一书，也通过经济学的理论模型说明了经济史上变迁的社会阶级结构，可谓有异曲同工之处。

总之，从政治经济学的经济结构的视角来定义阶级，是马克思阶级理论的关键，由于在政治经济学中，资本家、工人、地主构成了社会经济运行的基本机制，所以，这三个角色构成了社会的基本阶级。这种阶级分析方法实际上是一个理论上的抽象（仍然是一种理想型），按马克思的说法，就是“这里涉及的人，只是经济范畴的人格化，是一定的阶级关系和利益的承担者……不管个人在主观上怎样超脱各种关系，他在社会意义上总是这些关系的产物。同其他任何观点比起来，我的观点是更不能要个人对这些关系负责的”（马克思、恩格斯，1995b：101－102）。也就是说，马克思所描述的阶级以及代表阶级的政党，只是从“社会意义上”说的，是“经济范畴的人格化”，不能将其简单地落实到现实中的个人身上（所以在“文化大革命”中，我们简单地以一些标准来划分每一个个体的阶级成分，是把抽象的阶级概念简单地具体化了）。也就是说，阶级的关系及其定义，是在社会经济运动的机制中体现出来的，按赖特的说法，“说阶级是一个关系概念，就是说各阶级是在社会关系中，尤其是在同其他阶级的关系中被界定的。正如‘父母’与‘孩子’的地位，只有在把他们联结起来的那种社会关系中才有意义，这不同于‘老人’和‘年轻人’，可以完全根据个人的年龄特征来确定。因此，各阶级只能根据它们与其他阶级的关系才能够定义……阶级这一关系概念与纯粹的阶级等级概念形成鲜明的对照。在阶级的等级概念中，阶级因某些属性（收入、地位、教育）在量上的程度而得到区分，而不是因它们在确定的关系中的地位而得以区分，因此等级方法中各阶级的名称具有严格的数量性质：上层阶级、中上层阶级、中层阶级、中下层阶级、下层阶级，如此等等”（赖特，2006：38）。

三、“阶级构成”的理论范式与新中产阶级

在上文中，我们分析了马克思对当代社会的结构进行分析的一种方法——基于政治经济学制定的现代社会阶级理论模型，然而，这只是马克思当代（共时态）阶级分析的一个方面，前文曾述，正如赖特所指出的，马克思的著作涉及了阶级的两个问题。第一个问题是对“阶级关系的抽象结构构图的描述”，这种分

析方法关注的是“由生产的社会组织方式决定了一个由阶级关系中的空白位置所组成的结构”，这种分析主要见于《资本论》等政治经济学著作（赖特，2006：8）。我们在上一章中主要是围绕这方面来解读马克思的中产阶级理论。运用这种分析方法，马克思准确地看到了资本主义社会两极分化的趋势，“随着整个社会日益分裂成两大敌对的阵营，分裂为相互直接对立的阶级：资产阶级和无产阶级”，随着生产的集中，老式的中间阶级（即小资产阶级）会逐渐没落。第二个问题是对“阶级作为行为主体的具体事态构图”的描述，这种分析关注的是“阶级结构中的人们组织成为集体来参与斗争的方式”，正如赖特所说，它主要“见于马克思的政治和历史著作”，如马克思在《路易·波拿巴的雾月十八日》中，“至少谈到了以下处于社会冲突中的角色：资产阶级、无产阶级、大土地所有者……小资产阶级、中间阶级等”（赖特，2006：8）。而实际上，马克思在晚年的著作中，对由资本主义生产方式新变化所引起的中产阶级的阶级构成的变化——商业工人、产业经理阶层以及服务阶级的发展十分关注。下面分论之。

1. 商业工人与产业经理阶层：新中产阶级的阶级构成

在《资本论》中，马克思不仅从阶级结构的角度分析了阶级问题，而且从阶级构成的角度，分析了现实社会中中产阶级的具体构成，其主要来自当时社会生产中的两个阶层：一是“商业工人”，二是“产业经理阶层”。

随着资本主义经济的发展，商业工人的生产和销售开始出现分工，这样资本也就分成了“商人资本”和“产业资本”。商人资本家雇佣“商业工人”，而产业资本家则雇佣“产业工人”。马克思清楚地看到：“随着生产规模的扩大，为了产业资本的流通而必须不断进行的商业活动将会增加；而这些活动既是为了出售处在商品资本形式上的产品，也是为了把由此得到的货币再转化为生产资料，并对这一切进行计算……因此，使用商业雇佣工人就成为必要了，他们组成真正的事务所。”（马克思，2004c：333）商业雇佣工人因为帮助资本家“减少了实现剩余价值的费用”，从而能够“给资本家带来利益”，因此“真正的商业工人是属于报酬比较优厚的那一类雇佣工人，他们的劳动是熟练劳动，高于平均劳动”（马克思，2004c：335）。因此这些商业工人由于收入增长而成为中产一族。

虽然马克思已经看到“真正的商业工人是属于报酬比较优厚的那一类雇佣工人”，但是，他认为商业工人的工资“随着资本主义生产方式的进展……有下降的趋势”，这是因为商业熟练工人人数会大量增长，而使他们的工资下降。马克思认为，商业熟练工人人数增长的原因有两方面：一是“事务所内部的分工；因此，劳动能力只需要有片面的发展……工人的熟练程度会通过职能本身发展起来，并且随着分工的发展而变得越是片面，它就发展得越迅速”；二是“资本主义生产方式越是使教学方法等等面向实践，随着科学和国民教育的进步，基础教育、商业知识和语言知识等等，就会越来越迅速地、容易地、普遍地、便宜地再生产出来。由于国民教育的普及，就可以从那些以前受不到教育并且习惯于较差的生活方式的阶级中招收这种工人。而且，这种普及增加了这种工人的供给，因而加强了竞争。因此，除了少数例外，随着资本主义生产的进展，这种人的劳动力会贬值”（马克思，2004c：335）。

在这里，马克思正确地看到，随着国民教育的普及，作为中产阶级的商业工人的人数会增长；但他没有看到的是，随着资本主义生产的发展，商业工人的劳动力价值不仅没有贬值，反而升值。因为在现代社会，商业资本的作用越来越大，其获取利润的能力也越来越大。特别是在国际贸易中，例如中国是制造大国，中国制造的产品遍布全球，然而中国所获取的利润率是最低的，而商业流通领域获取的利润却很高，由于制造业和商业的利润率不一样，所以商业工人的工资水平与产业工人不一样。另外，商业工人与产业工人相比，需要更多知识和脑力劳动，所以其工资水平也就高于产业工人。总之，现代社会的商业工人数量大大增加，从而成为庞大的中产一族的重要来源。

马克思在《资本论》第三卷中指出，随着资本主义企业规模的扩大，对管理阶层的需求增加，会出现商业经理阶层，即执行资本家，他们通过自己的管理从剩余价值中分得一部分利益（马克思，2004c：63、437）。这说明，马克思已经看到随着资本主义生产方式的发展和社会分工的细化，将会出现 个阶层，他们既不是出卖劳动力的劳动者，也不是占有资本而可以不劳而获的资本家，也不同于传统的小资产阶级（老中产阶级），这实际上是现代中产阶级理论的萌芽。

马克思注意到19世纪70年代资本主义社会结构的新变化，实际上资本的形式发生了变化。因为随着资本主义生产规模的扩大，资本积累不再完全依靠资本家个人的财产，而是通过信用制度和股份制度，吸收整个社会的储蓄资金。在现代企业制度上出现的一个重大变革，即股份有限公司大量建立，逐渐取代了传统的个人有限公司。股份有限公司的出现，使得资本所有权所包含的各种权力出现分化，即财产权中的占有权与使用权相分离，资本的占有权仍然归资本家，而资本的使用权的一部分就落到经理人手中，这便是我们经常说的所有权和管理权的分离。正如马克思所说的，“随着信用而发展起来的股份企业，一般地说也有一种趋势，就是使这种管理劳动作为一种职能越来越同自有资本或借入资本的占有权相分离”（马克思，2004c：436）。由此在企业中产生了一个掌握管理权的阶层——经理阶层。他们中的大部分成了中产阶级的新来源，而少部分则跻身于上层阶层。这种资本的社会化形式使得过去那种工人与资本家的对立模式发生变化，为中产阶级的产生提供了条件。这说明，工人可能通过拥有股份而分享一部分剩余价值。这是工人通过经济资本而成为中产阶级，与现代社会中主要通过文化资本而成为中产阶级不同，但无论如何，这种资本从私人化到社会化的过程，为中产阶级的产生提供了经济条件。

这样，中产阶级除了传统的医生律师等自由职业者、政府行政人员以外，又多了一个经理阶层。这便是马克思所说的“执行职能的资本家”或“产业资本家”，他们所获得的报酬是“管理工资”，他们形成了一个“产业经理和商业经理阶级”（马克思，2004c：435－437）。马克思在这里所说的拿“管理工资”的“产业经理和商业经理阶级”正是新中产阶级。

另一方面，马克思又从复杂劳动与简单劳动的区别角度，认为管理者从事的是复杂劳动，从这个意义上说，管理阶层又属于工人阶级，因为他们并不拥有企业所有权，所以是劳动者队伍的成员。如在《资本论》中马克思肯定了这样一个想法：“中等阶级的人数将增加，无产阶级（有工作的无产阶级）在总人口中占的比例将相对地越来越小（虽然它的人数会绝对地增加）……实际上资产阶级社会的**发展进程**却正是这样。”（马克思、恩格斯，1974：63）在这里，我们发现，马克思此时关于中间阶级和小资产阶级的发展趋势，得出了一个与《共产党宣言》相反的判断。这是因为，马克思此时的结论，是建立在19世纪中后期工业革命所引发的社会经济进步使得资本主义社会的阶级结构得以调整这一基础之上的；而《共产党宣言》则是针对19世纪早期的资本主义原始积累阶段，在那个阶段，由于技术落后、经济不发达，无产阶级人数众多，而中间阶级则人数很少，并且社会地位不稳定，随时处于破产而落入无产阶级的境地。

前文已经指出，马克思的阶级理论模型建立在古典经济学劳动价值论的基础上，即根据雇佣劳动与资本这两种生产要素，把整个社会分成资本家阶级和工人阶级。但到了晚年，马克思则不仅分析了生产剩余价值的雇佣劳动，而且还分析了不生产剩余价值但创造使用价值的服务性劳动。

实际上无论是商业工人还是产业经理阶层，在马克思看来，他们的劳动本身并不创造剩余价值，而是提供服务，是一种创造效用的活动。马克思认为，“**个人服务是生产性雇佣劳动的对立面**”，因为“物化劳动同活劳动相交换，一方面还不构成资本，另一方面也还不构成雇佣劳动。整个所谓的**服务**阶级，从擦皮鞋的到国王，都属于这个范畴”（马克思、恩格斯，1979b：463）。“在提供个人服务的情况下，这种使用价值是作为使用价值来消费的，没有从运动形式转变为实物形式”（马克思、恩格斯，1979b：464），因此，即使接受服务者（即雇主）用货币向提供服务的人支付服务费，“这也不是把他的货币转化为资本，而是把货币当作换取消费品即一定的使用价值的单纯流通手段”（马克思、恩格斯，1979b：465）。“他交换来的劳动并不是**创造价值**的劳动，而是创造效用即使用价值的活动”（马克思、恩格斯，1979b：464），所以，接受服务者“重复交换的次数越多，他就越穷。这种交换对他来说不是**发财致富**的行为，不是**创造价值**的行为，而是使现有的、归他所有的**价值丧失**的行为”（马克思、恩格斯，1979b：465）。

马克思认为，这种劳动“同雇佣劳动毫无共同之处，因为它在劳动的社会组织的各种不同形式下总是重复出现”（马克思、恩格斯，1979b：466）。“**军队**是古代共同体中最先采用这种发薪饷方法的形式之一”，“在资产阶级社会本身，个人服务（也包括为个人消费进行的劳动，如烹调、缝纫等，园艺劳动等，直至所有非生产阶级，即官员、医生、律师、学者等等）同收入的一切交换也属于这一类，属于这个范畴”（马克思、恩格斯，1979b：466）。这个阶级与无产阶级的不同之处是无产阶级领取的是工资（劳动力商品的价格），而这个阶级——马克思认为他们是非生产阶级——是“把一种使用价值——一定种类的劳动、服务等等——换为**价值**，换为**货币**”（马克思、恩格斯，1979b：467），他们所获得的货币便是“薪饷”，这是关于薪金雇员的最早说明。而薪饷不是工资，它不是由劳动力商品的价格所决定，薪饷的价格，“最初多半是习惯造成的和世代沿袭的价格，逐渐由经济来决定”（马克思、恩格斯，1979b：466）。

我们知道，后来新中产阶级主要是服务阶级发展起来的。在这里，马克思实际上已提出现代中产阶级概念的两个特点：一是非生产阶级，主要从事的是服务性工作，用现代术语来说，主要是第三产业，这一点有力地解释了美国在战后由于第三产业的发展而使中产阶级数量大增的现象。二是这个非生产阶级所获得的收入不同于工人阶级的工资，它是薪饷，而薪饷的价格最初是由习惯确定的，它与工人的工资的区别在于，工资是“以生活资料形式出现的，以物化劳动形式出现的，用工人的劳动的生产费用来计量的一定的等价物”（马克思、恩格斯，1979b：243），而“薪饷”则是服务阶级把“一种使用价值——一定种类的劳动、服务等等——换为**价值**，换为**货币**”。三是这个非生产阶级既不属于资本家，也不属于工人，能在这两个阶级之间起到有效的缓和作用。

在这里，马克思的服务阶级理论实际上解释了20世纪以来，第三产业即服务业人数大大增加的现象。如美国，1870年从事商品生产部门劳动工人的人数为1 063万，在服务业工作的人数为299万。到1900年，服务业的人数增加到902万，1920年增加到1 549万（贝尔，1997：146）。这表明了一种从事非生产部门工作的人数呈现巨大增长的趋势。

2. 马克思新中产阶级理论的历史背景

前文我们曾分析过“资本”概念是马克思的阶级理论的核心，正是基于资本的所有权，马克思将资本主义社会分成资本家阶级与工人阶级两个层面。这是符合资本原始积累时期和自由资本主义时期的历史状况的。然而19世纪70年代之后，由于资本主义企业形式的变化、股份公司的大发展，资本形态发生了很大变化，马克思原来基于资本的二元对立的阶级理论也相应发生了变化。19世纪六七十年代到20世纪初，是资本主义由古典形态向现代形态过渡的时期。这一时期出现了一系列经济上和政治上的新现象：工业中生产和资本的集中、股份公司的大规模发展和卡特尔、辛迪加、托拉斯的出现。1873年，正当马克思整理好《资本论》第二卷手稿准备付印的时候，世界性经济危机又爆发了，这次经济危机有一个重要特点，使马克思意识到世界资本主义有新的情况发生，因而生前迟迟不愿出版《资本论》第二卷，反而再一次开始了大规模的重新研究。马克思发现，资本主义生产方式发生了重大变化，生产的私人性和无计划性已经越来越成为一种例外，这主要是因为股份公司所经营的资本主义生产不再是私人生产，按恩格斯的说法则是，“如果我们从**股份公司**进而来看那支配着和垄断着整个工业部门的托拉斯，那么，那里不仅没有了**私人生产**，而且也没有了**无计划性**”（马克思、恩格斯，1995d：408）。马克思在《资本论》第三卷中考察股份公司时就提出了与私人资本相对立的“社会资本”的概念。

马克思写道：“那种本身建立在社会的生产方式的基础上并以生产资料和劳动力的社会集中为前提的资本，在这里直接取得了社会资本（即那些直接联合起来的个人的资本）的形式，而与私人资本相对立，并且它的企业也表现为社会企业，而与私人企业相对立。”（马克思、恩格斯，1995b：516）。马克思进一步强调：“这是资本主义生产方式在资本主义生产方式本身范围内的扬弃，因而是一个自行扬弃的矛盾”（马克思、恩格斯，1995b：518）。

由于1848年工人阶级建立组织并进行斗争的革命，资产阶级开始进行政治变革，从而为中产阶级的产生提供了政治空间，恩格斯说：“1848年的革命，和它以前的许多次革命一样，有着奇特的命运。正是那些把这次革命镇压下去的人……变成了它的遗嘱执行人。路易-拿破仑不得不建立独立而统一的意大利，俾斯麦不得不在德国实行某种根本的改革……而英国的工厂主们也没有任何更好的办法，只有赋予人民宪章以法律效力。”（马克思、恩格斯，1995d：426－427）按恩格斯的说法，“把这次革命镇压下去的人……变成了它的遗嘱执行人”——政府为了缓和社会矛盾，安抚劳工阶级，不得不在原有的制度框架内承认工人合法的政治权力。于是，1864年，在伦敦建立的“国际工人协会”，使工人联合成一个阶级，采取共同的行动，经过多年的斗争，终于迫使资产阶级国家通过了《工厂法》等。1889年，在法国巴黎建立的第二国际，确立了夺取政权，争取普选权，争取工人政治、经济权利的社会立法和其他改革的斗争任务，强调把和平合法的议会斗争作为主要的斗争形式，这些都大大促进了发达资本主义国家工人阶级经济地位的改善，使其逐渐迈入了中产阶级的行列。

早在1843年，恩格斯就在《英国工人阶级状况》一书中对工人阶级的贫困状况进行了详细调查和分析，并且对马克思的政治经济学判断产生了重要影响。但到了1892年《英国工人阶级状况》一书再版时，恩格斯发现工人阶级的贫困状况已得到很大的改善，因此在《〈英国工人阶级状况〉1892年德文第二版序言》中，恩格斯说，“本书所描写的情况，至少就英国而言，现在在很多方面都已经成为过去。现代政治经济学的规律之一……就是：资本主义生产越发展，它就越不能采用作为它早期阶段的特征的那些小的哄骗和欺诈手段。”“这些狡猾手腕在大市场上已经不合算了，那里时间就是金钱，那里商业道德必然发展到一定的水平……在工厂主对待工人的关系上也发生了同样的变化。”（马克思、恩格斯，1995d：419）在这里，恩格斯指出，由于资本主义大工业和大市场的发展，早期资本主义原始积累时期资本家对工人的残酷剥削已经有了很大的改变。这为中产阶级的产生提供了市场条件。在这种情况下，在资本主义发展新阶段的中产阶级就慢慢产生了，恩格斯认为：“这个时期工人阶级的状况怎样呢？有时也有所改善，甚至对于广大群众来说也是如此。”“我们发现，工人阶级中只有两种受到保护的人的状况得到了长期的改善。第一种是工厂工人。法律规定了一个有利于他们的、起码是较为合理的正常工作日，这使他们的体质得到了一定程度的恢复，并且给了他们一种精神上的优势”（马克思、恩格斯，1995d：427），这里指的是在企业中有固定工作的人。“第二种是巨大的工联……他们形成了工人阶级中的贵族；他们为自己争到了比较舒适的地位”（马克思、恩格斯，1995d：428）。

在恩格斯看来，由于资本主义发展而改善状况的工人主要是“有技术的工人”，因为恩格斯把工人联合分成两种：一种是“‘没有技术的’广大工人群众的组织”；另一种是“‘有技术的’工人的旧工联的形式……旧工联保存着它们产生的那一时代的传统；它们把雇佣劳动制度看作永恒的、一成不变的制度”（马克思、恩格斯，1995d：431）。这里所说的“有技术的工人”，正是后来新中产阶级的主要成员。因为“与这样发展的同时，大工业看起来也变得讲道德了。工厂主靠对工人偷偷摸摸的办法来互相竞争已经不合算了。事业的发展已经不允许再使用这些低劣的谋取金钱的手段；拥资百万的工厂主有……更为重要的事情要做”。“因此，工厂主们，尤其是大的工厂主们……默认工联的存在和力量，最后甚至发现罢工——发生得适时的罢工——是实现他们自己的目的的有效手段。过去带头同工人阶级作斗争的最大的工厂主们，现在却首先起来呼吁和平和协调了。他们这样做是有很充分的理由的。所有这些对正义和仁爱的让步，事实上只是一种手段，可以使资本加速积聚在少数人手中”（马克思、恩格斯，1995d：420－421）。这样，“在资本主义基础上进行的生产的发展本身已经足以免除所有那些在这一发展的较早阶段使工人命运恶化的小的病痛”（马克思、恩格斯，1965a：293）。恩格斯在这里说明了，随着资本主义的发展，早期工人被欺压现象减少，工人待遇提高了，这样一部分工人才能成为中产阶级。

全球化进程中的新市场开辟与落后产业向发展中国家转移，正如恩格斯所说，“1847年危机以后的工商业复苏，是新的工业时代的开端。谷物法的废除及由此而必然引起的进一步的财政改革，给英国工商业提供了它们发展所必需的全部地盘。此后，很快又在加利福尼亚和澳大利亚发现了金矿……中国的门户日益被打开。但发展最快的还是美国，其速度甚至对这个进展神速的国家讲来也是空前的；而我们不要忘记，美国当时只是一个殖民地市场，而且是最大的殖民地市场”（马克思、恩格斯，1995d：419－420）。此外，“前一时期末开始使用的新的交通工具——铁路和海船——现在已经在国际范围内应用起来；它们事实上创造了以前只是潜在的**世界市场**”（马克思、恩格斯，1995d：420）。也就是说，资本主义世界市场的扩大，为中产阶级的产生提供了经济条件。而英国资本主义在世界工业体系和世界市场中的垄断地位，也为中产阶级的产生提供了条件，“当英国工业垄断地位还保存着的时候，英国工人阶级在一定程度上也分沾过这一垄断地位的利益……而这就是自从欧文主义灭绝以后，英国未曾有过社会主义的原因。随着英国工业垄断的破产，英国工人阶级就要失掉这种特权地位”（马克思、恩格斯，1995d：430）。进入20世纪以来，英美等国牢牢占据了发达国家的国际垄断地位，因此，这些国家的工人阶级相对于发展中国家的工人阶级而言，由于天然地处于全球产业链的高端，所以就拥有一定的特权地位，而成为所谓的中产阶级。

总之，资本主义在19世纪70年代的变化，使得中产阶级不仅没有随着资本的集中和社会形成的两极对抗，从社会阶级阶梯中消失，反而随着资本巨头和无产阶级人数呈减少趋势而日益壮大，成为社会的重要力量。社会由两极分化的趋势逐步变为向中产阶级化的方向发展。因此，恩格斯在为马克思的《1848年至1850年的法兰西阶级斗争》写的导言中作出了乐观的判断“我们在本世纪末就能夺得社会中等阶层的大部分”，这个阶层“发展成为国内的一个决定力量，其他一切势力不管愿意与否，都得向它低头”（马克思、恩格斯，1995d：523）。需要说明的是，恩格斯的判断被历史证明是正确的，因为后来中产阶级确实“发展成为国内的一个决定力量”；但是，吊诡的是，无产阶级的革命党并没有按照恩格斯所设想的方向发展，倒是“修正主义者”和社会民主党实现了恩格斯的愿望。

在《共产党宣言》中，马克思曾对现代资产阶级社会阶级结构发展作出预言：“我们的时代，资产阶级时代，却有一个特点：它使阶级对立简单化了。整个社会日益分裂为两大敌对的阵营，分裂为两大相互直接对立的阶级：资产阶级和无产阶级。”（马克思、恩格斯，1995a：273）这是马克思在1848年作出的预言，并且根据这个预言制定了无产阶级革命的策略：在无产阶级与资产阶级矛盾不可调和的时候，即资本主义经济危机时，无产阶级政党领导无产阶级发动社会主义革命。

在马克思的这个预言中，中产阶级是被排除在外的，因为传统意义上的中间阶级，即我们前面所分析的市民阶级，已经发展成为现代资产阶级，其中，原先市民阶级的上层发展成大资产阶级，而其中下层，即原来小资产阶级随着竞争的加剧纷纷破产而加入无产阶级的行列。这也基本上符合当时最发达的资本主义国家英国的现实。这正是马克思作出上述预言的主要历史背景。

然而，进入19世纪50年代后，由于技术、经济、社会的进步，社会结构发生了一些新的变化，其中最重要的事件是第二次工业革命的发生。虽然在工业化早期以及资本主义原始积累阶段，出现了马克思所说的大量的残酷的剥削和阶级分化与对立，造成了严重的社会矛盾——资产阶级与无产阶级的对立，由此也引发了革命与社会动荡。这主要是由于大量的封建农民被赶出家园，不得不来城市谋生，他们没有土地、房屋以及生产资料，只能接受城市资产者的剥削，因此他们不得不忍受一天工作16个小时、住在肮脏和破旧的城市贫民窟中，这正是恩格斯在19世纪40年代早期的社会学著作《英国工人阶级状况》中所揭示的工人阶级的处境。然而到了 19 世纪中后期，工业革命传播到整个欧洲，特别是 19 世纪 70 年代开始的第二次工业革命，大大地促进了城市化进程以及社会财富的增长，为工人阶级生活水平的提高以及中产阶级的发展创造了条件，正如斯塔夫里阿诺斯所指出的，“生产率的大幅增长和巨大的海外投资所带来的利润一起，逐渐使得西欧的下层阶级也获得了实惠。在‘饥饿的四十年代’中失业造成了大量的苦难，但是在这之后西欧的工人就开始享有普遍的繁荣和不断提高的生活水平，直到第一次世界大战之前……在 1850 至 1913 年间英国和法国的实际工资几乎增加了 1 倍”（斯塔夫里阿诺斯，2005：497）。所以在 19 世纪后期，即 1888 年时，恩格斯在再版《英国工人阶级状况》时，在序言中也明确地说明了工人阶级的状况已经得到很大的改善，当时的一些结论已经不适合 19 世纪末的社会形势，并且提出无产阶级政党可以通过民主的方式获得政权。正是在这个基础上，作为恩格斯助手的社会民主党理论家伯恩施坦依据恩格斯晚年对社会结构新变化的分析，否定了马克思在《共产党宣言》中对中间阶级所作的分析，提出了新中间阶级理论，作为民主斗争政策的理论依据。

四、资本的形态与中产阶级的类型学

《全球中产阶级报告》一书指出，“从近代以来中产阶级出现并引起社会理论家们的关注开始，有关中产阶级的类型学分析一直是中产阶级研究的一个重要议题。在这种分析中，最为流行的划分方法是将中产阶级分为老中产阶级和新中产阶级两大类型”（周晓虹，2005b，导言：12）。用米尔斯的话来说，“老中产阶级向新中产阶级的转变，从消极的意义上说是从有产向无产的转变，而从积极的意义上说，则是从一种财产到以新的轴线——职业——来分层的转变”（周晓虹，2005b，导言：14）。其实，新老中产阶级的转变，并不存在米尔斯所说的消极与积极的两个方面，而是只有一个转变——资本形态的变化。这是因为，随着经济社会的发展，资本从早期单一的经济（货币）形态发展成多样性的文化资本、人力资本、社会资本等形态；因此，古尔德纳认为，“新阶级的资本是它在教育的基础上获得的‘人力资本’，而旧阶级凭借的是财富资本”（周晓虹，2005b，导言：14）。正是通过教育、学习、经验积累手段所获得的人力资本与文化资本决定了一个人的职业地位，从而决定了其在社会分层中的位置。在这个意义上，老中产阶级向新中产阶级的转变，完全是由资本主义社会的核心资源——资本形态——发生了变化所决定的。因此，资本的新老两种形态决定了新老中产阶级的类型学分野。此外，美国社会学家吉尔伯特和考茨基所提出的界定中产阶级的 9

个变量——职业、收入、财产、声望、交往、社会化、权力、阶级意识和流动（周晓虹，2005b，导言：6），也可以归入资本的新老两种形态中：收入、财产属于财富资本，权力属于政治资本，声望、交往属于社会资本，社会化、职业、阶级意识和流动属于文化与人力资本。这样，就可以根据资本要素给中产阶级下一个明确的定义。

上文我们分析了马克思的中产阶级概念不仅与资产相关，更重要的是与资本直接相关。“资产”和“资本”只有一字之差，而“产”则与社会历史进程相关，对不同时代的“资产”问题理解不同，就有不同的对于中产阶级的理解。而且更进一步，资产的问题与资本相关，这样，对新老中产阶级问题的理解也可以转化为对新老资本问题的理解：老的资本指的是经济资本，老的中产阶级主要拥有的是中等的经济资本；新的资本包括文化资本、社会资本，新的中产阶级并不是以经济资本为主，或者说其经济方面的竞争依靠的是其人力资本，此外还有文化资本、社会资本等（当我们用马克思的资本理论范式来界定中产阶级的时候，需要注意与布迪厄的资本理论区分开。布迪厄是从社会资源的角度来定义资本的，而马克思是从生产关系的角度来定义资本的。尽管生产关系中的优势地位与占有社会资源有一定的关系，但并不一样）。

古典时代的中产阶级的界定与财产问题相关，因为在那个社会，社会分工还没有达到后来发达资本主义社会的程度，一个人如果仅靠被雇佣的工资为生，那他只能属于出卖劳动力的劳工阶层。也就是说，在当时，作为一个中产阶级的基本条件是拥有资产。而进入20世纪后，由于经济发展及社会分工，被雇佣的人也可成为中产阶级（实际上应当是“中间阶级”），其在社会中的地位与其财产关系并不紧密，而与其职业的社会地位相关。也就是说，现代社会的中产阶级，是以职业层级来进行界定的，所以更准确的说法应当是“中间阶级”，而资本主义早期的中产阶级，则是以财产为界定标准，他们是真正意义上的中“产”阶级。这个“产”指的是产业，即可作为生产资源的财产，如小作坊、商店等，而不是仅仅是财产，即只能用于自由消费而不能作为生产资料的东西。以这个标准也可以区分老中产阶级与新中产阶级：老中产阶级拥有中小规模的产业；而新中产阶级则拥有一定的个人财产。新老中产阶级的区别在于其“产”的不同：前者是可以作为生产资料的产业，即马克思所指认的“资本”——能产生剩余价值的财产。按布罗代尔的说法，“资产是‘以往劳动的成果’……资产的另一个特点是它在生产过程中被重新取得，资产存在的条件恰恰在于，它必须参加、促成至少使人们反复更新的劳动。参加新的劳动使资产得以重建和新生，从而产生收益和增值。生产不断在吸收并再造资本”（布罗代尔，1993：244）。后者是可供个人消费的财产，它并不能产生剩余价值。这是我们把握新老中产阶级区别的关键。

在马克思看来，在现代社会中，资本最核心的本质不是“物”，而是资本主义生产关系，即以生产资料所有权为表现形式的社会关系。从生产资料所有权这一角度来进行社会分层，我们便可以发现，一个社会的权力结构关系总可以分成所有者与劳动者，在当代社会中，我们依然可以明确地区分老板与打工阶层。从拥有资本（社会权力）的角度来看，现代社会中的新中产阶级的产生与现代社会经济结构的变迁所导致的社会权力再分配直接相关。在资本主义发展早期，经济关系相对简单，整个社会也很容易区分出资本家与工人两大群体，而随着现代社会的经济发展和科技创新，管理、知识、技术等要素在社会经济活动中扮演着越来越重要的角色，社会权力不再完全集中在资本家手中，而为管理阶层所分享。由于现代社会中的管理和技术阶层群体不断壮大，成为一个相对独立的阶层，这就导致了新中产阶级的诞生。从传统马克思主义的立场来看，这个新兴的社会阶层并不掌握生产资料，所以不属于资本家阶级，但他们又不同于传统的、从事体力劳动、仅仅靠出卖劳动力为生的工人阶级。这个新兴的社会阶层大部分从事的是脑力工作，而且穿着体面、收入丰厚，从他们身上已经看不到早期无产阶级一无所有的状况。

这个新兴社会阶层的阶级归属问题引发了第二国际内部的理论争论。对于随着德国资本主义发展而产生的新型熟练工人、经营辅助人员、经理及工头、职员、白领阶层、公务人员等薪金雇员，卢森堡等人认为，虽然这些薪金雇员工作体面、身着西装领带，与传统绅士有几分相像，但他们仍然不占有生产资料，是无“产”者，所以仍然是无产阶级的一部分。作为第二国际中派代表的考茨基与卢森堡的立场比较接近，他把薪金雇员称为“硬领无产阶级”（stiff-collar proletariat），认为他们虽然工作体面、收入颇丰，但没有改变资本主义社会两极化的阶级格局，但从考茨基所称的“硬领”概念中，我们却依稀可见后来“白领”概念的雏形。因为所谓的“白领”指的便是穿着硬领白衬衫、系着领带、领取薪水的非体力劳动者。作为社会民主党右翼的伯恩施坦认为，阶级的分化主要体现为贫富之间的分野，而不是所有权争夺；社会民主党的任务不是瓦解这个社会，而是要不断努力使工人从无产阶级的社会地位向“中产阶级”（bourgeois）的社会地位上升。在伯恩施坦看来，白领雇员数量的增长和多样化反映了作为整体的工人阶级经济地位的改善，工人阶级正向着他所说的“中产阶级”的社会地位上升。

从第二国际内部对薪金雇员阶级归属问题的讨论来看，其关键点还是在于管理阶层到底有没有资本，然而资本本身却随着资本主义经济社会的发展而呈现出多样化的表现形式。在马克思那个时代，资本主要体现为生产资料，后来随着科技革命的深化和资本主义生产方式的复杂化，科学技术、管理、文化等成为生产过程中不可或缺的要素，成为“第一生产力”，在此背景下，技术、知识、文化等构成新的资本形态，以至于在知识经济时代出现了“知识资本家”。考茨基与伯恩施坦所争论的深层问题在于对现代社会中的资本形态的不同认识。考茨基实际上坚持的是资本主义发展早期实物资本的观点，认为薪金雇员不拥有实际的生产资料，所以仍是无“产”者，他没有看到薪金雇员已掌握了一种新形态的资本——文化知识资本。伯恩施坦通过将分析的焦点从生产关系转移到财产（分配）关系，无意中却给我们提出了一个具有重要意义的问题：为什么薪金雇员所构成的中产阶级可以获得一部分剩余价值的分配权，而传统的工人阶级只能靠出卖劳动力为生？

这个问题的答案在于：中产阶级虽然不拥有实物资本，但拥有文化资本、人力资本（即所谓的技能)，他们通过这些资本分享一部分剩余价值；而工人阶级由于没有任何形式的资本，所谓的“无产阶级的一无所有”，指的是他们没有任何可以参与生产的资本要素，所以只能依靠出卖劳动力为生。从这一现象来看，我们可以发现，由于社会经济的发展，资本的形态由传统的单一的货币资本、实物资本发展到现代社会的包括文化资本、人力资本、社会资本等在内的多种形态的资本，使得现代社会的阶级结构不再简单表现为资本家与工人阶级之间的二极对立。与这种资本形态变迁相应的是“股份制”在资本主义企业组织形式中悄然兴起。现代社会的股份制企业大规模地采取股权激励的方式，使许多的管理人员、技术人员得以分享丰厚的剩余价值，他们通过拥有文化资本而在一定程度上分享了资本的权力。由此看来，社会分层结构变化的深层次原因在于资本形态的历史性变迁。从福柯所说的社会权力结构的角度看，生产资料所有权由于代表了一定的权力，故而成为“资本”。在现代知识经济社会中，由于知识与文化成为一种权力，所以也就成为布迪厄所说的“文化资本”。古尔德纳在提出其“新阶级”理论时，特别强调“由知识分子和知识匠”所构成的新阶级在“占有生产资料的问题上，有着明显的共同征性，具体来说，共同拥有我下面提到的文化资本和人力资本”。由此看来，所谓的新中产阶级指的便是在现代知识经济社会中掌握了一定文化知识资本权力的人，这似乎是培根的那句名言“知识就是力量”的社会学诠释。

第三章　在古典与现代之间：德国社会民主党的探索

一、现代化道路与新中产阶级的成长

近代资本主义的发展始于西欧，然后渐及中欧、东欧。资本主义的确立以工业化为标志，由于各国的社会历史环境不同，各国走上工业化的道路也不同，以英、法、德三国为典型代表。这三个国家发展出三条不同的现代化路径，不同的现代化路径决定了不同国家的中产阶级不可能属于同一类型。有学者认为，依据这三个国家的现代化路径，从对国家和贵族的态度来分析，可以说英国中产阶级是政治稳健型中产阶级，法国中产阶级是政治激进型中产阶级（至少其下层是如此），而德国中产阶级则是政治保守型中产阶级（刘长江，2006）。这是基于对欧洲各国资本主义经济的发展及其走上不同的现代化道路的分析所得出的结论。英国的市民阶级是以相对温和的革命方式——光荣革命，建立了适应英国资本主义发展的君主立宪制度。而法国的政治激进型中产阶级——市民阶级，发动了震惊欧洲的法国大革命，把路易十六送上了断头台，不仅如此，还展开了急风暴雨般的革命恐怖，最终也把自己送上了断头台（革命的雅各宾派和吉伦特派领导成员分别被杀），社会秩序也陷入混乱。换言之，对于发展中国家而言，中产阶级的功能不能一概而论。后发的资本主义国家德国，显然是看到了英、法两国中产阶级革命的历史经验与教训，所以，在当时德国的法学与政治学界，参加论辩的双方——黑格尔派和历史学派[①]，虽然在国家与法的本质是什么的问题上各执己

① 法的理性学派与历史学派。当时的改革是围绕法的问题展开的，在德国，法的问题其实就是政治问题，也就是政治经济体制的全面变革的核心问题。年轻的马克思也曾就法的问题试图建立一个体系，这体现在《黑格尔法哲学批判》这部未完成的著作中，而法的历史学派后来都成为影响德国政府政策的重要思想家。

见，但都主张在普鲁士君主和国家的领导之下实现社会的有序变革：黑格尔公开宣称，法的本质是绝对精神的体现，而普鲁士君主是绝对精神的代表；而历史学派则明确提出德国的历史传统与文化的问题，以反对英国的经济学所主张的小政府（政府是市场经济的守夜人）以及法国大革命主张的彻底的社会革命和绝对的平等主义。[①] 这些思想影响了德国发展资本主义的道路选择，使德国走上了一条在既定的政治框架下进行劳资合作、抓住第二次工业革命的有利时机进行产业结构调整、发展大公司和金融资本的现代化发展之路，培育了大量的中产阶级，缓和了阶级矛盾，从而在19世纪后半叶迅速崛起，对英国的霸权形成了挑战。

1. 德国独特的现代化道路

18世纪60年代，英国率先开始了工业革命，历时100年左右，至19世纪中叶实现了手工业向机器生产的过渡，实现了工业化。法国的工业化从19世纪初开始，至1851年也逐步完成了。如果说，英国的产业革命开始于18世纪后半期，法国的产业革命开始于19世纪前半期，那么德国资本主义大工业的建立则是19世纪后半期的事了，进一步说，德国是1870年后第二次工业革命以后才完成工业化的。

在19世纪早期即马克思那个年代，德国由于长期处于分裂的状态，资本主义发展缓慢，从而导致类似于英国中产阶级的群体发展缓慢。在英、法工业革命轰轰烈烈开展的时候，德意志民族还处在邦国林立的封建分裂割据状态，是一个落后的农业社会，仍保存着封建农奴制，工场手工业和零散的小手工作坊在德国的工业中居主要地位，经济上不仅落后于英国，而且落后于大陆国家如法国、荷兰等国。正是由于发展落后，德国于1806年被法国征服。拿破仑将所征服的德国领土统一为“莱茵联邦”，引入法国的商业法、现代资产阶级国家的管理制度、教育制度、自由贸易等资本主义制度，这实际上是以战争征服的方式，对德国输入了现代资本主义制度，所以当黑格尔在柏林看到拿破仑骑马进入时，他称之为“马背上的绝对精神”，意指拿破仑在当时实际上是现代资本主义制度精神的化身。

对德国而言，发展资本主义的问题是由拿破仑战争引发的，拿破仑的军队不仅横扫了德国，而且在所到之处也给德国带来了资本主义制度；与此同时，为了

---

① 正是因为德国的这种现代化发展之路，马克思批判德国的资产阶级是“跪着造反”，只能在思想文化领域发动革命，认为现代化在经济方面的典型代表是英国、在政治方面的典型代表是法国，德国则是思想文化方面的代表。

反抗法国的统治，实现富国强兵的梦想，普鲁士王国开始进行改革，以提高实力。1871年，在“铁血宰相”俾斯麦的统治下，德国完成政治上的统一，并且由开明君主和容克地主阶级通过自上而下的改革，以国家资本主义的形式走上工业化和现代化道路，这是一条不同于英国也不同于法国的现代化之路，由此所引起的社会结构变化也与英法早期自由资本主义时期不同。

在自由资本主义时期以及作为其理论反映的古典政治经济学传统，如斯密、马克思等人的论述中，资本主义常常被视为一个单一的体系。而处于德国历史学派传统中的社会学家韦伯，受历史学派强调民族性、历史传统等思想的影响，提出了一个与古典政治经济学所不同的认识，即资本主义在各个不同的民族存在着各种不同的类型。在《经济与社会》中，韦伯指出，资本主义主要可区分为3大类型、6种模式，即“传统商业资本主义”“理性资本主义”和“政治资本主义”。其中，“传统商业资本主义”很早就存在了，它主要由系统的商业和货币交易形式构成；主要行动者是典型的商人；“理性资本主义”，也就是现在通常所说的自由市场资本主义，或韦伯所论述的新教伦理下的现代资本主义，其主要行动者是具有创新精神的企业家领导下的现代企业，它指向市场机会的开发；而“政治资本主义”主要通过政治关系或直接的政治保护来获利，它可能既存在于古代社会，也存在于现代社会，其主要行动者是政治权威和经济寡头的操作者。韦伯通过考察，认为德国发展的资本主义正是“政治资本主义”。

这种资本主义发展模式为社会结构的变化提供了一个基本背景。随着英国工业革命的发生、深化和法国大革命的进行，现代资本主义民族国家建立起来，统一的资本主义市场经济体系建立，经济力量逐渐成为整个社会分层的主导性力量。这在当时的英、法等国比较明确，英、法等国的古典经济学中的阶级图式反映了这种社会分层理论，这也正是马克思社会分层理论的来源。而德国由于还没有完成这种社会转型，所以，以经济力量作为社会分层依据并不充分，而这正是后来韦伯多元社会分层标准的历史起因。

由于德国走的是容克地主领导的“政治资本主义”道路，因此形成了封建残余和现代资本主义相结合的国家制度。德国的贵族把持了军队和政府高级官吏的位置，在一战之前，贵族在将军、上校等高级军官中占50%以上，在省长等政府高级官员中占83%，在驻外大使及公使等高级外交官中占40%（迪特里希、埃尔德曼，1986：4）。在这种情况下，德国的资产阶级无法以英、法等国政治革命的方式获取政治统治权力，而只能采取与贵族合作的方式来分享政治权力，而开明的贵族由于受文化的影响（按马克思的说法，英法两国的革命，德国人是在思想中完成的。德国在思想文化领域的成就，也就是说，德国的资产阶级革命主要发生在德国古典哲学中，因此德国在文化方面的革命比较先进)，也愿意接受资产阶级。而资产阶级的上层人士则通过婚姻和受封等方式进入了贵族阶层，由此形成了上层资产阶级与贵族相结合的社会结构。正如拉斯韦尔所指出的，“18世纪末期，新兴资产阶级与法国贵族阶级发生了尖锐的冲突，但是在其他地方，这个新兴资产阶级却很快地与日渐衰落的贵族阶级融为一体。在1913年，德国最大的富翁虽然是新工业资本家的代表、拥有7千万美元的克虏伯财阀，但仅次于他的第二大富豪却是贵族东纳斯马克王子。德国皇帝居第五位。这些贵族财产大部分也都变得五花八门，依附在各种类型的资本主义企业上面”（拉斯韦尔，2000：8)，这是韦伯所说的“政治资本主义”的最好写照。

与此同时，由于受英、法等国工人运动的影响，德国也开始出现工人运动，资产阶级也需要贵族所掌握的政治和军事力量来对付工人阶级，所以在德国就形成了一个特殊的、与英法不同的社会阶级：英法两国在资产阶级民族国家建立之前，其社会阶级结构相对比较简单明确，贵族是上层、市民阶级（资产阶级）是中层、无产阶级是下层，所以我们基本上可以把当时的整个资产阶级当作中间阶级（也就是我们现在所说的中产阶级）来看待，这也是马克思所说的市民阶级发展成资产阶级这一命题成立的历史条件。但在德国，这一历史条件就不一样了。

在德国，由于上层的资产阶级与贵族在政治经济上结成联盟，而不像法国那样，贵族从整体上排斥整个资产阶级，所以整个资产阶级可以被认为是社会的中间阶层。在19世纪中期的德国，资产阶级本身存在分裂，其上层与贵族结盟而成为社会的上层，而由于德国经济的发展主要是国家主导型的，所以存在大量垄断性的大企业，小资产阶级在与垄断的竞争中处于不利的地位，无法像英、德那样发展壮大，所以德国社会上存在大量面临分化甚至处于破产边缘的小资产阶级。与此同时，资本主义的经济体制已经建立起来，所以德国的市民阶级无法像法、英那样发展起来并形成资产阶级。倒是随着现代民族国家的建立，国家的功能从自由资本主义时期的仅仅维持秩序的“守夜人”角色，向实现各种国家目的转变，由此导致国家官僚机构的数量和规模不断增长，其政府雇员数量也大量增长。与此同时，随着资本主义经济的发展，社会上出现了大量企业雇佣的管理人员（非体力劳动者)，这些人构成了新的中产阶级。当时在德国“大工业发展和小规模工场衰弱中，出现了另一种趋势，即领取工资的雇员的增长在德国比体力劳动者增长还快。同时也比欧洲其他地区快”，“第一次世界大战经以后，每千名体力劳动者中领取工资的雇员人数，在丹麦，1911年为77万人，1921年为117

万人；在英国，1907 年为 14 万人，1924 年为 108 万人；在挪威，1910 年为 73 万人，1920 年为 72 万人；在法国，1906 年为 66 万人，1921 年为 107 万人……这些领工资的人员通常被称作‘新中等阶级’，他们包括生产过程中的管理人员、科学和技术人员。随着这批新中等阶级成员人数的增长，工人中体力劳动者的比例从 1895 年时的 56.8％，下降到 1925 年时的 45.1％。德国的社会结构新现象引人注目”（沈汉，1998：259）。

由于德国是一个后来居上的资本主义国家，到 19 世纪后期（1870 年德国统一后），其社会中间阶层并不像英法在早期资本主义发展过程中那样呈现比较明显的三个阶级：上层贵族、中层的市民阶级、下层的劳工阶级。我们现在所说的中间阶级在早期指的是市民阶级，随着英、法的现代资本主义民族国家的建立，市民阶级发展成资产阶级，资产阶级本身开始分化为大资产阶级和小资产阶级，其中的小资产阶级正是我们现在所说的中间阶级（中产阶级），马克思的阶级分析方法对于这一历史时段具有极强的解释力。马克思的《资本论》中关于资本主义的理论模型也主要是基于英、法两国的资本主义经济模式建构的，但对于德国这种新的资本主义发展模式，并不完全适用，其阶级理论也不完全对应于德国的社会结构。

德国这种由国家主导的资本主义发展模式实际上提供了另一种中产阶级模式。如果说英法等国进入资本主义经历了 200 年的挣扎，其社会中间阶级的市民阶级发展成了资产阶级；那么，德国的资本主义进程则集中于 19 世纪后半期的 50 年之间，而且这一过程又与帝国主义和王朝统一战争相联系，也是整个世界的资本主义体系开始由自由竞争走向垄断这个特殊时期，所以德国的特点是垄断以及国家政治主导的资本主义，“新中产阶级”正是在这一背景下产生。

换言之，中产阶级在英、法、德等国产生时，在时间（历史语境与背景）与空间（地域与民族）上有很大差异。我们在分析老中产阶级时把目光集中于英、法；而德国的资本主义兴起与帝国主义相关，正处于产生“新中产阶级”的历史背景中，所以我们重点分析其“新中产阶级理论”的萌芽。这一点给我们今天的中产阶级研究提供了一个特殊的启示，那就是：今天在研究东亚以及中国的中产阶级时，不能脱离这些亚洲国家在二战以来的第二次全球化进程中的现代性历史转型这一背景。正如我们在研究古典时代的老中产阶级理论时，不能脱离当时的资本主义从自由竞争向垄断和帝国主义过渡这一历史背景一样，否则就无法把握其根源。

德国的工业化和资本主义大发展是从 1870 年德国统一之后开始的，那时全世界资本主义的发展进程有两个明确的时代特点：一是资本主义由自由竞争向垄断过渡。德国资本主义经济的大发展是在第二次工业革命之后，其重要特点是重视重工业，且垄断程度高，大银行、大工业、大铁路等使德国资本主义发展直接以大规模的垄断企业的方式出现，所以德国没有经历像英、法那样一个比较漫长的从资本主义萌芽到自由资本主义的阶段，与此直接相关的是，德国也就没一个独立发展的从市民阶级到资产阶级的过程，也就是说，英、法两国所出现的从中世纪的市民阶级发展为现代社会的资产阶级，这一中产阶级的发展路线在德国并不存在；取而代之的是，政府和大企业大量雇佣的人员成为中产阶级的主力，他们是德国的社会、政治、经济的中坚力量，所以才有黑格尔所称的“中间等级的意义”。

不过，需要注意的是，在德国这种资本主义发展方式中，政府和大企业雇员成为中产阶级的主要组成部分，他们在资本主义经济发展中起到“社会稳定器”的作用，而当资本主义经济崩溃时，他们也落入社会底层而成为社会的不稳定因素，当法西斯主义代替这种资本主义经济发展模式时，作为中产阶级主要成员的政府和大企业雇员也转而成为法西斯主义的支持者，正是在这个意义上，盖格认为，中产阶级是法西斯主义的社会基础。我们则认为，中产阶级的一切社会角色都与资本主义经济本身的发展相关，当资本主义经济健康时，他们成为“社会稳定器”，当资本主义经济出现问题时，他们则成为社会的破坏力量。

2. 工业革命、产业结构调整和阶级结构变化

如果说英国是在第一次工业革命中发展起来的话，那么，德国的现代化发展是紧紧抓住第二次工业革命的浪潮而发展起来的，从而迅速实现了赶超英法等老牌资本主义国家的目标。在德国经济的赶超过程中，第三产业得到了迅速的发展，传统制造业中的体力劳动者人数相对下降，产业结构的调整带动了社会阶级结构的变化，新中产阶级的人数在人口中占越来越大的比重。

由于生产规模的扩大和科学技术的发展，德国的产业结构发生了重大变化，即所谓的产业结构的转型升级，体现在传统产业部门，即第一产业和第二产业在整个社会生产中的比重日益缩小而第三产业即附加值高、利润率也高的产业在整个社会生产中的比重日益扩大，这从总体上推进了中产阶级队伍的急剧增长。特别是在一些发达资本主义国家，其制造业，尤其是体力工人较多的制造业转移到落后国家，把第一世界国家中的无产阶级所从事的体力工作转移到国外，这使得第一世界国家的国内工作以服务性产业为主，如今天的美国，主要以金融业为主。用今天的经济学术语来说，资本主义产业链中的低端产业被转移到落后国

家，传统意义上的无产阶级因此主要集中在第三世界的“世界工厂”；而第一世界中的发达国家则以高端产业为主，这就决定了发达国家的雇员的收入水平处于较高层次，其雇佣的人员也就自然成为中产阶级。由此导致政党的阶级性下降，而民族性即保护本国利益的动机大大增强，所以在20世纪就出现一个有趣的现象，即当经济危机发生了，不是出现马克思所说的阶级斗争，而是出现由贸易保护主义所引发的国际争端，这说明国家利益逐渐取代阶级利益成为政治斗争的核心。

总之，正是德国工业化所采取的独特的资本主义发展道路，导致白领工人[①]和特定的服务阶层（经理、专业人员、教育工作者、公务员、科学家）人数增长，为中产阶级的发展提供了条件。与白领工人成为中产阶级的主力这一发展路线相应的是，德国有着深厚的工艺技术传统，熟练工人以自己的精湛技术为荣，这使得德国的工人阶级不同于英、法两国资本主义发展早期的以体力劳动为主的产业工人。从布迪厄的社会资本理论角度看，这些德国的技术工人拥有不同于英、法以体力劳动为主的产业工人的“人力资本”——技术，我们今天的中产阶级也大都拥有一定的人力资本，如技术、管理能力、文化等。马克思当时也注意到这一现象，所以在《资本论》中分析剩余价值时，把工人的劳动分为了“简单劳动”与“复杂劳动”，可以按一定的比例把“复杂劳动”换算成几倍的“简单劳动”。这实际上从理论上揭示了英、法等发达资本主义国家早期的工人阶级从事的是“简单劳动”，所以他们在剩余价值的分配中只能获得维持劳动力再生产所必需的那部分，即维持一个工人的基本生存所需要的物质条件，因为这些早期工人只是从事简单的体力劳动，所以他们在社会分层上也属于下层的“无产阶级”。而德国的工人不同，由于拥有精湛的技术，从经济学的角度看，他们实际上拥有“人力资本”，所以他们能依靠自己的人力资本在剩余价值的分配中获得比简单靠体力为生的产业工人更多的剩余价值——收入，所以，德国的技术工人实际上处于“中产阶级”的社会层次，而一般的依靠体力为生、从事“简单劳动”的产业工人则处于真正的“无产阶级”的社会层次。以这一视角来考察今天的中国社会，我们可以发现，只有那些刚从农村转移过来的、无一技傍身、仅靠出卖体力为生的工人——“农民工”才处于社会分层的下层，即古典意义上的无产阶级；而拥有一技之长或一定“人力资本”的政府和大型企业的大量雇员，构

① 如在今天中国的长三角区域，有技术的熟练工人的工资已达到3 000元，与教师、公务员的差别不大，如果仅从收入水平上看，这些人实际上已经成为中产阶级的成员。

成了当今中国中产阶级的主要成员。

3. 大公司、金融资本的发展和海外扩张

第二次工业革命导致社会分工和协作进一步扩大，为企业的规模化经营提供了条件；激烈的市场竞争则导致垄断的产生。到了19世纪末20世纪初，企业的集中与垄断成为一个普遍的现象，垄断已成了德国全部经济生活的基础。在德国，1882年拥有6名以下工人的小型企业的就业人员在全部就业人员中所占的比例为59.8%，而到1907年则减少到31.3%。卡特尔成为德国19世纪70年代至1945年最重要的特征。官方调查记录显示，在1905年，德国采矿工业中有17个卡特尔，金属工业中有73个，化学工业中有46个（麦克劳，2006：161）。到20世纪初，垄断已经成了德国全部经济生活的基础。据统计，到1900年时，小到制针、皮鞋，大到钢铁、煤炭，几乎没有一个行业没有自己的卡特尔。1907年占企业总数0.9%的大企业占有了3/4以上的蒸汽动力和电力，其中586个最大的企业占了几乎1/3的蒸汽动力和电力（吴友法、黄正柏，2000：152－153）。

由于这些垄断型的大型公司规模大，需要大量的办公室工作人员，而且由于系统化管理和新技术引进的需要，公司内部的专业化分工越来越细，因此也就需要越来越多的办事职员。这些带动了职业结构的巨大变化：工业人口逐渐超过农业人口，其中白领阶层增长速度最快。在大公司中从事白领工作，既体面，又稳定，因此人们趋之若鹜，许多人把白领工作看作跨入上层社会的台阶，希望先当公司职员熟悉业务，有朝一日进入管理阶层。这些都使得在这些大型企业中就业的人员即所谓的“职员阶层”人大增多。随着都市化的发展，“职员阶层和白领阶层”，它将以比产业工人的上升率快得多的速度继续增长。①

此外，公司变大了，而且专业化了，使原有的企业管理模式难以适应，不得不从由家庭成员管理的企业转变为由职业经理人来管理的企业，由此出现生产资料管理权与所有权的分离。原来的企业规模不大，企业主既是所有权人，也是管理者；另外的一方是工人，工人则既没有所有权，也是被管理者。所以，在传统企业中，资本家与工人之间的对立是简单明了的。现在则出现了一些不拥有或拥有较少生产资料的所有权但却拥有对工人劳动的支配权和对生产资料的日常控制权的人，如经理、管理人员、技术人员、专业人员等。正是在这些新的领域形成的不同于传统产业无产阶级的新型雇佣劳动者构成了“新中产阶级”的主要组成

① 美国在南北战争后工业结构发生变化，出现大量大公司和工业组织并开始主宰美国经济，带动了职业结构发生巨大变化，工业人口逐渐超过农业人口，其中白领阶层增长速度最快。

部分（王存福，2006），而现代企业制度的层级化和复杂的管理阶层的等级化进一步加剧了这一趋势。

德国以铁路建设为代表的工业基础设施建设在其工业化进程中发挥了巨大作用——中国的高铁建设也是如此——以铁路建设为例，它是一个资本密集型的产业，因此它的发展也刺激了银行业的兴盛，同时还刺激了德国的煤炭、钢铁和机械工业的发展。[①] 由于铁路建设对资本有巨大需求，而小银行的资金无法满足这种大型投资建设的需要，于是一些小银行和钱庄组织起来，成立了“合股银行”，它们把分散在投资者手中的资金集中起来，用于大规模的工业建设。德国的综合银行对工业有重要影响，它们与大企业建立金融交易关系，甚至银行人员直接进入企业董事会，这种银行与企业间密切的资金与人员交往，使金融资本与产业资本相结合，出现了当时著名的马克思主义经济学家希法亭所说的“金融资本”。希法亭认为，“‘现代’资本主义的特点是集中过程，这些过程一方面表现为卡特尔和托拉斯形成的‘扬弃自由竞争’，另一方面表现为银行资本和产业资本之间的越来越密切的关系……由于这种关系，资本便采取自己最高和最抽象的表现形式，即金融资本形式”（希法亭，1994：1），而信用和股份制公司则是促进金融资本产生的有力杠杆。

随着资本主义经济的发展，银行的职能发生变化，传统的银行主要是向产业提供流动性或流动资本，也就是通常所说的放贷，因而银行和产业之间是一种暂时性借贷关系。现在的银行不仅向产业提供流动性资本，还提供长期贷款甚至入股，建立战略合作关系。如此一来，越来越多的银行资本长时间地集中到产业之中，按希法亭的分析，这将使得银行和产业“由暂时的利害关系变成长远的利害关系，信用越大，特别是转化为固定资本的比重越大，这种利害关系也就越大和越持久”（希法亭，1994：93）。这种趋势也出现在当下中国的大型国有企业和银行的关系中。

如果说银行与企业的合作，即所谓的银企关系对于企业来说是一种间接融资的话，那么，通过发展信用而兴起的股票证券市场，则是一种更便捷和便宜的直接融资方式。用现在的话来说，就是由证券市场和银行一起构成的完善的资本市场给德国资本主义发展和经济腾飞提供了强大的金融支持，也就是马克思主义所

---

① 以今天中国的眼光来看，德国当时的发展与今天中国的政府投资拉动型经济发展模式以及由此产生的铁路公路等基础设施大发展具有相似之处，所以，当下中国的中产阶级与当年的德国一样，大量产生于国家机关和国有企事业单位中。

谓的“金融资本问题”。由于信用的发展而兴起的股份公司成为企业的普遍形式，为金融资本的形成提供了条件。金融资本的产生，集中了大量可以离开资本所有者而长期移植国外的资本，而且建立了资本输出组织，为资本输出创造了条件。

资本输出由借贷向产业资本转移，使得垄断组织可以利用被输入国的丰富资源和廉价劳动力。对于我们所分析的中产阶级而言，正是由于发达资本主义国家的资本输出及其与产业资本的结合，被输入国产生了一批“新中产阶级”。这正是全球化时代的中产阶级所特有的现象，我们在分析全球化时代的中产阶级问题时，需要注意到这一现象与资本主义经济的全球化以及金融资本的发展相关。当德国完成工业化进程时，历史已经进入资本主义的第一次全球化时代——帝国主义时期。19世纪的资本主义与国家结合之后，它与帝国主义实际上分不开了，帝国主义这一特殊的历史背景，使得发达资本主义国家内部的阶级矛盾发生了变化。以英国为例，一方面在内部进行改革，缓和国内阶级矛盾，如《工厂法》《教育法》的实行；另一方面，发动对外战争来解决资本主义的发展瓶颈问题。因为按马克思的说法，资本主义必然产生危机而崩溃，所以只有对外战争和殖民主义才能为其找到发展出路。今天中国以外贸作为经济发展的基本力量之一，实与此有相同之处。按照马克思主义理论来分析德国工业化以及与此相关的资本输出，可以看出，帝国主义政策使得资本主义国家的内部矛盾得到缓和，甚至在一定程度上得到解决，资本主义国家内部的劳工阶级与资本家阶级结成同盟，如德国在一战中劳资双方合作，制造了一个“劳动共同体”，以此来共同剥削其他不发达国家的贫苦大众。所以，在资本主义国家内部，其劳工阶级也可以分享一部分国际经济分工体制中的剩余价值，此时发达资本主义国家的劳工阶级并不像资本主义早期那样一无所有，他们实际上也分享了经济发展的成果，实际上转变为了新的中产阶级。

此外，垄断的发展，要求以保护关税来排除外来竞争，保证它们通过限制产量和提高价格来谋求超额利润，这在一方面保护了民族产业，间接地保护了中产阶级的利益；另一方面，超额利润反过来又可以支持它们用较低的价格出口商品，以扩大在国外的销售市场，在经济全球化的过程中获得更大的利益。这种卡特尔的保护关税，与德国早期历史学派经济学家所提出的关税同盟的作用不同，后者是发展中国家为了保护幼稚的民族工业，前者则是为了占领世界市场，按希法亭的说法，“从抑制外国产业占领国内市场的手段变成了国内产业占领国外市场的手段，由弱者手中的防御武器变成了强者手中的进攻武器”（希法亭，1994：354）。按希法亭的看法，“如果国家的政治力量在世界市场上成为金融资本的一种竞争手段，那么，这自然就意味着资产阶级同国家的关系的彻底变化。在反对经济上的重商主义和政治上的专制主义的斗争中，资产阶级是同国家相敌对的力量的代表（这正是我们前面所分析的英法的中间等级—资产阶级反对上层贵族的统治）。自由主义是真正的破坏力量，它实际上意味着‘推翻’国家政权和瓦解旧的羁绊……”（希法亭，1994：382－383）列宁后来正是在这一理论的启发下，提出了垄断资本主义特征的理论。由此可见，中产阶级的发展问题与金融、资本、垄断、全球化（在19世纪主要表现为帝国主义）等资本主义问题密切相关，离开了资本主义经济过程这一基本理论视域来讨论中产阶级的理论与实践，只是无源之水、无本之木。

帝国的对外扩张和对海外市场的控制，一方面为国内的阶级利益调整提供了经济——剩余价值的来源；另一方面，出于帝国海外扩张的需要，国内也需要团结起来，因此，需要对阶级利益进行调整，这种状况有利于中产阶级的发展。而由金融资本的发展走上对外扩张的帝国主义道路，又使得中产阶级的发展与资本主义经济的全球化（19世纪的帝国主义可被认为是军刀保护下的资本主义全球化）相关。今天我们在研究中产阶级问题时，不能不关注20世纪70年代发生的第二次资本主义经济全球化进程，本书将在下篇讨论这一问题。

二、德国的理论传统与制度保障

德国之所以能产生新的中产阶级（社会中间阶级）理论，一方面与德国后发的国家主导的“政治资本主义”和垄断资本主义的发展模式相关，另一方面也与德国的思想文化传统相关：这一传统一是晚年黑格尔作为官方哲学家所提倡的社会各阶级的统一论，以及黑格尔和韦伯对社会中间等级文化精神的强调；二是德国历史学家、经济学家从统计和归纳的角度来考察社会各阶级，从而提供的与英国古典经济学和马克思主义政治经济学的演绎方法所不同的统计方法，以及为伯恩施坦观察和分析社会经济状况提供的一个基本的方法论基础；三是讲坛社会主义者所提倡的保护中间阶级以缓和社会矛盾的政策主张和实践。德国深厚的中产阶级理论传统通过体制内的学者（作为君主顾问的官房学派和为君主制政权服务的历史学派）深刻地影响了政府的制度安排，政府在建立工会组织、完善教育体制和社会保障制度等方面进行了一系列努力，在制度与实践层面有力地保障了中产阶级的成长空间和利益。

1. 德国中产阶级的理论传统

在德国的工业化进程中，面对日益高涨的罢工运动，各派思想家和各种社会舆论开始提出自己的建议，以解决劳资矛盾。总体上看，这些建议和意见可以分成两派：革命派与改良派。改良派主张社会改良思想，如黑格尔的国家观，以及讲坛社会主义者的阶级观。革命派则主张马克思主义者所主张的通过革命来调节劳资关系。革命派与改良派不仅在解决劳资矛盾方面的立场不同，而且其阶级观也大不相同。就马克思主义者的阶级理论而言，其所讲的中间阶级指的是小资产阶级；而在黑格尔及讲坛社会主义者等社会改良派看来，中间阶级是中产阶级。如果从革命立场来看当时的中间阶级，马克思主义者会认为他们具有小资产阶级革命的不彻底性；而如果从其社会稳定的作用来看，则会认识到中产阶级的壮大具有社会稳定的功能。由于本书采用的是中产阶级的研究视角，因此在这里主要梳理一下德国改良派的中产阶级理论传统：从最早的黑格尔到历史学派，再到后来的德国社会民主党理论家。

黑格尔的中间等级理论　前面我们主要分析了中产阶级范式中的政治经济学传统。在这种政治经济学范式中，中产阶级的关键在于其“产”，即主要从资产的角度来分析中产阶级。而另外一种范式则将中产阶级理解为社会的中间阶层，这一范式最早是由黑格尔系统地提出来的。正如有学者所指出的，德国哲学家们认为，政府成员和国家官员构成中产阶级的主体，它体现出民众中有文化教养者的才智和法律意识，国家意识和卓越的文化教养体现在国家官员所属的中产阶级之中，中产阶级是国家正直和才智的支柱，没有中产阶级，国家的发展就处于低级阶段（刘长江，2006）。这种观点实际上与亚里士多德的中产阶级观相似，作为一个一直仰慕希腊古典哲学的现代思想家，黑格尔持这种观点是十分自然的；也正是通过黑格尔，我们理解了现代中产阶级理论与古代中产阶级思想之间的密切关系。

如果说，老的“中产阶级”可以如其字面上所示指的是中小资产阶级，那么，新“中产阶级”则更多地与中间阶级（阶层）相关，而这个中间阶层，其最初意思也并非字面上的社会中间阶层，而有其特定的历史语境。这一历史语境最初是黑格尔在《法哲学原理》一书中所强调的中间等级在社会稳定方面的功能。

黑格尔是最早提出系统的“中产阶级”理论的现代思想家，在《法哲学原理》一书第 297 节中专门讨论了这个问题。黑格尔专门而明确地提出这个问题的两个重要方面：(1) 中产阶级的构成。黑格尔认为：“政府成员和国家官吏是中间等级的主要组成部分，全体民众的高度智慧的法律意识就集中在这一等级中。这个等级之所以不致占据贵族的独特地位，它的教养和才干之所以不变成任性和统治的手段，有赖于主权自上而下和同业公会根据自己的权利自下而上所做的种种措施。”（黑格尔，1961：314）（2）中间等级的意义。对于现代国家的意义：国家的意识和最高度的教养都表现在国家官吏所隶属的中间等级中。因此中间等级也是国家在法制和知识方面的主要支柱。“没有中间等级的国家，因而还是停留在低级阶段的。例如在俄国，一方面是一群农奴，另一方面是一批统治者。这个中间等级的形成，是国家的最重要的利益之一。但是只有在上述那种组织中，也就是比较独立的、一定的特殊集团拥有相当的权利、官僚界因而不敢胡作非为的地方，才能做到这一点。按照普遍法而行动和这样行动的习惯，就是这些本身独立的集团形成一种对立势力的结果。”（黑格尔，1961：315）

黑格尔的这段话虽然不长，但已比较系统地描述了现代社会中间等级（中产阶级）的构成与意义：第一，从职业的角度说明了中产阶级的构成。黑格尔指出，政府雇员是中产阶级的主要成员，明确以社会职业分工来界定中产阶级。由于当时德国的资本主义经济不发达，没有出现垄断的大公司，因此社会上的职业以政府雇员为主，包括教师这个职业也属于政府雇员，所以黑格尔这里所指的政府成员，我们可以根据特定的社会背景理解成职业，即在当时的德国以政府雇员为主，在后来资本主义经济发达以后，则扩大为政府雇员和大企业雇员。所以，黑格尔实际上是最早从现代资本主义社会职业分工的角度来论述中产阶级的理论家。第二，黑格尔认为，这个中间等级在现代社会中的重要作用，即“全体民众的高度智慧的法律意识就集中在这一等级中”。这与我们现在所说的中产阶级的社会稳定功能相似。第三，黑格尔还提出，这个中产阶级虽然有教养和才能，但它们不会取代过去的贵族等级而成为现代社会的新的统治者，这是因为现代社会的制度设计，即“主权自上而下和同业公会根据自己的权利自下而上所做的种种措施”。第四，黑格尔还特别指出，“没有中间等级的国家，因而还是停留在低级阶段的。例如在俄国，一方面是一群农奴，另一方面是一批统治者”。这说明，中产阶级是有别于传统社会的社会现象。第五，黑格尔还认为中产阶级是现代社会的民主与法制的支柱，“是国家在法制和知识方面的主要支柱”，他们“这些本身独立的集团形成一种对立势力的结果”，使得“官僚界因而不敢胡作非为”。这一点与现在亚洲各国在社会转型、现代性建构、民主法制建设过程中，关注中产阶级的成长不谋而合。

韦伯：中产阶级的文化精神　虽然黑格尔认为，中间等级“集中了全体民众的高度智慧”，但在现实中，由于德国长期处于分裂的状态，小邦众多，既没有统一的国内市场也没有广阔的国际市场，导致其资本主义发展水平落后，也导致了中产阶级（资产阶级）群体的发展缓慢。在经济方面的无所作为，直接导致德国中产阶级的政治力量无法强大，作为中产阶级先驱的德国知识分子几乎没有政治活动的空间，只能在文化和"纯粹精神"（哲学、人文科学、精神科学）的精神层面上进行突破。古希腊的柏拉图、亚里士多德所倡导的中产阶级精神在德国文化与哲学中获得了新生，在黑格尔之外，韦伯在文化的层面深入分析了中产阶级的精神，对当代的中产阶级理论产生了重大影响。

由于国家在德国资本主义发展进程中起到了重要作用，德国中产阶级的文化认同与国家意识形态十分紧密地联系在一起。马克思认为，这是德国中产阶级软弱性和两面性的表现，其实，从当代的视野来看，特别是从现代性社会批判理论的角度来看，德国作为一个后发的资本主义国家，其所产生的中产阶级思想文化不仅是启蒙运动的产物，而且也是对启蒙思想的反思，这正是德国中产阶级两面性在思想文化上的反映。黑格尔的辩证法思想比较典型地反映了德国中产阶级的这种双重性，所以在黑格尔死后，其思想继承人分成两派，激进的、革命的青年黑格尔派（马克思在青年时期就属于这一派），保守的、主张改良的老年黑格尔派。在《法哲学原理》中，黑格尔就从市民社会的角度阐述了中产阶级的这种自我意识，认为国家意识和卓越的文化教养体现在国家官员所属的中产阶级之中（刘长江，2006）。而德国文化的集大成者韦伯，则从文化的方面为中产阶级提供了另一个系统的、全面的观察角度。在韦伯看来，中产阶级之所以成为一个阶级，并非完全是由相同的经济地位与状况所决定的，文化、阶级意识以及相应的意识形态斗争是中产阶级形成所不可或缺的条件。①

从思想史的角度来看，从 19 世纪 80 年代到第一次世界大战之间，社会科学领域开始了现代的转型。在经济学方面是以马歇尔为代表的西方经济学取代了古典政治经济学，这也是马克思所批判的庸俗经济学的开端。在社会学领域，则是以韦伯和涂尔干为代表的实证、经验研究取向的实证社会学取代了马克思、孔德那一代人的社会哲学。与马克思和古典经济学传统所强调的人天生是为了获得经济财富而参与竞争、理性的经济计算被当作人的本性（经济人的假设）不同，韦伯强调文化在人的自我建构中的意义。如果说，马克思在《资本论》中所强调的

① 前面分析过，马克思从政治经济学的角度对中产阶级进行了界定；但是，与此同时，马克思还从意识形态的视角分析了资本主义社会中各阶级的意识形态，只不过，这一点在马克思广为传播的著作中没有明显体现。第一次世界大战后，由于第二国际的路线，各国的工人运动选择了与政府合作的方式，这导致了传统马克思主义意义上的革命运动的失败，西方马克思主义在此基础上反思了革命失败与阶级意识之间的关系，重新拾起马克思的阶级意识形态理论，提出了从主体、阶级意识、文化领导权等角度发展马克思主义的文化社会学，这构成了西方马克思主义的新理论传统。

是人的经济属性，中产阶级是介于资本家与劳动者之间的阶级，那么韦伯在《新教伦理与资本主义精神》中则强调文化对于中产阶级的意义。正如韦伯所论证的，产生资本主义的不是人类的利己本性，而是清教徒的宗教和救赎伦理。此外，与马克思的阶级理论相对的还有，马克思强调人的阶级属性，即个人处于一定的社会关系之中，而人的阶级意识不过是这种社会关系的反映（经济基础即生产关系决定上层建筑与阶级意识）；韦伯则强调个体的主观意识，从而在中产阶级的定义上，更强调其个人文化的方面。如果说马克思的研究是从财产到阶级再到社会分层结构，财产所有权和阶级分工是经济基础，在此之上有阶级意识、文化、政治等上层建筑，由于前者对后者有决定作用，所以中产阶级的界定首先是根据财产所有权，而中产阶级的文化、阶级意识等都可以由财产所有权这个经济基础得到说明；韦伯则把文化作为与经济相平等的因素。因此，对于中产阶级的分析具有直接意义的是，韦伯强调文化对于中产阶级的重要作用，这一方面主要体现在《新教伦理与资本主义精神》中。如同马克思在《资本论》中以经济的角度分析资本主义的起源——源于商品一样，韦伯把资本主义的起源归结为文化（新教）。

韦伯是历史学派思想家施穆勒的挂名弟子。韦伯认为，只有资产阶级（市民阶级——是这一语境下的中产阶级）拥有与落后的容克地主阶级相对抗的文化与社会资源，而无产阶级则不具有这种文化资源。因此，在他看来，德国的未来是与资产阶级（中产阶级）的命运联系在一起的。在韦伯对现代性社会的研究（即为什么现代资本主义出现在西方）中，他反对以单一的因素来解释社会的发展（马克思正是以经济的发展来解释社会的发展）（塞德曼，2002：40）。实际上，这一问题与对社会的社会性认识相关：这是经历了一个从把社会看作一个有机整体（从重农学派的自然秩序观开始）到把社会看作各种力量和社会实践互相冲突的领域的过程。马克思与古典经济学的传统是以经济（唯物主义）的方式来进行社会分层，即所有制—阶级的社会模式，而这方面又以其对资本主义的政治经济学解释为基础，即以经济的方式来看待资本主义。韦伯及其先驱——德国的历史学派则与此相反，他们反对以经济（唯物主义）的方式来看待现代性、资本主义、社会等问题，而是从德国的唯心主义传统出发，以所谓的“资本主义精神”来认识现代性的特点。所以，对于社会的分层问题，韦伯注重文化的因素。

在韦伯的社会学中，他完全放弃了启蒙以来古典经济学中所流行的社会有机论以及相关观念。在韦伯的视野中，社会是由社会实践、意义、冲突及各种运动所构成的领域。所以，与马克思的从财产（所有制）到阶级再到社会分层这种中产阶级理论的认识路线不同的是，韦伯认为，财产和经济地位只是社会构成的一个维度，它并不决定文化和政治上层建筑，所以文化与政治上层建筑也是社会的另一个维度，它们与财产这个社会维度的关系是平行的。这样，在韦伯的理论视域中，中产阶级应当包括经济、政治、文化等多重维度，这正是当今所流行的中产阶级范式。总之，韦伯的研究，使我们注意到文化与中产阶级的关系，这为我们突破传统马克思主义的经济资本的视角，进而从文化资本的层面上来认识中产阶级提供了重要的理论资源。

韦伯这种范式的流行与20世纪的现代社会的复杂性和多样性也有密切关系，因为相对于19世纪的革命年代，经济斗争在社会变迁中的意义重大，而进入20世纪之后，现代社会出现了多元化与复杂化，这使得以单一因素来认识社会分层的理论模式显得单薄。因此，正如20世纪社会冲突的多样化与复杂化，与之相应的社会分层理论也以韦伯式的多样化标准为主流。然而，韦伯的多元化范式带来了一个问题，即在中产阶级的界定中存在着多元的标准，这使得中产阶级概念的内涵和范围的确定比较困难，这也是我国学界目前对中产阶级的定义无法统一的原因——因为在其理论源头中，中产阶级的标准就是多元的。为了解决中产阶级标准多元化的理论问题，本书主张以资本作为中产阶级界定的唯一标准，同时提出资本的概念并不仅指财富资本，还包括多种因素，这样就可以把中产阶级理论的多元标准归结为资本的多样化特征。

德国历史学派的观点　在当时的欧洲，政治经济学是以“社会哲学”的名义诞生的，这便是我们所熟悉并称之为“古典经济学”的内容。古典经济学主要产生在英国和法国，这一理论学说的产生与英法两国资本主义的发展是相对应的；而对于德国来说，由于资本主义发展程度的落后，其经济学发展也相对滞后。恩格斯曾经说道，在德国，经济学是一门外来的科学，它是作为成品从英法等国贩运来的。但是西方的经济学所反映的是新兴的生产方式的经济，而尚处于手工业时期的德国确实不存在经济自由主义赖以生长的土壤。于是，这个外来的科学，在德国经过改造，一方面和原有的官房学（国家科学）相结合，另一方面又和当时出现的“国家有机学说”（黑格尔的观点）相结合，形成了历史主义学派的国家经济学思想。此外，19世纪中后期（50年代开始发生大规模的、跨国性的经济危机）资本主义经济危机频发，就业、交通、环境等社会问题严重，阶级矛盾日益尖锐。在此情形下，经济学需要提出有效对策来缓解和减轻经济危机的影响，而单独依靠市场的力量是做不到这一点的，这导致了经济学的“革命”——国家干预思想的兴起，强调国家干预的历史主义学派应运而生，并和西欧的经济自由主义分庭抗礼。

德国历史学派以19世纪70年代为界分为新旧两个时期。19世纪30—40年代，旧历史学派的代表人物李斯特[①]所提出的“经济学的国民体系”（即以国家为重心的经济学），对当时德国的统一关税同盟的建立起到了重要作用。古典政治经济学作为英国自由资本主义的意识形态理论，强调个人和市场的自由、国家只是作为“看不见的手”而存在。历史学派则继承了黑格尔等人的国家有机说，强调国家作为一个整体，整体的利益应高于个人利益，个人不能离开国家而存在。这是对英国古典政治经济学的反驳。德国历史学派与英国古典经济学之所以存在分歧，其实是基于不同的国家利益。英国当时已完成了产业革命，获得了“世界工厂”的地位，以斯密为代表的自由主义经济学说最能体现英国产业资本的利益。而当时的德国还处在封建割据的农业国阶段，为了发展德国本国的工业，必须采取贸易保护政策，因此需要能在意识形态上对抗英国自由主义经济学的理论。于是，以李斯特为代表的历史主义国民经济学兴起。

李斯特在《政治经济学的国民体系》（1841）一书中提出，各国有不同的发展道路，因此不存在普适性的“世界主义经济学”。在此基础上，他提出与“世界主义经济学”相对立的“国民经济学”，认为国民经济学研究的主题是“某一国家，处于世界形势以及它自己的特有国际关系下，怎样来维持并改进它的经济状况”（李斯特，1983：109）。李特斯批评英国古典经济学忽视了国家和民族的重要作用，是“世界主义”的经济学，经济学应当着重“研究如何使某一指定国家（在当前世界形势下）凭农工商业取得富强、文化和力量”（李斯特，1983：106）。历史主义者还反对英国古典政治经济学的“世界主义”，认为古典的经济自由主义所假定的是一个没有国家疆界的世界，这是不真实的。国家的存在、疆界的限制和各国家间经济发展进程的差异，都使得“世界主义”所假设的共同利益不可能成为现实，经济弱国将长期甚至永远地成为先进国家经济的附庸（陈岱孙，1989：819）。从这一视角出发，我们可以发现，在阶级这个问题上，历史学派不能接受英国古典经济学的土地、资本、劳动三要素以及对应的三个阶级理论，而是根据德国的历史与现实提出自己的阶级理论。同时，历史主义必然反对没有国界的阶级，也就是说，马克思在《共产党宣言》中所说的全世界的无产者联合起来，在历史主义者看来是不可能的，因为他们高度强调民族国家发展之经

① 历史学派（The school of German history）的先驱为F. 李斯特。此后W. 罗雪尔将以F·K·冯·萨维尼为代表的法学研究中的历史方法，应用到经济学方面，奠定了这一学派的基础，继之有B. 希尔德和K. G. A. 克尼斯，形成了旧历史学派。

济进程的差异以及由此导致的各国阶级结构的不同。

19 世纪 70 年代，历史学派发展到新阶段，史称新历史学派。[①] 以施穆勒为首的新历史学派，其主要代表人物有 F. 布伦坦诺和 A. 瓦格纳。

此时，德国已经大大缩小了与英、法等发达资本主义国家的差距，成为强国之一，为争夺生存和发展空间，德国将战略重点转向谋求世界霸权，因此更加要求突出国家的作用。新历史学派的代表人物施穆勒写道："没有一个坚强组织的国家权力并具备充分的经济功用，没有一个'国家经济'构成其余一切经济的中心，那就很难设想一个高度发展的国民经济。"（汤在新，1990：506）这种观点代表了这个时期德国经济学家的普通观点：强调国家的作用，反对自由贸易。他们关注的问题集中在如何才能保证国家的福利上，认为一切社会理论都应该从如何运用现有的各种手段完善国家这个中心任务出发。

在阶级问题上，英国式的古典政治经济学认为，整个社会是一个由经济体系构成的系统，国家只是市场经济的"守夜人"。在这个系统中，国民财富可以按资本、土地、劳动等分成利润、地租、工资在三个社会群体中分配，因此，国民也可以按此标准分成三个不同的阶级。虽然古典经济学认为三个阶级之间可以实现经济和谐（巴师夏的经济和谐论），但这种理论模型强调了不同群体之间的分野，与阶级冲突论其实具有天然的密切联系。与此问题相对的是，历史主义在强调国家对经济进行保护的同时，认为社会是一个高于其成员的存在，强调社会生活的统一性，反对机械主义的有机社会观。弗里德里希·李斯特提出了"经济伦理"思想，希望"国家通过爱国主义的纽带将其成员结为一体"，从而为经济健康、迅速地发展奠定基础（赵修义，2000）。

19 世纪的 60—70 年代，德国工业化快速发展的同时带来了激烈的阶级斗争，即历史学派所说的"劳工问题"。同时，施穆勒所代表的新历史学派也取代了旧历史主义。新历史学派以民族振兴、经济发展与社会和谐为目标，在国民经济学的名义下展开了涉及经济学、社会学、历史学、应用统计学、人口学、政治学和地理学等学科内容的广泛探讨，其内容类似于我们今天综合性的社会科学，其思想核心则是"社会公正"，希望能够依靠国家的力量来缓解经济发展中的贫富分化和阶级矛盾。因此，新历史主义者既反对英国式的自由资本主义的放任政

---

① 20 世纪初期，韦伯和桑巴特从内部批判历史学派，使历史学派解体。从历史学派的发展进程以及对社会民主党的影响来看，现代社会学不仅与历史学派具有密切关系，而且也与德国社会民主党的传统相关，这正是本书从德国社会民主党的角度来梳理古典中产阶级理论的原因。

策，也反对马克思主义所主张的全世界无产者联合起来进行社会主义革命的口号。他们认为，国家的法令、法规、法律决定着一国经济发展的进程，国家应该采取一系列措施，实行经济和社会改革，包括：工厂立法、劳动保护、孤寡老人救济等；限制土地私有制，实行河流、森林、矿产、铁路和银行等生产事业的国有化；强调发挥国家的行政职能作用，改革财政赋税制度，要通过赋税政策进行财富二次分配；等等。

历史学派不仅提出了基于国家视角的国民经济学和改良性质的社会经济政策，而且为这种经济理论和经济政策提供了一整套方法——统计学方法，这种方法不仅是伯恩施坦等社会民主党人进行社会分析和制度政策的基础，也是后世社会学基于统计的实证研究方法的起源。统计学最初是应对国家，特别是对经济以及人口的描述的需要而产生。由于当时现代数学尚未形成，那时的统计学属于政治经济学的范畴，英国古典经济学创始人配第称之为"政治算术"，他于1690年出版的《政治算术》一书不被当作经济学的起源，也被当作统计学的起源，因此马克思说："政治经济学之父，在某种程度上也可以说是统计学的创始人威廉·配第"（马克思、恩格斯，2004a：314）。然而，虽然统计学方法对经济学的产生与发展具有重要意义，但是，一门系统的经济学理论的建构则依赖于严密的逻辑体系，所以在古典经济学理论大厦的建构过程中，统计学和归纳方法被湮没在逻辑演绎方法之中。到了19世纪末，欧洲大学开设的"政治算术"等课程名称逐渐消失，取而代之的是"统计分析科学"课程，其内容仍然是分析社会经济问题（马克思主义传统称之为"庸俗经济学"）。

针对英国古典政治经济学的逻辑演绎方法，德国的经济学家提出统计的经济社会分析方法。统计学的德文是statistik，指对国家的资料进行分析的学问，也就是"研究国家的科学"，这种方法是通过对比分析各个国家的组织、领土、人口、资源财富和国情国力等，为德国的君主政体服务，这种方法在分析中比较偏重事物性质的解释，而不注重数量对比和计算。由于在德文中"国势"与"统计"词义相通，后来正式命名为"统计学"。德国经济学家以这种统计学方法建立的"国家科学"，又叫"国民经济学"。恩格斯称这种国家科学为"官房学"（关于国家的会计室或国库、国王财产的学问），批评它是"用……小资产阶级世界的精神去解释"（马克思、恩格斯，1995b：105）的政治经济学。

旧历史学派的代表人物希尔德布兰德是历史学家和统计学家，他曾和康拉德一起创办了《国民经济学与统计学年鉴》。罗雪尔则提出"国家科学的方法"（他所说的国家科学大体与今天的社会科学相当）的问题，认为"国民经济并非单纯的货殖或单纯的致富术，而归根到底是一种认识人类、支配人类的政治科学”。克尼斯强调研究经济现象必须与其他各种文化现象结合，而不能采取孤立的抽象法，主张历史的统计的考察和归纳法才是经济学的方法（希尔德布兰德、罗雪尔与克尼斯等人的观点请参见互动百科词条“德国历史学派”）。

新历史学派的代表人物施穆勒认为“经济问题的分析必须利用历史方法，抽象演绎方法是不可能得到任何结果的”（高德步，1998），他还系统论证了这种历史方法，将之归纳为“历史归纳法”“历史生理法”和“历史统计法”三类，力图通过归纳历史和统计资料来建立国民经济学，以全面分析影响一国经济发展的因素。施穆勒创立和主编的《德国立法、行政和经济学年鉴》是当时德国经济学最出名的期刊之一（鲁友章、李宗正，1983：177－178）。由于施穆勒长期掌握审批德国社会科学界教授职位的权力，他顺理成章地成为该学派的领袖人物，同时也使历史学派成为当时德国的主流经济学派（施穆勒的具体观点介绍请参见互动百科词条“德国历史学派”）。

施穆勒所主张的归纳统计方法曾遭到奥地利经济学家门格尔的批判，引发经济史上著名的“德奥方法论之争”①。在论战中，施穆勒明确反对门格尔所采取的“英国演绎学派”的方法，认为他将经济学说建立在一两个心理命题上的做法把经济学弄得过于狭隘，演绎方法的使用要服务和从属于归纳方法（魏建，1999）。他宣称：“政治经济学的一个崭新时代是从历史和统计材料的研究中出现的，而绝不是从已经过一百次蒸馏的旧教条中再行蒸馏而产生的。”（汤在新，1990：502）

总之，历史学派强调国家的重要性和各国发展的历史阶段性，主张运用从历

① 针对历史学派的归纳统计方法，奥地利经济学家门格尔1883年发表《关于社会科学，特别是政治经济学方法的研究》，批判历史学派不能区别理论科学、历史科学和政策实践的关系，将经济现象的历史记述和经济理论的历史性相混淆，在方法论上缺乏理论分析和抽象，陷入了世俗的经验主义。施穆勒在《施穆勒年鉴》上发表文章《国家科学和社会科学方法论》进行反驳，此后双方弟子之间展开了长达20多年的争论，史称“方法论之争”。1904年，韦伯从历史学派内部对其进行了批判，发表了《社会科学和社会政策认识的“客观性”》一书，引发著名的“价值判断论争”，韦伯提出社会科学研究的“客观性”“价值的自由性”和“理念型”这三个核心概念，试图建立一个庞大的社会科学理论体系。首先，韦伯批评施穆勒将伦理道德和经济借科学的名义混合在一起，用道德和法律来挽救经济生活中由于利己心所带来的弊端，这是在科学中渗进了“价值判断”。其次，韦伯主张在社会科学中应该将经验的认识与价值判断加以区分，作为经验科学的社会科学，任务在于寻求客观真理；至于发现理想和规范、为实践寻求对策，属于主观的“价值判断”问题，这里有无数的不同的价值观在斗争，让人们自由去选择和评价处于“诸神斗争”中的各种价值，这便是“价值的自由性”。再次，韦伯还提出“理念型”作为社会科学方法的基本概念，认为用这个基本概念和方法可以保持社会科学的“客观性”和“价值的自由性”（这一论战的具体内容请参见互动百科词条“德国历史学派”）。

史实际情况出发的具体的实证的历史主义的方法，反对古典学派的抽象演绎方法，这与英国古典经济学以及马克思的社会经济分析方法大不相同。历史学派在社会科学研究方法上以归纳、统计作为主要方法，从而实际上开辟了一个新的社会结构分析和社会学研究传统。从经济学方法论上的统计法与演绎法之争，我们可知，在中产阶级的界定上存在着两种不同的方法和理论，所以赖特在其阶级理论中，将马克思的逻辑与实证对立起来：一是基于古典经济学逻辑演绎方法的“阶级结构说”，马克思的阶级分析方法与此相关；二是基于历史学派归纳统计方法的“阶级构成说”，这也构成了现代社会学对社会阶层进行统计分析方法的起源。

讲坛社会主义的主张　德国历史学派不仅著书立说，提出各种思想和政策主张，而且还积极参与实际政治活动。1873 年发生了世界性的经济危机，导致中产阶级的没落和工人阶级失业，社会问题严重。在此背景下，施穆勒等人发起组织成立了“社会政策学会”，参加这个学会的经济学家一般都属于新历史学派，他们被马克思主义主者称作“讲坛社会主义者”，其代表人物是施穆勒、瓦格纳和布伦坦诺。与马克思主义的科学社会主义强调阶级矛盾不可调和、主张采取革命的手段来改造社会的革命策略所不同的是，德国的讲坛社会主义者为了应对日益高涨的工人阶级运动，基于企业管理的实践提出了“立宪制的企业”的主张，希望通过在企业内部进行民主改革，建立“工人委员会”，让工人和企业主共同参与企业管理，以缓和阶级矛盾；在社会建设方面，强调中产阶级的社会稳定作用，提出了各式各样的社会改良主义主张。正如拉斯韦尔所指出的，“关于如何划分富豪阶级、小资产阶级和无产阶级之间的界限，是政治实践中一个激烈争论的问题，科学家们的意见也很不一致。社会主义的宣传家们有时企图把熟练工人，甚至把低收入的专业人员都包括到无产阶级里去。而富豪阶级的宣传家们则把‘企业’说成一个整体，企图把大企业、大财主与小企业、小财主之间的区别加以抹杀”（拉斯韦尔，2000：8）。

施穆勒在 1870 年出版的《19 世纪德国中小企业发展史：统计调查和国民经济调查》一书中，明确提出保护“中产阶级”，要求中间阶层（老式的中产阶级）即处于大资本与工人阶级之间的中小企业、中小商人、自耕农保持独立自主的稳定地位。他要维护的“中间阶层”，后来发展为因近代大工业的发达而产生的新型的熟练工人、经营辅助人员、经理及工头、职员、白领阶层、公务人员等，他认为要维护资本主义秩序的稳定，必须维护这个中间阶层。[①]

布伦坦诺于1871—1872年发表了《现代工会》一书，主张工人阶级的团结自由，认为工会的要求构成资本主义的组成部分，工会的首要任务在于使工人从不幸的境遇中解放出来，使“劳动力”这种商品获得有利的出售条件，保障工人最低生活费用的工资水平。他不反对资本主义，认为资本主义制度使社会获得了进步，市民获得了从封建制度下解放出来的人身自由，有了人格的尊严和保障。他认为，工会不是革命的团体，主张由下而上地推动社会改良。按恩格斯的说法，“小资产阶级的统治者”“以布伦坦诺先生为首”（马克思、恩格斯，1961b：108）。

19世纪70年代之后，“社会政策学会”的这种以改革代替革命的改良主义主张逐渐被俾斯麦政府接受，从而成为德国率先实施社会福利的理论依据。1935年，纳粹上台后，“社会政策学会”被迫解散，德国的中产阶级成为纳粹党的社会基础，直至第二次世界大战结束。

2. 德国中产阶级的制度保障

在19世纪70年代，德国紧紧抓住第二次工业革命的契机，走出了一条独特的资本主义发展道路，迅速实现了经济的跨越性发展，从一个原先落后的农业国成功地转变为发达的工业国。德国经济的发展和繁荣，实现了较高的国民财富积累，因而有能力提高本国国民的收入水平，这为德国中产阶级的发展提供了最重要的经济条件。此外，德国作为后发的资本主义国家，为在更高的资本积累和集中的水平上以及更有利的社会条件（如阶级合作和社会团结）下同那些已经实现现代化和工业化的国家进行竞争，不得不同时进行政治体制改革、文化教育建设以及社会建设。与此同时，德国的知识精英（主要是历史学派）没有盲从英国式的自由主义经济学和意识形态，而是根据德国国情，建立了自己的知识体系和理论体系，为本民族的工业化道路和现代化建设提供了“理论自信”和“道路自信”。因此，在经济、政治、文化、社会各界的努力下，德国的工会和工人阶级政党发展很快，教育文化发达，各项社会保障制度比较完善，这些制度构成了中产阶级发展的有力屏障。

选举政治与工会组织：中产阶级的制度基础 拉斯韦尔指出：“法国大革命后，有许多法国式‘民主’的具体做法被采用了，或被修改了。英国把议会选举权朝着普遍选举的方向扩大了。”（拉斯韦尔，2000：94）1870年之后，面对民

---

① 施穆勒观点的具体内容参见互动百科词条“德国历史学派”。

主化潮流，各国逐步放宽了选举的资格限制，推行选举政治，人民的自由结社权利得到政府认可，劳力者的组织程度大大增长，区域性甚至全国性的工会组织便发展起来。英国在1875年通过法律承认工会的合法地位，德国于1899年取消禁止联合的政令，此后，“德国的工人有组织的力量经历了一个大发展，工会成员从1881年到1889年增加了一倍，到1994年又增加了一倍，达到100万人，在以后的6年中又翻了一番”（沈汉，1998：259）。1914年，第一次世界大战爆发，国与国之间的民族矛盾成为主要问题，国内劳资矛盾退居到次要地位。在当时爱国主义思潮的影响下，社会民主党愿意同政府达成和平，于是在8月4日国会投票中支持战争拨款，同时主动放弃了阶级斗争。按照列宁的说法，这是第二国际解体的标志。与此同时，德国政府为了保障国内稳定以应对战争，也向工人伸出了橄榄枝，实施了《为祖国志愿服务法》，规定有50名以上雇员的军用企业需成立“工人委员会”与“职员委员会”，作为劳资共决的机构（孟钟捷，2005）。德国工会的法律地位实际上获得了政府的承认，工人运动于是被纳入体制之内，工会迅速成为一支举足轻重的政治力量，而社会民主党则成为议会第一大党。对此，晚年的恩格斯作出了这样的判断：“工人参加各邦议会、市镇委员会以及工商业仲裁法庭的选举；只要在安排一个职位时有足够的工人票数参加表决，工人就同资产阶级争夺每一个这样的职位。结果弄得资产阶级和政府害怕工人政党的合法活动更甚于害怕它的不合法活动，害怕选举成就更甚于害怕起义成就。”（马克思、恩格斯，1995d：517）“人们也开始逐渐了解到对旧策略必须加以修正。德国人作出的利用选举权夺取我们所能夺得的一切阵地的榜样，到处都有人效法；无准备的攻击，到处都退到次要地位”（马克思、恩格斯，1995d：522），因此“历史表明我们也曾经错了，暴露出我们当时的看法只是一个幻想。历史走得更远：它不仅打破了我们当时的错误看法，并且还完全改变了无产阶级借以进行斗争的条件”（马克思、恩格斯，1995：510）。后来伯恩施坦正是把这个判断当作恩格斯的“政治遗嘱”（伯恩施坦，1958：26），在此基础上，提出他的所谓“修正主义主张”。

有了工会组织的支持，工人便有了与资本家进行谈判以提高自己的剩余价值分配方面权利的组织，工人不仅可以和资本家合作把经济蛋糕做大，而且还可以参与蛋糕的分配，从中分到一杯羹。伯恩施坦认为：“工厂法的制度、地方行动的民主化及其施政范围的扩大、职工会制度和合作制从法律压抑下的完全解放，以及公共团体所办事业对劳动组织的照顾，凡此一切都表示这个进化阶段的特征。”（伯恩施坦，1958：3）在这个资本主义发展新阶段，“工会能够通过压低资本利润率直到剩余价值不再存在、资本家的剥削终止，从而为工人赢得公平工资”（福格森，2008）。强大的德国工会通过政治斗争，迫使政府采取各种劳动保障措施，比较成功地阻止了资本主义发展早期比较普遍的“血汗工厂”的剥削行为，为中产阶级的发展提供了政治上的保障。从此以后，随着德国经济的发展，原先处于贫困地位的无产阶级由于可以分享经济发展的成果，从而渐渐摆脱了经济贫困的地位，可以拥有自己的住房和财产，于是上升到中产阶级的经济与生活水平。整个社会也由劳动矛盾尖锐的哑铃形社会转变成劳动矛盾和谐的橄榄形社会，一个中产阶级的时代即将到来。社会民主党也从强调阶级斗争的无产阶级政党转变为全民党，超越资本主义与社会主义的第三条道路也因此成为党的新纲领。

完善的教育体制：中产阶级的文化支撑 现代市场经济的本质是生产要素参与生产与分配，于是各个市场主体根据自己所提供的生产要素而获得报酬，传统的工人阶级即劳工阶级是用自己的体力参与生产，因此，他们出卖的是体力劳动，获得的是低工资。与劳工阶级不同的是，中产阶级以自己的脑力劳动参与生产，他们劳动的科技含量更高，相应地所获得的工资也更高。专业化分工是市场经济的基石，专业化要求从业人员的职业化，这就为那些拥有一技之长的专业技术人员提供了机会。这些专业技术人员凭借自己的一技之长而获得远远高于体力劳工者的收入，如教师、医生、律师、建筑师和新闻记者等，他们构成中产阶级的中坚力量。在某种程度上，中产阶级可以说是现代市场经济社会特有的产物。为了适应这种市场经济型社会的需求，各大学开设了许多相应专业，成立了许多专业大学培训基地，培养了大量的专业技术人员。这些专业技术人员成立各自的学会，建立颇具规模的专业技术共同体，形成一支支影响经济社会甚至政治的力量。现代社会所谓的“专家治国论”与这些专业群体具有密切关系。

由于中产阶级主要以脑力劳动为主，文化与知识、技能在其工作中起到关键性作用，因此，我们需要特别关注教育培训在中产阶级发展中的作用。在早期资本主义发展中，是靠压低工资、降低成本来提高竞争力；而在发达资本主义阶段，劳动力的质量在资本主义国民经济竞争中起着关键作用。实际上，英国在20世纪“国际竞争力和地位的下降与教育密切相关”，因此从19世纪80年代开始，英国就教育问题常常发生争论，在20世纪的70年代“教育大争论”之后，还引发了撒切尔主义的教育改革，但直到今天，英国还存在“工人培训上的弱点和英国标准教育的不足”（柯茨，2001：125－127）。

英国式的教育问题在德国则不存在。在发达资本主义国家开始通过提高技能和产品的高附加值来提高其生存能力时，对工人的培训教育问题就成为经济的关键，德国完善的教育体制为培育中产阶级提供了重要的文化资本。“铁血宰相”俾斯麦认为，“有学校的国家才有未来”（吴友法、黄正柏，2000：157）。早在18世纪末期，德国就确立了6～13岁的儿童都应当接受普通教育，英国则是在19世纪后期由于社会斗争才引入这一制度。德国有一个完善的从小学到职业学校、从工艺学院到大学的体制，培养了大批训练有素的工程师和技术工人，他们构成了中产阶级的中间力量。与欧洲其他国家的工人相比，德国工人受到了更好的培训，所以在德国，熟练工人的比例最高，其劳动生产率也更高，从而创造剩余价值的能力更强，这也使得在剩余价值的分配中，熟练工人比从事简单劳动的体力工人获得了更多，客观上已转变为中产阶级。德国在教育方面的成功启发了许多后发的资本主义国家，所以比德国完成工业化更晚的美国一直崇尚教育，认为教育是社会进步不可或缺的条件，在这种信念的引导下，美国历史虽短，但其教育却最发达。从小学到职业学校、从工艺学院到大学等完善的教育体制提高了整个社会中劳动者群体的素质，从而提高了国家竞争力，培养出一大批有专业特长的专业技术人员，推动了中产阶级的兴起，使19世纪末的德国成为中产阶级发展最典型的国家。

总之，对工人的培训教育为中产阶级提供了主观方面的条件。也就是说，如果仅仅是经济的增长而没有相应的劳动力技能、知识的提供，那么，这个中产阶级是缺乏内在条件的。更重要的问题是，从整个社会的层面来看，教育培训的意义不仅限于提高劳动者的知识和技能，还在于形成了一种价值观、态度，它超越了简单的知识传授模式，形成了在社会各部分之间的制度安排、人们的预期等，从企业的层面上来说，这形成了一种“企业文化”；而从社会的层面来说，它形成了一个社会的精神风貌。这为中产阶级的发生提供了重要的社会文化土壤。韦伯在研究德国资本主义发展和中产阶级时，在《新教伦理与资本主义精神》中就很注重文化对于资本主义经济发展的作用。而二战后东亚的“儒家资本主义”、德国的“基督教民主主义”（Christian Democracy）等说明了文化所发挥的重要作用。

全面的社会保障：中产阶级的社会支撑　市场经济也是波动型经济，既有繁荣的时候，也有萧条的时候，经济危机其实无法避免。在每一次的经济危机中，都会出现大量的失业人员和工人阶级的贫困化，从而导致社会动荡，这就迫使国家从社会安定的角度来考虑社会福利和社会保障问题。工会组织、劳动合作、工人委员会等组织保证了工人阶级在剩余价值的分配上可以获得好处，从而确保了传统无产阶级的生活水准逐渐到达中产阶级的水平，不过，这是基于经济繁荣的预期。如果遭遇经济危机或者经济不景气，中产阶级就会首先受影响。因此，还需要完善的社会保障制度，以确保中产阶级在面对经济波动和经济发展的不确定性时有一份保障。

现代意义上的社会保障制度首先在德国产生，这项制度为中产阶级提供了稳定的社会条件，使他们避免了因破产而落入社会底层。俾斯麦深刻地认识到社会保障对于社会稳定的重要性，认识到“社会保险是一种消除革命的投资”。1883年，德国颁布了《疾病保险法》，标志着以社会保险为核心内容的现代社会保障制度的产生。之后，德国又先后颁布了《工伤保险法》《老年和伤残保险法》，社会保险项目进一步增加。继德国之后，许多欧洲国家也于19世纪末建立了工伤、养老、失业等社会保险制度。

社会保险制度的建立是社会经济发展的普遍内在要求，这一制度建立之后，构成了后来欧洲福利国家的制度基础，它使得主张激进政治革命与社会革命的左派与马克思主义政党在欧洲的政治生活中边缘化，对欧洲的社会秩序的稳定与和谐起到了重要的作用。由此可见，当今中国尚未形成一个稳定的中产阶级，在经济方面，与我们在改革开放过程中没有建立合理的社会分配机制有关；而在社会制度方面，则与我们社会保障制度的不完善具有重要关系，中产阶级因教育、医疗、住房等问题而困扰，往往或者因病而致贫，落入社会的贫困阶层，或者买不起房，成为一个无房的“无产阶级”（在当今中国，房子已成为普通民众最大的资产，从这个意义上说，无房者就是无产阶级）。

三、社会民主党对中产阶级理论的发展

在马克思的著作中，我们可以看到许多关于阶级与中产阶级的论述，马克思也因此被认为是对中产阶级理论作出重要探索的思想家；然而，马克思并没有提出一个完整的现代社会的阶级理论（包括中产阶级理论）：在《共产党宣言》中，马克思从社会现象的层面描述了资产阶级与无产阶级的冲突，但缺乏更深刻的学理分析；而在学理性最强的经济学著作《资本论》中，马克思对阶级的分析又是中断的[①]。而这一部分中断的内容却对我们理解马克思的中产阶级理论具有至关重要的意义，因为这体现了马克思在全面研究了现代社会的经济结构之后，试图

---

① 《资本论》第三卷第52章中曾专门论及“阶级”问题，但论述是中断的。

从政治经济学批判的立场提出一个完整的阶级理论，这与他在20年前（《共产党宣言》中）从历史的角度所提出的阶级理论已不可同日而语。遗憾的是，马克思在《资本论》的手稿中没有对这一部分内容展开详细的论述，这为后来第二国际理论家关于资本主义社会的阶级结构变化的争论留下了一个巨大的空间。第二国际社会民主党的理论家们正是在这个马克思所遗留的理论空间中发展出一整套现代资本主义社会的中间阶级理论，并以此来指导社会民主党的政治实践。

1. 马克思的难题

正如赖特所说的，马克思的著作涉及了阶级的两个问题。第一个问题是对“阶级关系的抽象结构构图”的描述，第二个问题是对“阶级作为行为主体的具体事态构图”的描述。而社会民主党作为一个试图通过民主制度来执政的政党，不可能根据“阶级关系的抽象结构构图”来制定党的斗争策略，而需要根据现实的阶级构成，即根据“阶级作为行为主体的具体事态构图”来制定策略。社会民主党正是从这里出发，对马克思的中间阶级理论的这一方面作出修正，即从“抽象结构构图”来看，中间阶级与小资产阶级是注定会消亡的；而从现实的“阶级行为主体”来看，随着资本主义大企业和政府中的管理阶层的扩张，中间阶级将成为一支重要的社会力量。

1918年，斯宾格勒在出版了《西方的没落》一书后声名大噪，他在其后出版的《普鲁士本位与社会主义》一书中提出，社会主义包括两种形式，即英国式和普鲁士式。他认为，“马克思这位社会主义的继父，乃是属于英国式社会主义”，“我们如今要做的，毫无疑问，就是把德国社会主义从马克思那里分离出来”（盖伊，2005：117）。斯宾格勒还认为，在德国，所谓的马克思社会主义政党其实包含了强烈的反马克思主义和对普鲁士精神的赞同，“这个党多少带有军人作风，由此表现出和其他国家的社会主义不同：工人阶级精神饱满的步伐，冷静的决断力，严格的纪律以及随时为高尚理论牺牲性命的精神”，因此，阶级斗争没有意义，德国革命理论的产生，也一样没有意义（盖伊，2005：117）。这是当时德国所强调的阶级合作，以及民主改良之风的社会土壤。因此，在传统马克思主义理论中不太突出的中产阶级（即原来的小资产阶级）的概念被德国社会民主党的理论家重新重视起来。与马克思所说的随着资本主义的发展中产阶级（小资产阶级）必将没落的理论相反，德国社会民主党的理论家伯恩施坦认为，社会主义的目标和社会民主党的任务是把工人阶级发展成中产阶级。

在《资本论》第三卷第五十二章中，马克思在经济学分析基础上，提出资本主义社会的三大阶级："单纯劳动力的所有者、资本的所有者和土地的所有者，——他们各自的收入源泉是工资、利润和地租，——也就是说，雇佣工人、资本家和土地所有者，形成建立在资本主义生产方式基础上的现代社会的三大阶级。"马克思自己也意识到这种由"雇佣工人、资本家和土地所有者"三者所构成的现代社会的三大阶级的理论模型可能还是过于抽象，因为即使"在英国，现代社会的经济结构无疑已经达到最高度的、最典型的发展。但甚至在这里，这种阶级结构也还没有以纯粹的形式表现出来。在这里，一些中间的和过渡的阶段也到处使界限规定模糊起来"（马克思，2004c：1001）。因此，马克思认为，首先要搞清的问题是"是什么形成阶级"，而"这个问题自然会由另外一个问题的解答而得到解答：是什么使雇佣工人、资本家、土地所有者成为社会三大阶级的成员"（马克思，2004c：1002）。

在回答这个问题的时候，马克思实际上遇到一个理论与实践的矛盾，这个问题被伯恩施坦理解为社会"进化之现实上的成熟和构想上的成熟之间"的矛盾（伯恩施坦，1958：23）。因为从理论上看，三大阶级是根据他们的收入来源来界定的，即马克思所说的，"乍一看来，好像就是收入和收入源泉的同一性。正是这三大社会集团，其成员，形成这些集团的个人，分别靠工资、利润和地租来生活，也就是分别靠他们的劳动力、他们的资本和他们的土地所有权来生活"（马克思，2004c：1002）。然而在现实实践中，如果根据收入来源来划分阶级，那么"医生和官吏似乎也形成两个阶级"，这样就会由于"社会分工在工人、资本家和土地所有者中间造成的利益和地位的无止境的划分"（马克思，2004c：1002），而导致对阶级的无止境的划分。

马克思在这里实际上提出一个问题，即根据政治经济学的理论所建的现代社会的三大阶级图式，由于其过于抽象，与现实社会中的阶级构成之间存在较大的差异——**这正是阶级结构理论与阶级构成理论的矛盾**。这一点正是无产阶级的革命政党在具体应用《资本论》等政治经济学理论时需要解决的问题，遗憾的是，马克思提出了这个问题，却没有解决这个问题，因为《资本论》第三卷的手稿写到这里就中断了。后来德国社会民主党的理论家特别是伯恩施坦等人，就是在补充和发展马克思在这里所留下的理论空白的过程中，"修正"了马克思的阶级理论及其无产阶级革命策略。

2. *社会民主党面对的问题*

按照马克思在《共产党宣言》中的分析，无产阶级将不断地从破产的小资产阶级和小农中得到补充，"资产阶级社会内的中等阶层，即小资产阶级和农民阶级，就必定要随着他们境况的恶化以及他们与资产阶级对抗的尖锐化而越来越紧密地靠拢无产阶级”（马克思、恩格斯，1995a：400）。随着中等阶级的不断破产，他们源源不断地汇入无产阶级的队伍，从而使现代社会的矛盾简化为资产阶级和无产阶级两大阶级之间的分裂与对抗，如果用孙立平教授的说法，就是指一个“断裂的社会”。这样，一个无产阶级革命的时代就到来了。由此可见，马克思关于中等阶级（小资产阶级）破产的理论是无产阶级革命的至关重要的甚至根本性的依据。马克思关于革命的预言虽然没有在欧洲实现，但是，马克思关于中产阶级破产必然导致社会革命的判断在今天却具有十分重要的意义。

对于当时的社会民主党来说，马克思关于中产阶级破产必然导致社会革命的判断无论是在党的理论还是在政策方面都具有重大影响。1891 年通过了的《爱尔福特纲领》也认同马克思对中产阶级的基本判断，认为“经济发展以自然必然性促使那以劳动者对自己生产资料的私有为基础的小经营日趋没落”，“无产者的人数越来越增大”（王存福，2006）。然而，现实情况与马克思的判断并不一致，德国的中等阶级不仅没有没落，而且发展很快，与之相反的是，劳工阶级的人数下降了许多。因此，社会民主党如果仍然坚持其工人阶级政党的性质，就很难获得社会上广大选民的支持，影响其在大选中的得票率，使其从议会第一大党的宝座上跌落下来，党员的人数也开始急剧下降。

面对这种现实中的困境，社会民主党的一些思想家和理论家认识到，德国的社会结构已经发生了重大变化，在中产阶级队伍不断发展壮大的情况下，德国社会民主党无法再完全坚持马克思的阶级理论，仅仅依靠传统的产业无产阶级已经不能获得选举的胜利。所谓“穷则变，变则通”，于是开始产生思变之心，一些人要求摒弃传统的意识形态，调整党的纲领和策略，以利于争取日益增加的中产阶级选民。在思想理论上，党内一些理论家开始放弃激进马克思主义（所谓正统派）传统，从历史学派，特别是其立宪主义主张中寻求理论资源，被列宁称为“立宪民主党人”，列宁指出：“正象布伦坦诺、桑巴特、伯恩施坦之流一样，利用马克思的术语，引证马克思的个别观点，伪造马克思主义，从而用布伦坦诺主义偷换马克思主义，我们的立宪民主党人也是这样，正在关于工人民主派和资产阶级民主派的关系的问题上进行着伪造马克思的‘细致工作’。”（列宁，1987：303）不过，不管是伪造还是忠实于马克思的思想，从后来历史的发展来看，伯恩施坦的主张代表了资本主义社会的发展潮流以及党内的这股思潮，从而深刻地影响了社会民主党在20世纪的发展进程。[①]

3. 社会民主党的解决思路

在讲坛社会主义者改良思想的影响下，有些开明的企业主便开始尝试建立劳资共决组织，就企业员工的福利问题进行合作。伯恩施坦看到当时社会阶级构成的变化，因此赞同用改良主义的方式推进劳资关系变革，认为“企业内的民主就是社会主义的前奏”。社会民主党的主流由于受激进左派思想的影响，认为“立宪制的企业”和“工人委员会”是“资本主义的遮羞布”，认为这种组织的目的是分裂工人阶级，因此拒绝“工人委员会”这种调解劳资矛盾的组织。因此，最初伯恩施坦所代表的改良主义思想在党内被视作修正主义而遭到严厉批判。

但是不久情况就发生了变化。这是因为，德国的社会民主党从严格的意义上讲并不是一个纯粹马克思主义意义上的无产阶级政党，纯粹意义上的马克思主义政党大部分以共产主义为目标，以“共产党”为自己的名称。马克思和恩格斯在早期著作中，就提出社会主义（协会主义）与共产主义的本质区别，在马克思当年的语境中，社会主义与资产阶级改良思潮具有密切联系，所谓的“社会民主派”其实是“小资产者和工人的联合”（马克思、恩格斯，1995a：613）。由此可见，社会民主党在先天上就与中产阶级（小资产阶级）相关。由于党的阶级基础在构成上就分成了小资产阶级和工人，因此，社会民主党内就分成左、中、右三派：左派坚持马克思的革命主张和共产主义目标，代表了无产阶级的利益，其主要人物是卢森堡；右派主张进行社会改良，代表了中产阶级的利益，其主要人物是伯恩施坦；中间派则把两派调和在一起，以维护党的统一，其主要人物是考茨基。

19世纪末20世纪初，随着现代化大工业的兴起和小规模工场的衰弱，老中产阶级（即小资产阶级）逐渐减少，这基本上符合马克思关于小资产阶级灭亡的结论。但另一方面，随着现代化大工业的发展，大企业所雇佣的脑力劳动者也随之增加，这就出现了一个新的中产阶级。在德国社会民主党内，有许多的右、中派的理论家比较关注这个现象。希法亭在1910年出版的《金融资本》一书中则认为，国家通过中央银行调节货币流通，即可实行“有组织的资本主义”，在“有组织的资本主义”中，生产由一个主管机构有意识地加以调整（《机会主义、

① 1959年德国社会民主党通过的《哥德斯堡纲领》就从根本上放弃了马克思主义的阶级理论，从而放弃了党的阶级性，从一个“阶级党”变成“人民党”，同时，在指导思想与意识形态上，认为社会主义的基本价值是“争取、捍卫自由和公正”，党的指导思想“植根于基督教伦理学、人道主义和古典哲学”，从而吸引了大量的中产阶级选民，赢得了联合执政的地位。

修正主义资料选编》编译组，1976：194)，从而调整社会对抗和劳资关系；随着机械化的发展和“科学的工厂组织的方法”的日益细化，劳动大军分成不同阶层的“带有类似公务员性质的”雇员，这是对新型的生产组织中出现的新中产阶级的分析（殷叙彝，2003)。

考茨基也较早注意到了“薪金雇员”这一现象，不过，他在理论上仍然坚持马克思的“阶级结构论”——从生产资料所有权的角度来划分阶级，因此把“薪金雇员”归到无产阶级的队伍中。考茨基认为，从企业的所有制来看，这些新的中产阶级并不拥有企业所有权，因此不属于资产阶级。他在1889年写的《伯恩施坦与社会民主党的纲领》中认为，“‘新中产阶级’是由于上层剥削者需要丢开办公室职能而产生的”，“新中等阶级具有完全不同于旧的中等阶级的基础，这就是生产资料私有制这个坚实的屏障”（沈汉，1998：259)。在1891年所通过的考茨基起草的《爱尔福特纲领》认为，“资产阶级社会的经济发展以自然必然性促使那以劳动者对自己生产资料的私有为基础的小经营日趋没落”，“无产者的人数越来越增大”，“剥削者和被剥削者之间的对立越来越尖锐，资产阶级和无产阶级之间的阶级斗争越来越激烈”。解决这个矛盾的方法就是无产阶级通过“政治斗争”掌握政治权力然后实现“生产资料的社会所有制”（王存福，2006)。从现在的视野来看，《爱尔福特纲领》对中产阶级的分析过于简单化和绝对化，考茨基认为随着分散的小经营日益为大规模的经营所排挤，中间阶层必然日趋没落，无产阶级的人数越来越多，资产阶级和无产阶级之间的斗争越来越激烈，而严重忽视了随着资本主义从自由走向垄断，大公司在取代小企业的同时，也造就了成千上万的中产阶级。因此，从这些分析可以看出，《爱尔福特纲领》对阶级构成和社会主义理论的理解是对马克思思想发展中一个特殊时期——中期（《共产党宣言》时期）的中等阶级理论的完全继承，不仅缺乏创新，而且忽视了马克思早期（关于市民阶级的理论）以及后期（关于管理阶层的理论）的中产阶级理论。

不过，考茨基虽然坚持马克思的所有权理论，但却没有像马克思那样，把这个新的中产阶级归入工人阶级的行列，因为他认为新中产阶级的成员大多数是从资产阶级中增补的，而他们受过良好教育，不同于从事体力劳动的工人，这实际上在中产阶级与传统的工人阶级之间又划了一条界线。总之，考茨基注意到了德国的“新的中产阶级”现象，但是，一方面他坚持马克思从生产资料所有制的角度来划分阶级的传统，因此没有把他们当作一个独立的阶级，而是认为他们“最终会参加无产阶级的活动”（沈汉，1998：260)；另一方面，他又认为，新的中产阶级受过良好教育，不同于体力劳动工人。这导致他在中产阶级的问题上处于左右摇摆的立场，这与他的中间派角色十分相符。此外，考茨基坚持以资产所有权来界定阶级，虽然说从理论上可能更符合马克思的原意，但在现实政治斗争中却不能让社会民主党获得胜利。这是因为，随着德国资本主义的发展以及随之而来的中产阶级人数的增长，社会民主党需要在人口中占越来越大比例的中产阶级的支持，而考茨基的阶级理论并不利于吸引这些不断增长的中产阶级。社会民主党内就有了“修正”马克思的阶级理论并发展中产阶级理论的现实要求[①]，伯恩施坦代表了党内的这种思潮。而考茨基后来也迫于形势的发展，不得不从中间派向右派——伯恩施坦主义靠拢，从坚持资产所有权的“阶级结构论”转向了对具体的“中产阶级构成”的关注。

伯恩施坦曾担任过恩格斯的助手，在马克思、恩格斯去世以后，他承担起了发展马克思中产阶级理论的这一“历史任务”。1888 年 5 月，伯恩施坦到了英国首都伦敦，19 世纪英国仍然坐在世界头号强国的宝座上，经济比德国发达得多。在伦敦期间，伯恩施坦看到第二次技术革命促进了英国社会的巨大发展，工人的收入也普遍增加。这一切都对伯恩施坦产生了深刻影响，使他“对这一社会的经济的各种连带关系和扩展能力也有了不同的理解”（伯恩施坦，1962：28）。此外，伯恩施坦还和费边社会主义者交往，特别是“韦伯夫妇关于合作社运动、工会运动和贫民问题的著作，协会出版的没有署名的关于经济和社会情况问题、关于各种部门的经济政策和社会政策问题的若干短论等等”（伯恩施坦，1962：26），使伯恩施坦的眼界得以开拓，对资本主义社会的经济发展与阶级结构变化产生了新认识，于是从 1896 年开始在党的主要理论刊物《新时代》上以《社会主义问题》为总标题陆续发表了一系列文章来表达自己的新思想，其中特别提出了中产阶级的构成问题。

德国社会民主党斯图加特代表大会于 1898 年 10 月 3—8 日举行，此次代表大会是第一次讨论修正主义问题，在会前卢森堡就提出批判修正主义的问题，由于伯恩施坦本人当时还在英国，未能参会，便寄了一份书面声明，在声明中他批评马克思的《共产党宣言》对资本主义社会发展的分析有两个错误：一是社会关

① 对阶级的重新理解是当时各国社会民主党内普遍存在的一种思潮。除了德国的伯恩施坦外，奥地利社会民主党的阿德勒在《工人阶级的变态》一文中分析了资本主义的发展使无产阶级结构发生新变化的情形，指出新的无产阶级由三部分构成：由技术工人和机关雇员构成的工人贵族、城市和农村中有组织的工人、永久或长期的失业者。这里所说的“工人贵族”正是我们所分析的中产阶级。伦纳在《现代社会变化》中曾批评许多传统的马克思主义者以肤浅和粗心的态度对待“社会阶级的形成，首先是各阶级不断重新组合的实际研究”，认为“在马克思《资本论》中出现的（科学地说必定要出现的）工人阶级已经不复存在”（请参见百度百科词条“奥地利马克思主义”）。

系的尖锐化没有实现，因为随着社会财富的增长，各种等级的资本家不断增加，特别是中等阶层增加了；二是工业生产中的积聚在许多部门中并没有达到《宣言》所说的那种程度（殷叙彝，2005）。从1898年到1903年，在德国社会民主党内，以卢森堡等为首的正统马克思主义者和以伯恩施坦为首的修正主义者进行了激烈的论战。

卢森堡与伯恩施坦的分歧在于进行革命还是改良。伯恩施坦认为，资本主义可以进行自我调整，因此不会崩溃，社会民主党的目标不是通过革命推翻政府，而是通过合法斗争进行社会改革。卢森堡则坚持马克思在《共产党宣言》中的资本主义崩溃论，因此主张无产阶级革命。不过，卢森堡也与马克思不同，那就是她特别关注经济全球化的问题。卢森堡在《资本积累》一书中提出，马克思所说的阶级矛盾尖锐、资本主义不可避免地灭亡是基于对一国的分析；换言之，马克思的分析是以民族国家为单元，没有注意到经济全球化的问题，这实际上是19世纪早期社会理论的通病。在经济全球化的背景下，发达国家资本主义的发展——资本积累，是以落后地区的不发展为前提的，这会导致发达国家阶级结构发生变化，后来的帝国主义理论、世界体系理论、依附理论等均与此相关。卢森堡的“资本积累论”提醒我们，在经济全球化的背景下，一个国家内部的阶级结构很难独善其身，保持自己原有的结构，因此，20世纪以来的阶级理论需要在全球化的背景中进行考察，本书下篇“全球中产阶级”正是基于这种逻辑的分析。

四、伯恩施坦的中产阶级理论

虽然卢森堡同右派坚决地进行了斗争，但由于中间派的考茨基等人出于现实议会斗争的需要，偏向伯恩施坦那边，因此伯恩施坦主义在社会民主党内渐渐占上风，而左派则处于少数派的地位。1898年社会民主党斯图加特代表大会以后，考茨基和阿德勒建议伯恩施坦写一本书来系统说明自己的观点，党的主席倍倍尔也赞成（殷叙彝，2005）。而伯恩施坦也“决心遵从这些敦促，在一本著作中系统地阐述我关于社会民主党的目的和任务的见解”（伯恩施坦，1973：6），于是在1899年写成《社会主义的前提和社会民主党的任务》一书并出版。[①] 在这本书中，伯恩施坦系统地提出了中产阶级的理论，对社会民主党的政策产生了重大影响。总的来说，伯恩施坦的观点是，现代生产方式最突出的特征是劳动生产力的

① 在1899年召开的汉诺威代表大会上，倍倍尔虽然批评伯恩施坦的观点，但同时认为伯恩施坦关于中等阶层和中等企业没有消失、社会关系没有像《共产党宣言》所说的那样趋向尖锐的论断很值得重视。

巨大提高及其导致的社会财富的极大增加。这些财富除了支付资本家阶级的消费和工业雇佣工人的工资以外，还有大量剩余，这些剩余为一个人数众多的中等阶级所拥有，因此，“有产者的数目没有减少，而是增加了。伴随着社会财富的巨大增殖的，不是资本家巨头的数目愈来愈缩小，而是各种等级的资本家的数目不断增加。中等阶级的性质改变了，但是他们并没有从社会阶梯中消失”（伯恩施坦，1973：2）。这些人数众多的中产阶层，成为社会稳定和实现民主的主力军，“百年以前需要进行流血革命才能实现的改革，我们今天只要通过投票、示威游行和类似的威迫手段就可以实现了”（伯恩施坦，1973：7），这导致《共产党宣言》的那个著名论断——阶级矛盾不断尖锐从而导致无产阶级革命，“无论从哪一方面来看，都没有道理”（伯恩施坦，1973：2），需要进行“修正”。从思想来源看，伯恩施坦主义与历史学派、社会政策学会等有关，而他对马克思中产阶级理论的“修正”主要是从“阶级构成”和“阶级分析方法”这两个方面展开的。

1. 中产阶级的“阶级构成”

老式中产阶级的存继　在描绘19世纪末德国“经济发展的过程以及由经济发展引起的社会阶级结构的变动”（伯恩施坦，1973：24）的基础上，伯恩施坦提出了自己的中等阶层理论。伯恩施坦认为，虽然马克思关于资本主义集中化的理论是正确的，因为“在数目日益增加的工业部门中，不断的技术进步和企业集中化已经是一个真理，它的意义今天几乎没有任何顽固的反动派能够讳言了”（伯恩施坦，1973：113），但是资本的集中并没有导致中间阶级的灭亡。19世纪70年代以后，统一后的德国充分利用这次工业革命所提供的有利时机，迅速完成了农业社会向工业社会的转变。在工业化的转型过程中，出现了生产和资本的高度集中，与此同时，有许多不能适应社会发展与转型的中小企业破产了。从这个意义上说，马克思关于小资产阶级作为一个阶级将日趋消亡的判断是正确的。但是，同时有许多适应社会发展的小企业也应运而生。由于有相当数量的中小企业存在，中小企业主也就必然在社会阶级结构中占据相应的位置。据统计，到1907年时，德国包括中小企业主在内的独立经营者还占总就业人口的20%（哈达赫，1984：221）。

伯恩施坦引用统计数据证明，在生产与资本集中的过程中，中小企业并没有像马克思主义所预言的那样全部消失。资本的集中和积聚并不必然排斥中小企业，现代企业分成了非常多的等级，任何一级都没有消失的趋势（伯恩施坦，1965：3），相反“在一整批工业部门中，小企业和中等企业表明自己完全有能力同大企业并存”（伯恩施坦，1973：113）。他从工业、商业和农业三个方面列举了许多统计数据来论证这个观点。大的百货商店虽然“伤害个别的商店，在这里或那里暂时使整个小商业陷入混乱。但是过了一些时候，小商业毕竟找到同大商业竞争并且利用地域关系所提供的一切优越性的途径”（伯恩施坦，1973：116－117；殷叙彝，2008：199）。针对社会民主党《爱尔福特纲领》所说的“小经营日趋没落”和“分散的小经营日益为大规模的经营所排挤”，伯恩施坦指出资本的积聚和集中并不绝对排斥中等企业的存在，小企业和中等企业已表明自己完全有能力与大企业并存（殷叙彝，2005）。从当时德国社会结构发展的事实来看，中小企业主还大量存在，“1875 年，在拥有 5 名职工的小企业中就业的人数占当时总计1 860万受雇者的 64％”。1907 年，在这种规模的小企业中的就业人员仍占2 800万总就业者的 37％（李工真，1997：138）。现实的市场经济证明了伯恩施坦的分析是正确的，按照制度经济学派大家科斯的“交易成本”理论，垄断与市场之间的界线在于交易成本的大小，如果垄断的成本太高，大企业就会把它交还给市场，即所谓的业务外包，马克思所说的资本集中（垄断）只是一个方面，现实中还存在许多从垄断走向市场的情况。现实情况说明，中小企业与大企业并存，它们都有自己的生存发展空间，共同构成市场经济的分工与交换体系。

实际上，我们如果从“阶级结构”与“阶级构成”这两种理论模型的区别来看，就可以发现，马克思所说的资本集中必然导致中小资产阶级破产、从而导致阶级对立的观点，是基于政治经济学批判中的阶级结构的理论模型，而伯恩施坦提出资本集中并不导致中小资产阶级消亡，则是基于当时的阶级构成。正是从阶级构成的理论模型出发，伯恩施坦才认为，虽然“中等阶层的性质改变了，但是他们并没有从社会阶梯中消失”（伯恩施坦，1973：2）。

新式中产阶级的兴起 除了中小企业主等老式的中产阶级成员没有消失，仍在社会阶级结构中占据相应的位置外，还兴起了不同于传统产业工人的职员阶层，这个阶层实际上就是马克思在《资本论》中所说的“管理阶层”。现代企业规模的扩大、技术的进步，使得企业的管理人员、技术人员的重要性不断提高。自 19 世纪末期以来，在产业工人阶级和资产阶级之外，德国不仅存在中小的独立经营者，而且从德国进入高速工业化阶段以来，由于企业规模扩张和政府管理职能的扩大等因素，“‘职员集团’和‘公职人员集团’的人数一直呈上升趋势，从而也使‘新中间等级’在总就业人口中具有最大的增长率”（李工真，1997：387）。随着资本的集中和垄断，相对于传统的个人所有制企业，现代企业的新型管理组织应运而生，在这种企业组织中，需要大量的中层管理人员来承担企业繁重的生产任务。由此产生了人数众多的经理阶层，并且职业化，如通用电气公司领取薪金的经理人员（钱德勒，1987：475）。随着后来资本主义的发展，这些经理阶层逐渐控制了企业，在社会中地位迅速提高，按钱德勒的说法，管理者阶级正在迅速取代有产阶级成为主导阶级，即成为社会的上层。当然，这是后话，而在19世纪末20世纪初，经理阶层和职员阶层构成了当时社会的中间阶层的一个主力。

伯恩施坦注意到了这个新式的“管理阶层”和职员阶层，因此认为德国社会中还存在“百分比相当大的一部分从事商业和从事技术的职员，由于他们的阶级出身和教育比较靠近企业主这些人处于中间地位。从他们的劳动条件和报酬的形式来说，他们和雇佣工人阶级还有区别”，他们是不同于中小企业主的“新的中间等级”（伯恩施坦，1966：424）；此外，“公务员阶层和自由职业者阶级”也是一个和产业工人有所区别的数量较多的中等阶层（伯恩施坦，1966：472）。伯恩施坦认为，在马克思的分析中，这些“国民经济中技术人员和商人的问题”就被完全忽略了（马克思并未完全忽略，只是在马克思那个时代，这个情况不突出，不需要特别给予关注）；现实情况却是，“自马克思死后这个阶级有了显著的增加”（伯恩施坦，1966：424）。从前面对德国资本主义发展道路的分析可知，这个“技术人员”阶层是由大企业等大机构所雇佣的专业技术人员构成的。“在这些更大的工业企业中，职员阶层的比例得到了最迅猛的增加。作为一种新型的受雇者阶层，这个‘白领阶层’已由1882年受雇者中的1.9%上升为1907年的5.7%。随着都市化的发展，它还将以比产业工人的上升率快得多的速度继续增长”（李工真，1997：138-139）。

这些领取工资的管理人员、科学和技术人员等职员阶层不同于传统的产业工人。如果套用中国计划经济时代的人事用工制度来比较，我们可以把这些管理、技术人员等当作“干部”来理解，而把产业工人当作“工人”来理解。在计划经济时代，干部与工人虽然名义上都是工人阶级的组成部分，但实际上，干部与工人之间其实存在着严格的等级界线，工人转为干部即所谓的“转干”是一个政策性很强的规定。因此，在某种意义上，伯恩施坦所说的“新中产阶级”，实际上相当于中国计划体制中的干部群体。正是因为具有这种相似性，所以在当下的中国，政府机关和国有大型企事业单位的“干部”，实际上构成了当前中国中产阶级的主要来源。

工人阶级地位的上升　正如有学者指出的，对于工人阶级是日益贫困化还是也能上升为中间阶层的问题，传统的马克思主义者只承认一小部分工人贵族能从资本主义国家的生产发展以及对殖民地和落后国家的剥削中得到好处，广大工人却不能摆脱贫困（殷叙彝，2005）。因此坚持传统马克思主义立场的《爱尔福特纲领》，作出了工人阶级绝对贫困化的结论。而伯恩施坦则认为只要工人有了政治权利保证和社会保障，他们同社会财富的增长也就有了利害关系。他援引材料证明在19世纪最后二三十年间德国中等阶层的人数及其在人口中的比例都有较大提高，其中就包括地位较好的工人，英国和法国的情况类似（伯恩施坦，1973：109－112；殷叙彝，2005）。

现实的情况似乎也印证了伯恩施坦的分析。受益于工业革命的科技进步和整个社会的生产力水平的提高，资本主义的“经济蛋糕”做大了，工人也能从中分到一杯羹，生活水平有了明显的改善。据统计，从1890年到1913年，德国工业、商业和运输业工人的年平均名义工资从650马克提高到了1 083马克，扣除物价因素，实际增长到834马克。同时，劳动时间继续缩短，1890年平均每周劳动时间为66个小时，1913年下降到54～60个小时，个别工厂实行了每天8小时工作制，一战后下降到平均每周48小时，1929年每周46小时。这种现实状况也产生了另一种效果——将产业工人分割成了两部分：一部分是享受高工资，同时享受科技进步带来的新的消费能力的工人；另一部分是低工资甚至是没有稳定工作的产业工人。后者的存在对前者是一种压力，促使他们对企业保持忠诚，这在无形中影响了这部分工人的自我意识，并在事实上造成了产业工人队伍本身内部的隔阂（福格森，2008）。

发达国家的工人阶级之所以能享受高工资和福利，首先，是由于技术革命与产业结构升级，早期资本主义比较残酷的生产方式和剥削方式被淘汰，资方所获得的利润和工人所获得的工资之间的分配也更加合理，于是在这种剥削方式下所产生的穷困的产业工人就被更为“文明”和“进步”的中产阶级所取代。因此，伯恩施坦认为，社会民主党在资本主义新时期所要达到的目标“并非通过阶级斗争来达到社会的激进变革，而是通过改变无产阶级的生活状况，使之与资产阶级的生活标准相般配”，以达到消解阶级斗争的目的。所以，他没有将注意力集中于社会生产方式的变革，因为这种变革需要持续的阶级斗争。相反，他试图实现分配方式的变革，从而使得穷人也变得富有。用他的话来说，就是“没有人打算破坏作为文明和有序的社会体系的资产阶级社会。相反，社会民主党并不希望瓦解这个社会，使得无产阶级成为全社会中的唯一成员。毋宁说它不断努力以使工人从无产阶级的社会地位向‘中产阶级’（bourgeois）的社会地位上升，从而使得‘资产阶级’（bourgeoisie）——或者说市民权（citizenship）——得到普及”（福格森，2008）。

其次，工业革命使企业生产率提高，产生了较多的剩余资本，资本在国内积累越多，正如马克思所指出的，其利润率越会下降（所谓的“利润率下降趋势”理论），为了确保具有较高的收益率，这些资本要到海外的所谓新兴市场去寻找高收益的投资机会。因此，欧洲的发达资本主义国家如英、法、德等国对海外进行了大量投资，到1914年第一次世界大战前，这些发达资本主义国家实际上已经成为欧洲的银行。这些海外投资获得了巨大利益，这些收益通过母公司转回国内，为发达国家的中产阶级提供了一个重要的经济来源。正如斯塔夫里阿诺斯所指出的，由于“生产率的大幅增长和巨大的海外投资所带来的利润一起，逐渐使得西欧的下层阶级也获得了实惠。在‘饥饿的四十年代’中，失业造成成了大量的苦难，但是在这之后，西欧的工人就开始享有普遍的繁荣和不断提高的生活水平，直到第一次世界大战之前……在1850年至1913年间，英国和法国的实际工资几乎增加了1倍”（斯塔夫里阿诺斯，2005：497）。

2. 中产阶级的阶级分析方法

伯恩施坦的《社会主义的前提和社会民主党的任务》还在哲学方法论上批判马克思，指责马克思陷在黑格尔辩证法的“陷阱”之中，一生没有摆脱辩证法的影响，始终用无产阶级和资产阶级对立的观点来看待社会主义革命（殷叙彝，2005）。在上述伯恩施坦对中产阶级的分析中，我们可以看出他从现实“阶级构成”的理论分析路径出发，在阶级分析方法和阶级意识问题两个方面修正了马克思的理论，这两个方面正好对应了马克思历史唯物主义理论的经济基础（对应的是阶级地位）与上层建筑（对应的是阶级意识）这两大基本问题。

阶级地位的定义 严格来说，“中产阶级”应当是一个现代社会的范畴，因为它以财产为划分标准，即“中等财产的人”，相反，此前的社会分层并不是以财产为标准，而是以政治等级为标准，是一个身份的社会。资产成为社会分层的标准，或者说class取代了order，是一个现代性的事件，因此现代意义上的中产阶级是资产阶级社会的产物，因为只有在资产阶级社会中，社会的分层才是以财产或者经济力量作为标准的。在这一社会类型中，才有中产阶级的“产”这一范畴。这一分析传统正是从古典经济学到马克思的分析范式；而从韦伯开始的社会学则归纳出经济、政治、文化等多方面因素对社会分层的影响，其对中产阶级的定位是一种多元的分析，伯恩施坦对马克思的中间阶级理论的修正实际上是一个从古典政治经济学分析向韦伯的社会学分析的转换。从这个角度看，卢森堡与伯恩施坦的争论，其实是两种社会理论传统——马克思主义传统与西方社会学传统之争。

马克思关于阶级是一种社会关系的观点，即“社会阶级在任何时候都是生产关系和交换关系的产物，一句话，都是自己时代的经济关系的产物”（马克思、恩格斯，1995c：365）。用英国马克思主义历史学家汤普森比较通俗的话来形容就是：“我们不能有爱而没有恋爱的人，不能有恭敬而没有地主和长工。”（汤普森，2001：1）柯亨则认为，只有在生产资料的所有权关系中才能正确定义阶级，“我们要确定一个人的阶级归属只能根据他在所有制关系网络中的客观地位”，如无产阶级“必须是出卖劳动力以获得生活资料的隶属生产者”（柯亨，1989：77）。换言之，从马克思主义关于阶级关系的立场出发，中产阶级就是一个介于上层阶级和下层阶级之间的中间层级，它是一个相对性的概念。而伯恩施坦以及德国历史学派通过归纳统计方法所分析的中产阶级，并不是马克思主义式的关系型概念，而是一个实证的概念。在阶级的问题上，可以明显地看出马克思主义社会学（实际上是历史唯物主义）和西方社会学的理论分水岭：前者力图动态地把握阶级关系；后者则力图以统计分析等实证手段来描述现实中的个体。

此外，在中产阶级的具体统计口径上，伯恩施坦也有创新，他主要从消费方面来认识阶级关系，而卢森堡则从生产关系方面来认识阶级，“认为在影响资本主义经济关系的诸多因素中，生产方式是其中值得考虑的决定性因素之一；而分配方式的变化，并不能在任何一个方面触动既存的基本不平等格局”（福格森，2008）。用马克思主义者的语言表述则是，伯恩施坦是在细枝末节——分配关系上进行改良，而不触及根本的生产关系变革。

我们在第二章中曾分析过，马克思的阶级理论是基于政治经济学，而政治经济学的核心是对生产关系的分析。由此，马克思在中产阶级问题上的理论分析立场是基于政治经济学的一元论。而伯恩施坦则强调社会历史领域“因素的多样性”，批判马克思—黑格尔式的辩证逻辑演绎方法“常常妨碍了对所认识的变动范围作出正确计算”，“把一切现实的关系都忽略了”（伯恩施坦，1973：73）；认为唯物主义历史观“并不是纯粹唯物主义的，更谈不到是纯粹经济的了”（伯恩施坦，1973：59）。“纯粹的经济原因首先只是创造接受某些思想的素质，但是这些思想怎样兴起和传播以及采取什么形式，取决于一系列影响的协助作用。如果一上来就认为，坚决地强调除了纯粹经济性影响之外的其他影响和考虑到除了生产技术及其预测到的发展以外的其他经济因素，就是折中主义，并且高傲地加以拒绝，那么，这对于历史唯物主义是害多于利的。”（伯恩施坦，1973：5）基于这种认识，伯恩施坦对基于政治经济学分析的阶级观念进行了再定义。从政治经济学对生产关系的定义来看，阶级斗争是生产关系中彼此敌对力量的冲突；伯恩施坦实际上应用的是社会学中的群体观念和统计学意义上的群体分析，他把阶级理解成某一群体，因此阶级斗争就变成了两个相似群体的逐步融合过程。

根据统计学上对“群体”的定义和分析，伯恩施坦便将“资本家”定义为“任何一个拥有一定数量财产的人”（福格森，2008），而不是像马克思那样，将“资本家”理解成“资本主义生产关系的当事人”。伯恩施坦定义的关键在于贫富之间的分野，而不是资本家与无产阶级的分工不同，他认为阶级分工要比马克思所指出的复杂得多，所谓无产阶级与资产阶级这样的东西根本就不存在，若按照财产所有权而不是生产的控制对阶级进行定义，则阶级之间就不存在什么明确的差异；阶级之间所存在的，不过是位于所有权的连续谱系中的无数个体的层次的渐次变化而已（福格森，2008）。正是在这种脉络中，他试图反驳马克思对阶级关系发展方向的宣言。通过将分析的焦点从生产关系转移到财产关系，通过将个体财产所有者而非企业家作为其分析的基本单位，伯恩施坦“将社会主义的问题从生产领域置换到财产关系的领域，也就是说将劳动与资本之间的关系，转换为穷人与富人之间的关系”（福格森，2008）。

将阶级关系从劳动斗争转变为穷人与富人之间的关系后，那么，社会民主党政策的重点就转变成改善无产阶级的生活状况，使之与资产阶级的生活标准相般配，以达到消解阶级斗争的目的（福格森，2008）。因此，他的关注点不是马克思意义上的社会生产方式变革和阶级斗争，而且是试图实现分配方式的变革，从而使得穷人也变得富有。这实际上是在承认现有体制合法性的前提下，通过分配方式的改革来实际社会和谐。用卢森堡的话说，即“他将每一个人都置于小资产阶级的等级序列之中”（福格森，2008）。

阶级意识问题 马克思的阶级理论不仅从经济关系方面来定义阶级，而且还强调阶级构成的阶级意识，这就是马克思所说的从“自在的阶级”到“自为的阶级”的逻辑转换。无产阶级从“自在的阶级”到“自为的阶级”的过程正是无产阶级阶级意识的形成过程，由此可见阶级意识对于阶级构成的重要性。对于阶级意识是什么，在马克思主义内部有重大争论，而且这个问题还会引出另一个更重要的争论，即一个人的阶级性质的界定是根据其经济地位还是根据其阶级意识。经济地位可以用一种客观的指标来衡量，而阶级意识则是一个主观的东西①，因此伯恩施坦就抛开对抽象的阶级意识的定义，把阶级意识理解为每一个个体的集

① 在中国“文革”中，对于每个家庭成分的划分实际上就触及这个难题，不少共产党的干部尤其是知识分子出身于旧社会的地主阶级。从经济地位来说他们是地主，但从阶级意识上看，他们又属于无产阶级。

合。正因为如此，才引发了列宁、卢森堡和伯恩施坦关于阶级意识的争论。

马克思认为，经济基础决定上层建筑，作为上层建筑的阶级意识必定是由该阶级的经济地位所决定的，因此它有其特殊的客观内容，即这个阶级关于自身的地位的意识。当然，对于“阶级意识”这个概念，马克思只有一些理论性的论述，对于具体的阶级意识，马克思缺乏具体分析，特别是对阶级意识的形成机制没有进行过学理性的分析，这给后来者留下了巨大的争论空间。

从逻辑上看，阶级意识指某一阶级成员的思想意识和心理状态，阶级意识可以被理解为特定阶级的成员所有思想观点的总和。伯恩施坦选择了这种关于阶级意识的观点，因而拒绝承认所谓客观的阶级意识的存在，甚至不承认一个可定义的无产阶级的存在。对他来说，只有个体的集合才是存在的；这些集合群体的“阶级意识”由组成该群体的个体心理状态所组成。伯恩施坦认为，阶级意识不过是因收入的相似性而彼此松散地联系在一起的所有这些个体的情绪的联合（福格森，2008）。卢森堡同样关心个体，但其关注的方式非常不同，她关注的是作为革命进程活动结果的新人的出现；对这一过程的分析，要求将阶级作为其基本的分析单位，从这个分析立场来看，阶级意识就是这样一种眼界，它由“新人”在经历革命进程中所获得。她运用马克思主义的方法对其进行“客观”的分析，认为阶级意识包含一些外在于个体工人的主观思想、能够客观确认的标准化内容（福格森，2008）。卢森堡将阶级意识界定为一种道德力量，一种所有人都能够获得的客观知识（福格森，2008）。用黑格尔的话说，就是一种“总体性”的时代精神。当然，对于这种总体性的时代精神，社会学针对个体所进行的调查统计方法往往无济于事；倒是哲学，特别是历史哲学所主张的理解与解释方法有了用武之地。

卢森堡和列宁从马克思主义的经典观点出发，一起反对伯恩施坦把个体心理状态的集合当作阶级意识，坚持认为阶级意识包含一些外在于个体工人的主观思想、能够客观确认的标准化内容（福格森，2008）。但是，对于这个阶级意识到底是什么，列宁和卢森堡之间也存在分歧。

列宁认为，正确的阶级意识是知识精英所专有的，工人不能从其自身经验中获得这一认识，必须由知识分子传递给他们，由先进分子所组成的共产党实际上肩负了向工人阶级灌输阶级意识的历史使命。卢森堡也面临着如何正确定义阶级意识的内容这一关键问题。她拒绝将列宁的知识分子精英作为定义阶级意识内容的中介，因为她在原则上相信革命行动所具有的群众性特征。相反，如前所述她似乎将阶级意识界定为一种道德力量，一种所有人都能够获得的客观知识。卢森堡坚持认为，党的知识分子的角色，只是在这种意识在工人阶级中得到发展的时候阐明它并使之成为系统的整体。知识分子仅仅是阶级意识的阐释者，无产阶级才是其源泉（福格森，2008）。

列宁和卢森堡的分歧实际上反映了两个问题：一是为什么只有知识分子这一特定群体才能垄断此类知识的问题，群众在阶级意识和理论上有没有创造性？这个问题实际上涉及革命领袖与群众的关系问题。西方马克思主义的创始人卢卡奇和葛兰西为这一问题提供了一个解决思路，卢卡奇在《历史与阶级意识》中重点讨论的问题是：为什么工人阶级没有革命意识？他的结论是工人阶级的心灵被物化了，从而丧失了革命意识。葛兰西则倡导共产党的文化领导权。这些思路实际上暗示了知识分子在阶级意识阐释上所具有的文化特权以及将社会变革的希望寄托在知识分子的身上。20 世纪英国的马克思主义历史学家汤普森也反对列宁的知识分子精英对无产阶级的灌输论，认为工人阶级是在自己经验的基础上，自主地产生自己的阶级觉悟从而获得阶级意识，即工人通过"传统习惯""价值体系""思想观念""组织形式"等对自身的阶级经验进行处理，从而形成自己的阶级意识（张亮，2008：73－74）。二是由于知识分子内部存在分歧，到底是由哪一派的知识分子来向工人阶级灌输正确的阶级意识？这又成为一个问题，甚至成为党内斗争的重点所在。

总之，第二国际内部关于阶级意识的争论，对于中产阶级这个问题而言，实际上提出了这样一系列值得关注的问题：中产阶级是否有统一的阶级意识？它是否是一个马克思主义意义上的阶级？从社会学的角度来看，这些问题其实可以转化为"如何理解社会群体集体行动中的逻辑"，因为如果不存在一个统一的集体意识与阶级意识，那么，我们就很难理解集体行动的逻辑。

3. 伯恩施坦中产阶级理论的影响

伯恩施坦的中产阶级理论出现以后，以卢森堡、梅林和拉法格为代表的左派理论家反对其对社会条件变化的基本判断，在他们看来，资本主义社会并没有发生实质性的变化，其基本的东西均与马克思生前无异。以考茨基为代表的中派理论家则认为，伯恩施坦对马克思主义的修正具有时代的合理性，只是在程度上过了头。他认为伯恩施坦的思想值得思考，资本主义社会的发展出现了一系列新的情况，这使得马克思主义必须做出一定的调整。

一战后德国社会结构变化的事实证明了伯恩施坦对中等阶层预见的正确性。因为领取工资的、不同于传统产业无产阶级的雇员包括生产过程中的管理人员、科学和技术人员等的增长速度超过了体力劳动者。据统计，第一次世界大战以后，每千名体力劳动者中领取工资的雇员人数 1907 年为 82 人，1925 年上升为 154 人（沈汉，1998：259）。随着这批新中等阶级成员人数的增长，工人中体力劳动者的比例从 1895 年时的 56.8%下降到 1925 年时的 45.1%（沈汉，1998：259）。在英国，根据 1868 年巴克斯特对国民收入的分析来看，并没有出现急剧的两极分化现象，“从财富的占有来看……上层阶级共拥有收入的 26.3%，中等阶级和中等阶级下层共拥有收入的 34.6%，体力劳动者共拥有收入的 39.1%”（沈汉，1998：267）。为了适应社会结构的变化，德国社会民主党在党的阶级基础上接受了伯恩施坦的观点。1921 年社会民主党在格尔利茨举行代表大会，通过了由伯恩施坦参与起草的新党纲《格尔利茨纲领》。这部新纲领抛弃了暴力革命的道路而确立了改良主义。《格尔利茨纲领》首次提出了把社会民主党在性质上转变为“人民党”的主张，以适应发生变化的阶级结构，扩大党的阶级基础。在伯恩施坦改良主义的影响下，社会民主党在改良主义实践中取得了显著成效。在 1890 年的国会选举中，德国社会民主党获得 19.7%的选票，成为得票最多的第一大党。而在 1898 年的得票数为 200 万张，1903 年突破了 300 万张，1912 年增加到 425 万张，占总票数的 34.8%，在国会中赢得了 110 个席位，成为国会中最强大的党派（王学东，2002）。

伯恩施坦所说的“不断努力以使工人从无产阶级的社会地位向中产阶级的社会地位上升，从而使得资产阶级或者说市民权得到普及”（福格森，2008），也在魏玛共和国时期得到了实现。1918—1919 年德国爆发民主革命，德皇威廉二世逃亡，德意志帝国被推翻，社会民主党右派首领宣布成立“民主共和国”，建立了临时政府，后来成立魏玛共和国政府。魏玛共和国政府时期，德国社会民主党利用所掌握的权力，实现了伯恩施坦的一些主张。魏玛共和国不仅是德国历史上的第一个民主政权，也是第一个福利国家，其社会政策改革包括社会保险立法、保障体制的不断完善以及企业内部民主化管理。《企业代表会法》是魏玛共和国时期调整劳资关系的重要法律文本，工人地位通过企业代表会这个组织得以大大提高。

然而，魏玛共和国建立后不久，由于经济危机以及战争赔款负担等原因，德国经济不景气，中产阶级又陷入生活困境。正如拉斯韦尔所指出的，“在德国，在长达一个世纪的心理损失之上又加上了战争带来的各种灾难——战败、通货膨胀、经济萧条等等。较老一些的中等收入人员在参加民族社会主义运动中达成了部分自我实现的愿望，甚至把前哈布斯堡王朝海关小职员的儿子希特勒这样一个人推出来充当他们自己的领袖”（拉斯韦尔，2000：104）。作为一个工薪阶层，中产阶级希望拥有高工资、个人收益和稳定的工作。纳粹党提出的经济增长、政治稳定和一个强大政府的纲领，对渴望稳定和高收入的中产阶级产生了极大的吸引力，新旧中产阶级都看到了在未来的日子里能够保护他们利益的希望所在，于是纷纷加入纳粹党。纳粹党迅速成为议会第一大党并成功获得政权，德国也就从民主社会主义走向了国家社会主义——纳粹，为了争夺所谓的生存空间而挑起了第二次世界大战。这段历史提示我们，中产阶级的政治稳定器作用与社会民主功能，是因时因地而异的，不能一概而论。

中　篇

现代新中产阶级

第四章　从古典到现代：新中产阶级的特征界定与理论经纬

一、从“镀金时代”到“爵士时代”：新中产阶级产生的社会背景

1873年，美国作家马克·吐温发表了著名的长篇小说《镀金时代》，深刻而辛辣地揭示了他称之为“被镀了一层金”的那个时代的特征。从此，“镀金时代”被用来指代美国从南北战争结束到20世纪初的那一段历史，也正是近代美国向现代美国转变的历史时期。南北战争为美国资本主义发展扫清了道路，加上不断涌入的移民和西部新发现的矿藏，这一切使得美国的工业化极速发展，国家财富迅速增长，进而开始了从农业国向工业国的转变，自由资本主义向垄断资本主义过渡。在这两个历史性转变的带动下，美国政治、经济、社会结构和思想文化都发生了重大变化，从而为20世纪现代美国的形成奠定了基础（丁则民，1990）。

整整半个世纪之后，1922年，作家菲茨杰拉德在纽约出版了小说《爵士时代的故事》，此后“爵士时代”一词被用以指代一战结束到1929年开始的“大萧条”（Great Depression）之间维持了大约10年的自由资本主义蓬勃发展的兴盛期。

从“镀金时代”到“爵士时代”的半个世纪，率先进行工业革命的西欧和北美地区开始经历一场“巨变”（Great Transformation）①，这种历史性的巨变改变了资本主义生产方式，进而从上述两个地区开始，逐步带动了全世界政治格局、经济形态、社会结构和思想文化的转型。也正是由于这场历史性巨变，“新中产阶级”作为一个整体从旧世界中析出，成为19—20世纪之交欧美社会经济历史

① 此处“巨变”（或称“大转型”），借用了匈牙利学者卡尔·波兰尼的著作中的概念（波兰尼，2007、2013），但并不与波兰尼的原意完全相同。

性变化的时代产物。

从世界范围内看，尽管16—17世纪，西欧地区已经出现了“中产阶级”的萌芽，到18世纪中期，英格兰的中产阶级也已初具规模（Gunn & Rachel，2002：16-17），但彼时所谓“中产阶级”，还不是一个独立的社会阶层（class），而仅是集结于“贵族”和“平民”之间的狭窄地带上的杂乱而不稳定的人群（middle ranks，middling sort）。真正意义上中产阶级的形成，则主要源于工业革命的产生与发展，正是工业革命推动了产业结构的调整，从而促进了中产阶级就业机会的增加、财产和收入状况的改善，以“老中产阶级”（old middle class）[①]为主体的中产阶级进而逐渐在社会结构中占据了主导地位。到了19世纪末，随着资本主义从自由竞争向垄断的过渡，大规模的资本集中现象开始出现，垄断资本开始形成，以往众多的作坊式小企业被经营权与所有权相分离的现代大型企业组织所替代。老中产阶级赖以存在的旧的生产方式，已不能适应垄断资本与社会化大生产的客观要求，更无力抵御经济危机的沉重打击和垄断企业的残酷倾轧，其地位面临严峻挑战。与此形成鲜明对比的是，随着垄断企业的出现，产业结构发生剧变，工业人口迅速超过农业人口。散布于工业、交通、通信、金融、建筑、商业、保险和不动产等行业领域的各种股份公司纷纷兴起。随着股份公司的出现和股权的分散，企业的管理权从早期的所有者手中转移到迅速庞大起来的从事行政、管理、销售、财会、公共关系等工作的“新中产阶级”群体手中。同时，现代国家的发展以及功能的分化和扩展，也造成了大批文职公务人员。

上述两个向度的发展趋势，改变了原有的社会结构，造成了老中产阶级的衰落和新中产阶级的迅速崛起。根据哥伦比亚大学教授、历史学家霍夫斯塔德的研究，从19世纪后半叶到20世纪初，无论就绝对人口数量还是相对人口比例而言，新中产阶级都处于快速增长中。1870年至1910年间，美国总人口增长了两倍多，其中工人阶级增长了三倍，农民增长了一倍，老中产阶级只增长了两倍，而新中产阶级却增长了近八倍，人数从约75.6万增至约560.9万人，约占当时整个美国中产阶级的63%（Hofstadter，1955：218）。美国乔治梅森大学的历史学家迪纳的研究也表明，在1870年时，全美从事“经理、带薪水的专业技术人员、推销员和办公室工作人员”等工作的人数约为75万人；到了1910年，增加到每5个就业人口中就有1人从事这些工作。1890年办公室工作人员有38.1万

---

① 关于“新老中产阶级”的类型学分析，参见周晓虹，2005b，导言：12-17。

人，1900年上升为70.8万人，至1910年翻一番，增至152.4万人，而到1920年已飙升至283.8万人（Diner，1998：156）。从职业类别上分析，办公室工作人员增长最快。1900—1920年间，美国半技术性操作工人从总就业人数的12.5%增长到15.6%，而同期白领职员的比例已从3%上升到8%（Dawley，1991：72）。

历史地看，从"镀金时代"到"爵士时代"的社会变迁，成为新中产阶级产生最主要的社会背景。在这个过程中，一个比较庞大的新中产阶级的迅速成长，则与上述历史背景下几个因素密切相关。

首先是产业结构的调整。产业结构的调整，最初体现为19世纪末基于个体化小生产的农业向社会化大生产的工业制造业的转变，继而在20世纪初出现了现代金融、教育、医疗卫生、公共事业等第三产业雏形的迅速发展，这些产业对更多专业管理人员的现实需要，导致了专业技术与管理群体的出现。

其次是职业结构的调整。产业机构的变化必然相应导致职业结构的调整，在当时的历史背景下，职业调整对新中产阶级的催化作用，主要体现在以下三个方面：其一，工业化和垄断所带来的工业结构和管理方式产生革命性变化，随着资本所有权和管理权分离的不断扩大，出现了一个尽管不占有生产资料、不具有财产权，却具有管理权，并且凭借这种管理权实际控制着公司、政府与社会组织的职业群体。在后文中我们将详细论述，正是基于对这个"经理人"群体的分析和研究，欧美学者在20世纪上半叶提出了对形塑中产阶级有过深远影响的"管理革命"理论。其二，随着科学技术在社会生产中的作用日益显著，出现了一个具有较高学历和技术专长的技术专家职业群体。其三，机器的广泛应用导致单纯的体力劳动工作者大量减少——他们的工作越来越多地由会操作机器的专业人员代替，从而导致了整个社会中白领职业的增加和蓝领职业的相对下降。

再次是收入分配的调整。几乎与大规模垄断资本对欧美社会生产模式产生根本性影响同时，企业经营管理的新模式——现代股份制逐渐兴起。如果说20世纪初还是垄断资本方兴未艾，那么此后随着资本社会化和股权分散化趋势的日益明显，资本收入开始为更多的社会阶层所享有。特别是二战以后，在"福利国家"思想的指导下，社会保障有了很大的发展，客观上调节了收入分配，而累进税制则进一步缩小了收入的差距。这些制度上的改进都促使资本主义社会庞大的中等收入阶层出现。

最后，尤其不容忽视的是教育的发展。教育的发展，特别是从精英教育到大众教育的格局转变，既为新中产阶级的出现奠定了基础，更为其成长和壮大创造了条件。以美国为例，内战结束后，自19世纪70年代开始，美国的基础教育、高等教育和职业技术教育均获得了迅速发展，进入名副其实的“黄金时代”。教育体系的完善和教学内容的创新，为培养有理想、懂技术、善管理的新中产阶级提供了制度上和实践上的保证。应时代所需，大量训练有素的专业人才很快步入美国的新中产阶级队伍。新中产阶级集中了大量受过高中教育的青年，其所受教育时间平均为12年半，而老中产阶级与普通工人则分别是近8年半和8年左右。到1900年，美国接受过比较专业技术训练的职业人口已经达到1 200多万人（Dawley，1991：20）。新中产阶级所从事的职业具有安全性和稳定性。在“社会流动说”信念的支配下，许多美国年轻人把进入管理层或成为专业技术人员、进入中产阶级行列作为自己的职业目标，进而为爬上社会上层搭建阶梯。多数蓝领工人也深信，虽然进入上层或白领社会上层非常困难，但通过教育培训，进入白领中下层还是比较容易的。也正是从这个角度，米尔斯强调“大众教育也已经成为新式中产阶级职业兴起的主要社会机制之一，因为这些职业需要教育系统提供的各种技能”（Mills，1951：266）。

二、“管理革命”理论与新中产阶级的形塑

在20世纪的大规模生产趋势下，组织和技术创新对资本主义企业的积累来说越来越重要，其中，随着职业管理人员的出现及其作用的日益显著，尤其是随着企业的所有权与管理权的分离进程，资本主义企业的组织出现了一场根本性变革。这场变革首先意味着资本主义企业运营制度和控制体系的变化，进而体现为生产过程中的社会关系的变化。而这种社会关系变化最突出的表现之一，就是在大型企业中造就了一群专业管理人员和职员，他们一般都有良好的教育背景，凭借各种专业知识在大公司以及政府部门获得职位。很显然，这个职业群体在很大程度上与“新中产阶级”是重叠的。而这个群体的上层，在企业组织结构中的地位不断上升，实际上已经掌握着所在公司的控制权，人数也呈不断上升的态势。据统计，在美国，这一群体的人数在1900年时约为511.5万人，1920年猛增至1 092.9万人。在英国，经理和高级管理人员的人数在1911年也达到了62.9万人（沈汉，1998：324）。随这一阶层人数的增长，其经济和政治地位亦日益显赫，这种变化也成为20世纪初叶欧美社会结构变迁的重要特征之一。尽管直至20世纪40年代西方学术界才开始明确使用“管理革命”（managerial revolution）的概念指代这场根本性变革，但从19世纪晚期开始，欧美学者就敏锐地发现并开始了对它的研究。

1. 马克思：晚期图式与新中产阶级

尽管马克思没有直接提出“管理革命”的概念，但是，凭借其敏锐的洞察力，在对管理权和控制权分离的现象及其社会结构影响的思考方面，马克思又一次成为走在前面的大师。

在《资本论》中，马克思实际上提出了关于资本主义社会结构变迁的两种图式。① 主要在《资本论》第一卷里，马克思提出了资本主义积累造成财富和贫困在两级积累的“早期图式”。通过对资本主义积累和扩大再生产过程的分析，马克思概括出了“资本积累的一般规律”，并认为这一规律带来的结果就是“制约着同资本积累相适应的贫困积累。因此，在一极是财富的积累，同时在另一极，即在把自己的产品作为资本来生产的阶级方面，是贫困、劳动折磨、受奴役、无知、粗野和道德堕落的积累”（马克思，2004a：743－744）。这一规律中包含的阶级结构模式就是形成资本家阶级和雇佣劳动者阶级这两大阶级的分化和对立的政治经济学的“早期模式”，即“资本家阶级—雇佣工人阶级对立”模式。它向我们勾画出了随着资本积累和资本主义经济发展而出现的社会结构向两极演化的趋势和两大基本阶级的尖锐对立，显示出资本主义制度下资本积累中所包含的“对抗性质”。这就是我们耳熟能详的资本主义社会将日益分裂成两大对立阶级的论断的逻辑基础。

马克思早期图式的主要缺陷在于他实际上是将资本家作为资本所有者和资本经营者合一的社会角色，将工资雇佣劳动者单纯作为同质的简单劳动者来对待，而漏掉了经济过程中人的其他社会角色的存在和其他因素的作用。然而，随着资本主义经济的发展，其实际轨迹并没有朝着两大阶级对抗的发展方向演进，这种简单的阶级结构及其矛盾并没有使“资本主义制度的外壳很快被炸毁”。在资本主义社会经济的实际发展中，出现了新的阶级演化现象，这促使马克思在《资本论》第三卷中开创性地阐述了关于资本主义社会阶级结构变迁的“晚期图式”。

他评论道：“资本的这种社会性质，只是在信用制度和银行制度有了充分发

---

① 丹尼尔·贝尔曾经评论过这两种图式。他认为，在《资本论》中，马克思实际上阐述了关于资本主义社会阶级及其发展趋势的两种“图式”（schemata）。其一是早期的观点，认为随着资本主义生产的继续，将只存在两大阶级，所有第三种人都被排除了。其二，在《资本论》的第三卷以及马克思后期的其他著述中，他开始重新审视正在慢慢出现并壮大的经理、技术雇员、白领工人等“新中产阶级”，这构成了第二种图式的基础。贝尔认为，历史证明，马克思的第二种图式才更符合西方社会发展的经验现实，“如果人们读到20世纪上半叶所阐述的资本主义未来的社会学理论，他们就会见到：事实上，几乎所有都是同马克思的第二种图式的对话”（Bell，1981：54－63）。

展时才表现出来并完全实现。……不仅如此。信用制度和银行制度把社会上一切可用的、甚至可能的、尚未积极发挥作用的资本交给产业资本家和商业资本家支配。”（马克思，2004c：686）在这里，马克思清楚地看到，由于银行制度和股份公司的出现，私人资本开始逐步“公有化”，也就是出现了社会资本取代私人资本的趋势。金融资本来源的变化对企业与生产造成了巨大影响。新型金融制度的出现极大地扩展了资本主义企业的融资水平与发展空间，新的空间又促进了资本主义社会生产力的发展和生产社会化的推进，企业的组织结构从而得以不断创新，一种新式的企业组织制度——股份制开始出现。马克思认为，在现代企业中，作为财产的资本同执行职能的资本相分离，“随着信用而发展起来的股份企业，一般地说也有一种趋势，就是使这种管理劳动作为一种职能越来越同自有资本或借入资本的占有权相分离”（马克思，2004c：436）。对于个体财产所有者而言，新型信贷与投资机构的出现使他们在股份公司资产构成中所占比例日益减少，与此相关，他们也不再发挥以前一手掌握的资本在生产过程中的功能。“因为执行职能的资本家同资本的单纯所有者即货币资本家相对立，并且随着信用的发展，这种货币资本本身取得了一种社会的性质，集中于银行，并且由银行贷出而不再是由它的直接所有者贷出；另一方面，又因为那些不能在任何名义下，既不能以借贷也不能以别的方式占有资本的单纯的经理，执行着一切应由执行职能的资本家自己担任的现实职能，所以，留下来的只有执行职能的人员，资本家则作为多余的人从生产过程中消失了。”（马克思，2004c：436）相反地，生产过程越来越“制度化”地由“产业经理”们控制了。马克思将资本功能的掌握称为“指挥劳动”：“‘我们的工业制度的灵魂’不是产业资本家，而是产业经理。……资本主义生产本身已经使那种完全同资本所有权分离的指挥劳动比比皆是”（马克思，2004c：434）。在这里，马克思已经明确提出了所有权与管理权分离的问题。最后，在产业经理阶层之外，上述经济结构的变化必然意味着办公室人员和白领工作的扩大，“很清楚，随着生产规模的扩大……商业活动将会增加……价格计算、簿记、出纳、通讯，都属于这类活动。生产规模越扩展，产业资本的商业活动……也就越增加，虽然决不是按比例增加。因此，使用商业雇佣工人就成为必要了，他们组成真正的事务所”（马克思，2004c：333）。

总结起来，马克思的思维逻辑是，信贷制度和银行制度源于资本家扩大资金投入的需要，随着生产规模的日益扩大，银行信贷在企业资本构成中日益占据主导位置，资本家个人资本所占比例日益下降（从马克思那时起直到一个多世纪后的今天，这种趋势愈发明显），与之相应，随着投资机构日益倾向于由职业经理人来管理企业生产，后者逐渐取代资本“所有者”，占据生产活动的主导地位，用马克思的术语，即职业经理人的“指挥劳动”指挥了一切。随着企业生产过程中的经营管理权和所有权的分离而出现的经理阶层和白领阶层，极大地缓和了生产资料私人占有与生产社会化这一资本主义的尖锐矛盾。新兴的职业经理阶层既与传统的“蓝领”工人相区别，又与资本所有者相区别，我们可以将其概括为“新中产阶级”。在《剩余价值理论》[①] 中，马克思明确写道，介于劳工和资本家之间的中产阶级的人数将增加，其发展快于下层劳工，并将逐渐占据未来社会的主导地位。无产阶级在总人口中的比例将会持续缩小，这意味着中上层社会安全性的增加。而这一点，正是资产阶级社会发展的必然进程（Bell，1981：60）。上述简单明晰的逻辑实际上描述和解释了新中产阶级产生的经济机制。在整个 20 世纪绵延不绝的对此的论争中，这种逻辑始终占据非常重要的地位。

2. 制度经济学：先驱人物

比马克思稍晚一些，在大洋彼岸的美国，制度经济学派也开始涉及所有权和管理权分离的问题，并且由此出发，以与马克思不同的向度深化社会结构变迁的主题，从而构成了二战前西方的阶级和社会结构研究的另一条线索，也为理解新中产阶级的产生与性质打开了另一扇窗户。

19 世纪的最后一年，老制度经济学派（Old Institutional Economics）的主要代表人物凡勃伦发表了他的成名作，也是迄今为止他最有影响力的著作之一《有闲阶级论》。在这部著作中，凡勃伦提出，研究经济生活应以两大基本制度为核心：工业制度，或者称为物质生活的生产技术或工具供给；以及金钱制度，或称为所有权的制度（Veblen，1967：245；钟政，1964：iv）。前者的基本功能是产品生产，后者的关注点则在于获取利润、积累财富。在此基础上，凡勃伦把资产阶级社会分为两大阶级：一类是物质生产者，包括工程师、技术员、科学家等，他们是工业制度的基础，实际负责生产过程；另一类是老板与经理，他们是金钱制度的基础，对资本拥有所有权，其目的在于获得优厚的利润。凡勃伦在这里所做的两分，也就是按照“所有权”和“管理权”进行的两分。

凡勃伦认为，在工业社会以前，资本所有者通常亲自监督工厂的生产，他

---

① 这是恩格斯没有编入《资本论》的材料，恩格斯去世后由考茨基整理，有时被称为《资本论》第四卷（Bell，1999：60）。

们同时承担技术专家和商人的角色，但是到了发达的工业社会，“生产由技术人员专门负责，商人则完全注意财务问题”（钟政，1964：viii），由此，根源于两种基本制度的冲突，开始通过两个阶级体现出来。其中，物质生产者更多地关注如何“平衡而无阻碍地维持生产”，从而满足人类社会福利的需要，换句话说，“对社会问题的考虑，是这个阶级的责任”；而后者“的职务是寄生性的，他们所关心的是把他们可以转移的财产转移给自己使用，把任何归他们掌握的财产保持在手”。《有闲阶级论》在通篇着重分析以金钱占有和获取利润为基本目标的“有闲阶级”的基础上认为，在发达工业社会，“金钱的制度并不完全适合今天的形势，因为它们是在跟现在有些不同的过去的形势下成长起来的。因此即使就金钱方面的效力来说，这类制度的恰当程度也是不够理想的”（Veblen，1967：246－247）。

到了1922年，在《工程师和价格体系》一书中，凡勃伦明确指出，那些没有生产资料所有权，却实际控制着生产过程的“技术人员”已经成为一个独立的阶级，这个阶段建立在共同的经济制度基础上，有共同的思想意识，更重要的是，相比那些寄生在工业社会中的资产所有者而言，专业技术人员才是社会物质福利真正的保卫者——因为他们受到机器生产的训练，养成了按因果关系来观察和解释事实的习惯，他们更少受到自我经济利益的支配。很明显，凡勃伦认为他们才是未来社会的主导力量，他甚至设想应该成立一个由工程师、科学家和技术人员组成的“技术人员委员会”，从而取代企业所有者，掌握经济控制权（Veblen，1963：217－218；钟政，1964：viii－ix）。

如果说马克思更侧重从生产资料占有方面分析新中产阶级的特征，那么凡勃伦更关注的是生产过程中出现的、在技术上占主导地位的那个群体。这里所谓的“技术人员阶级”，与随着现代工业生产而出现的“新中产阶级”，在很大程度上是同构的。

凡勃伦之后的数十年间，制度经济学派各个时期的代表学者都在不同程度上深化了由凡勃伦开创的这个主题。就在《工程师和价格体系》发表10年之后，制度经济学另一部经典著作《现代公司与私有财产》在纽约首次出版。这本书的两位作者——律师伯利和经济学教授米恩斯响应了凡勃伦的主张。他们在书中第一次明确地提出了现代公司中所有权和经营权分离的现象：“几乎没有控制权的财富所有权与几乎没有所有权的财富控制权，似乎是公司制度发展的必然结果。"[①]（Berle & Means，2001：66）在以后70多年的时间里，有关于这本书的讨论大部分都是围绕着这个被称为"伯利—米恩斯假说"的话题展开的（Berle & Means，2001：ix；周穗明，2007：5）。

与凡勃伦不同的是，伯利和米恩斯的结论建立在广泛的数据采集和较严格的计量统计基础上，这使得其结论的科学性大为增强。在考察了20世纪30年代初美国200家最大公司（其中包括42家铁路公司、52家公用事业公司和106家工业公司）的控制形态后，伯利和米恩斯指出，"在总体上，对这些公司的控制并不仅仅依赖于所有权，公司经营者的实际掌控能力成为更重要的因素"，"在铁路与公用事业部门中，所有权与控制权已达到近乎完全的分离"，而即使在这一趋势发展最慢的工业部门，也有54%的公司及其57%的资产是由经营者掌控的。因此两位作者断言："很显然，随着美国大型公司所有权的日益分散化，其控制权已经出现了新的情况。在大多数大型公司中，控制者已不再是那些拥有主要股权的个人。更确切的说法应该是，居于统治地位的所有者已不复存在，控制权的维持在很大程度上已与所有权分离。"（Berle & Means，2001：109－111）在这样的基础上，过去单一的企业主集团，分化为两个新的集团——"几乎没有控制权的所有者和几乎没有所有权的控制者"（Berle & Means，2001：113），他们之间存在着严重的利益冲突，而最终将由控制者掌控经济命脉，两位作者把这个现象称为"大转型"（A Major Transformation）。

尽管作为经济学家的两位作者无意对"新中产阶级"这个历史范畴做出评价，但是他们在书中提到的这个"转型"，就已经明白无误地揭示了新中产阶级产生的历史背景。简单而言，就是资本主义由自由竞争向垄断过渡，小型企业纷纷被大型垄断组织替代，散布于各个领域的股份公司出现，企业的管理权从早期的所有者手中转移到从事行政、管理、销售、财会、公关及各种专业技术的人群手中，同时，现代国家的发展及功能的分化扩张，造成了大批职业公务人员，社会结构也由此而改变。而他们所谓的"没有所有权的控制者"，正是指新中产阶级上层的那一群人。

---

① 对于伯利和米恩斯而言，"控制权"（control）和"经营权"（management）是两个不同的概念。他们认为控制权既不同于所有权又不同于经营权，但在现实中没有被很好地定义。而由经营者掌握控制权只是他们设定的五种控制权形态之一。但是在他们的结论中，经营者控制权在五种形态中占据了主导地位。

3. 管理革命：伯恩海姆及其同时代的人

又过了差不多10年，名噪一时的美国政治理论家伯恩海姆发表了他的代表作《管理革命》。在这部著作里，伯恩海姆对20世纪以来的社会结构变迁进行了宏观分析，更深入和富有批判性地解读了此前制度经济学派提出的“管理权和所有权分离”的主题，更详细和完备地提出了“资本主义社会正在向‘管理社会’转变，拥有所有权的资本家逐渐对生产不再有贡献，他们成为被管理人员所挣来的利润所喂养的人，而管理者则实际控制着生产资料，并因此而控制了社会权力”（周晓虹，2005b，导言：13－14）的基本观点。①

和早期制度经济派学者们一样，《管理革命》并非专门论述新中产阶级的著作，伯恩海姆甚至没有在书中直接提及“middle class”这个概念，但是我们认为，不仅应该将《管理革命》纳入20世纪对新老中产阶级进行类型学分析和对新中产阶级属性进行研究的理论系谱中，而且应该赋予其重要地位。究其原因，第一，这部发表于二次世界大战最艰苦岁月中的著作，刚一出版就在美国社会学、管理学等领域获得了足够的重视，二战前后就相关问题展开讨论的学者，如米塞斯、熊彼特、德鲁克等，多多少少都是在与伯恩海姆的对话中展开他们的讨论的。正是这些有形或无形的争论，深化了我们对新中产阶级及其赖以产生的时代背景与社会意义的认识。第二，伯恩海姆的著作，也直接启迪了战后关于新中产阶级及其相关问题的研究。例如米尔斯在其著作中专辟一章对伯恩海姆开始关注的管理人员阶层加以论述；到20世纪50年代后期，“管理阶级”理论又被以加尔布雷思为代表的新制度主义者发展为“技术结构阶层”，而20世纪70年代加尔布雷思在修正早期观点的基础上对新中产阶级内部结构层次进行的分类，也明显受到伯恩海姆“管理阶级四种类型分析”（Burnham，1941：82－85）的影响；而钱德勒则直接用“管理革命”作为其著作的副标题。也正因为如此，在迈克尔·曼那里，伯恩海姆与后两位作者一道，成为制度经济学派解释新中产阶级性质的重要学者（Mann，1986：624）。

伯恩海姆认为，他身处的时代，正经历着一场深刻的“社会革命”，政治、经济、文化各领域都在发生巨大变革，这是一种类型的社会向另一种类型的社会转变的根本性变革，伯恩海姆将其称为“管理革命”，也就是由资产阶级社会转向管理社会的革命。伯恩海姆认为管理革命始于一战，并将在半个世纪以内完成

---

① 实际上，从20世纪20年代初开始，伯恩海姆就通过一系列论文、著作和讲演，阐述了其“管理革命”的基本思想（Burnham，1941：7）。

其对新社会的型塑。伯恩海姆理论的逻辑思路，从以下几个层面展开。

首先，伯恩海姆的所有论述都建立在“功能决定论”的基本假设上：“在现代技术社会里，对于权力的获致而言，最重要的是理解‘功能’范畴及其作用。”（Burnham，1941：77）伯恩海姆认为，经济生产在现代社会中占据主导地位，那些主宰了现代经济生产过程的群体自然就成为社会主导。而一个完整的经济生产过程，是由不同的“功能”共同发挥作用而实现的，其中包括所有权、管理[①]、执行、生产，等等。在经济生产发展的不同阶段，不同的功能具有不同的作用与地位。在原始经济时代，这几项功能统一于生产者，各自并不独立存在。随着生产的扩大和生产技术的进步，生产、执行的功能相继获得独立性。而管理作为一种功能，却一直到资本主义早期阶段，都没有取得独立性。在亚当·斯密的年代，尽管已经出现具有熟练管理技能的工人，但他们还不可能独立于资本家行使其管理的职能。此时，掌握管理功能的，始终还是资产阶级。因此，20世纪以前，资本家成为权力的主导者，正是因为在“占有者”的身份之外，他们还实际“管理”着生产资料与生产活动。

接着，伯恩海姆接续了伯利和米恩斯等人的观点，指出自20世纪以来，随着现代工业的生产技术进步，管理职能越来越朝专业化、复杂化的方向发展，也越来越成为现代生产过程中的核心要素，同时，其独立性也随之增强。在伯恩海姆看来，正是管理功能的上述变化，使得过去统一在资本家身上的“所有权”和“管理权”开始发生分离，也使得那些能够胜任管理职能的群体逐渐区别于工人阶级和资本家阶级，成为现代生产过程的主导者。也就是说，在作为“所有者”的资本家之外，出现了一个“管理人阶级”。尽管在法律上他们不拥有生产资料，但是他们掌握着独立发挥核心作用的管理机制，对生产资料的实际控制权掌握在他们手中，而按照“功能决定论”的原则，“控制生产资料是寻求社会统治地位的方式，谁控制了他们，谁就事实上有了控制社会的权威，因为这种控制是社会赖以生存的手段”（Burnham，1941：59）。

伯恩海姆进而从对凡勃伦以及伯利、米恩斯等人的批评开始，按照历时考察和共时分析的不同向度，对“管理人阶级”进行了细致划分，阐明其内涵与外延。伯恩海姆认为，早期制度经济学派只是笼统地指出存在着一个“管理阶级”，而并没有对其进行更细致的划分（Burnham，1941：89）。伯恩海姆则认为，根

① 伯恩海姆有时候也用其他概念指代“管理”的功能，如“指导”“协调”“组织”等（Burnham，1941：79－80）。

据在现代生产中所承载的功能的不同，可以区分出以下几个阶层（Burnham，1941：79-84）：

（1）各种工人（熟练与非熟练的）[①]，他们承担生产的功能；

（2）专业技术人员，尽管他们无论在教育背景还是专业技能方面都优于熟练工人，但他们在现代生产过程中同样承担生产功能；

（3）经营主管，他们承担执行功能，具体而言就是实现企业的商业利益；

（4）经理阶层[②]，他们是严格意义上执行管理功能的阶层；

（5）股东，他们对企业执行名义上的拥有功能，但这仅仅体现在法律条文的意义上，在现代生产的实际过程中，这种功能不再具有更多的实际意义；

（6）金融资本家，这也就是随着新的信用制度和金融制度而产生的一种新的资产阶级群体（正如前文所言，在马克思的时代，他已经敏锐地意识到这种新机制的产生必将带来的深远影响），他们承担的功能是获得利益，不过其着眼点则不仅仅在一个企业或者一个行业，而是为了金融资本的增殖。

伯恩海姆认为，以技术性观点审视，唯有第四类人群才可以被称为严格意义上的"管理人阶级"（Burnham，1941：87）。不过他也清楚地看到，上述几个阶层，尤其是第二、三、四、五类人群之间，存在着各种重叠，其边界并不那么清晰。并且，相对于高高在上的资本家和处于下层的普通大众，他们有一些相对的共性。正是这种共性，使得他们成为典型意义上的"中间阶级"。

根据伯恩海姆本人划分的阶层谱系，他对凡勃伦的批评，主要在于认为后者混淆了"阶层二"（也就是专业技术人员）和"阶层四"（也就是职业经理）之间的功能；而伯利和米恩斯的缺陷则是笼统地指出了所谓的"控制者"，而没有详细区分各个不同的阶级及其各自的功能。

在此基础上，伯恩海姆详细阐述了这个阶级取代资产阶级和无产阶级成为社会权力掌握者的历史进程。伯恩海姆强调，当代资本主义正发生着一场深刻的变革，甚至称其为一场革命也不为过。股份企业的发展，股份所有权的广泛分散，导致所有权和控制权逐步分离。上述管理阶级开始真正形成他们在企业中的权力。特别是在大公司中，由于股东人数众多，管理阶级可以不受限制地按照自己

---

① 当然，从生产的现代化发展来看，伯恩海姆认为熟练工人必然能够在这个阶层占据主导地位（Burnham，1941：78—79）。

② 伯恩海姆用了一系列的概念来指称这个阶层，例如，操作执行者（operating executive）、生产经理（production manager）、部门负责人（plant superintendent）及其助理（assistant）（Burnham，1941：82）。

认同的方式进行经营活动。而那些名义上“拥有”企业的股东们，既无法在管理结构中获得应有的地位从而对管理过程施加有效的影响，也不愿意对此投入更多的精力——他们只关心从所拥有的资产中获得红利，使投资价值增值。正因为大型企业中的管理者攫取了原先掌握在资产所有者手中的权力，而这些企业又是资本主义社会快速发展的基石，因此前者正在日益获取整个社会制度的权力。

最后，伯恩海姆宕开视野，把这种变革视为长时段的必然和阶级交替的根本形式：在资本主义社会产生以前，主要的社会矛盾发生在农民与地主之间，然而，这两个阶级都没有能够在斗争中占据主导，权力最后为另一个完全不同的阶级所取代，这就是资产阶级。一旦资产阶级发展成型，社会主要矛盾随即转移到资产阶级与其对立面——无产阶级之间，然而，同样的，这两者都无法在争夺统治权的斗争中获得最终的胜利，他们都会被管理阶级取代，后者会在他们的技术与知识的优越性上建立自己的新的统治。

伯恩海姆预言，他所处的那个社会即将发生巨大的转型，也就是从以特殊的生产模式、资本家和银行的统治以及特殊的信仰和意识形态体系为特征的资本主义社会转向以工业所有权和控制权相分离为标志的“管理社会”。身处二战之中，却又远离亚欧如火如荼战场的伯恩海姆用波澜壮阔的启示录般的语言写道：“我们现在可以懂得20世纪头两次世界大战的中心历史的意义了。1914年的战争是资本主义社会的最后一次大战；1939年的战争是管理社会的第一次大战。”他预测：“第二次世界大战的总结局是肯定的，那就是资本主义的垮台和管理型社会的胜利。”（Burnham，1941：32－33，176）

伯恩海姆的著作在二战中的美国引起巨大反响，一年之后同样在纽约，熊彼特和德鲁克相继出版了他们的著作，或间接或直接地对伯恩海姆管理社会和新中产阶级命运的预测提出了尖锐批评。

在其生前最后一本著作《资本主义、社会主义与民主》中，熊彼特写道：“资本主义自身的发展倾向于使自己变得多余——它会被自己的成就压得粉碎。完全官僚化了的巨型工业单位不但驱逐了中小型企业，剥夺其业主，而且到最后还会撵走企业家，剥夺作为一个阶级的资产阶级。在这个过程中，资产阶级不但失去收入，而且丧失更为重要的它的职能。”（熊彼特，1999：214）熊彼特断言资本主义早期“商业冒险的浪漫氛围”已经消失，那群野心勃勃不断进取的企业家正在逐步失去其智力和才能，进而失去促进社会发展的功能，而且，他们将为那些数量日益增长的坐在办公室里的经理、职员和受过愈发精细化训练的专家所取代。熊彼特描述的这个过程，正是20世纪之交老中产阶级（熊彼特称之为

“企业家”）衰落、新中产阶级迅速增长的过程。

熊彼特从两个向度分析了新中产阶级的特征。一方面，技术的进步日益抹去新中产阶级的个性特征，“做不属于熟悉的日常事务的事情，现在比过去容易得多，革新本身已经成为日常的事务。技术进步越来越成为专业技术人员的业务，他制成所需要的东西，使他以可以预计的方式运行”，“合理化和专业化的办公室工作最后将抹去个人的影响，可以计算的结果最后将抹去‘想象力’。他正在变为办公室中的一个工作人员——而且不总是难以替代的一员”（熊彼特，1999：211－212）。另一方面，随着新消费商品的不断涌现，新中产阶级日益成为耽于物质享受、缺乏人格与意志力量的一群人。很显然，在熊彼特看来，新中产阶级无法担当起拯救资本主义颓势的重任，他们更不可能是未来的领导阶级。

随后，德鲁克在新出版的《工业人的未来》中继承了熊彼特的思想。作者对他这本“唯一的公开阐述基本社会理论的书”（Drucker，1995：9）寄予厚望，某种程度上，这本书也是对伯恩海姆的直接回应。德鲁克开宗明义地表示，时至20世纪中期，“公司已经取代庄园和市场成为基本机构，而公司的经营管理者，已经成为工业系统内部的决定性和代表性的权力”（Drucker，1995：9）。德鲁克认为，按照17世纪以来社会契约论的观点，公司经营管理阶层所拥有权力的合法性是建立在个人的财产权基础上的。但是，进入20世纪，工业社会中企业的情形与此正好相反，经营管理权力不再以个人的财产权为基础，现代公司的股票持有者，既不愿意也不能够行使其法律上的独立自主权，股票所有权已经不再是任何真正意义上的公司的财产，它所代表的只是根据过去的贡献分享将来的利润的一种既得的并且受到法律保护的权利。在现代工业系统中起决定作用的，是现代公司的经营管理者，经营管理权已成为原初权力。德鲁克同样注意到伯利和米恩斯对管理权与所有权分离的论述，他继续了这个话题，认为现代的工业经济已经分裂成两个部分，一个是由有价证券、法定资格和空洞的业主身份构成的“符号”经济，另一个是由工厂、机器、经理和工人组成的“实体”经济，前者提供财富，不过，财富本身已经不再能转化为社会权力——后者成为社会权力和社会控制的来源。而掌控这些权力与控制力的，是实体经济中的统治者：经理和专业人士阶层。

德鲁克客观地描绘了这个阶层的内在矛盾：“他们往往有一份不错的收入，但很可能永远也不会发大财，一方面他们会为不得不满足于这样的现状而懊恼，另一方面，他们，而且也只有他们，才真正大权在握。他们是‘统治者’，而美国历史上还没有一个比职业经理与专业技术人员更高效、更诚实、更能干和更兢兢业业的统治者群体。”（Drucker，1995：76）现代新中产阶级的外在形象和内在性格在德鲁克的笔下显得更加清晰。

表面看来，德鲁克对新中产阶级产生的历史背景、社会机制和群体特征的描述几乎与伯恩海姆如出一辙。而实际上，他的思考向度恰恰是建立在对伯恩海姆的批评之上的。德鲁克认为，伯恩海姆对新中产阶级群体获得社会权力的论述固然不错，但他对所谓“管理革命”的判断和对未来“管理社会”的预测却是一种误解，根本原因在于经营管理权是一种缺乏合法性基础的权力。

德鲁克认为，一个正常运行的社会，涉及三个最基本的条件，即每个人被赋予明确的社会身份，在此基础上被授予正当的社会权力，最终按照整体目标发挥社会功能。这其中，“社会身份”指的是一种意义的认同，所关涉的是信仰、目的、价值观的概念领域；而“社会功能”则指的是由事实、制度和机构组成的实效领域。二者不可偏废，它们通过“社会权力”的中介得以沟通，共同构成社会运行的条件。所谓“社会权力的合法性”，指的就是权力的基础应当建立在基本的社会认同和价值观的基础上，它象征着“个人融入社会和社会融合个人”（Drucker，1995：28－29）。而 20 世纪工业社会的现实图景，却意味着一种断裂：新中产阶级掌握着社会权力，但这种权力却缺乏对社会意义的认同。他们不知道工作的意义究竟何在，更不清楚自己的社会价值，他们没有在企业组织中找到归属感从而融入社会。在只注重效率的生产机器中，新中产阶级丧失了做人的尊严，他们无意为企业承担责任，也无意为社会承担责任，他们只是一群为获取工资、地位、声望而卖命的自然人。因为缺乏对整体价值观的基本认同，社会、企业和个人之间无法实现整合，随之而来的将是工业化实践以及工业主义的失败。

在德鲁克看来，现实社会的断裂图景，正源自原本统一的所有权和管理权的分离。单从制度层面看，所有权、管理权本身属于社会功能范围，但是，根据德鲁克“认同—权力—功能”相统一的观点，社会功能并不独立存在，而是与一系列复杂的认同、信念与价值观相联系。制度层面的断裂意味着“吃水线以下的身份的缺失”（Drucker，1995：83）。这既是作为“时代新人”的新中产阶级内心所抹不去的忧虑的根源，也是工业社会走向末路的原因。

4. 钱德勒：管理革命理论在战后的回响

尽管一直存在这样或那样的分歧，管理革命理论所阐述的 20 世纪以来资本主义企业中发生的组织管理形式的变化却是不争的历史事实，同时，随着管理这种“革命”的发生，职业经理人作为处于企业所有者和普通劳工之间的一个新的阶级，也确实在资本主义企业乃至整个资本主义社会发挥越来越重要的作用。

1977年，哈佛大学商学院教授、美国企业史研究专家钱德勒出版了名著《看得见的手》，在该书的第1页，作者就开宗明义地指出："由领薪水的经理所管理的大企业，已经取代了传统的家族小公司而成为管理生产和分配的主要工具，所以本书将特别着重阐述现代工商企业及其经理人员的兴起。"（Chandler，1999：1）钱德勒一方面强调伯恩海姆对"管理革命"理论的开创性贡献，因此他用"管理革命"（The Managerial Revolution）作为副标题；另一方面他也认为伯恩海姆的研究忽视了对管理阶级及其获取统治权力的历史性描述，而他自己将在这方面加以弥补（Chandler，1999：11，515）。

钱德勒对美国企业管理革命历史的经验性描述是建立在他的几个基本论点的基础上的。首先，他指出，当管理的协调可以比市场机制的协调带来更大的生产力、更低的成本和更高的利润时，现代企业就开始取代传统的私人小企业。其次，在现代企业中，管理的协调机制对生产力的促进作用是在管理层级制出现以后才能得以实现的。接着，管理层级制导致了支取薪水的专业管理人员的出现。而随着这个职业越来越向技术性、专业化和职业化的方向发展，"他们的选拔和晋升越来越依赖培训、经验和表现，而不是家族、关系和金钱"（Chandler，1999：8-9）。钱德勒认为，这意味着一个"具有如此重大的历史意义和时代意义的阶层的兴起"（Chandler，1999：7），"随着现代工商企业的出现，管理者们第一次得以想象一种沿着等级阶梯向上擢升的职业生涯。在这样的企业里，经理的培训时间越来越长久，培训越来越正式化。不同企业内从事相同活动的经理人员都接受相同类型的训练，就读于相同类型的学校。他们阅读相同的书刊，参加相同的协会。如果把他们与传统的小商业公司的雇主和管理者相比，他们的职业性质更接近于律师、医生和牧师"（Chandler，1999：9）。在这里，钱德勒从职业性质及其构成的角度，论述了新中产阶级的特征与大致范围。

钱德勒论述道，当管理者职业化水平发展到一定阶段后，不仅这个群体自身聚合成一个新的中产阶级，而且导致了企业的管理和它的所有权分开，并且为美国带来一种新型的资本主义。它既不由银行家也不由家族控制，所有权变得极为分散，而那些散布在公司各个层级上的支薪经理们，既管理短期经营活动，又决定着相对较长期的政策，"这种经理人员所控制的企业可以称为经理式的企业，而此种公司占支配地位的经济系统，则可以称为经理式资本主义"（Chandler，1999：10）。正是在这个意义上，钱德勒使用了"管理革命"这个概念。作为熊彼特的学生，钱德勒在很大程度上受到前者的影响[①]，特别是对企业家创新精神的关注和呼唤。而与伯恩海姆有所不同的是，钱德勒的论述重点不在于讨论作为革命主体的“专业管理人阶级”是否占有资本，而在于揭示依托于管理阶层的、有形的组织管理形式对资本主义企业积累和发展的重要性。[②]

至此，我们可以将20世纪以来的“管理革命”理论与新中产阶级理论做一初步总结。

第一，“管理革命”理论揭示了现代新中产阶级产生的机制。

一方面，“导致管理革命的根本因素是现代生产方式发展的规律性要求，以及劳资关系的总体社会环境变化”；另一方面，管理革命最根本的特征与后果就在于导致了企业控制体系的变化（林德山，2008：109-110），在这个变化过程中，以往简单的雇佣和被雇佣关系发生了变化，生产规模的扩大、企业组织机构的日益复杂、企业内部垂直分层制度的出现和强化，增强了处于中间位置的专业管理阶层的作用。与此同时，专业管理者与资本所有者以及普通劳工的关系变得更复杂，他们相互之间形成了一种既对立又共赢的利益关系。从这两层意义上说，随着管理革命而产生的管理阶级，越来越具有自身独特的利益和阶级自觉，逐步形成了典型的“中间阶级”，或者说“新中产阶级”。

第二，围绕“管理革命”问题的争论也揭示了新中产阶级的矛盾特征。

正如这个阶级在现代生产过程中所处的中间地位一样，其定位和发展趋势也充满了复杂的因素。一方面，经验现实显示，这个新的中间阶级在整个西方社会发挥着日益重要的作用，伯恩海姆甚至认为他们就是未来社会的主宰。另一方面，正如熊彼特和德鲁克所担忧的，某种程度上，管理阶层本身已经“异化”为现代分层管理体系的一部分，在工作中循规蹈矩、按部就班，没有开拓创新的野心，在生活上耽于享受，流连物质，缺乏个性。二战以后，学者的担忧多多少少已变为现实。

三、共产主义世界：官僚体系与“新阶级”

20世纪20年代，与美国学者尝试着从经营权和管理权分离的角度分析资本主义生产体系变革及其对“新中产阶级”的产生和未来社会结构产生的影响几乎

① 1948年，哈佛大学成立企业家历史研究中心，熊彼特在1950年去世前任该中心的高级研究员。而当时为哈佛大学历史系学生的钱德勒正是该中心的成员（Lazonick，1991）。

② 正因为侧重点有所不同，所以对研究对象的指称，钱德勒的措辞与伯恩海姆有所不同，他用“管理阶级/管理人阶级”（business class/businessmen class）取代后者的“经理阶级”（manager class），参见Chandler，1999：1。

同时，世界上第一个奉行完全的社会主义制度和计划经济政策的国家苏联在大洋彼岸诞生了。尽管苏联的政治领袖声称这个新建立的国家的社会结构是“充分平等的”和“具有社会同质性的”（Yanowitch & Fisher ed.，1973：xiii），是一个“没有阶级的社会”（德热拉斯，1963：33），但历史事实证明这只是一种幻想的宣传口号，阶级分化与社会分层从未曾在苏联社会消失过。作为20世纪上半叶最主要的共产主义国家样本，苏联社会分层的理论与实践，呈现出与资本主义国家迥然不同的种种特征。

1923年11月，新生的苏维埃社会主义共和国联盟刚成立不到一年之际，斯大林就曾在《真理报》发表长文，专门总结了十月革命的胜利与其正确对待“苏联中间阶层问题”的经验（斯大林，1954）。斯大林所谓的“中间阶层”，指的是“农民和城市小作业劳动者”，他们是“站在无产阶级和资本家阶级中间的一些阶层”。在斯大林看来，“这些阶层是现今各国人口中的大多数，或者至少是个很大的少数”，因此，“无产阶级要是没有中间阶层，首先是农民的同情和援助，那就不能保持政权”，而十月革命之所以取得胜利，很大程度上是因为它把社会主义思想深入到了“一切部族的中间的、非无产阶级的、农民的阶层里去，它已把社会主义的旗帜变成了受这些阶层欢迎的旗帜”（斯大林，1954：3－8）。这种从革命意识形态与政治斗争立场出发对“中间阶层”的广义界定，代表了俄国列宁主义者在夺取政权过程中对其社会结构的解读，这种解读必然首先是政治性的。

到了20世纪30年代，当苏维埃政权已经逐步稳固，苏联社会主义国家开始走上快速发展的轨道时，官方开始在正式的出版物中修订其对苏联社会结构的表述与界定，也就是“三重结构划分”概念的提出——苏联社会由“工人阶级、集体农庄农民和知识分子”构成，其中前两者是两个“非对抗阶级”（non-antagonistic classes），而第三者是一个“社会阶层”（social stratum）。两个阶级分别与不同的社会主义所有制形式相联系——工人阶级与全民所有的国家所有制相联系，农民与特定集体农庄的集体的或合作社的所有制相联系，知识分子则因其从事脑力劳动而有所区别，任何一个集团都不可能占有其他两个集团的劳动（Yanowitch & Fisher ed.，1973：xviii）。很显然，在这里，划分阶级与阶层结构的基本依据，是带有更多政治意味的财产所有制形式。而这其中有关“新阶级”的相关论述，则成为20世纪上半叶有关中产阶级理论的重要组成部分。

有关“新阶级”的明确论述，最早或可追溯到巴枯宁在19世纪70年代的论述（Szelényi & Martin，1988：646）。在一篇分析马克思式社会主义可能导致的社会结果的文章中，巴枯宁不无忧虑地写道："未来将会出现一个'新阶级'，表面上看，这只是一群科学家和学者，实质上他们构成了一个真正的层级。整个社会将被划为截然区隔的两个部分：一小部分人以知识的名义进行统治，大多数被统治者则茫然无知。"在巴枯宁眼里，这个"由科技与智力进行统治的政权将是空前专制、自大的"（Bakunin，1966：97）。在这里，巴枯宁预见了后来被称为"后资本主义"社会的某种特征：政治统治的基础不再是对财富的所有而是对知识的垄断。从20世纪30年代晚期开始，随着研究视角的变换和学理性的深化，以托洛茨基对早期斯大林体制下的苏联的经验研究为标志（Trotsky，1974），一批学者们和政治领导人强调，一个由职业官僚和技术专家组成的新的"管理者"统治阶级开始形成。在这些人看来，十月革命以后，社会主义苏联并没有像列宁所说的那样，直接由全体人民掌握行政机构，所有的人都行使监督和监察的职能，而是逐渐出现了一种新的社会力量——官僚势力，它们逐渐取得自主和独立的权力。托洛茨基认为，这个官僚集团的成员受过良好的教育，有些还拥有专业的技能，因此他们在体制内占据相应的位置，这样的位置给他们带来漫无限制的权力，他们利用这种权力保证自己的利益，同时促使社会的分化，在工人阶级和集体农庄中制造特权阶层，同时，通过扼杀批评来加强自身的权力（Trotsky，1974：133）。不过，这个集团是否构成一个阶级，却是托洛茨基难以回答的问题。作为一个马克思主义者，托洛茨基始终坚持按照"是否占有生产资料"的原则将人群划分为资产者和无产者两大阶级的正统观点。他认为，在资产阶级社会，毫无疑问，官僚代表着有财产、受过良好教育的阶级的利益，而在苏联，生产资料属于整个国家而非任何个人，官僚集团缺乏"阶级"的实质性和明确性特征——财产权。因此，即使他们是苏维埃社会中唯一享有特权和发号施令的集团，也只是一个"阶层"（stratum）而不能被称为阶级（Trotsky，1974：248-249）。

托洛茨基本人并不承认20世纪30年代的苏联存在这样一个新的统治阶级，但是他并不排除专业官僚成为一个新阶级的可能性，而他对20世纪30年代工人阶级与官僚集团间冲突的强调也为此后的学者们展开了理论空间。不久，托洛茨基的一批信徒们发现他们越发不能接受斯大林体制下的苏联是一个"工人阶级"领导的国家，由此开始阐述他们关于苏联其实是一个由"官僚阶级"统治的社会的观点。托洛茨基早期的一位追随者沙赫特曼就认为，苏联已经成为一个官僚主义集体制（bureaucratic collectivism）国家，这是一种新型的社会类型。不但苏联的官僚组成了一个新阶级，并且这个阶级的成员——官僚、经理、专业技术人员——将在整个西方世界形成一种新型的统治阶级。尽管这些理论内部错综复杂，并不构成统一的整体——如克里夫与里兹在斯大林体制的根本性质问题上就莫衷一是——不过它们有一个共同的前提：官僚阶级统治地位的确定，不仅因为他们知识分子的身份，还因为存在一种新的所有制形式的基础。

关于苏联社会转变为一种新的社会形态的主题，在1957年由于德热拉斯(Milovan Djilas，以下按照通行译法称“吉拉斯”）的《新阶级》的出版而有了更普及的说明。吉拉斯试图说明，苏联正在走向由一个新阶级统治的社会，这个阶级由那些垄断行政大权进而享有各种特权的人群构成，在他看来，1936年苏联新宪法颁布的时候，斯大林曾宣告“剥削阶级”已经不复存在，然而与此同时，“一个历史上闻所未闻的新阶级却形成了”（德热拉斯，1963：33)。吉拉斯是南斯拉夫著名的政治活动家，他所谓的“新阶级”，其实指的是当时苏联社会占统治地位的政治官僚集团，这个官僚集团已经成为一个特殊的社会阶层。吉拉斯用一句话戏剧性地总结了他发现共产主义由马克思经过列宁到斯大林所发生的变化：“马克思作为一个贫困的流亡者死在伦敦，但却为有学识的人所尊敬，并在共产主义运动中受到尊敬；列宁是作为最伟大的革命领袖之一死去的，而他死时……已经开始形成一个对他的狂热的崇拜。斯大林死时，他已经把自己变成为一个神”，而斯大林本人，正是“新阶级”的直接创始人（德热拉斯，1963：43)。吉拉斯强调，“一个阶级可以根据所有权所给予它成员的物质及其他方面的特权标志出来”，而对于苏联的新阶级成员而言，这种特权就是行政特权，“这类特权从国家行政和经济企业的行政一直伸展到体育、慈善机构的行政……领导地位就包含着特权”，作为这种特权的一种最直接的体现，“工人和党的工作人员的薪金有天渊之别”（德热拉斯，1963：40-41)。

尽管吉拉斯的这本著作主要还是一种政治性批评而非严格的学术著作，我们也未必完全赞同他的政治立场，但依然认为吉拉斯提出的“新阶级”概念，对丰富20世纪世界范围内社会分层与新中产阶级理论学说，具有一定价值。特别是受到管理革命理论的影响，吉拉斯认为苏联出现的这个新阶级与每个发达社会里都会出现的新的白领阶层和公务人员有某种程度的相似性——这种相似性尤其体现在阶层成员内部的“团体精神”与“生死同命”的阶级意识上（德热拉斯，1963：39)。这说明吉拉斯已经试图从客观标准与主观认同两方面对阶级与阶层的建构提出自己的见解。

四、三次浪潮与三条脉络：“新阶级”的理论经纬

从20世纪世纪初到70年代末，在20世纪的大部分时间里，在描述、分析

与解释世界性的社会结构变迁的各种纷繁复杂的理论体系中，“新阶级”理论产生了广泛而持久的影响。不过严格地说，“新阶级”理论并不是一个成系统的理论体系，首先是因为作为核心范畴的“新阶级”是一个内涵外延都十分复杂的概念。尽管有无数学者明确使用这个概念，但他们指代的阐述对象各不相同，几乎不存在同质性。正如塞勒尼所言，不同时期、不同学科和不同立场的学者对究竟什么是“新阶级”，甚至是否真的存在这样一个“新阶级”都存在极大的争议（Szelényi & Martin，1988：647）。其次，迄今也没有文献能够明确梳理出有关“新阶级”的理论谱系。1979 年，美国历史学家和政策分析家、哈得逊研究所（Hudson Institute）前研究员布里格斯邀请包括贝尔、彼得·伯格、李普塞特等著名学者在内的各领域专家以新阶级为主题，撰写了十余篇论文，汇编成《新阶级?》一书，这也是目前为止对“新阶级”最详备的著述。即使在这本书中，贝尔仍然坦言，“新阶级”依旧是一个模糊不清的概念，它最多只是不同学者从同一个核心概念展开的一系列描述和解释（Bell，1981：169）。

尽管如此，我们依然认为，“新阶级”诸理论并非天马行空，不可捉摸。正如布里格斯所言，“新阶级”概念的产生，有其特定的社会历史背景，那就是 20 世纪以来的经济结构特别是职业结构的新变化，以及与此紧密相连的政治、社会、文化观念的变化（Briggs，1981：ix）。在贝尔看来，这种变化体现在：其一，由于经理成为组织的控制者而出现的工业企业的变化；其二，由于国家官僚政治的发展和政治上专家官员的兴起而出现的政治制度的变化；其三，由于工业无产阶级的缩小和新技术专家阶层的扩大而出现的职业构成的不断变化（Bell，1999：99）。与之相应的，“新阶级”概念在西方理论界主要有以下三种意义：

其一，“新阶级”指随着“管理革命”而兴起的职业经理人阶级。

其二，“新阶级”指随着科层制的确立而在官僚体系中占据主要领导地位的职业官僚和公务人员。前社会主义阵营国家的学者主要在这个层次上使用“新阶级”这个概念。

其三，“新阶级”指凭借其教育背景和专业知识而获得相应的社会地位，并可能会在未来获得统治地位的知识分子阶级。

不难看出，所谓“新阶级”，其外延大致与在 20 世纪逐步展现身影的新中产阶级的轮廓一致。所以我们可以说，一方面，所谓“新阶级”这棵理论之树上的每一个果实，大致都是围绕新中产阶级而生的，新中产阶级就是“新阶级”理论的主要论述对象；另一方面，“新阶级”理论几乎囊括了新中产阶级各个发展阶段与各个层面的论述，甚至可以说它就是一种“新中产阶级理论”。

在整个20世纪里，围绕着“新阶级”理论，始终众说纷纭，纷争不断。大体而言，这些理论对“新阶级”的分析围绕三个向度展开：权力中介、阶级结构与阶级意识。尽管“新阶级”理论家们或多或少都涉及这三个方面，但在不同的历史时期，显然各有侧重，由此形成了塞勒尼所谓的“新阶级理论的三波”（Szelényi & Martin，1988：651－657），即20世纪前20年的知识分子无政府主义理论（the anarchist of the intellectual class），20世纪30—50年代的技术官僚阶级理论（the technocratic-bureaucratic class theories）和20世纪70年代的知识阶级理论（the knowledge-class theories）。

正如上文所言，巴枯宁首创了“新阶级”这个概念。他与当时一批奉行无政府主义的学者如波兰人马查斯基等都对知识分子在未来社会中扮演的角色充满怀疑。他们认为，一方面，政府对现代国家正常运行所需的各种复杂知识体系的需求不可避免地会导致拥有这些知识的学者地位的上升，并最终形成他们的统治；另一方面知识分子也希望利用工人阶级运动为自己争取政治权力。因此，作为第一波“新阶级”理论的倡导者，无政府主义学者把眼光更多地放在知识分子身份及其权力“中介”的性质上。

托洛茨基是开启“新阶级”理论第二波的主要代表。直到20世纪70年代，托洛茨基式的“新阶级”理论在不同政治立场的角度对学者们理解新中产阶级的性质和发展方向都产生了非常深远的影响。不过有意思的是，在托洛茨基自己所属的“共产主义阵营”，关于“新阶级”理论的讨论既带有过分强烈的政治意味和意识形态色彩，研究对象又过分拘泥于一个国家（苏联），很大程度上限制了理论视角的客观性和解释效力。反倒是在以美国为代表的“资本主义阵营”，托洛茨基的“新阶级”理论影响更大、意义更深远。其中最典型的代表就是我们已经重点阐述过的伯恩海姆。如果我们对伯恩海姆的考察仅限于他的著作本身，那么无疑会低估他在“新阶级”理论谱系中重要性。伯恩海姆的著作本身至少在“马克思主义—托洛茨基主义”、凡勃伦式的美国经济学和具有鲜明欧陆色彩的“精英统治理论”三种学术源流中汲取了营养，实际上，在某种意义上，伯恩海姆这本著作标志着不同“阵营”学术对“新阶级”问题沟通的开始。在美国，自20世纪30年代开始，一批托洛茨基的追随者曾经掀起过声势壮阔的“托洛茨基主义运动”。作为该运动的领导人之一，伯恩海姆继承了马克思—托洛茨基以来对资本主义历史命运的基本看法，认定资本主义必将走向，而且正在走向衰亡。1940年托洛茨基死后，美国的托派主义者内部发生了思想分化，作为以沙赫特曼为代表的修正宗派的主要支持者，伯恩海姆又对马克思，特别是托洛茨基对西方世界阶级变迁的基本判断有所质疑，他坚持认为未来社会是不同于资本主义和社会主义的“新型社会”，也就是一个“管理社会”。这种对立统一是伯恩海姆理论的首要来源。通过以上论述，我们不难发现，二战前，在苏联和美国这两个政治、经济制度迥然不同的国家里（当然那时它们在政治上还没有形成战后那样严重的对立），人们对一个没有所有权、却因为自身的专业技能而日益崛起的“新阶级”的出现，都显示了浓厚的学术兴趣，尽管在价值层面上双方的判断似乎截然对立。而成名于二战时期的伯恩海姆及其著作的意义，正在于一方面他是一位前托洛茨基主义者（Szelényi & Martin，1988：654），另一方面他又深深受到凡勃伦的影响（周晓虹，2005c：13），从而沟通了两个学术谱系。事实上，也正是伯恩海姆开始明确地提出“管理革命”是一种世界性的现象。

第二波“新阶级”理论的余波，一直持续到大约 20 世纪 60 年代中期。相比此前，学者们对“新阶级”的关注更富学理性，也更具社会学的味道。这一时期，关于以下这一点，几乎所有的“新阶级”理论家都保持了一致，那就是：随着社会经济基础的转变而发生的社会结构的变化，是权力阶级发生变化的根本原因。他们关注的焦点，开始集中在“结构性地位”（structural position）上。在描述了“新阶级”逐渐崛起的现象后，这一时期的学者们试图找到隐藏其后的结构性和功能性的原因。

自 20 世纪 70 年代初期开始，“新阶级”理论进入它的第三波，这个历史时期一个明显的特点，是价值判断上“左翼涌动”与“右倾回潮”现象的同时存在——而在此前的 20 世纪 30—60 年代的大部分时间里，持续高涨的世界性左倾思潮影响着对“新阶级”的价值评判。社会主义阵营学者对日益脱离人民群众、攫取统治地位的“新阶级”的批判自不待言，即使在西欧和美国，我们从法兰克福学派——从弗洛姆、马尔库塞、阿多诺到早期哈贝马斯——对现代资本主义、法西斯主义和斯大林主义的“总批判”中，也可以发现他们对“新阶级”质疑的学术目光和犀利的批判话语，以上所有这一切，在 1968 年前后汇聚成声势浩大的左翼学生政治运动和思想运动。

可是，到了 20 世纪 70 年代，特别是进入 80 年代以后，随着新保守主义在经济思想领域逐渐占据统治地位，它们对“新阶级”理论话语倾向的主导开始显现，用塞勒尼的话说，“新保守主义有了自己的‘新阶级’理论”（Szelényi & Martin，1988：655），在重新提倡私有化和鼓吹市场绝对作用的新保守主义者那里，“新阶级”逐步占据领导地位，是现代民主社会基本价值的基础所在。

上述两种倾向交织的端倪，是在 1967 年开始初步显露的。在西方社会科学界关于阶级与阶层问题的讨论方兴未艾的 20 世纪 60 年代，“1967” 这个年份显得格外醒目：这一年里出版的几部重要著作从不同方面讨论了有关“新阶级”的话题，使得这个问题再次成为学术界乃至社会关注的焦点。

在这一年，加尔布雷思反思了他早年提出的作为一个整体的“新阶级”的概念，并且用《新工业国》中的两个精英人群取而代之。加尔布雷思最早提出“新阶级”的概念是差不多 10 年前。在他的第一本畅销书《丰裕社会》中，加尔布雷思专门花了一章介绍了由职业人员和管理人员组成的美国“新阶级”（Galbraith，1984：255－267）。[①] 加尔布雷思没有以教条的马克思主义观去“论证”这个新中产阶级的存在，而是提出一个与此相关却又发人深省的问题：为什么它长期存在却未被人注意？加尔布雷思给出的解释是，其原因就在于“社会科学领域内一个最古老的混淆”，那就是认为“所有工作——体力的、脑力的、艺术性的或管理性的——本质上都是相同的”。而在加尔布雷思看来，对大多数人来说，工作是劳累单调的，至少不是一件乐事，只有对“新阶级”来说，他们的工作是有创造性和重大意义的，职业带给他们的乐趣，正是“新阶级”最重要的赖以建立认同的基础之一。加尔布雷思回溯了新中产阶级的历史进程，“在过去一百年甚至在过去二三十年中，‘新阶级’的队伍已大为增加。在 18 世纪 50 年代的美国，人数不可能超过几千人。而目前的人数（主要按工作职位识别，而不以收入为凭）无疑将以百万计”，基于此，加尔布雷思断定，这种“新阶级”代表着绝大多数美国人渴望得到的社会等级，它的进一步迅速扩充，应该成为这个社会的主要目标，而教育则是实现这个目标的主要手段（Galbraith，1984：260－263）。到了 1967 年，在《新工业国》一书中，加尔布雷思进一步将早年提出的“新阶级”群体细分为两类：“技术专家阶层”与“科教阶层”（加尔布雷思，2012）。技术专家阶层拥有庞大的人群，“上至公司之中级别最高的管理人员，下至其职责或多或少只是机械地执行上级指示或者处理日常事务的白领和蓝领工人”（加尔布雷思，2012：68），这所有人形成的组织，已经取代企业家成为经济生活的指导力量。而科教阶层，顾名思义，就是广义上的知识分子阶层，或者用加尔布雷思的话，“一个由教育机构所组成的社会网络”（加尔布雷思，2012：267）。随着美国现代工业的蓬勃发展，社会经济水平持续提高，教育进一步普及，技术专家阶层与科教阶层关系日益密切，尽管存在着潜在的竞争与冲突，但正如技术专家阶层在商业世界和经济生活中日益占据主导地位一样，科教阶层“作为政治机

① 在本书第六章中，我们还将对加尔布雷斯的“新阶级”理论做进一步的详细阐述。

构的延伸在发挥着巨大的公共影响力”。这两个阶层彼此交织，他们的外延与战后美国新中产阶级基本重合。

同样是在1967年，当加尔布雷思“大谈特谈新中产阶级所拥有的舒适与特权时”（罗宾斯，2002：205），左派学者、律师贝兹伦则在他的著作《在美国的权力：新阶级的政治》里，对新中产阶级做了另外一番解读（Bazelon，1967）。与加尔布雷思不尽相同的是，在贝兹伦看来，受过良好教育的新中产阶级除了他们的“智力资本”——也就是在教育中获得的知识技能——之外别无他物，与那些拥有诸如土地、工厂、资本等大量资源的实权人物相比，新中产阶级本质上还是雇员，只不过他们拥有能左右自己工作、事业的些许权力而已。当然，贝兹伦与加尔布雷思都赞同一点，即新中产阶级并非“纯粹的工人”，因为他们有智力资本可以交易，他们的境遇，无论物质抑或社会地位都要比传统的雇员阶层好得多。按照这种界定，新中产阶级包含了一个内涵与外延都很广泛的谱系，包括“其经济地位基于教育之上的每个人，以及每个在组织中有优越地位且薪水可观的非资产拥有者”（转引自罗宾斯，2002：207）。贝兹伦书中另一个值得关注之处在于，他已经提出新中产阶级的政治取向并预测了其即将对整个西方世界产生的影响，他总结说，不管新中产阶级究竟是一个完全崭新的阶级，抑或只是原先工人阶级中受过教育的那部分人，他们已经跨入一个全新的社会活动时代。昔日的工人阶级为了生计而忙碌，而新中产阶级已无衣食之忧，他们已自发地为了更崇高的目标而努力——为了和平，为了性别平等乃至为了全世界被压迫人民的解放（罗宾斯，2002：208）。

到了1977年，激进的美国社会学家古尔德纳在华盛顿大学主持了一次研讨会，讨论了有关于“新阶级”的16个论题。两年后，古尔德纳将这16个论题整理成《知识分子的未来与新阶级的兴起》一书，系统地论述了他的“作为一个新阶级的知识分子”理论。从整体上考量，作为英语世界最重要的知识社会学学者之一，古尔德纳以知识社会学为主要范式，以知识分子为主要关注对象，以意识形态为论述中心，形成关于知识与知识分子的一套完整的理论体系（Fuhrman，1984；Szelényi，1982：779），而“知识分子新阶级论”则是这个理论体系的主要支柱之一。古尔德纳关于此的核心命题，就是所谓的“新中产阶级”本质上是一个由知识分子构成的“新阶级”。在关于社会阶级与阶层讨论方兴未艾的20世纪70年代，古尔德纳的“知识分子与新（中产）阶级论”以其独树一帜的理论视域在西方学术界曾引发极大反响，其影响迄今不绝（周宪，2004）。

如同前两波“新阶级”理论浪潮一样，20世纪70年代以来的第三波新浪潮也有其侧重考量的对象。其一，体现在对正在发生变化的知识的“本质”的关注和揭示。或者说，古尔德纳和他的同道们认为，存在一种“新型的知识”，这在古尔德纳那里被称作“文化资本”（cultural capital），在其他学者那里它有时也被称作“反抗文化”（adversary culture）。这种知识的最大特征在于，它与经济资本、政治力量一样，可以为拥有者带来权力，而未来社会的发展趋势，正是由掌握“知识”的人掌控社会权力。其二，特别是在古尔德纳那里，“阶级意识”对于一个正在形成中的新统治阶级而言，显得异常重要。古尔德纳把知识分子新阶级的这种意识称作“批判话语文化”（culture of critical discourse，CCD），认为这是“新阶级”保持自身特征与权力性质的最重要因素。

根据以上论述，我们大致可以看出 20 世纪初以来“新阶级”理论的发展脉络和不同时期的特征。在塞勒尼等人看来，上述每个发展时期的“新阶级”理论都是不完善的，都有各自的侧重点，可以总结为表 4—1。

表 4—1　“新阶级”理论简表

	权力中介	结构性位置	阶级意识
知识分子阶级（20 世纪 20 年代）	+++	++	+
技术官僚阶级（20 世纪 30—50 年代）	++	+++	+
知识阶级（20 世纪 60—70 年代）	++	+	+++

注：十号越多，表明重视的程度越高。

资料来源：Szelényi & Martin，1988：657。

从横向看，大体而言，“新阶级”的理论有三条理论脉络：其一，肯定其价值，认为它的产生对社会进步产生推动作用；其二，视其为社会发展的阻力；其三，认为其出现是不可避免的（Briggs，1981：10）。

第一种思想倾向的源头可以追溯至圣西门。众所周知，法国大革命后，西方社会面临着重建权威以维护社会公正的问题，与 18 世纪很多启蒙思想家不同的是，圣西门并不认为普通大众都有接受启蒙的可能，因此必须通过一个精英阶层来实现社会的再造。终其一生，圣西门都认定，科学是解决社会问题唯一的“宗教信仰”，精英阶层之所以可以充任领导角色，最重要的原因是他们的教育背景——这使得他们与那些对科学这种“新宗教”懵懂无知的芸芸众生区别开来，并由此被赋予崇高的历史使命。

作为圣西门的助手，孔德在很大程度上继承了他的思想。孔德更强调科学的力量。在政治层面上，孔德更强调国家的掌控，反对自由放任的无政府主义者的主张——他甚至为一个联合的欧洲国设计了一面旗帜。当然，孔德也强调受教育的精英阶层在秩序重建过程中的重要性。

20世纪以后，上述思想在费边主义者那里，在专家治国论者那里，在改良主义者那里，在20世纪30年代的美国自由主义者那里，逐渐演化成了一个体系，其基本信条包括相信科学技术的必然发展，强调在经济、政治、社会等各层面运用科学与理性的益处，反对自由放任的竞争，强调有目的的、有秩序的统一的改革，要求改良，而不是革命性的剧变。对他们而言，实现其目标最重要的手段，就是教育。在二战前，持“科学管理论”的代表，如伯利就深受这种思想体系的影响，在伯利那里，大企业的掌控者，已逐渐转变为职业经理——他们是有着良好教育背景的专家，而不是那些名义上的“所有者”和股东。伯利的理论在战后的美国得到充分发展，其继承人中就有德鲁克。

自巴枯宁以来的“新阶级”理论则开创了在价值判断上几乎与上述观点完全对立的理论脉络。正如前文所言，巴枯宁、马查斯基、托洛茨基等人对那些“伪装”成学者的新的专制统治阶级充满了厌恶。20世纪30年代，奥地利人诺曼德从理论上深化和扩展了马查斯基等人对“新阶级”的看法，其中最重要的一点，就是诺曼德第一次将知识新阶级区分为“体制内的”（ins）和“体制外的”（outs）两部分（Briggs，1981：12－13）。前文中我们已经论述过，30年以后，诺曼德的这个观点被加尔布雷思、克里斯托等人继承，不过，与后者的乐观形成对比的是，诺曼德对这两个人群都充满疑虑：体制内的人，固守既得利益，保守不前，反对推动社会进步的变革；而体制外的人，既不满于现状，又受到种种现实阻碍难以实现向上的社会流动，其结果就是投向各种激进运动乃至法西斯主义的怀抱——20世纪20年代末世界性经济危机后欧洲中产阶级在政治上对法西斯主义政党的大力支持，为诺曼德提供了最有力的证明（在同样主题的论文中，拉斯韦尔所持观点也受到诺曼德的影响，参见Briggs，1981：14）。而更令人忧虑的情况出现在苏联——在这一点上，诺曼德回到了巴枯宁和托洛茨基，却又比他们更悲观。此后，20世纪40年代在伯恩海姆那里，50年代在吉拉斯那里，我们都能够看到这种忧虑和悲观的影子（Binkley，1969：70－71）。

此外，19世纪由马基雅维利“三剑客”帕累托、莫斯卡、米歇尔斯共同开创的“精英统治论”，尽管没有直接涉及我们这里论述的主题，但是其中关于“精英”“阶级”“权力精英”“统治阶级”等范畴的观点和思维逻辑，在20世纪关于“新阶级”的理论诸家那里也产生了不小影响（Briggs，1981：15；周晓虹，2002a：204－210）。

至此我们从横向（价值取向上的）和纵向（历时的）两个方面大致梳理了绵延将近一个世纪的有关“新阶级”的理论脉络。从早期带有浓厚政治色彩的“新阶级”理论到20世纪中期不同意识形态下的学者对“新阶级”及其历史命运的不同阐述，最终，正如前文所言，这些对一个新的社会阶级阶层的关注，在古尔德纳那里得到汇总。塞勒尼认为新阶级理论与《知识分子的未来与新阶级兴起》是“古尔德纳主义”的激进的知识社会学的最高成就，甚至也是“20世纪60年代末70年代初对社会学理论新动向的唯一综合”（Szelényi & Martin，1988：645）。在考察西方中产阶级本质特征的各种理论中，“知识分子新阶级”理论已成为主要视角之一，而古尔德纳则是这个观点的“新阶级”理论最主要的代表人物，鉴于其理论地位的重要性，我们将在第六章中进一步评介他的“知识分子新阶级”理论。

第五章　新中产阶级的历史实践

一、一战与“大萧条”：新中产阶级的顿挫与踯躅

1. “大萧条”：新中产阶级梦魇的开始

在20世纪的入口处，镌刻着赫尔方德的这样一句话：

> 资本主义经济在科技领域、金融市场、商业和殖民地等方面，已经成熟到世界市场必须极度扩张的程度。整个世界的生产，将提升到一个新的、更包容一切的层次。在这个时候，资本便开始进入一个剧烈增长的时期（霍布斯鲍姆，1999a：29）。

确实，从19世纪90年代到一战前夕，全球经济管弦乐队一直演奏着繁荣的大调。随着资本主义的剧烈增长和企业结构、组织与管理的变化，新中产阶级一直处于蓬勃旺盛的发展之中，随着收入水平的不断提高和一种“中产阶级生活方式”的出现，无论在自我认同还是社会意识方面，“新中产阶级分子”们都在满怀自信地跨入“成功者”的行列，他们开始被视为社会的核心阶层之一。

然而很快，西方社会，特别是欧洲新中产阶级的这种自信，被随之而来的两个席卷世界的事件吞噬。首先是在第一次世界大战这场空前的浩劫中，老中产阶级风雨飘摇，奄奄一息。到了20世纪20年代末，战争的阴影还没有因为短暂的经济繁荣而消弭，一场更大的浩劫悄然登场。紧随战争而至的这场灾难，对于整个人类社会产生了怎样的影响？历史学家做过这样的假设：“世界经济如果不曾大崩溃，希特勒肯定不会出现。十之八九，也绝对不会有罗斯福这号人物。至于苏维埃的经济体系，就更不可能与世界资本主义匹敌，对后者构成任何真正的威胁。”相比之下，“一战中，世界上有很大一片地方的人民，跟大战的炮火与革命的巨浪距离极为遥远，丝毫未受波及……可是第一次世界大战之后的经济危机，却是地地道道的全球大灾难，至少在全然依赖非个人性市场交易制度的地区，人

人都无法逃离这场风暴”（霍布斯鲍姆，1999b：123－124）。以至于由此英语世界产生了一个令历史学家和经济学家触目惊心的专有名词：“大萧条”（Great Depression，1929—1933）。

这场经济激变，几乎等于世界资本经济的全面解体。整个经济体系，都牢牢锁在恶性循环当中，任何一环经济指数出现下落的现象，都使其他指数的跌落更加恶化。美国、德国这两个一战后发展最迅速的新兴工业国在1929—1931年间的工业生产额平均跌落了1/3左右。而这仅仅是平均值，某些特定行业的巨大损失甚至根本无法统计。农林业也发生重大危机，粮食及原料价格无法再靠库存维持，开始直线滑落。茶和小麦的价格一下子掉了2/3，丝价则跌了3/4（霍布斯鲍姆，1999b：131）。

经济萧条的直接后果就是失业。当时失业率的范围之广、时间之长，出乎任何人的预料。在经济大衰退最严重的两年里（1932—1933），英国、比利时两国的失业率为22%～23%，瑞典为24%，美国为27%，奥地利为29%，挪威为31%，丹麦为32%，德国更高达44%以上。同样令人注目的是，即使在1933年稍有恢复之后，30年代的失业率也始终不见显著好转，英国和瑞典一直保持在16%～17%左右，奥地利、美国及北欧其余国家，失业率则始终维持在20%以上。历史学家甚至沉痛地说，在整个“大萧条”时期，失业率是“唯一不曾下落的经济指标，并且，在一次又一次地推往天文数字”，西方唯一成功解决失业问题的国家，只有1933—1938年的纳粹德国（霍布斯鲍姆，1999b：131）。

大量的失业对工业国家政局造成最严重的打击，而在社会各阶层之中，首当其冲的，就是新中产阶级。这在德国体现得尤为明显。作为战败国，德国一战以后，不得不面对整个国家范围的社会和经济的衰落，此时的德国中产阶级，尤其是那些“边缘”或“低等”的中产阶级，经历了20世纪以来的第一次重大的打击。不过，战后十年间，德国的新中产阶级尽管遭受战争重创却没有灰心失望，克勤克俭、努力工作的“资本主义精神”在他们身上再一次焕发出光彩，在为国家瘉合创伤、推动复兴的进程贡献力量的同时，也为自己和家庭积累了可观的物质财富，财富与稳定而体面的工作一起，成为中产阶级信心的柱石。

“大萧条”却在一夜之间，令这柱石倾塌了。

一战以后德国经济的迅速复苏主要依赖大量的对外借款，仅1928年一年里，德国的对外借款总额高达20万亿至30万亿马克，全球资金输出的半数流向了德国。以美国为主要输出国、德国为主要输入国的工业国之间的资金大量流动，成为战后十年间全球性经济景气的最强推手。然而，过分依赖外资输入的经济发展格局，从一开始就奠定了其脆弱的特质。外债中的半数属于短期贷款，这又加剧了德国经济的风险性。它被牢牢地绑在了美国“金融战车”的车轮上，前者的任意一次转向，都可能令后者遭受极大的震荡。1929 年，德国开始尝到苦果。随着美国资金的纷纷撤出，德国陷入空前的困境。

空前可怕的失业，令中产阶级因为看不到未来而陷入恐慌；金融危机又将中产阶级依赖储蓄渡过难关的最后一点希望的泡沫击碎。正如米尔斯的经典解读所指出的，新中产阶级是无产的，在这个群体中，职业是最重要的分层轴线(Mills，1951：65)。对于新中产阶级的成员而言，稳定的职业是他们一切信心与信念的源泉，是他们安身立命的所在，一旦失去，他们立刻会因为巨大的现实危机和心理落差而陷入深深的惊恐之中。对于德国的中产阶级而言，这无疑是梦魇的开始。而对于德国社会历史进程而言，中产阶级的梦魇意味着另一种厄运的开始。

2. 亲和力：法西斯及其中产阶级盟友

尽管许多社会学都认为，中产阶级在社会结构中的中间位置有助于结束社会系统的不稳定性，加强阶级之间的亲和力，但是 20 世纪 20—30 年代的德国的历史事实却为这种说法提供了反例。随着世界性经济萧条的蔓延，以德国为主要代表，作为一个整体的新中产阶级出现了集体“向右”的政治动向。他们发现，自己既不见容于资产阶级，也不见容于劳工阶级，他们一方面对资本主义大工业的扩展感到压抑，另一方面也对工人阶级力量的崛起惊恐万分。这种两头不靠的“中间状况”或“中间阶级的惊恐”（panic in the middle class）终于使他们成为社会民主党理论家西奥多·盖格所说的“法西斯主义的社会基础”。

在德国，纳粹上台以前，执政的社会民主党由于是由各种混杂力量构成的，因此它违心地采取了改良主义战略，即“力图通过在现存制度内的行动来实现社会主义的理想”。在国家政策上的调解通融最终引起职员和知识分子阶层（以及工人）的不满，更严重的是，人们感到政府缺乏决策能力。小资产阶级出身的党员和同情者的增加削弱了社会民主党的活动，并使该党领导人的行动更显得摇摆不定（马斯泰罗内，1990：382）。

而对 1928—1932 年间德国选举情况的数据分析，为理解法西斯主义的阶级基础提供了经验证据。按照塞缪尔·普拉特在 1948 年的统计，在 1928—1933 年的 5 年间，全国性的政党中，以小企业家和白领工人为基础的中间派政党几乎完全崩溃，失去了 80%左右的选票，其中德国人民党的得票率由 8.7%下降到 1.1%，德国民主党的得票率由 4.8%下降到 0.8%，而经济党在 1928 年时还拥有4.5%的选票，到了1933年，他们甚至没有提出候选人。而以上这些政党的支持者——主要包括中产阶级的各个阶层——转而投向法西斯的国家社会主义工人党（NSDAP）。

与此有着惊人相似的趋势的，是另外一类以中产阶级为基础的德国政党，即“联邦主义者”的政党和区域自治的政党，他们的支持者几乎全部转向了纳粹党（Lipset，1981：138－143）。有学者在统计计算后，为我们展示了不同职业中投身法西斯政党的人口比例（见表5—1）（Gerth，1940：525）。

表5—1　　纳粹党员职业分布占比（1933—1935）

职业种类	党员数量		有收入被雇佣者的总数*	
	1933年	1935年	1933年	1933年
体力劳动者	31.5	32.1	46.3	38.5
白领	21.1	20.6	12.5	12.5
自由职业者**	17.6	20.2	9.6	9.6
公职人员	6.7	13.0	4.6	4.6
农民	12.6	10.7	21.1	28.9
其他***	10.5	3.4	5.9	5.9
总计	100.0	100.0	100.0	100.0

*第四列用于证明，纳粹党未能在城市工人阶级中获得与在中产阶级中同样的追随者。在第三列里，农业工人这一群体被划归为“体力劳动者”，而在第四列里，农业工人则被囊括在“农民”一类中，这样一来，“体力劳动者”一类就只包含那些从事非农产业工作的纳粹党追随者，因此城市就占据了支配地位。即便所有这些被纳粹党吸纳为党员的“体力劳动者”都是非农业的，与白领和自由职业者相比，在1933年和1935年中，非农无产阶级的代表数额依旧不足。

**包括熟练技工、专业人士、商人等，不包括独立农民。

***包括家庭服务人员和非农家庭帮工。

该表清晰地显示，在德国不同规模的城市和不同地区，无论是包括“大小企业拥有者和行政官僚”的“上层中产阶级”还是包括“公务员和白领雇员”的“下层中产阶级”，都与纳粹支持者有着高度的相关性（Lipset，1981：146）。而在德国农村，“特别易于受纳粹主义影响的阶级，既不是乡村的贵族和大农场主，也不是乡村的无产阶级，而是小农场主；这个阶层是构成国社党城市支柱的下层中产阶级或小资产阶级在农村的对应物”（Lipset，1981：146）。李普塞特因而归纳出20世纪30年代初德国法西斯拥戴者的理想型：他们是中产阶级自营职业的抗议者，或者生活在农场，或者住在小社区，以前是投中间派政党和地区主义政党的票，而这些政党是强烈反对大企业和大劳工组织的权力和影响的。

“大萧条”以后直至二战爆发，代表中产阶级的政党转而投靠法西斯阵营，并非仅仅出现在德国。在奥地利，主要来自城市中产阶级的自由主义中间派政党人民党的大部分成员在1930—1932年的短短两年间转而加入或者支持纳粹

(Lipset，1981：152－153)。以一个对两次大战期间奥地利议会成员阶级的分析为例：1932年，当选维也纳区议员的国社党员之中，18%是自由职业者，56%为白领阶层、写字间职员及政府公务人员，16%属于蓝领阶级。同年入选维也纳以外5个奥地利议会的纳粹党人中，16%为自由职业者和农民，51%从事写字间职员等职，另10%为蓝领工人（霍布斯鲍姆，1999b：177）。在意大利，法西斯主义在其掌权的大部分时间，代表着反民主的传统主义与中产阶级民粹派权力主义之间的联盟。意大利法西斯主义的许多分析家在中产阶级居住区看到了它的社会根源和意识形态号召力（Lipset，1981：165）。意大利的小财产所有者和佃农，在物质利益、价值观、道德准则上基本属于中产阶级，甚至墨索里尼本人都认为这些人群是法西斯运动的摇篮（Beckerath，1937：135）。而根据墨索里尼提出的“统治党”的思想，法西斯主义是统治党，因为它通过议会中的可靠多数代表着整个国家，由于这种地位，这个统治党将永远是合法的。正因为如此，怀着保障自己的个人安全和平静生活的目的，中产阶级中的许多人，加入了这个统治党（马斯泰罗内，1990：364）。在日本，1920年的数据显示，中产阶级数量为488.5万人，占全部有职业人口的35.1%，其中89.7%是农村小资产阶级（小自耕农）和城市小资产阶级（小工商业者、教师、职员和下级官吏），中产阶级已成为日本社会的重要力量。在20世纪20年代开始的激进的日本法西斯主义运动中，中产阶级同样成为其社会基础，一方面，以军部下层为代表的日本法西斯主义运动的骨干多数出身于中产阶级。1930—1936年民间激进法西斯主义策划的17次恐怖事件的被起诉者中，中间阶级占有职业者的58.4%。另一方面，中产阶级也是法西斯主义者煽动的过激行动的响应者和支持者（李玉，1987：44－46)。甚至在美国也出现了代表利益受损的中产阶级的极端主义表现形式——麦卡锡主义。尽管麦卡锡主义无论在发生时间、宗旨和性质上都与法西斯主义有根本区别，但是，作为一种极端主义的代表，它同样主要以城乡自营职业的中产阶级为基础，也“主要是起因于那些脱离现代社会主流的人的一种不可解脱的挫折感”(Lipset，1981：169－172)。

历史学家对这种20世纪上半期普遍存在的“亲和关系”做过形象描述：“各种右派潮流运动的根源是一股社会小人物的愤怒之情。小人物身处社会之中，一边是大公司大企业的巨石迎面击来，一边是日益升高的劳工运动硬壁挡住去路，两面夹攻之下，小人物一切美梦都告粉碎。即使未曾破灭，那变化中的世界，不是夺走他们原来在社会中占有、同时也深信本身该有的可敬地位，便是剥夺了他们觉得在这样一个动态变化的社会中自己有能力、有权利取得的身份地位。”（霍布斯鲍姆，1999b：173)

3. 亲缘关系：半个世纪的理论系谱

法西斯运动自刚刚萌生开始，其阶级基础和基本性质就成为吸引社会学家和政治学家广泛注意的问题。前文提到，20 世纪 30 年代由盖格提出的“中产阶级构成了法西斯主义的社会基础”的观点成为早期最流行的解读视角之一。在这种解释里，法西斯主义代表了那群同时受到资本主义工业扩张和工人阶级权利增长威胁的中间阶层的反动主张。法西斯主义将那些既反对大产业资本家又对有组织的工人群体抱有敌意的人群纠集起来，宣称自己代表了除资本主义和社会主义以外的第三条道路，它向中产阶级允诺通过建立一个全能的党团主义国家从而保护他们的社会地位（Burris，1995：35－36）。

意大利是法西斯主义最早兴起的国度，因此早在盖格之前，意大利学者就发现并分析了法西斯主义与中产阶级的亲缘关系。1923 年卢奇·萨尔瓦托里首先提出，法西斯主义的兴起反映了介于资产阶级和无产阶级之间的“小资产阶级”与前两者之间的阶级斗争状况（Burris，1995：36）。

后来，另一位意大利学者同样以 20 世纪 20 年代的意大利为例，从另一个向度论述了中产阶级与法西斯主义亲缘关系的原因。他将意大利社会区分为“市民社会”（中产阶级是其中坚力量）和“政治社会”，前者是工业革命的结果，后者是 19 世纪制度的产物。一战以后，由意大利职业政治家组成的“政治社会”竭力在市民力量和国家机构力量之外发挥调解作用；而事实上，“政治社会”力图在政治上大权独揽，包揽决策的制定和实行，而不太关心“市民社会”和国家各机构是否出现什么问题。这样，议会制度在意大利出现危机，因为在市民社会、政治社会和国家之间失去了分工。危机的加剧为任何一种能够聚集足够势力来克服政治社会的停滞状态的运动创造了政治空间。这样的政治危机伴随着经济危机，导致了农村的（中小）有产阶级与城市的（中小）有产阶级之间、地主与工厂老板之间、银行存款者与雇佣劳动者之间形成了利益的一致。原有的政治力量无法调和政治社会与市民社会的分裂，结果被法西斯主义所取代（马斯泰罗内，1990：362－363）。

到了 20 世纪 30 年代早期，像盖格这样的社会民主理论家们对这一理论加以改造并用以说明德国法西斯主义的本质。他们认为，所谓“国家社会主义”，是新老中产阶级的一次“自治运动”（autonomous movement），它导致了与资本和劳工对立的“第三种势力”。在 1933 年以后，它被吸收为纳粹的社会民主理论，并形成了法西斯将权力解释为“小资产阶级专政”的理论基础（Cole，1960：5）。

共产国际的共产主义理论家们同样强调法西斯运动的中产阶级实质。根据

1935年在共产国际“七大”上季米特洛夫所阐述的官方观点，法西斯势力代表了“金融资本中最反动、极端民族主义和帝国主义特征最强烈的因素”。在共产国际看来，作为法西斯运动主要参与基础的中产阶级，其实与食利阶层和大地主没什么两样。而共产主义理论家更认为中产阶级对于法西斯主义的兴起具有重要意义。葛兰西和蔡特金都认为法西斯主义起源于小资产阶级的大众自治运动，而不是像共产国际所认为的那样，只是简单的资产阶级阴谋。而对于托洛茨基来说，尽管他认为只有获得资产阶级的支持，法西斯运动才有可能攫取权力，而一旦它攫取了这种权力，它就成为垄断资本家而不是中产阶级的利益代表，但是他还是强调小资产阶级在法西斯谱系中扮演关键角色（Wistrich，1976）。

也许马克思主义者对法西斯崛起的最著名的论述是法国托派格林1936年的著作《法西斯主义与大商业》。格林把导致法西斯主义盛行的主要原因归结为资产阶级的背叛，同时他也强调，如果没有以那些对现状不满的中产阶级的支持为基础，法西斯主义也不会发展起来。格林明确地把白领雇员纳入法西斯主义的社会基础之中：

> 因为受到雇主那种所谓的备受尊敬的虚假意识的灌输，白领工人也对产业工人充满敌意。他们对后者比自己高的收入充满嫉妒，并试图用各种方法将自己与后者区隔开来。他们不理解无产阶级要消灭阶级的主张，他们往往为能否获得虚幻的阶级特权而焦虑不安。因为害怕跌入身后那“无产阶级化”的深渊，一方面他们不会对社会主义体制抱有任何同情；另一方面，他们时刻准备着听从那些能拯救他们命运的力量的召唤（Guerin，1973：47）。

在格林看来，薪金雇员与那些城乡小资产阶级一道，成为法西斯势力的骨干。

1933年，拉斯韦尔的一篇关于法西斯主义和中产阶级关系实质的文章被介绍到美国社会科学界。在这篇著名的题为《希特勒主义的心理学》的文章中，拉斯韦尔将“国家社会主义”定义为“中产阶级下层的绝望反应”：

> （希特勒主义）是发轫于19世纪末的一场仍将继续下去的运动。从物质上说，设想小店主、教师、传道士、律师、医生、农场主和手艺人在本世纪末比本世纪中期过得更糟是不必要的。但是，从心理上说，下层中产阶级由于工人和上层资产阶级的组织、政治联盟和政党占据了舞台的中心而日渐失去光彩。下层中产阶级的这种心理失落加剧了其成员人格中的情绪震荡，从而肥沃了中产阶级借以报仇雪恨的各种大规模抗议运动的土壤（Lasswell，

1933：374）。

中产阶级的下层同时被工人阶级和上层阶级的阴影笼罩者，试图进行报复。在拉斯韦尔看来，国家主义和反犹主义特别适用于小资产阶级的不安全感。“当发现自己受人尊重的地位正变得岌岌可危，而经济上可获得的机会日益减少时，中产阶级的成员们迫切地希望找到让他们全情投入的新目标和发泄愤懑的新对象”（Lasswell，1933：375）。而反犹主义，不仅为小资产阶级的种族竞争观提供了合理化依据，也为中产阶级发泄他们对无产者和资本家的怨恨提供了渠道。而更重要的是，拉斯韦尔认为中产阶级对法西斯主义的友善来自资本主义工业社会固有的趋势，即使中产阶级经济地位改善了，这种趋势仍将继续影响这个阶级（Lipset，1981：132）。

由于拉斯韦尔在美国政治学界的崇高威望，加之这是美国学界最早的、对法西斯主义与中产阶级的亲密关系进行系统分析的论述，所以在此后相当长的时间里，拉斯韦尔的这个命题成为研究法西斯社会基础的基本范式。此后我们会看到，有关这个主题，无论从政治社会学角度深入讨论的李普塞特，还是从社会心理学角度切入的赖恩和弗洛姆，多多少少都受到拉斯韦尔的这个理论预设的影响。

两年以后，经济学家和历史学家萨波斯在一篇文章中也提出了与拉斯韦尔类似的观点（Sapoos，1935）。萨波斯特别强调法西斯主义与此前的中产阶级激进主义之间存在某种联系。在萨波斯看来，中产阶级就是“由商人、手工业者和农民组成的独立的小资产所有者阶级”，“他们的理想是成为独立的、拥有少量财产的阶级。这种社会成分，现在叫做中产阶级……它提倡一种承认私有财产、利润和竞争的制度，但其基础完全不同于资本主义所拥有的基础……正是从这一点出发，它反对大企业，或者反对现在通称为‘资本主义’的东西”（Sapoos，1935：397）。也就是说，从一开始中产阶级就反对那些大资产者。他们的口号是打破垄断、对富人课税，从而保证财富的合理公平的再分配。萨波斯把受这种情绪主导而形成的中产阶级的基本意识形态称为“民粹主义”（populism），民粹主义一方面反对资产阶级，另一方面也反对工人阶级的基本意识形态社会主义。社会主义主张经济生活的集中化，以及对大工业的社会主义改造，而民粹主义则反对这种经济上的集中化，希望对私人财产和利润进行改革、调整而非没收，这是一种“可怕的力量”。在萨波斯看来，在20世纪30年代初那种紧张的社会环境与混乱的经济环境之中，正如共产主义是社会主义的极端表达形式一样，法西斯主义也代表了“中产阶级主义”或民粹主义的极端情绪（Sapoos，1935：395－400）。

在主张法西斯主义本质上是一种中产阶级运动这一观点的理论诸家之中，法兰克福学派的弗洛姆和纽曼同样具有很大的影响力。20 世纪 30 年代后期，弗洛姆出版了他的名著《逃避自由》，该书肯定并且深化了此前由拉斯韦尔提出的观点："那些由小业主、手工业者和白领工人组成的中产阶级下层群体是纳粹意识形态最热烈的拥护者。"（Fromm，1941：242）

弗洛姆这种认为纳粹运动本质上是一场中产阶级和下层中产阶级社会运动的观点，在纽曼那里也得到赞同。在此后著名的"身份冲突"理论中，纽曼特别强调作为法西斯支持者和重要组成要素的白领雇员们那种充满矛盾的位置："众所周知，在任何一个工业化国家里，中产阶级数量的增幅都要超过产业工人，不过，前者的薪水增幅却没有后者快。另一方面，中产阶级对社会声望的渴求和自我认同，与他们的经济地位又是如此的不相匹配。这种巨大的落差，形成中产阶级身份与人格的某种分裂，进而成为纳粹产生的温床。"（Neumann，1951：vi）

二战以后，上述法西斯主义与中产阶级关系的论点，在美国主流社会学家那里再次获得认同。帕森斯、康豪斯都分别论述过相关问题。20 世纪 50 年代，作为政治学家的李普塞特在考察这个相同问题的时候，一方面特别承继了拉斯韦尔和萨波斯以来的理论脉络，另一方面从过度评价经济危机与世界大战那一段特殊历史时期的特殊影响力的局限中抬起头，把目光投向更宏观和更长时段的"社会结构"中去。在初版于 1960 年、此后又多次增订的《政治人》中，李普塞特开始尝试着用不同的视角看待法西斯主义与中产阶级的关系。在李普塞特看来，这两者的亲密关系绝非经济危机与社会危机下的偶然现象，而是一种结构性的必然（Lipset，1981）。

当然，在拉斯韦尔以后流行于西方学术界数十年的观点，在二战以后也在不同程度上受到经验研究的质疑和修正。有些质疑者认为，相对于新中产阶级而言，法西斯主义在老中产阶级，也就是小资产者那里更有市场。戈斯认为，在所有的职业群体中，独立经营的小资产所有者是对纳粹支持率最高的一类（Gerth，1940），卢米斯和普拉特等人的经验研究，为戈斯提供了实证证据（Loomis，1946；Pratt，1948）。40 多年后，查德斯编纂的研究成果又重申了戈斯的观点（Childers，1986）。另有一些学者支持新中产阶级是法西斯主义社会基础的观点，不过他们认为，与其说这种基础主要来自盖格、拉斯韦尔所谓的"下层中产阶级"，不如说是来自"上层"。不过，与其说这些修正否定了"中产阶级是法西斯主义社会基础"的理论框架，毋宁说它们只是在这个框架内部进行的细化和调整。

4. 社会的？心理的？抑或另一视角？

在揭示中产阶级与法西斯主义亲密关系背后深层次原因的论述中，李普塞特与赖希代表着两种典型的考察视角。前者代表着政治学的、结构性的出发点，后者的精神分析学家身份决定了其从人格和心理的角度出发的考察视点，而弗洛姆则试图寻取一条居中的道路。

按照韦伯以来社会学家关于社会分层的一般观点，结构性地存在着上、中、下三个最主要的理想型，在西方社会，这三个阶层分别以上层阶级、中产阶级和劳动阶级为代表。每个阶级都必然存在各自独特的政治表现和由此产生的政治意识形态——这也是确定其阶级归属的重要依据。在不同的政治和历史环境下，每个阶级都会采取一种或温和或激进的意识形态。劳工阶级温和的和激进的意识形态分别是社会民主主义和共产主义；上层阶级温和的和激进的意识形态分别是保守主义和右翼激进主义；而中产阶级温和的和激进的意识形态则是自由主义和法西斯主义（Lipset，1981：127－129）。

在这个理论前提的基础上，李普塞特批评了此前关于此的两种解释。一是学者们一向强调的“经济危机是中产阶级向纳粹倒戈的根本原因”。很明显，按照李普塞特的观点，法西斯主义与中产阶级的亲密关系，是社会分层进而各阶层政治行为与政治意识互动的必然结果，甚至在某种意义上，正是中产阶级的推动，才使得法西斯运动在20世纪上半叶有如此大的能量兴风作浪，而所谓的“经济危机”与“社会危机”，充其量不过是导火索而已，绝非决定性因素。

二是存在“一个”还是“两个”“政治意识连续谱”的问题。在李普塞特看来，1917年（这是十月革命爆发的年份）以来的政治学家们的一个普遍观点，存在着极大的偏差，那就是，只存在一个政治意识的连续谱，在这个谱系上的左右两个极端，分别书写着“共产主义”和“法西斯主义”的名字，而在这个谱系的中间，则始终顽强地飘扬着“民主”的旗帜，它始终代表着资产阶级革命以来一直被视为社会稳定中坚的中产阶级的利益。而在李普塞特那里，这种只有单一的谱系的观点，将原本应该属于两个脉络的政治意识相混淆了。正如前文已经提及的，李普塞特认为无论是民主还是极端主义的政治行为和意识形态，都可以按照左、中、右的定性加以分类和分析，就前者而言，社会民主主义、自由主义和保守主义分别是民主连续谱上的三个位态，而相应的极端主义连续谱上则是共产主义、法西斯主义和右翼激进主义（Lipset，1981：176－177）。这样，李普塞特将长期以来含混不清的两个“政治意识连续谱”清晰地描绘出来了，而且他以这两个谱系中与中产阶级相对应的两种意识形态——自由主义和法西斯主义为例，强调两者之间存在相似性，因而都可以视作中产阶级政治意识形态的体现（Lipset，1981：129）。

作为典型的政治学著作，李普塞特的上述结论，完全基于对选举这一政治行为的观察、测算和分析。在对由不同选区、不同选民群体构成的样本进行分析以后，李普塞特的结论是宏观的、结构性的。或者说，他揭示了“法西斯主义是中产阶级运动”或者“中产阶级是法西斯运动的基础”这一现象。问题在于：第一，论据仅仅来自选举这一种政治行为，是否充分？第二，仅仅对现象做出描述，似乎还不够，因为有心的读者总会追问现象后面的“为什么”。

赖希的论述角度与李普塞特迥然相异。作为曾经遭受过纳粹迫害的学者，赖希同样强调中产阶级是法西斯主义盛行的阶级基础（Reich，1970：42），特别是他提出的“法西斯主义的下中层阶级与自由民主派的下中层阶级是同一个阶级”（Reich，1970：41）的观点与李普塞特几乎如出一辙。赖希并不反对外在的经济状况与社会结构对个体行为的影响，不过，作为精神分析学家，他始终认为“社会状况仅作为外部条件对个人意识产生影响，它们必须通过本能的动力（instinctual driver）而排他性地控制情感，才能对行为产生影响”（Reich，1970：64），因而深入分析法西斯主义阶级基础产生的根本原因，只能依靠“群众心理学”，而不能靠政治学和经济学（Reich，1970：36）。

赖希认为，中产阶级的心理结构，是理解他们对法西斯运动狂热响应的基础。而理解这种心理结构的基础，则是他提出的关键性概念——“自居作用”（identification）。在赖希看来，尤其在德国，中产阶级盛行着对政府权威的依赖和与同阶层人的竞争，这种态度完全是由同国家权力的完全自居作用形成的。对代表权力的上层，他们俯首帖耳，而对那些居于他们之下的人，他们又自居为权威的代表，从而“享有一种有特权的道德的而非物质的地位”。这种同权威、公司、国家、民族等的自居作用，可以概括为“我就是权威、公司、国家、民族”。对于中产阶级的职员而言，他们最初不过是想仿效他们的上级，但是逐渐地，他们的整个人格都按着统治者的样式被重新塑造了。中产阶级“总是准备去迎合权威，结果他们扩大了自己的经济地位和意识形态之间的裂隙”（Reich，1970：46-47）。接下去赖希论述道，这种“自居作用”产生的情感基础来自中产阶级的家庭结构，“在经济因素和心理结构因素的相互作用中，正是权威主义家庭代表着再生产每一种反动思想的最突出、最根本的源泉”（Reich，1970：60）。他强调，一方面，如同父亲在子女中再生了他对权威的臣服态度一样，中产阶级对元首人物的消极的奴隶态度，具有同样的心理基础——孩子对父亲，除了权威服从之外，还产生了强烈的同父亲的自居作用。在中产阶级中，这种性格结构得到了最大的强化，并被最深地包嵌起来。而包括法西斯主义在内的各种极端主义恰恰是在这种性格结构中获得了最积极的能量。另一方面，他更进一步地把中产阶级家庭这种权威服从与自居作用的性格结构，归因于严厉的性禁锢与严重的性衰弱。因为，对于中产阶级而言，他们基本上要靠家庭和性生活方式来努力同劳动者区别开来，“既然一个人无法和上层阶级平起平坐，却又以上层阶级自居，那么就不得不用性道德主义意识形态来补偿经济上的限制”（Reich，1970：48－55）。一旦把一种社会现象归结到性心理结构的问题，赖希就显示出弗洛伊德追随者的本色，赖希并不讳言自己的社会学有一种“生物学化”（biologize sociology，Reich，1970：58）的取向，他认为也只有这样，才能真正了解中产阶级内在的人格品质。

在另一位弗洛伊德的信徒弗洛姆看来，对于中产阶级的时代特征，最有解释力的途径，还是将心理结构因素和社会经济因素结合起来考量，这也凸显了其新弗洛伊德主义的理论特征——正如弗洛姆自己所谓的将马克思主义和弗洛伊德主义“综合”考察的取向。我们此前已经提及，在《逃避自由》一书中，弗洛姆专门用整整一章来分析中产阶级何以成为纳粹的群众基础。他首先批判了将法西斯运动单纯视为由经济动力推动的政治现象以及单纯用心理学加以解释的两种研究倾向。他强调关于法西斯主义兴起和获胜的全部现象和任何分析，不只涉及心理状况，更涉及严格的经济和政治状况（Fromm，1941：246）。接着，弗洛姆观察到法西斯运动社会基础的两种不同部分：一部分人没有经过任何抵抗，而主要是出于内心的厌倦与屈从就屈服于纳粹，但他们从来没有成为法西斯意识形态和政治实践的赞美者，这部分人主要包括工人、自由派资产阶级和宗教色彩浓厚的保守派资产阶级。另一部分人——主要包括小业主、手工艺人和白领工人——却被这种意识形态吸引，狂热地追求这种意识形态（Fromm，1941：233－235）。弗洛姆强调，在中产阶级内部，对法西斯主义的态度固然存在着差别——19世纪那种老中产阶级相对而言是比较被动地接受法西斯意识形态，而在20世纪成长起来的新中产阶级，却是不折不扣的信徒和斗士——但这并不影响法西斯主义的中产阶级运动的本质。弗洛姆认为，根本上讲，是中产阶级的阶级本质决定了他们的政治取向：酷爱权力，憎恶软弱，对情感和金钱的褊狭、敌意和节俭，本质上的苦行主义。他们生活视野狭窄，对陌生人充满怀疑，对熟人既好奇又嫉妒，并且会把这种嫉妒矫饰为道德义愤。他们的全部生活奠基于匮乏的原则之上——无论是经济上的还是心理上的。当然，这种性格并非不出现在其他阶级中，只是在中产阶级那里体现得最典型和彻底（Fromm，1941：236）。

在弗洛姆的理论视域里，社会经济的历史进程发挥着重要作用。在他看来，中产阶级的社会性格尽管在1914年以前已经形成，但一战以后的种种事件，又大大强化了中产阶级那种“既渴望服从，又向往权力”（Fromm，1941：236）的品质——而这正是法西斯意识形态所强烈追求的。众所周知，第一次世界大战基本上摧毁了欧洲传统的君主政体，而这种政体却正是广大下层中产阶级群众建立归属与认同感的基础。在他们眼里，这种政体意味着一种传统的符号——象征着他们赖以建立自身的存在感和认识个体与社会秩序的符号，一旦这种象征被打破，这个人群就很容易陷入价值观上迷茫失所的状态。“如果皇帝可以被公开奚落，官员可以被攻击，国家必须改变政体，并接受那些红色鼓动家们为内阁部长，一个马鞍匠也可以成为总统，那么一个小百姓还能信赖什么呢？在他们（中产阶级——引者注）的心目中，已经逝去的这些东西与自己是同一的，如果前者完蛋了，那么后者还有什么意义呢？”（Fromm，1941：239）在失去归属感赖以产生的国家权威后不久，席卷整个西方经济体系的“大萧条”猝然而至，急剧恶化的通货膨胀，又将中产阶级原先那种奉行节俭的经济生活信条击得粉碎。“如果一个人牺牲了如此多的乐趣存了多年的一笔钱，全非他自己的过错而失去了，那么攒钱还有什么意义呢？如果国家竟会破坏它印在钞票和债券上的承诺，那么一个人还会信赖谁呢？”（Fromm，1941：240）在危机之中，与那些如丧家犬一般惶惶不可终日的中产阶级（特别是下层）相比，组织化的劳工阶级多少显得镇定、从容一些。一战以后风起云涌的无产阶级运动，特别是苏维埃政权的出现，为他们在政治与社会生活中的呼风唤雨开启了时代的大幕，这又加剧了面对时代潮流只能徒叹奈何的中产阶级心理上的不平衡。同时，随着经济的动荡，社会基本单位也在急剧变迁，父母的权威开始被打破，家庭的稳定性遭到动摇，这样，中产阶级安全感的最后一个堡垒也开始在风雨中飘摇了。“在种种主客观因素影响之下，”弗洛姆总结道，“中产阶级陷入深深的惊恐（panic）[①]之中，他们极度渴望服从一种新的权威，同时极度渴望重新建立他们对社会下层的权威。”在这个时候，希特勒出现了。他成功地将那些充满愤恨和惊慌情绪的中产阶级下层与那些为德国的工业资本家和容克地主服务的“机会主义者”结合到了一起，成功地使其动员的不同社会阶层的成员，为他的第三帝国所驱使（Fromm，1941：244）。

---

① 值得注意的是，在同样主题的分析中，许多学者（如盖格），都不约而同地使用了这个词。

最后，弗洛姆总结道：“某些社会经济的变化，特别是中产阶级的衰败和垄断资本权力的兴起，产生了一种深刻的心理效应。这些心理效应被一种政治意识形态——就好像在16世纪被一种宗教意识形态那样——所增强和系统化了，而由此唤起的心理力量在反对中产阶级原本的经济利益这个方向上就卓然有效了。纳粹主义在心理上复兴了中产阶级，却摧毁了它昔日的社会经济地位。它调动了那个阶级的情感能量，使之成为一种重要的力量，去争取德意志帝国的经济和政治目标。”（Fromm，1941：248）

最后，值得一提的，尽管并未直接论述中产阶级知识分子转向亲法西斯阵营的现象，但法国学者朱利安·班达在1927年提出的“文人的背叛”概念，则无疑是从社会心理层面论述中产阶级与强权政治间“亲缘关系”的精彩的解读。班达认为，在拥护新思想的幌子下，知识分子们往往会抛弃启蒙主义的立场，怀抱着领导历史进程的不可告人的希冀，加入各独裁党的机构。传统的“共和主义”和对“文明进步”由来已久的信任，让位给了由独裁主义和民族热情构成的新一代人的理想。在班达看来，西方危机的责任在于知识分子，因为他们屈从于自己的“在行动价值面前贬低知识价值”的欲望，并时刻准备成为非理性主义和实用主义的代言人（班达，2005）。

二、大战阴霾散去与白领阶层扩张：社会结构的根本改变

1. “黄金年代”的到来与新中产阶级的自我认同

1959年，英国国会大选，保守党领袖麦克米伦卫冕首相，而他获胜的口号“你从未有过这么好的生活”（You've never had it so good）不仅成为那个时代最令英国国民激动的宣言，某种程度上也是战后三十年西方社会民众生活的真实写照。在这三十年里，西方社会迎来了它历史上经济发展最快和最全面的时期。以至于后来的历史学家们不得不搜肠刮肚地为这个前所未有的繁荣时期赋予一个合适又响亮的专有名词：法国人称之为“光辉三十年”，在英语世界，则有“四分之一世纪的黄金年代”之说（端木美等，2001：326；霍布斯鲍姆，1999b：386）。

在这个“黄金年代”，世界经济以“爆炸性的速度”（霍布斯鲍姆，1999b：391）增长着，很多国家与地区出现了前所未有的兴旺。据统计，1913—1938年的25年间，资本主义世界工业生产共增长了52%，年平均增长率不到1.7%；而1946—1970年的25年间，这一指标却增长了4倍，平均年增长率为6%。1959年，美国、日本、联邦德国、英国、法国5国的国内生产总值分别为2 848亿美元、173亿美元、233亿美元、361亿美元和288亿美元；到1970年，该数

值已分别剧增到 9 854 亿美元、2 035 亿美元、1 855 亿美元、1 224 亿美元和 1 409亿美元。1973 年，发达资本主义国家的产值比 23 年前高出了 180%，与此同时，农产品总量也以惊人的速度增加（郑春生，1999：42）。

“光辉三十年”的成功，很大程度上得益于以凯恩斯主义为基础的“经济国家干预政策”——它假设只有国家在市场运作中进行重大的干预，繁荣、安全和机会才能产生，强调国家最重要的权利和义务就是致力于经济增长，以此来开创更大的就业机会与社会保障。这种国家干预经济政策的积极实施，将“经济繁荣”“社会稳定”“个人发展机会”这三项原则结合在一起，从两个方面解决了资本主义自进入机器大生产时代以来面临的基本问题：第一，这三项原则通过不断提高每个人的收入，改善他们的生活质量，从而缓解报酬分配不均造成的社会压力。第二，与之相关的，经济增长和充分就业，在很大程度上又消弭了资本主义长期存在的不稳定性。1950—1973 年间，发达国家的平均经济增长率为 4.9%，创造的工作机会增加了 29%（Armstrong etc.，1991：167-168）。美国的平均失业率维持在 4.8%，英国的平均失业率约为 2.7%，在其他大多数发达资本主义国家，失业率也保持在同样水平上。如果我们对比此前的数据，就会更清楚地理解这种经济和社会成就的意义：两次世界大战期间，美国的平均失业率是 16.5%，英国为 9.6%，而“大萧条”时期这两个数字更是高达 22.3%和 15.3%（Maddison，1982：208）。在经济国家主义的干预下，经济效率得到提高，社会正义也在一定程度上得到维护。

另一个对战后繁荣起到重要推动作用的要素，是战后欧美社会巨型企业的发展。诸如通用、福特、帝国化工、联合利华这样的企业航母，一定程度上构成了“光辉三十年”经济繁荣的核心，它们的影响已远远超越了其自身的财富，甚至成为战后欧美经济社会发展的“主宰力量”。某种程度上，这是由 20 世纪制造业历史上三个互相关联的特点决定的：福特制生产线使消费品的大批量生产成为可能；公司管理人员与福特式生产线的联系与结合，为革新、监督和控制生产与销售过程提供了有效手段；创立出多部门的公司结构能够更加有效地开拓新市场，处理生产大幅度扩大以及接踵而至的销售问题。

“黄金年代”另外一个显著标志，是科技方面的种种突破与创新，以至于历史学家形象地称之为“科技大地震”（霍布斯鲍姆，1999b：397）。这一时期的科技革命，在很大程度上改变了人类日常生活的面貌，从科技发明创造到投入生产的时间不断缩短：电动机从发明到应用经过 65 年，电话机则用了 56 年，而晶体管从发明到应用仅用了 13 年，太阳能电池只用了两年，激光从发明到制造激光器则只用了不到一年时间。仅仅20年以前，吃上绕过半个地球空运来的新鲜食品，几乎是不可思议的事，而在“黄金年代”已经司空见惯；从合成清洁剂到便携式电脑，从塑料唱片到家庭影音产品，新发明不断问世和普及，逐渐成为中产阶级的生活必备，也带来了社会结构的变化和生活观念的变革。科技在推动经济发展过程中的地位越重要，对受过教育的专业技术人才的需求也就越旺盛，正如我们在下文中即将要分析的那样，职业结构的变化，必然带来的是社会阶层结构的相应变化，这是战后“黄金年代”西方社会中产阶级迅速扩张的重要原因之一。

在政府对经济的有效干预和巨型企业的蓬勃发展的基础上，一个“低技能、高工资”的就业格局与庞大的消费市场开始形成。或者说，对于身处这个“黄金年代”的欧美社会普通劳动者而言，经济持续发展带来的直接利益就是就业率的稳步提升和收入的持续增长，在这个丰裕的年代，无论劳动者技能水平、职业类别有何差异，他们都有望得到充分的就业保障，工资水平也持续稳步提升。正如有西方学者所言，“所有人都看到，他们名下的那片面包正在增大，即使一些人比另一些人获得的还要多”。数据显示，战后二三十年间的经济繁荣意味着欧美劳动者实际收入每年增长了大约3.5%。如果人口每年以1%的速度增长，那么每一代人的富裕程度可望是其父辈的两倍和祖辈的四倍（Armstrong etc.，1991：117）。收入的增加意味着消费水平的提升，欧美国家居民如今可以享用他们的父辈中只有极少数巨富之家才能拥有的产品，以往被视为豪华奢侈的享受——冰箱、家用洗衣机、电话机等——在战后二三十年间在欧美社会成为“家常便饭”。以电话机为例，1971年时，全球拥有的电话机数量达到2.7亿部，10年之后，即已翻倍（霍布斯鲍姆，1999b：396）。

在战后全部资本主义国家中，“黄金年代”的诸种显著特征——经济的持续繁荣、就业岗位的不断增加、科技水平的日新月异、消费市场的迅速扩张——也促使全球，尤其欧美发达国家社会阶层结构开始发生显著变化。这种变化不仅体现在社会整体结构上，也体现在社会中间阶层内部结构中：中间阶层更加复杂化和多层次化，农业小资产阶级急剧减少，城市中间阶层稳步发展，两极分化趋势缓解。所有这些变化的发生，又与战后西方公众生活的一大转变——“福利国家”政策的出现——密切相关。

2. 福利国家政策与新中产阶级的急剧发展

前文提及，尽管新中产阶级快速发展的脚步起于19世纪末至20世纪初，但是直到二战结束前后，在西方社会结构中，新中产阶级在特定经济技术水平和社会背景的限制下，特别是两次世界大战和1929年、1948年两次世界性经济危机的交替影响下，一直处于持续、渐进、自然的上升之中。然而进入20世纪50年代以后，原本平缓的上升轨迹突然变得陡峭峻急，中产阶级进入大规模扩张时期，其总体规模不断扩大（安然，2006）。以美国为例，1950—1970年，制造业中层经理增长了23%，服务业的经理人员和中央与地方政权机关的中级官员增长近2.2倍（Phillips，1993：14－15）。到20世纪60年代末，美国中产阶级在人口总数中的比例已经超过70%，形成一种以中产阶级为主体的菱形社会结构。事实上，正如表5—2和表5—3中的数据所展示的那样，战后二三十年间，不仅仅在美国，整个西方发达资本主义社会都出现了新中产阶级迅速发展的现象。

表5—2　　美国就业人口职业构成变化

项目	1900年		1970年		1987年	
	人数（万人）	比例（%）	人数（万人）	比例（%）	人数（万人）	比例
总计	2 903	100.0	7 980	100.0	11 244	100.0
白领工人	512	17.6	3 786	47.4	6 282	55.8
管理人员	170	5.8	646	8.1	1 332	11.8
专业技术人员	123	4.3	1 156	14.5	1 777	15.8
销售人员	131	4.5	563	7.0	1 348	12.0
职员	88	3.0	1 421	17.8	1 826	16.2
蓝领工人	1 040	35.8	2 917	36.6	3 105	27.8
服务人员	263	9.0	1 025	12.8	1 505	13.4
农业人员	1 089	37.5	245	3.1	351	3.1

资料来源：孙寿涛，2007：131－132。

表5—3　　20世纪50—70年代发达国家城市中产阶级人数及占总人口的比例

国家	年份	城市中产阶级人数（千人）	占全国总人口的比例（%）
美国	1950	9 840	16.9
	1960	12 382	18.2
	1970	14 740	18.2
英国	1951	2 369	15.3
	1966	4 550	16.8
	1971	4 850	19.1
法国	1954	3 464	18.0
	1968	3 576	17.5
	1972	3 884	18.7
联邦德国	1950	3 514	16.0
	1960	4 201	16.1

续前表

国家	年代	城市中产阶级人数（千人）	占全国总人口的比例（%）
日本	1955	23 108	55.1
	1975	15 770	29.2

资料来源：倪力亚，1989：161。

而正如表 5—4 所显示的，新旧中产阶级的比例也在发生着显著的变化。

表 5—4　　新旧中间阶层占经济活动人口比重的变化

国家	年份	旧中产阶级		新中产阶级	
		人数（千人）	比重（%）	人数（千人）	比重（%）
美国	1950	4 676	8.0	5 460	8.9
	1960	4 682	6.9	7 700	11.3
	1970	3 690	4.6	11 050	13.6
英国	1951	1 311	6.0	2 500	9.3
	1966	1 295	5.2	3 050	11.6
	1971	1 560	6.3	3 100	12.6
法国	1954	2 432	12.6	1 039	5.4
	1968	2 062	10.1	1 512	7.4
	1972	2 066	10.0	1 840	8.7

资料来源：陶大镛，1996：527。

历史地分析，促使“黄金年代”期间西方国家新中间阶层数量不断扩大的原因众多，客观而言，新中间阶层的发展是与生产和资本的社会化按同一方向运动的。战后股份公司的快速发展使生产资料所有权趋于分散，生产资料不再被个人和家庭单独占有，日常管理权同所有资产发生了分离，新中间阶层不直接占有生产资料，但是拥有一定的对生产资料的日常管理权和控制权，也就是此前我们曾详细阐述的“管理革命”理论产生的背景。更重要的是，战后新中产阶级的急剧发展，其直接动力来自一种主观人为的因素——福利国家的推动。可以说，“在所有发达工业国家中，福利国家都是战后制度安排的一个核心部分，创造了四分之一世纪里前所未有的繁荣昌盛”（皮尔逊，2007：3），而二战以后西方国家中产阶级的种种变迁轨迹，也始终与西方福利国家的兴衰沉浮存在着密切的联系。

福利国家是一种国家形态，“福利”作为这种国家形态的特性，突出强化了现代国家的社会功能。与新中产阶级一样，这种国家形态是随着工业化时代的到来而逐步发展和确立的。一方面，大工业不断扩展着市场的力量，将人与人之间的关系变成赤裸裸的利害关系，工业化的持续发展又促使产业机构调整的速度持续加快，一切不符合竞争需要的个人都有被整个社会抛弃的危险。同时也促使那些可能面临着淘汰危险的人们组织起来，反对社会不公，争取自身权益。可以说，社会不公及对其的反抗是工业化初期的一对必然伴生物。另一方面，工业化也大大增加了社会收入，特别是政府的财政税收，使得政府代表国家加强对社会的管理与控制成为可能，使其有可能解决工业社会带来的一系列社会问题。因此，大工业的发展、以失业和贫困为核心的社会不公及针对不公的反抗运动三者结合，形成了巨大力量，最终导致国家功能观念的巨大变革和国家行为方式的根本转变。民族国家政府运用各自的方式回应工业化社会的共同问题，形成了各种各样的福利国家模式（顾俊礼，2002）。

就像民主普选在19世纪得到广泛推行一样，福利国家自20世纪中期开始，成为西欧北美社会的基本制度和时代精神。《贝弗里奇报告》里强调的“保护国民免于大规模的失业……这必须确定无疑地是国家的职能，就像国家现在保护国民免于来自国外的威胁和来自内部的强盗和暴力的威胁一样”（Beveridge，1945：25）的观点，在20世纪50年代得到更多的认同，“政府越来越被认为有适当的职能，甚至义务去解除不仅是穷人，而且是社会所有阶级的痛苦与张力”（Titmuss，1950：506）。尽管福利国家也像民主制度一样，在每个国家都有不同的机制，但是福利已经成为近半个世纪以来西欧北美社会中占主导地位的国家功能。这种功能的发挥，具体体现在三个主要方面的政策认知中：其一，由政府出面提供与个人及家庭收入相应的最低收入保障；其二，政府有责任帮助个人和家庭抵御社会风险可能带来的危机；其三，政府保证所有的国民个人享受可能最好的、没有确定上限的社会服务（顾俊礼，2002：66－79）。

战后福利国家公共部门普遍通过货币和社会服务形式实施调控，尤其通过调整国民二次分配政策，运用税收、信贷等经济杠杆，调整国民收入分配现状，增加富人所得税，减轻平民纳税负担，并将税收的大部分用于公用公益事业，特别是文教卫生机构，使得社会从二元结构逐步转变为橄榄球型的、突出不同层次中产阶级成长的多元结构。同时，福利国家基本制度的推行，减轻了民主压力，缓和了阶级冲突。西方各主要福利国家在制定社会福利政策时，一直力图寻求某种力量和利益上的平衡，照顾社会力量对比和文化传统的延续，这些政策的具体实施和发展，有利于社会经济的变化和政治民主化，也帮助了较低的社会阶层不断向上流动，保证了新中产阶级在力量和品质上的与时俱进。具体来说，福利国家体制对于中产阶级的刺激机制主要在于以下几个方面（安然，2006）。

第一，通过强化社会再分配机制增加中产阶级收入。在社会再分配的收入环节上，福利国家奉行高额累进所得税制，收入越高，纳税越多。在英国，20世纪50年代中期，“人们要向年收入为1 000到2 000英镑档次的人群征收25%的税收，向 2 000 到 4 000 英镑年收入者征收 50%的税收，向 4 000 英镑以上年收入者征收高于 75%的税收，最大部分来自超出 6 000 英镑的年收入——从1 770 万中提取 1 620 万”（阿隆，2003：142）。1975—1976 年间，英国所得税的标准税率为 35%，最高边际税率为 83%，如果加上 15%附加所得税，最高收入者的边际税率可达到 98%。美国的税收体制同样照顾了中产阶级的利益，个人所得税实行累进税制，60 年代中期以前，最高个人所得税税率始终保持在 91%或与之接近的水平上，而绝大部分中产阶级家庭的所得税税率都低于 20%。到 1977 年，美国中产阶级家庭的税后收入在总收入中所占比重，从税前的 48.8%提高到 50.7%，此外还有各种临时性税收优惠（安然，2013）。这样，社会财富就由各个阶层，主要是上层汇集到政府手中；在支出环节上，政府利用社会福利与保障体系，将手中的资源向中下层分配。所以雷蒙·阿隆在分析战后社会发展状况时，认为“税收制度是首要的社会因素”（阿隆，2003：141）。随着社会福利与保障体系的完善，福利开支节节上升。1975—1981 年，瑞典实际社会支出每年增加 4%，奥地利每年增加 4.4%，经合组织国家平均增长 4.3%（米什拉，2003：57）。在上述这个再分配循环中，中产阶级成为最大受益人。因为在各类社会性开支中，退休养老金、疾病保险津贴、失业保险津贴、家庭补贴等比例最大、增长最快的项目都奉行普遍性原则，费用在原则上由国家、雇主和个人共同负担，但国家和雇主承担部分的比例越来越高。以英国为例，1974 年政府承担的社会保障费用占整个社会保障费用的比例为 51.8%，雇主为 26.1%，而个人只要承担不到 1/4 的成本，就可以获得全部的收益，这意味着大部分的国家财政补贴都流向人口比例最高的中产阶级。1976 年英国中产阶级家庭平均得到的“社会工资”约为 1 100 英镑，约等于每家平均收入（4 491 英镑）的 1/4。1971—1976 年，英国物价水平上升了 97%，而中产阶级的“社会工资”则增加了 170%。在美国，从 20 世纪 60 年代末到 70 年代末，每年的福利开支几乎都有一半的养老金津贴、3/4 以上的儿童津贴和大量医疗保险津贴流入新中产阶级的家庭。法国在 20 世纪 50 年代中期以后建立了以新中产阶级占大多数的工薪阶层为主要服务对象的“社会保障总制度”，提供整个社会保障系统约 57%的服务，并专门设立了“全国工薪职工医疗保险金库”和“全国工薪职工老年保险金库”；还建立了针对白领雇工、中高级管理人员和政府公务员的“补充退休金”制度，不受交纳保险税年限长短限制，而是根据投保人交纳保险税的多少，多交多得，补充退休金的总金额由雇主交纳 60%，雇员交纳 40%；疾病、生育保险基金和失业补贴基金中，由家庭或个人承担的份额也在逐步减少，国家和集体承担的费用占健康保险支出的80%左右；此外还有包括住房补贴、新婚家庭贷款制度等在内的名目繁多的“家庭补贴”（顾俊礼主编，2002：161－164；安然，2006）。

第二，通过充分就业的保障，增加新中产阶级职位。一方面，在福利国家经济和社会的快速变迁，尤其在“政治国家”向“行政管理型国家”的转变过程中，国家社会职能扩大，政府机构扩充，与此同时国家出资兴办了许多科研机构、学校、医院、社会机构等，大量雇佣专业技术人员。“资本主义的结构重组，造成了包括商业、银行业和保险业在内的流通、管理和经营领域雇佣工人数目的巨大增长，同时削减了农业和工业人口。在再生产领域，专业性劳务如医疗看护、社会工作、婴儿保育等也经历了巨大的增长。……越来越多的福利国家也创造出大量的管理者岗位。”（Sulkunen，1992：11）这些本身就为新中产阶级提供了大量就业机会。以表5—5中美国政府直接雇佣在职人员的比例为例，表中列出的专业人员和管理人员，多属于新中产阶级。这支队伍的扩大和缩小与政府的财政支出有关，政府的财政投资是广义的国有资本，而战后国有资本成本呈不断扩大的趋势，由此也证明了新中间阶层经济基础的稳固。

表5—5　美国政府直接雇佣在职人员的比例（%）

职业	联邦政府		州政府		政府雇佣总数	
	男	女	男	女	男	女
专业人员	7.1	2.9	27.4	47.0	34.5	49.9
管理人员	3.4	3.2	7.7	13.1	11.1	16.3
推销员	0.2	0.3	5.2	0.3	5.4	0.6
办事员	16.7	5.5	10.9	16.8	27.6	22.3
手工匠	2.6	0.6	5.4	4.7	8.0	5.3
技工(交通运输除外)	0.7	0.4	1.1	1.1	1.8	1.5
交通运输技工	1.1	5.2	8.8	39.8	9.9	45.0
非农业工人	2.2	1.7	1.8	4.4	4.0	6.1
服务业工人	3.0	1.2	2.9	15.7	5.9	16.9
农业工人	1.1	0.0	0.7	1.0	1.8	1.0
合计	4.0	2.8	12.1	17.9	16.1	20.7

资料来源：瑟罗，1992：157。

另一方面，许多福利国家也把充分就业作为经济政策的基本目标。充分就业状态在自发的市场秩序下是不可能达到的，因此，这一目标的确立必然伴随着深度的政府干预。20世纪50年代西方福利国家保障充分就业的措施和途径主要包括：（1）通过国有化确立混合经济，这是多数福利国家确保充分就业的主要途径。国有化推动了企事业单位的中层管理者、各类专业技术人员、办公室职员等职位大量增加，推动了新中产阶级规模的扩大。1951—1963 年，英国制造业拥有超过 5 000 名员工的大企业比例从 25%上升到 43%；1961—1975 年间，英国公共服务部门的从业人员增加了 27%，地方政府增加了 70%（Jenkins，1987：18）。在瑞典，早在二战以前，政府就通过发行公债、提高税率的方式筹资兴建公共基础设施，用政府工程拉动内需与就业，类似工程又主要依靠国有企业承担建设任务。在国有企业中，公司与雇员之间存在一种牢固的“契约”关系：个人对公司效忠，公司为个人提供就业安全、工资与福利保障，从而确保了新中产阶级职位的稳定性。（2）通过国家及社会管制立法和直接干预的方式，确保占人口最大多数的工薪阶级就业率保持在一定的水平，同时尽可能降低失业率。例如，德国自 1927 年开始实施《职业介绍法和失业保险法》，到 1969 年，联邦德国政府颁布《劳动促进法》以取代前者，与此相关的还包括 1969 年的《职业培训法》和 1970 年的《联邦教育促进法》，等等，1974 年颁布的《失业救济条例》则统一了各种分散的救济条例，使保障就业的措施更加法律化和规范化。在瑞典，二战以后三十年间，政府一直把维持充分就业作为其国内政策的首要目标，高就业率反过来又可以使得国家获得较高的税收收入，增加社会福利覆盖范围，同时也减少人们对社会福利的依赖。（3）福利国家还借助有效的协调机制确保充分就业。在瑞典和奥地利，政府主要通过“反周期投资政策”“积极的劳动市场政策”以及由国家参与协调的劳资谈判机制维持充分就业。1970—1980 年间，瑞典、奥地利的平均失业率仅为 2.04%和 1.44%（米什拉，2003：129）。美国的失业保险制度则通过州政府管理下的基金化运作方式进行，并且已覆盖 97%的新中产阶级群体（顾俊礼，2002：255）。

第三，在福利国家就业保障体系中，教育制度的完善、各类型各层次教育的普及是格外重要的一环。战后三十年，在整个资本主义经济发展史上，教育第一次占据了中心位置，在促进经济增长中被看作一种关键的手段，也是一种通过“机会均等”这一概念促进社会正义的手段。教育的地位和作用的突显，源于战后因西方社会产业结构、劳动力结构和职业结构方面的变化而大大增加的对受过教育的人力资源的需求——新科技革命带动了诸如新技术服务产业、信息产业等新兴产业部门的产生和发展，而产业结构的变化直接影响到职业结构和劳动力结构的变化，直接从事传统第一、第二产业的劳动者大为减少，从事经营管理与第三产业的人员大大增加。以美国为例，1949—1970 年间，美国的白领工作增加了 12%，而蓝领工作和农业劳动则分别下降了 6%和 7%。实际上，到 1970 年，白领工作已占到了所有职业的

50%，其中约有一半工作是颇具事业前景的。当技术、管理和职业工人的需求持续增加时，保持经济增长所需要的有智力的人才库却很缺乏。例如，法国在1957年时就预测，未来5年内全国所需工程师和科研人员至少为5.1万人，而当时的大学体系最多能提供2.4万人（端木美等，2001：328）。这一人才库需要通过扩大教育普及程度来充实。“教育对于开发现代技术来说是一种至关重要的投资。这一事实说明了近年来教育在所有主要工业社会里取得发展的原因……教育作为一种技术革新的源泉，获得了空前的经济价值。”西方教育制度得到了发展，以履行其新的职能，即为工业领域内业已发展的中产阶级职业提供人力资本。在美国，1930年时大约只有7%的人完成了为期4年的大学学业，到1960年时，该比例已经上升到18%（Ringer，1979：252）。在法国，1945—1960年仅职业培训中心和初等教育高级班招生规模就增加了3倍（端木美等，2001：320）。尽管类似“人人都能根据个人优点最终得到一份中产阶级工作”的想法仍然是一种幻想，不过人们可以认为，通过教育在制度上开辟一条通往白领工作乃至商界或政界精英阶层的道路，不仅刺激了中产阶级的扩大，一定程度上也满足了现代人对社会正常流动与社会正义的需要。

第四，福利国家的充分就业和再分配机制的改革导致新中产阶级收入的持续增加，进而促进其消费水平和生活水准的提高。1950—1973年间，瑞典、挪威、丹麦、比利时、荷兰等国家的私人消费开支，按不变价格计算，已经增长大约一倍或一倍以上，联邦德国、法国、意大利则已增长两倍以上。购买力的提升又进一步促进了市场的繁荣和企业生产水平的提高。“增长的消费能力要求越来越多的个人服务和文化产品”（Sulkunen，1992：11），一方面刺激了生产，另一方面也令新中产阶级生活水平有了普遍提高。

第五，经济的持续发展和大规模福利政策的推行，扩大了新中产阶级规模，增加了新中产阶级在总人口中的比例。一方面，福利国家普遍重视保持和提高就业率，特别是公共部门就业岗位的扩大促进了妇女和非熟练技术工人的就业，进一步增强了劳动力市场的公平程度。另一方面，福利政策促使教育普及率提高。在一项关于芬兰中产阶级的实证研究中，学者们就指出，在大规模社会福利机制作用下，教育水平普遍提高，某些新中产阶级的社会地位无论是与其父母相比还是与自己原先相比，都有明显提高，这是芬兰新中产阶级发展的主流（Ross etc.，1985：164）。社会成员的纵向流动机会的增加，使得一些底层的平民有机会改变自己的社会地位，从而成为新中产阶级的成员。表5—6显示，在北欧，战后约有 2/3 的上层中产阶级来自社会阶层较低的家庭，其父辈通常是一些低级雇员。

表 5—6　　北欧国家上层白领的来源

父辈职业	丹麦	芬兰	挪威	瑞典
上层白领	25%	27%	21%	24%
下层白领	19%	14%	18%	25%
企业主	13%	5%	13%	6%
熟练工人	29%	22%	21%	27%
不熟练工人	4%	5%	7%	5%
农场主	10%	27%	20%	13%

资料来源：Sulkunen，1992：29。

在不断扩张的福利国家的推动下，战后西方社会中产阶级呈现出一些新的特点（安然，2006：146－147）。

首先，总体规模扩大。以美国为例，1950—1970 年间，美国制造业中层经理增长了 23%，服务业的经理人员和中央与地方政权机关的中级官员增长近 2.2 倍。20 世纪 60 年代末美国中产阶级在人口总数中的比例已经超过 70%，形成一种以中产阶级为主体的"菱形"社会结构。

其次，内部结构发展不平衡。尤其体现在新中产阶级蓬勃扩张的同时，老中产阶级的发展受到抑制。国营企业和大型垄断企业的兴起阻碍了新兴小企业进入相关领域，严格的管制与沉重的企业所得税率又限制了小企业的发展。例如，在英国，制造业领域小企业的数量从 1935 年的 13.6 万减少到 1963 年的 6 万，职工占总劳动人口的比例从 38%减少到 16%。

再次，新中产阶级内部分化。二战后，下层新中产阶级的数量增长很快，上层新中产阶级的数量增长相对较慢。1979 年，美国白领的数量已经占到就业人口总数的一半以上，而其中又以办公室职员的增长最为迅速。中下层新中产阶级对政策导向的反应比较敏感，而上层新中产阶级的发展更依赖于经济技术因素，这表明战后福利国家对新中产阶级下层发展的推动作用更强。

最后，价值观念发生变化。老中产阶级是自由竞争市场条件下独立的经营主体，其价值观融经济理性、工作伦理、传统道德和宗教信条于一体，体现了资本原始积累时期强烈的逐利欲望与扩张本能；而新中产阶级是以工资收入为生的脑力雇佣劳动者，原则上没有独立财产，是资本的依附者而非支配者，所感受的生产的动力与竞争的压力都小于老中产阶级，因而缺乏老中产阶级那样强烈的扩张欲望和牟利动机。同时，福利国家又通过削弱市场竞争、提供优厚的工资福利待遇和稳定的工作强化了新中产阶级天生的消费倾向，弱化了其生产职能和发展动力。因此，随着老中产阶级的衰落、新中产阶级的崛起，老中产阶级价值观的主流地位让位于新中产阶级价值观，对未来财富的不懈追求被对现实生活的充分享受所代替，勤俭敬业、克己禁欲、虔信上帝的清教主义为轻松闲适、注重物质、世俗而肤浅的消费主义所取代。即使在自由主义商业文化氛围最浓厚的美国，“闲暇道德”也开始“取代老式中产阶级的工作道德——工作主义”，“勤俭和自我压抑的价值观”为一种“通过获取物质商品而产生的个人成就感所取代”，厌恶竞争、注重消费和享乐的观念广泛渗透在中产阶级的心理层面上。

综合来看，在作为长期影响因素的技术、经济发展和作为短期影响因素的政府政策的共同作用下，在战后二十余年间，福利国家与中产阶级形成了牢固的相互强化机制：福利国家推动中产阶级规模的扩展和实力的增强，中产阶级为福利国家提供广泛的社会基础，使之具备了只能加强、不能削减的“刚性结构”，扩张的福利国家又反过来推动中产阶级继续膨胀（Fraser，2004：265）。维护并扩大中产阶级的利益是福利国家国内政策的底线，这条底线即使在福利国家的体制中也从未被彻底突破过。战后长期和平的国际环境和福利国家制度在西方社会的普遍实施，成为新中产阶级迅速发展的宏观环境和强劲推手。

3. 战后新中产阶级的自我认同：以美国为例

如果说战后三十年的“黄金年代”为西方发达国家新中产阶级的迅速扩张提供了不可多得的良机，那么这种“良机”在二战最大的（甚至是唯一的）赢家——美国社会中体现得最明显，而由此延伸出的“中产阶级的美国神话”，则是从社会心理层面解析20世纪中产阶级历史实践的价值的社会现象。

二战后数十年间，美国向世人展示了这样一个“事实”——美国，一个富裕的国度，它和以往所有富裕国度的不同之处是：在这里没有贫富悬殊，没有两极对立，这个国家的“富裕”是被大部分人共享的，它是一个同质性的中产阶级的“大同社会”。甚至“只要身为美国人，就认定自己是中产阶级。美国一度有80%的人口自称中产阶级，这种声称与财富没有太大关系，餐厅服务员、工厂工人、企业主管、股票经纪人都坦然以中产阶级自居”（隆沃思，2002：111），很多学者也据此将美国乐观地贴上了“天然的中产阶级社会”的标签（贝拉等，1991：4），美国中产阶级更是一向以其强大的社会功能而被视为民族精神的载体和社会发展的柱石。不过由此却产生了一个值得关注的问题：这种大多数民众自我认同为中产阶级的社会心理是如何形成的？我们认为，一个时间段内占主流的社会心态的形成，不仅与主流阶层在社会结构中的地位以及经济关系有密切的关系，也与其社会历史和文化源流与变迁相关。在美国，中产阶级的认同更像是一个有趣的社会文化现象，简言之，中产阶级神话缘于人人平等的母题。美国作为一个中产阶级国家与其说是一个社会事实，毋宁说是一个历史、文化、经济诸因素相互影响、纠结生成的主观建构，是一个流传甚广的美国神话（Park，1972）。

美国中产阶级的形成是美国自由经济发展的历史产物，而历史文化因素也是我们不能忽视的重要维度。新大陆开辟时期的社会文化的特点是政治乃至经济机会的均等性、文化的夷平性。“美国是自觉地、有意识地要把自己造成一个新国家。……人人平等，都有争取成功的自由，没有人受到排挤和压迫……学校里是这样教的，文字和历史书也是这样证实的，全国普遍接受，并成为美国箴言的组成部分。”（纽曼等，2002：37）在只要有理想几乎就能实现的历史背景下，美国人的自信心就是这样积淀了下来。这种社会心理后来就慢慢演变成一种平均主义心理倾向：在美国，机会、财富对所有的人敞开。这种心理倾向一直持续，甚至成了大多数美国人理解美国现代社会的先验模式。

大部分美国人将自己定位为中产阶级，这部分与美国对“中产阶级”的文化定义有关。在美国，“中产阶级”一词就是“普通族”的同义词。只有对开拓之初新大陆上充盈的平等文化特性进行解析，我们才能更充分地理解这样一个社会事实：为何对美国人而言，属于中产阶级就是字面上的“处于中层”、普通人、老百姓，认为自己属于底层阶级对美国人而言是无法理喻的。虽然“社会调查显示，有几千万人处于贫困线以下，但当被询问时，其中的大多数人认为自己是中产阶级，而不承认自己是穷人。在个人奋斗受到推崇的美国，贫穷虽然不可避免地存在，却不是一件光彩的事”。进入 20 世纪 50 年代，美国进入其发展的又一个“黄金时期”。“原子时代”“科技时代”或“后工业时代”的说法不胫而走。在大繁荣的背景之下，一方面，不少学者们都认为美国进入了一个新纪元，一个如加尔布雷思所宣称的“丰裕的社会”，并且是人类历史上空前的丰裕社会（Galbraith，1984：1－2）：人们将有更多休闲时间，机器将取代人力，人人会得到教育，等等。他们还认为政府会依靠专业人员妥善解决一切贫穷和不平等。在学者的想象中，唯有美国这个中产阶级社会可以避免欧洲式的阶级性经济鸿沟，从而走向平等，这种走向可以清扫一切特权，特别是可以清扫政治、经济等方面的一切特权，整个国家成员在任何方面都拥有平等。另一方面，“大萧条”和第二次世界大战给大部分美国人带来恐惧的回忆，美国人希望拥有安全、稳定和物质财富。这种希望和五六十年代那段美好的回忆扭结在一起，反而强化了美国人对繁荣的信心和对特定平等理想的向往（Galbraith，1984：2）。

美国“中产阶级国家”神话的泛滥和美国的大国政治理想也有一定的关系。第二次世界大战以后，美国成为了世界强国，中产阶级神话也在全国乃至全世界范围内为人所接受。美国人普遍认为，本国已经进入历史发展新阶段，中产阶级也进入一些决策机构，所以很多民众就乐于这样推测：自己属于中产阶级这个大多数人归属的社会阶层，这个新阶层的社会体验和自己的经验是同一的，既然是大多数人的社会体验，那也可以被视为整个美国的经验。

这样美国大众成功地从心理上转化并定位为国家的决策阶层。很多美国人认为只有中产阶级才能理解、预测美国的未来。神话最终的确立还帮助了日趋富有的上层中产阶级中的精英获得凌驾于其他群体上的霸权。这个霸权很少被挑战的原因是“新阶层”（即上层中产阶级精英）认为他们这个群体的利益诉求也代表所有人的利益。

20 世纪上半叶的繁荣使得美国的自信前所未有地膨胀起来。从 1941 年《生活》杂志上的“20 世纪将是美国世纪”到第二次世界大战时美国副总统华莱士抛出“普通人的世纪”的构思都是美国世界霸主雄心的宣言。这些宣言极具乌托邦的浪漫色彩，将全世界视为想象框架，而美国理所当然坐落在中心轴线上。这些宣言服务于美国国际大国的自信形象和国内的社会整合。将自己的国家塑造成为平等、民主的大同社会，对美国良好国际形象的树立至关重要。国内形象是国际形象的基础，也是有能力参与处理国际事务的自信心的来源。“倡导中产阶级价值观念，后来成了冷战中美国国内的外交辞令，早在冷战开始之前，它就是美国国内政策的重中之重了。”（如恩斯，2002：111）如此，作为美国普通民众幸福的代表，美国中产阶级的形象成为大众倾慕的对象，因为中产阶级社会结构是一个民主社会的前提，它意味着民众普泛的民主权利和生机勃勃的市民社会。中产阶级群体的扩大是民主政治的坚实基础，是消除经济政治不平等的一剂灵药。这样的观点似乎将整个美国社会都融入中产阶级的熔炉中，全然抹杀了美国社会中客观存在的阶级对立问题。这也暗示着，任何发展中国家都应唯美国的成功模式马首是瞻，唯有接受美国式的制度、价值观，才可能成为被称许的“橄榄形社会”。由此看来，“中产阶级国家”的宣传和美国的大国理想是相契合的。

从相反的方向来看，西方社会划分中产阶级的一般标准是社会地位、经济收入等变量，这些可变性极大的因素也导致了中产阶级的可变性。不稳定性也会引发心理的不稳定性。中产阶级的心理焦虑已经成了当下西方社会的一个值得注意却往往受到忽视的社会问题。在一度被人视为社会进步的重要标志——新中产阶级取代老中产阶级的现象的背后，我们应当看到，新中产阶级丧失了老中产阶级最宝贵的独立性，他们的一切胜绩依赖的是雇主等大资产者，从没有一个阶级像今日的中产阶级那样被失业的危机困扰过。他们一旦被雇主解雇，就会显出自己一无所有的本来面目。这种尴尬的情况在当今西方社会那些描写中产阶级者的文学作品或社会历史学方面的论著中比比皆是：新世纪涌现出来的新阶层从来都被攥在大资产者的手里，失去了工作，他们就失去了一切。心理稳定感的缺失也导致了自我认同和社会定位上的紊乱、分歧和模糊，这从表5—7可以看出。①

表5—7　　战后美国人主观阶级认同

阶级类别	调查年度		
	1956	1964	1984
中产阶级	39%	43%	47%
工人阶级	58%	53%	50%
不知道及其他	1%	1%	2%
否定阶级观点	2%	2%	1%

资料来源：吉尔伯特、卡尔，1992：303。

相当多的学者认为，中产阶级是包含一部分熟练技术工人的。例如，在民意调查中，被调查的销售人员中有一半的人将自己标定为工人阶级（吉尔伯特、卡尔：1992：304），而这种职业现在一般都被归于新中产阶级。所以有学者提出以职业为主要标准来划分并宣布中产阶级人数的扩张实质是无产阶级的知识化，而且，中产阶级扩大“也回避了生产关系这个根本性的问题，将更多的小业主、农场主等小资产阶级和大量的无产阶级中的‘高收入者’统统塞入这个范畴之中，形成了一个扩大的外延”。这样说的依据是：中产阶级和工人阶级的划分标准没有一致性，它们分别属于两种不同的划分体系，所以以职业为主要标准划分中产阶级，并得出中产阶级在扩大、工人阶级在减少的结论是不科学的。有学者认为：“把中产阶级界定为与资产阶级、无产阶级相并列的实体性阶级，既不符合当代西方社会现实，在理论上也不能自圆其说。按照马克思的理论，劳动方式、收入和职业都不能成为划分阶级的标准，因为劳动方式不能判断一个阶级是否处于被剥削地位，在当今资本主义社会现实中，体力劳动者和脑力劳动者都处在被剥削的社会地位上。无论脑力还是体力劳动都是资本的雇佣劳动，都应该属于无产阶级。随着科技进步，大量管理职业的出现，只能证明工人阶级脱离了传统无

① 从1956年开始，在美国调查研究中心（SRC）举办的全国选举调查中，一直包括这样的问题：你认为你是否属于中产阶级或工人阶级？如果是，那么是哪一个？如果不是，那么假如你不得不选择的话，你会认为自己属于哪一个阶级？表5—7就是关于此问题各种回答的比例（吉尔伯特、卡尔，1992：302）。

产阶级的蓝领地位。当今西方社会的现实是无产阶级不仅没有消失，而且在知识化、白领化。无产阶级的队伍正在扩大，力量不断加强。”（赵汇，2003）

所以，美国社会中产阶级化实质是对美国社会的美化。职业虽然是阶级认同的重要因子，但收入、教育程度和同侪交往等也是不可忽略的因素。但社会学家也坦言，即使将这些变量综合考虑，也仍有许多社会认同的变化原因说不清。主观阶级认同、阶级意识是阶级构成中不可或缺的要素。只有清晰地认识阶级归属，才能形成一个紧密的阶级实体，才能促进本阶级的共同利益。所以，要论证美国是一个中产阶级国家仍有大量细致的研究工作有待完成。

综上可见，在一定意义上说，中产阶级内部结构、价值观念与社会功能的变化与资本主义自身的发展阶段有关，体现了由资本主义发展初期相对原始的早期工业化阶段向资本主义形态较成熟的后工业阶段、由物质财富相对匮乏的生产社会向生产力和技术水平大大提高的消费社会转变的进程。福利国家的不断扩张不但使中产阶级偏离了自然发展的轨道而趋于刚性膨胀，而且改造了其形态，强化了其消费性功能而抑制了其生产性功能，最终导致了福利国家的体制性危机（安然，2006）。下文中我们会讨论到，20 世纪 70 年代弥漫于整个西方世界的滞胀危机在很大程度上就是福利国家结构性问题的体现。当然，这种体制性危机最先诱发的，是在西方工业国家乃至全球集体记忆中打下深刻烙印的“1968 年社会革命”。

三、革命的 1968 年与中产阶级青年的“反动”

1968 年作为“撞击世界的年代”（科兰斯基，2009）在西方乃至全球社会集体记忆中打下的深刻烙印，至今让人难以忘怀。尽管“1968”这个数字留给人们的第一印象是这一年在法国发生的史称“五月风暴”的一系列社会运动[①]，但从一个更整体性的视角来观照，“1968”这个数字集中了众多因素，其实可以被视作自 20 世纪 50 年代末至 70 年代中期之间发生的若干重大事件的代号。在这期间，欧美主要资本主义国家爆发了此伏彼起的群体运动，以 50 年代末开始的黑人民权运动为先导，以大学生为主体的校园民主运动、反战和平运动、女权运动、环保运动、嬉皮士反主流文化运动等汇成激进主义的洪流，其规模之大、范围之广，在历史上前所未有，形成了二战结束后左翼运动的高峰。这些社会运动对资本主义文化和教育制度，对西方国家侵略战争政策，对资本主义的制度都作

① 关于“五月风暴”的详尽叙述，参见 Kaiser，1988；阿里、沃特金斯，2003；若弗兰，2004；科兰斯基，2009；卡利耶尔，2010。

了尖锐的批判，震动了整个西方世界——“旧式世界革命的最后欢呼”（霍布斯鲍姆，1999b：655），沃勒斯坦将之高度评价为“我们现代世界体系历史上最伟大的形成性事件，是一种我们称之为‘分水岭’的事件”（Wallestein，1991：65），哈贝马斯则将其看做“一次资产阶级反对资产阶级社会原则的造反”（Caute，1988：21）。而在德国历史学者安德森眼中，这些相互关联并深刻影响世界历史进程的事件，可以视做“全球性骚乱”（安德森，2012：160）。这种界定不一定确切，却非常形象。这场“骚动”一个突出特点是，对20世纪以来逐渐形成并占据欧美社会主导地位的中产阶级价值观——理性、进取、克己、勤俭、讲求实际、奉公守法——嗤之以鼻，弃若敝屣，充满乌托邦激情的反叛者们在从政治和经济制度、统治秩序和权威、教育体制和伦理道德、文学艺术和学术研究到诸如语言、服饰、发型、性关系等社会生活几乎所有方面对中产阶级主流文化发起挑战，并试图在理论和实践中探索新的生活方式和建构替代的文化模式。这场声势浩大的社会运动与文化革命进入20世纪70年代后仍旧余音不绝，西方社会及其文化形态由此发生了深刻变化（吕庆广，2005）。

20世纪60年代这场声势浩大的“革命”一个最大的有违常理之处在于，它发生在西方社会历史上持续时间最长的经济繁荣期之一，也就是我们前文所说的1945—1973年的“黄金年代”。根据经典的革命理论，经济繁荣期通常是革命的衰退期。而这场打着左派旗号的“革命”，却恰恰发生在一个不具备革命必要条件的时代，也发生在通常不被认为具有革命性的社会阶层——中产阶层中[①]，以至于连一向以观察敏锐著称的左派学者霍布斯鲍姆都大惑不解，认为60年代这场运动“完全出乎意料，毫无先例可循”（转引自程巍，2006：40），直到运动高潮已经退去之后，霍布斯鲍姆还表示“这场运动似乎显示出几乎所有25岁以上的激进分子都不相信的事：在和平、繁荣以及政治相对稳定的条件下，在一个发达的工业国家，是有可能发生革命的”，尽管“这场革命并没有成功，而且对于它是否曾经有一丝成功的可能性，还大有争议”（霍布斯鲍姆，2001：323）。

这种看似矛盾的现象，实际仍旧根源于战后欧美社会转型中存在的内在冲

① 20世纪70年代法国共产党一份对该国学生团体家庭阶层构成的分析显示：农业工人子女占0.6%，农场主子女占5.6%，文职人员子女占0.9%，蓝领工人子女占6.4%，白领阶层子女占7.9%，工商业部门经理子女占17.7%，中层经理子女占17.8%，自由职业者和上层经理子女占28.5%，无职业但拥有财产人士子女占7.6%，出身其他家庭子女占7.6%。从一个侧面证明60年代这场运动的主要参加者是中产阶级子女（Johnson，1972：125-126）。另一项对1965年参与美国加州大学伯克利分校学生运动者的抽样统计也显示，大学生家庭收入大致与其“革命性”成正比，参与运动的学生比例，呈现出从出身最富裕家庭向出身最贫穷家庭递减的趋势（程巍，2005：48-49）。

突。正如曼彻斯特在《光荣与梦想》中说的那样："人们如果对新的繁荣所带来的50年代生活方式没有一定的体会，就不可能理解15年后发生的社会反抗。"(曼彻斯特，1978：1119）上一节中我们已经述及，无论"丰裕社会"还是"黄金年代"概念的产生，都是对战后二三十年间欧美社会经济高速发展、人民物质生活水平大幅提升的概括。然而在这样盛世图景的背后却是暗流涌动，社会转型过程中固有的内在冲突与累积的社会矛盾交相影响，成为导致60年代欧美社会动荡的主要原因（吕庆广，2005：60－77）。

其一，"丰裕社会"中民众生活水平的节节提升与强有力的消费导向政策，迅速改变着人们的生活态度与行为方式，"消费主义"以史无前例的速度在全社会普及，老中产阶级那种节俭朴素的清教徒传统在享乐主义大潮的反复冲击下变得日益模糊，欧美社会的人们发现他们"唯一要做的事，就是消费，除了消费还是消费"（吕庆广，2005：74）。20世纪20年代末和40年代末两次大规模的通货膨胀与经济危机使新生的中产阶级感到他们父辈那种"积少成多"的传统生活方式愈发不合时宜，这一切逐渐"破坏着强调节约、俭朴、自我约束和谴责冲动的传统价值体系"（贝尔，1989：112）。

其二，随着工业资本主义在20世纪50年代被推向它的巅峰阶段，发达资本主义国家日益成为由大垄断集团掌控的"公司化国家"。以美国为例，1960年全美最大的50家公司平均拥有8万名员工，其中通用汽车公司（GM）与美国电话电报公司（AT&T）的雇员分别达到近60万人和73.6万人，以当时美国户均人口3.3人计算，依赖这两家公司为生的人口实际达到约44万，超过了美国建国时的人口总和。大公司在创造了稳定的就业岗位和收入的同时，也在逐渐抑制和泯灭员工的独立性、创造精神和个人责任感，大公司的集权化模式与人的自由意志间的对立，日渐构成一种普遍性的社会心态，这也就是社会学家怀特在50年代就已经揭示的那种唯唯诺诺与安分守己的组织人的精神状态（Whyte，1956）。

其三，工业文明的危机对婚姻家庭格局产生影响。工业社会是标准化、专业化、同步化、集中化的社会，战后欧美社会婚姻家庭的稳定性一度几乎与经济的繁荣成反比，离婚率逐年上升，家庭解体比例迅速提高，单亲家庭数量持续增加，独居人口数量也呈现上升趋势（吕庆广，2005：65）。今天看来，家庭模式多元化固然是现代社会多元化生活方式的体现，但在20世纪五六十年代，却未必不是对中产阶级社会稳定产生负功能的社会现象。

其四，科技进步与生产发展虽然全面提高了生活水准，减轻了劳动者的体力负担，但同样带来相当多的社会问题：快速多变的工作与生活节奏加重了人们的精神压力，对科技的盲目崇拜导致对它在人类生存环境中产生的副作用熟视无睹，还产生了生产过程中惊人的浪费、索取自然资源过程中的贪婪无度和对生态环境的严重破坏、对人的价值的忽视，人们在庞大的机器世界面前感到无能为力，进而更深刻体验到被“物化”与个性消失的感受，成为威尔逊笔下“穿灰色法兰绒套装”的循规蹈矩的机器与技术的派生物（威尔逊，2014）。

其五，“黄金年代”的熠熠光辉掩盖不住西方社会依然严重的种种社会矛盾：中产阶级的日益增多并占人口结构的主导，令“社会下层一无所有者失去为自己说话的能力”，“政治家也无须去关心贫民窟里的居民”（吕庆广，2005：69）。同时，种族问题依旧困扰着日益繁荣的西方社会，在美国，二战结束 10 年以后，占全国人口 1/10 的黑人不仅在经济上大部分处于贫困状态，在政治法律和社会生活中同样深受歧视。自 20 世纪 50 年代中期开始爆发的民权运动，伴随着住房、医疗、教育、性别等各方面矛盾，最终成为引爆 60 年代声势浩大的社会革命的一点“星星之火”。

如果说，上述所有这些问题在战后 15 年左右时间里还为欧美社会一路凯歌行进的“光荣与梦想”所掩盖的话，那么自进入 60 年代，当业已长大成人的“婴儿潮”一代开始直面这些“盛世潜流”之后，一场社会大震荡或许就在所难免了。战后“婴儿潮”一代，是典型的 20 世纪新中产阶级一代的孩子。与祖辈、父辈相比，他们的成长经历可谓繁花似锦：“婴儿潮”一代的出生率极大带动了消费品的生产与需求，而这一代本身更是从一开始就加入了消费热潮。欧美社会中产阶级住宅的日益郊区化，不仅意味着“婴儿潮”一代的居住条件远远优于他们的父辈，郊区化带动的汽车产业发展又使得他们成为第一代在学会走路之前就坐进汽车的人群——汽车赋予他们的，不仅是便捷的交通方式与扩大的生活半径，更是他们的前辈可望而不可即的自由。电视的普及[①]不仅令“婴儿潮”一代获得远比他们的父辈丰富的资讯和开阔的视野，也在很大程度上降低了学校和家庭在传播信仰和价值观方面的影响力——在 50 年代，激进之声被逐出校园，沉闷、单调、保守的氛围弥漫课堂，那时的校园文化俨然 20 年代贵族文化的翻版，大学生们被贴上“冷漠、物质主义和不问政治的顺从派”的标签，然而进入 60 年代之后，当战后成长起来的年轻一代从电视上看到了越南战场上美军的溃败与死亡，肯尼迪与马丁·路德·金的被刺以及“水门事件”时，他们更加相信的是

① 以美国为例，1938 年美国人电视的家庭拥有率不足 2%，到了 1967 年，这一数字已飙升至 98%（赵梅，2000：83）。

自己的眼睛而非长辈的说教，“获得一种健康的怀疑态度”（曼彻斯特，1978：1538）。更重要的影响因素来自教育，教育的普及和水平的提高①，固然开拓了这一代中产阶级孩子们的眼界，向他们展示了一个多元的世界，但各国高校在设施、师资等硬软件条件和治校理念方面的捉襟见肘（吕庆广，2005：72－73）又让他们深深怀疑和失望。

霍布斯鲍姆曾经评论道：

> 他们（“婴儿潮”一代）的父母难忘当年的惨痛，时时不忘比较，当前的幸福图景已经大大超出他们的期待。而年轻人对战后惊人的增长却缺乏亲身经历与渐入佳境的感觉，他们心中一有不满，便毫无缓冲的余地。新的世界、新的时代是这些校园里的年轻男女经历的全部，他们对现状的想法与父辈截然相反，他们只觉得凡事都应该更加美好，即使他们自己并不知道该怎样去达到这个目标。……学生群的不安，正好在全球不景气达到高潮的节骨眼上爆发（霍布斯鲍姆，1999b：454）。

对于中产阶级的孩子们来说，他们更在乎的“不景气”，恐怕不是“自60年代在各个经济环节都开始出现的疲态”（霍布斯鲍姆，1999b：430），而是自身社会地位的下降与前途渺茫的压抑——在过去，大学一直是中产阶级子弟晋身的阶梯，是制造思想精英与政治贵族的孵化所，而战后高等教育的普及，使大学变成“知识工厂”②，变成生产企业和政府所需“产品”的基地，成为现行体制培养白领技术与管理人员的场所，由此产生的巨大心理落差，加上现实中物质浪费、人情冷漠、能源紧张、环境污染、贫富差距、冷战对立、核战威胁等弊端的突显，唤起青少年中产阶层成员们对“黄金年代”神话的深深质疑和变革现实的雄心壮志。更何况，在他们之前的50年代，“垮掉的一代”（Beat Generation）已经为他们的“反动”提供了丰富的思想资源——无论是塞林格笔下的霍尔顿还是凯鲁亚克笔下的游荡青年，都是典型的中产阶级子弟，都对看似富饶的生活充满厌恶、苦闷和彷徨，也无一例外选择了逃避、反抗乃至决裂。

20世纪60年代革命风潮退去之后，西方学术界从不同角度对这场轰轰烈烈

---

① 在美国，“婴儿潮”一代接受了高等教育的人数几乎是他们父母那一辈的两倍，1960年美国在校大学生的人数首次超过了务农人数（赵梅，2000：84）。在法国，从二战结束到60年代末，大学生人数翻了6倍多（霍布斯鲍姆，1999b：453）。

② 不过有意思的是，当60年代青年学生把大学称作“知识工厂”的时候，或许他们联想到的是无产阶级与机器工厂的关系。像工人阶级一样，地理上的高度集中性也使得中产阶级青年学生有可能形成一种群体感，并以群体的方式进行一场社会运动（程巍，2005：39）。

的群众运动进行过分析和解读。例如，费尤尔从“代际冲突”理论的视角出发，认为这场学生运动是代际冲突的主要表现形式，是无意识心理中代际冲突的“政治投影”。格尔则基于“相对剥夺”理论，构建了以剥夺状况为起点，以政治暴力的爆发为终点的理论模型，以此解释60年代集体暴力产生的过程。艾森斯塔德则最早对青年群体进行了功能主义分析，认为学校生活打乱了年轻人的亲属生活环境，使日后青年组织的团结与必须努力获得成功之间的冲突变得愈发严重。而帕森斯则认为60年代的这场运动，不是资本主义世界社会秩序的重大改变，而只是对某种“结构紧张”的反映而已，与帕森斯立场相近的社会学家们都认为，战后西方国家，尤其是美国，已经形成了非常稳固的中产阶级主导的社会形态，60年代的激进政治模式只是一种象征性姿态，甚至一种伪革命的虚无主义。而与此相对，左派学者则坚持以社会矛盾与不平等加剧的政治经济学解释作为分析的起点。例如，法国社会学家图海纳坚持认为学生运动是阶级革命在现代社会的体现，因为当知识取代资本成为社会进步的发动机时，学生们在生活方式上看似依旧是中产阶级的成员，但本质上已成为被剥削的新的工人阶级（吕庆广，2005：2-12）。无论学者们出于何种立场对20世纪60年代资本主义世界这场社会运动进行总结，有一点可以肯定，这场运动是以在校的中产阶级大学生为行动主体的群体行为，是中产阶级青年知识分子为宣示自己作为一个“新阶级”登上历史舞台并拥有合法性而进行的一场“文化革命”，是对资本主义体制的历史可能性的一次大规模群体探险，是中产阶级早期的经济革命和政治革命的残余能量从政治和经济层面向文化和生活方式层面的转移和延伸。某种程度上它摧毁了资本主义体制内的各种非资产阶级性质的文化障碍和道德障碍，拓展了资本主义的制度空间（程巍，2005：23）。

四、拆散福利国家与新中产阶级的未来

历史的车轮进入20世纪70年代，正当欧美各国中产阶级庆幸席卷全球的“文化革命”浪潮终于逐渐平息的时候，他们忽然发现，往昔“黄金年代”的梦想似乎没有随着社会秩序的恢复而再次降临，相反，主要发达国家都面临着严重的经济与社会发展困境。现代福利制度的设计者和推动者曾经乐观地认为，由于社会的总资源已经能够满足人们的基本需求，因而通过国家社会保险制度以及相应的就业政策、医疗服务、家庭救助来消除贫困是完全可行的——从《贝弗里奇报告》中宣称“贫困问题在某种程度上说是最容易解决的问题”（转引自林德山，2008：303），到美国总统约翰逊在1965年公布“向贫困宣战”计划时宣称“在

世界历史上，我们第一次富裕起来了，具有了将每一个人从失望贫乏中解放出来的能力”（吉尔伯特、卡尔，1992：344），都可以看到这种自信。而事实上，前文中我们已经论述过，福利国家政策的实施，确实在一个时期里缩小了欧美国家贫富差距，减少了失业，促进和培育了中产阶级的成长，然而从 70 年代开始，欧美社会似乎又进入一个社会不平等程度日益增长的时代。在英国，70 年代经济增长速度和人均国内生产总值都降至西方国家最低水平，国内财政状况恶化，1971—1979 年间，政府财政赤字总额达到支出总额的 10.3%，通货膨胀最高时达到 25%，国债规模也急剧扩大，由于经济衰落、社会动荡，当时的英国甚至一度被称为“欧洲病夫”。德、法等西欧发达国家进入 20 世纪 70 年代以后，同样出现经济长期萧条与“滞涨”、失业率高、人口老龄化等严峻的社会问题，并进而产生严重的政府财政危机，冲击着二战以后欧美中产阶级建立在“福利国家”总体原则基础上的乐观与信心，并进而引发了有关“福利国家危机”的讨论及福利国家改革种种政策的实施（顾俊礼，2002；考夫曼，2004）。

福利政策体系的变迁轨迹，是与福利国家社会经济秩序和政治秩序的实际状况紧密相连的。当社会的分化、阶级的冲突造成的动荡已不利于整体社会经济平稳有序发展的时候，人们接受了福利国家的整体规划。可是进入 20 世纪 70 年代以后，经济格局和社会格局两方面的变化改变了福利国家运行环境。在经济环境方面，福利国家体制下积累起来的问题对资本主义生产机制的活力产生了副作用，各国福利水平的普遍提升对国家经济增长的压力持续增大；同时，福利国家的主要政策体系以及相应的经济政策都是以民族国家为基础的，而这个基础在进入 70 年代以后开始日益受到全球化的侵蚀，尤其是生产资本的流动对各国经济产生巨大引力，国际经济竞争压力的增大助长了各国政府对社会福利政策的挤压。在社会环境方面，不同政治力量在国家提供社会服务责任问题上的共识日渐式微。由于人们社会生活水平的普遍提高，大多数劳动者的基本生存环境发生了巨大变化，并且在政府之外，许多劳动者还可以从不同社会机构与利益集团那里获得生活保障与庇护，政府不再是提供福利的唯一渠道。与此同时，由于社会结构的日益复杂，人们寻求社会福利的要求也日益多元化，不同社会阶层从先行福利制度中所获收益差别很大（林德山，2008：306）。例如，对于底层贫困者而言，社会转移支付非常重要，但是对于日益庞大的中产阶级而言，在福利国家政策体系下获得的利益，此时却因为“滞胀”而日益削减，他们此时更加在意的是增加工作的机会，减少税收的压力，中产阶级也因而成为“减税”呼声最高的社会群体——在英国，1974—1976 年间，包括“地方纳税人行动集团国家联合会”“个体经营者国家联盟”等在内的中产阶级经济组织陆续发起了反对大幅提高税率、反对征收个体经营者额外保险和新财产税等反抗运动；在美国，以往那种一致认为应该由国家和政府来承担公共服务责任的观念逐渐消退，新中产阶级指责福利国家不过是一架进行再分配的机器而已，政府将每个纳税人口袋里的钱拿出来，这侵犯了个人自由，最终甚至会导致美国走向极权社会（安然，2006：147）。

在这样的宏观背景之下，早在1967年，英国经济事务研究所（Institute of Economic Affairs）就提出了一份题为《走向福利社会》的报告。该报告反对福利国家的垄断，认为政府不应提供人民能够自我提供的福利服务，而应当在更大程度上利用市场、慈善和家庭资源。该报告提出的问题，正是后来欧美国家左右翼政治力量之间围绕福利国家公开争论的主要问题，其中“福利社会”一词本身就含有减少中央集权式的国家作用的含义（林德山，2008：307）。到20世纪70年代末至80年代初，以英、美两国为代表，激进派保守主义先后上台执政，被称作“拆散福利国家”（皮尔逊，2007）的体制性改革正式启动。

这场被称为“里根—撒切尔革命”的改革，从三个方面推动了欧美中产阶级社会功能的重建（安然，2013：67－71）。

首先，重新确认了“自由生产”的价值，推动向中产阶级工作伦理的回归。在美国，以里根为首的新保守主义者批评罗斯福之后的社会政策背离了“以个体自由选择为基础的市场竞争”传统，“在当前的危机中，政府不是解决问题之道，而是问题本身”，只有更新社会公平与经济发展之间的联系，重启自由竞争，才能恢复“健康的经济体”和“健康的乐观主义”。他们还强调，政府的首要任务是削减税负，改革和去除不必要的、非生产性的政府管制，培养人民的活力、创造性和雄心以及对勤奋、节俭和自制的追求。在这样精神的倡导下，到了80年代，整个中产阶级的人生态度都开始发生转变，从下层中产阶级尽管认为“工作比不工作好不了多少”却依然坚持辛勤劳动，到上层中产阶级将工作不仅仅视为工作而是一种充满魅力的需要，都折射出生产型社会精神气质的复兴。

其次，自由竞争市场环境的恢复，影响了就业率的稳定，却推动了中产阶级消费欲望的节制和工作动机的反弹。前文中我们已经提到，消费主义的甚嚣尘上与社会风气的萎靡，是促使中产阶级青年学生在20世纪60年代一度走向“反动”的原因之一，因而英美国家在此时的改革，都将重点放在了解除过度管制、恢复市场竞争、激发社会创造力上。在英国，撒切尔政府通过股票上市、商业出售、产权买断等方式对英国国有企业进行了全面的私有化，将竞争机制引入国有垄断行业，实现“非调控化”。据统计，1979—1992年间，英国的46个大型企业实行了私有化改革，涉及员工 90 万人，接近国有工业就业总量的 2/3（顾俊礼，2002：140）。在美国，里根政府将始于 70 年代的解除经济管制政策推向深入，在石油、天然气、航空、公交、铁路等行业开放市场价格，降低准入条件。解除管制改革大大降低了中小企业的进入门槛，打破了“政府—大企业—白领”三方分利的稳定格局，这一方面对以白领雇员为主的新中产阶级就业稳定性产生了极大冲击，过去几十年里扩张最快的办公室职员等低技术类白领职位首当其冲成为裁员对象，蓝领工人白领化的入口也收紧了。但是在另一方面，就业稳定性的下降也从不同方面刺激了各中产阶级集团社会功能的重建。对多数中下层白领来说，劳动力市场竞争的加剧、工资水平的下降和生活成本的上升，逼迫他们控制消费，将更多精力和时间投入工作。而中上层中产阶级则更不能容忍社会地位和生活品质的下降，因此在职位不稳定的情况下，工作动机更加强烈——典型的例子就是“雅皮士”（Yuppie）的出现，这些兴起于 80 年代的年轻城市职业者往往既是消费行家又是工作狂人，以致患上特有的“慢性疲劳综合征”。此外，二战后一直处于萎缩状态的老中产阶级，也在 80 年代市场化改革中得以复兴，自 19 世纪后期以来一直是“老中产阶级向新中产阶级转化”的趋势出现“逆流”（安然，2007：105）。1980—1988 年，美国非农业自雇佣者人数增长了 22%，且有向金融、地产、风投、研发等领域拓展的趋势，这个群体正代表了“资本主义精神”的原型，其复兴本身就标志着中产阶级内部结构的均衡化。

最后，福利与税制改革从正反两方面刺激了中产阶级社会功能平衡性的恢复。撒切尔政府将个人所得税最高税率从 83%降到 60%，基础税率从 33%降到 30%，小公司所得税税率从 42%逐渐削减到 30%，最高公司所得税税率由 52%削减到 35%。里根政府则将个人所得税最高边际税率从 70%削减到 28%，最低税率由原来的 11%上升到 15%，将原来的 14 个边际税率减少到 15%和 28%两档，公司所得税税率减少为 15%、25%、34%三档。减税幅度的差别对中产阶级产生了不利影响。从 1978/1979 年至 1990/1991 年，英国中等收入阶层实际纯收入上升了 37.8%，但最高收入阶层却上升了 148.1%。1980—1993 年，美国新中产阶级家庭的税后收入由 30 900 美元下降到 29 500 美元。在福利体制改革方面，里根和撒切尔政府采取了建立社会安全网、削减福利开支、私有化和市场化等措施。尽管程度有限，但也对新中产阶级的收入和规模产生了负面影响。据估计，与 1973 年相比，1984 年，美国的上层阶级增加了 0.8%，下层阶级增加了 4.3%，而中产阶级队伍却萎缩了 5.1%；70 年代初，有 75%的美国人属于中产阶级，但到了 80 年代末，这个比例降至 67%（安然，2006：148）。由于改革进程的反复性与不平衡性，中产阶级内部各集团受到的影响不尽相同，却无一例外地感受到了生活成本增加带来的压力，这却为引导中产阶级理性消费提供了契机。80 年代，不少英美中产阶级家庭重新厉行节俭的生活方式，平价商店和旧货市场再次受到欢迎，二手车和移动住房的销售额显著上升。为保持原有生活质量，身兼多职的白领人数越来越多，妇女就业率也持续上升，美国年均城市劳动参与率由 50 年代的 59.4%上升到 64.7%。在强化了的竞争环境中，生产能力成为决定社会流动方向的核心要素，那些市场能力较强、生产动力较大的中产阶级集团成为相对受益的群体。中产阶级总体规模有一定程度的萎缩，但社会功能得以提升，他们再度成为社会发展的中坚。同时，得以向上流动的中产阶级更新了上层阶级的构成，促进了向上流动的意识，向下流动的中产阶级则努力寻找出路，也带动了下层阶级素质的提升。变革的过程混合着痛苦和无奈，但也蕴涵着发展和希望。

作为现代社会发展的主体力量，中产阶级承担着推动经济发展与维持社会公平、增进生产与刺激消费的双重职能，其规模既不是越大越好，也不是越小越好，而是要保持一个与现实的生产力发展水平和技术条件相适应的总体比例和内部结构，如果中产阶级的发展超出了技术经济条件所允许的限度，就会造成发展的危机。战后 30 年里，在福利国家的推动下，中产阶级不断膨胀，但社会功能却发生了偏移，“如此迷恋财富的再分配，以致忘了如何创造财富”。社会经济虽然呈现繁荣的景象，但这是一种被强大的政府干预托起来的消费繁荣，而不是一种基于效率与创新的生产繁荣。20 世纪 80 年代以来，为了消除危机、回应经济全球化带来的全球竞争压力，西方福利国家先后进行改革，由此导致了中产阶级的萎缩和上述种种变化。西方各国为此支付了沉重的社会成本，但也从中获取了巨大的经济效益，中产阶级超越于生产力发展实际水平的过度膨胀的趋势得到抑制，社会发展动力和创新能力有所恢复，国家在激烈的全球竞争中得以保持灵活有效的应对机制（安然，2006）。

第六章　新中产阶级的主要理论

一、西方新马克思主义

正如我们在前文中阐述的那样，战后最初的十几年中，世界格局总体趋于平稳，保守主义在欧美学术界、思想界的意识形态领域占据上风，西方学术界的马克思主义思想处于低潮，社会学领域从马克思主义视角探讨阶级与分层问题的学者不多。然而，进入 20 世纪 60 年代中后期以后，被“黄金年代”的迷梦掩盖、潜伏于社会表象之下的各种社会矛盾逐渐浮出水面，各种各样的社会运动开始兴盛，60 年代末至 70 年代中期，各种类型的社会运动声势浩大，风起云涌，有些甚至演变为社会冲突。这一时期，马克思主义在欧美学术界、思想界展现出强劲的复兴趋势。不少学者采用马克思主义的、冲突的社会学视角，根据变化了的政治、经济和社会状况，重新对马克思的理论以及变化了的社会现实进行再阐释。人们将这一时期的马克思主义流派称作“西方新马克思主义”。社会结构、社会阶级与社会分层是新马克思主义取向的社会学最关注的研究内容之一，而这其中，围绕着 20 世纪逐渐发展壮大的欧美社会新中产阶级的界定、分析、评价和预测，又形成了非常引人瞩目的理论与实践成果。

1. 普兰查斯：多元决定论与“新小资产阶级”理论

尽管 20 世纪的历史现实表明，中产阶级并没有如经典马克思主义者预言的那样逐渐没落，而是出现了一个迅速发展的受教育、拿薪水的新中产阶级，但在 20 世纪中期以前，西方马克思主义者始终不能对此予以正视。倒是一些非马克思主义的激进社会理论家分析过这种新中产阶级。在他们看来，拿薪水的白领工人不是一个单独的阶级，而是包括从职员到工程师和大学教授在内的互有区别的集团。到 60 年代初期，新中产阶级的突飞猛进以及他们越来越明显的社会特征，使马克思主义者不可能再无视其存在。一方面他们指出，包括工程师、大学教授、公务员等在内的人群并不像米尔斯等人所说的仅仅是一些互不相同的集团，他们已经有了自觉意识，已经逐步形成一个阶层，另一方面，这个阶层仍然是从属于工人阶级的，从而形成了下文即将提及的高兹、马勒以及皮埃尔·贝尔维尔等人主张的“新工人阶级”。然而，又过了 10 年，到 20 世纪 70 年代初，这个所谓的“新工人阶级”内部的鸿沟比早先设想的更加深刻，普兰查斯认为，专业、技术和管理工作人员与生产工人之间存在“毫不含糊的客观的阶级区别”，因此提出了“新小资产阶级”（the new petty bourgeoisie）的理论。

普兰查斯出生于雅典，曾就读于雅典大学、海德堡大学和索邦大学，获得博士学位后在巴黎第八大学社会学系执教，他是“结构主义马克思主义”代表人物，他的“新小资产阶级”理论在 20 世纪 70—80 年代的欧美学术界有着广泛影响，一度被称为西方马克思主义者中最著名的“阶级理论家” （Poulantzas，1975；波朗查斯，1982；李青宜，1990：104 - 113；周琪，1995：71 - 91；李强，2011：86 - 92）。

在普兰查斯看来，马克思的“一元决定论”已经无法解释当代资本主义的多维性社会的现状，他主张运用多元论理论加以解释和分析，在设计阶级分析问题时，他尤其强调要从政治、经济和意识形态三个结构方面加以探讨。普兰查斯认为，社会阶级是由社会结构决定，在社会结构中，政治、经济和意识形态这三个结构要素具有统一性和各自相对的独立性。三个要素是否在生产方式中占主要地位，取决于其在整体社会结构中的地位以及与其他要素之间的关联方式，“社会阶级是由它在社会实践整体中的地位所确定的，这包括了政治的和意识形态的关系”（Poulantzas，1975：14）。普兰查斯特别强调阶级是一个与结构相关的概念，“社会阶级表示结构的整体，表示一种社会形态的模式对生产承担者——他们构成社会阶级的支撑者——所产生的影响，社会阶级指示出社会关系领域内全部结构所产生的影响”（波朗查斯，1982：64）。

根据这种“多元决定论”，从经济标准的方面分析，在那些不占有生产资料、同时又受到资本家剥削的雇佣劳动者中，凡是直接为资本创造剩余价值，也就是直接从事“生产性劳动”的人群，被普兰查斯称作无产阶级，而那些不直接为资产阶级创造剩余价值，而只为资本家提供剩余劳动价值，也就是从事“非生产性劳动”的人群则属于“新小资产阶级”（Poulantzas，1975：212）；从政治标准的方面[①]分析，普兰查斯将在经济标准下属于工人阶级的一般技术人员、中下层管理人员划为“新小资产阶级”，因为“他们的管理和监督职能从社会分层的意义来说代表着资本对工人阶级的政治支配，是资产阶级与工人阶级之间的政治关系在生产过程中的再现”（李青宜，1990：107）；从意识形态标准的方面分析，普兰查斯将在经济标准和政治标准下属于无产阶级的科学家、工程师等划为“新小资产阶级”，因为在他看来，资本主义社会的科学从来不是“纯粹”或“中性”的，而总是以“为统治阶级所支配”的形式存在，或者说，是以和居于统治地位的意识形态交织在一起的某种知识的形式存在的，科学家或工程师等脑力劳动者的科学活动，实际上就是在生产过程中“物化”资产阶级意识形态的活动，它体现着资本主义生产过程的意识形态条件，如强烈的个人主义倾向以及“敌视工人阶级”，等等（夏建中等，2008：54；赖特，2006：43）。按照普兰查斯的定义推算，20 世纪 60 年代末美国经济人口构成的比例大致如下：雇主占 7.5%，新小资产阶级占 68.3%，工人阶级占 19.7%（李青宜，1990：106）。[②]

“新小资产阶级”在普兰查斯的社会阶级构成分析中是一个非常重要的概念，不仅因为他从新马克思主义立场出发，得出了与非马克思主义者相同的结论——战后新中产阶级的成长、独立和壮大，更重要的是普兰查斯把对新小资产阶级的界定看作“具体确定工人阶级的界限问题。这不单纯是个理论问题，它还关系到工人阶级的作用和向社会主义过渡中的联盟这些最具有普遍意义的重大政治问题”（Poulantzas，1975：14）。因而他不仅分析和界定了这个阶级，还进一步提出了一些在他看来很重要的命题：（1）“新小资产阶级”指的是那些处于领取薪水的非生产性工人的特殊阶级地位的人群；（2）资本主义再生产中出现了一些变化，这些变化与工人阶级的界限有关，但不会改变新小资产阶级的特殊阶级地位；（3）新小资产阶级客观上在向工人阶级分化，但分化不是自发的、必然的，工人阶级必须争取与其结为同盟，同时抵御新小资产阶级那种“非常暧昧的阶级特性”（周琪，1995：90、210）。普兰查斯的上述观点表明，他既是一位致力于解决现时代具体问题的政治学家与社会学家，更是一位热切关注工人阶级历史命

---

① 在普兰查斯那里，主要考察一个社会成员是否处于统治其他社会成员的地位，是不是对其他成员有支配权（波朗查斯，1982）。

② 当然，普兰查斯的这个概念此后也受到一些批评，如赖特就认为这种阶级划分过于简单，“我们很难看到这些不同类型的从事非生产性的或脑力劳动的工薪收入者，如何在阶级构成、阶级意识和阶级斗争问题上有任何实际意义的同质性。因此难以理解为什么他们应当被视为同一阶级的成员”（赖特，2006：43）。

运和未来前途的马克思主义者，这种对阶级斗争和无产阶级命运的关切贯穿他生命的始终，以至于1979年，他因为法国左翼运动的失败而罹患抑郁症，最终自杀身亡，年仅43岁（李强，2011：86）。

2. 法国左翼运动与“新工人阶级”理论

某种程度上，法国独特的社会历史与思想文化传统是其在20世纪60年代成为全球左翼社会运动与革命的发源地的重要原因，也正因为如此，法兰西也孕育了战后一批重要的新马克思主义和左翼学者，并且他们都有共同的特点：不满足于书斋里的理论冥思，而是积极投身现实政治斗争，为左翼运动奔走呼喊，普兰查斯如此，与他同时代的学者马勒同样如此。

马勒在法国思想界与政界活跃的年代与普兰查斯高度重合，他们的人生轨迹也颇有相似之处：除了进行知识生产，还参与现实政治活动，在20世纪六七十年代颇负盛名，又都英年早逝。① 马勒的思想，很大程度上受到萨特的影响，他提出和倡导的“新工人阶级论”也可以视作“存在主义马克思主义”影响下的一种理论（李青宜，1990：114）。早在50年代，马勒就已经开始撰文，认为所谓“铁板一块”的工人阶级实体早已不复存在，由此挑起法国理论界有关“新工人阶级”的讨论。到1963年，马勒通过其代表作《新工人阶级》更加系统和全面地论述了其理论体系。

在这部著作中，马勒认为，由于当代资本主义社会结构从根本上发生了全面变化（包括社会经济的发展、科技革命的迅猛、社会福利的完善等），工人阶级的生存与生活现状也在发生变化，经典马克思主义者描述的工人阶级“绝对贫苦”的现象早已不复存在，相应的，工人阶级的性质也在变化。在发达工业社会中，一个与以传统的体力劳动者为主的工人阶级大相径庭的“新工人阶级”开始出现并日益壮大，其成员包括熟练技术工人、企业部分管理人员、工程师与科学家，等等。在分析这个“新工人阶级”的群体特征时，马勒说：

> 新工人阶级处于现代资本主义最复杂机制的核心。相比于其他阶层，他们更清楚地看到这个体制的固有矛盾。正因为他们（在物质生活领域）的基本要求多半已经得到满足，因此他们敢于在物质消费之外提出其他的要求，

① 马勒在战后一度成为法国共产党党员，此后又加入法国社会党，并担任该党中央委员，同时又在法国《新观察者》《社会主义论坛》等左翼报刊担任政治记者。与普兰查斯一样，他同样因为非正常原因死亡——1973年死于车祸，年仅46岁。事实上，西方学术界也经常将马勒和普兰查斯的理论进行比较（Lockwood，1977：788；李青宜，1990：114）。

尤其有关控制企业问题的每个局部要求，都会对资本主义工业体系的本质提出质疑（Mallet，1975：41）。

马勒认为，新工人阶级，尤其是其中的专业技术人员和管理人员处于变革当代社会的核心地位。在《新工人阶级》修订版[①]中，他通过考察法国“五月风暴”的历史进程，指出专业技术人员和中层、下层管理人员在变革社会的斗争中发挥了先锋队的作用。而究其根本原因，是因为科学技术已经成为当代社会具有决定性的生产力，从事科学技术知识生产的专门阶层也必然会在社会上和经济上占据主导地位（Mallet，1975：7-9）。

马勒接下来通过分析资本主义发展三个时期的状况来为其“新工人阶级论”提供论据。在资本主义发展初期，工人在生产中是自己的主人，他们的生活并没有与其作为消费者的生活分开。在这个时期，工人“社会主义”在本质上是要求重新占有生产手段，这个同质的目标将他们联合起来，因此，在这个时期无政府工团主义盛行。到了19世纪，也就是马克思写作《资本论》的年代，资本主义生产形式进入新的阶段，以“福特制”与“泰勒制”为标志的生产线创造了一群“纯粹的工人阶级”，他们实际上成为“机器的奴隶”，强烈的被剥削意识使他们自认为已经不再是“生产者”而沦为赤裸裸的“无产者”，为了在根本上改变境遇，经典马克思主义者号召他们寄希望于政治层面的斗争。进入20世纪，尤其战后自动化进入生产领域后，“生产性劳动”和“非生产性劳动”的界限[②]不再清晰，以前在生产线上劳动的工人现在成为生产过程的监督者。在这个时期，工人群体中的两部分人——熟练技术工人（也就是能够熟练操控和负责修理机器的人）和专业技术人员（也就是研究、设计、发明这些复杂机器的人）加上企业的中下层管理人员构成了新工人阶级。他们完全清楚自己在企业生产过程中的位置，要求从根本上改变社会关系，要求更广泛地参与对生产过程的管理，要求建立工人自治。新工人阶级的意识形态是“企业工团主义”，阶级斗争的具体路径是期望在保证企业正常运营的前提下和平夺取企业权力。马勒强调，新工人阶级的自治道路是从根本上改变资本主义生产结构的唯一手段，是“在资本主义条件下建设社会主义的唯一可能”。在他看来（这一点显然也受到萨特的影响），

① 1968年法国“五月风暴”之后，马勒在萨特的建议和指导下，对1963年初版的《新工人阶级》进行了重要修订，主要是增加了详细介绍这次社会运动的长文，该文也预测了“新工人阶级”在新“革命形势”下未来可能的发展趋势（Lockwood，1977：787）。

② 这一对范畴在普兰查斯那里占据重要地位。

法国“五月风暴”已经证实新工人阶级道路是可行的，它是“在现代资本主义条件下第一次争取社会主义的斗争”（Mallet，1975：7－9；李青宜，1990：116－117）。

在20世纪60年代末“五月风暴”革命浪潮席卷西欧的那段时间，作为法国左翼激进主义社会思想和政治实践代表人物，马勒的思想曾经吸引了不少同道[①]，如1967年高兹在其著作《劳工战略》中，提出与“新工人阶级”表述相近的“新无产阶级”理论。他认为在“有组织的资本主义条件下”，一个由专家、技术人员、高级专业人才、教师和科层雇员组成的新的中间阶层——高兹本人称之为“新无产阶级”——正在崛起。与马勒一样，高兹一度认为这个阶级是工人阶级寻求自身解放的“先锋队”，在《劳工战略》中他鼓吹道：

> 技术人员、工程师、学者和研究人员发现他们与其他人一样只是工资收入者，他们的工作能带来收入只是因为它在短期内可以使人有利可图。……他们发现不仅他们的工作，而且他们生活的各个方面都被资本的规律所统治着，因为那些控制着大工业权力的人也控制着国家、社会、地区、城市和大学的权力，控制着每一个人的前途……现在，为有意义的生活而进行斗争就是反对资本的权力的斗争，这种斗争必须毫不间断地连续进行下去，从公司的范围到整个社会领域，从工会到政治领域，从技术到文化（Gorz，1967：104－105）。

图海纳也一度受到政治热潮的鼓舞，在他那本著名的《后工业社会》中提及夺取权力是这个新工人阶级的政治使命（Touraine，1971）。[②]“新工人阶级”的观点伴随为夺取权力而斗争的倡议，在20世纪70年代也一度影响到大西洋彼岸的美国。哈佛大学的经济学者金蒂斯就因此注意到美国社会也同样存在一个被他称为“有教育的劳动者”的现代资本主义中新兴的社会阶级，他认为这个阶级处于“异化”生活之中，因而在反抗资本主义固有制度上是可以发挥革命性作用

---

① 这里所谓“同道”，除了他们的左翼立场，还表明他们多多少少都曾是萨特的信徒，如高兹和图海纳在大学期间都曾经听过萨特的讲演和课程（图海纳，2012，前言：9）。

② 严格来说，图海纳只是在呼吁革命实践行动这一点上与马勒和高兹有精神上的呼应。他一方面并不赞同“新工人阶级”这个特定的概念，认为不仅不应当“把雇员、技师、公务员都纳入工人阶级”，因为“工人运动乃至工人一词本身已经明显过时”；另一方面，他也认为马勒和高兹等人主张“在企业里由职业工人和技师主导的新工会运动使得人们再次热烈讨论工会运动和工人权利”这个中心论题所依赖的社会事实寥寥无几，“并且几乎没有示范作用”，无论所谓“新工人阶级”是否有自我意识，都不足以把他们视为革命者（图海纳，2012：228）。

的，而60年代末的学生造反运动正预示了这种“革命”的可能性（Gintis，1970）。

马勒等人的“新工人阶级”，在内涵和外延上，基本上与普兰查斯所谓的“新小资产阶级”是同构的，都指代20世纪尤其战后随科技革命和管理革命而兴起的欧美社会新中产阶级。所不同的是，“新工人阶级”理论在很大程度上是存在主义者将马克思主义“异化”范畴具体化，并试图在现实政治生活中将工人自治的概念加以实践，相比于普兰查斯，马勒等人的观念与现实政治斗争，尤其是1968年的法国社会运动紧密纠缠在一起。当然，随着时间的推移，特别是左翼社会运动进入低谷的20世纪80年代，包括高兹在内的一批理论家，在新的社会生态与政治格局下，已放弃了以前那种激进的观点，宣布“告别工人阶级”（周穗明等，2008：99）。

3. 布雷弗曼：垄断资本与阶级斗争

1973年，马勒死于一场意外的车祸。那时，左翼革命浪潮在欧洲大陆已经渐渐退去，马勒对于“新工人阶级”通过夺取企业经济领导权进而获得自身解放的期待，似乎也过于乐观。一年以后，大西洋的那一边，美国社会学家布雷弗曼却再次提及马勒的理论——不过，他是通过对马勒观点的批判来阐述自己对工业社会分层中新中产阶级的定位与功能的独特见解的。

在学术取向上，布雷弗曼是典型的传统马克思理论的代表（李强，2011：79），这与他的生活经历有密切关系，他早年做过铜匠学徒，很年轻时就参加了美国社会主义工人党（Socialist Workers Party，SWP），后来先后在海军船坞、铁道修配厂、钢铁厂等地做工长达14年，20世纪50年代参与创办左翼政治刊物《美国社会主义者》，60年代又长期担任左翼杂志《每月评论》的社长，是美国知名的左派学者（布雷弗曼，1978：出版说明）。

布雷弗曼论述垄断资本主义时代社会阶级结构的代表作是《劳动与垄断资本》，这本书初版于1974年，尽管那时马勒已经去世，但布雷弗曼还是开宗明义地表达了他对马勒“新工人阶级”的批评：

> 我不能接受过去十年中由某些作者发明出来的“新工人阶级”这一武断的概念。按照这个概念，“新工人阶级”包括这样一些具有许多生产和管理方面专门知识的职业：工程师、技术人员、科学家、低级行政管理助手和专家，教师，等等。这些分析家不去研究整个劳动人民，不去了解它是如何改变的，哪一部分已经增长，哪一部分已经衰微或停止增长，而是选择一部分

职业作为他们分析的唯一中心。……必须加以研究的是整个阶级，而不是从这个阶级中任意选择出来一部分（布雷弗曼，1978：28－29）。

他还援引法国社会学家克罗泽的著作批评了米尔斯那本堪称新中产阶级研究典范之作《白领：美国的中产阶级》，认为它“并非真正的调查研究”，因为“米尔斯感兴趣的，并不是女售货员或广告公司职员实际上可能感受到的那种疲倦感，而是这些人通过分析向他们施加压力的那些力量而设想出来的客观的厌倦。这种态度自认为比民意测验更加科学，但这仅仅在表面上是如此罢了”（布雷弗曼，1978：30－31）。[①]

当然，布雷弗曼并没有否认米尔斯或者马勒关于20世纪50年代科技革命之后，大量白领阶层产生、办公室自动化后出现的新的职业人群及相应的社会变革，只是他既不同意米尔斯有关这个群体已经产生了阶级自我意识的判断，更不同意马勒有关这个群体将成为“工人阶级先锋队”的预测。恰恰相反，在对白领阶层，尤其是其中的办公室职员“日常工作如何成为工厂过程”（布雷弗曼，1978：310）进行了非常详尽的描述和分析（布雷弗曼，1978：257－333）之后，布雷弗曼断言，从根本上说，绝大多数所谓“白领”都是底薪劳动者，科技革命对他们的最大影响是使他们与“技能”的分离程度越来越大，使他们越来越沦为无须更高技术和技巧的“非熟练”（deskilled）劳动者，“表面趋势是向一个庞大的非无产阶级‘中等阶级’发展，结果是创造了一支庞大的新型无产阶级。在职业条件方面，这些工作人员已经丧失了从前高于工业工人之上的一切优越性，而在工资等级方面，却几乎下降到最低点”（布雷弗曼，1978：318），“就整体而言，挣薪水的职员正经历着一个越来越得不到社会尊敬的过程”（布雷弗曼，1978：313）。布雷弗曼还强调，垄断资本主义条件下的技术革命和管理制度变革，绝不可能引起雇佣劳动者体力上和脑力上的任何“解放”，相反，只会形成劳动者日益严重的“异化”。在垄断资本主义时代，所谓“新中产阶级”的职业构成、劳动方式的变化及其在社会各行业中的分布，完全取决于垄断资本积累的

---

① 布雷弗曼引为例证的是森特斯在1949年发表的那项著名的研究。这项研究的初衷是挑战此前（1940年）盖洛普机构（The Gallup Organization）和《财富》杂志的一项调查结果。该调查按照沃纳发明的分层标准，将美国公民分为“上、中、下”三大等级，而随后的调查表明，样本中绝大部分受访者认同自己是“中等阶级”。然而当森特斯在添加了“工人阶级”这一选项后，他发现，在代表全国人口的调查样本（1 097名白人男性）中，有51%的受访者转而选择这个新增加的选项，森特斯由此认为在40年代的美国，“工人阶级”的自我认同要远高于“中产阶级”（Centers，1949；范塔西亚，2012：30）。而布雷弗曼则据此从方法论上批评“社会学家们所测验的并不是公众的意识而是他们自己的意识”（布雷弗曼，1978：30）。

性质，他们依然是除自己的劳动力外一无所有的、只能把劳动力出卖给资本家以换取自身生存的阶级。西方社会的本质仍然是垄断阶级与工人阶级的对立——这一系列的论断，此后被称作“布雷弗曼命题”（Braveman's thesis，参见李强，2011：82）。

4. 作为参照系的雷蒙·阿隆：《阶级斗争》

我们在前文中已经述及，战后，特别是进入 20 世纪 50 年代以后，随着西方社会工业化水平急剧提高和国家对经济与社会宏观调控的力度不断加大（最主要体现为福利国家制度在西方的普遍建立），西方社会结构开始发生急剧变化。新中产阶级的崛起及由此反映和带来的一系列社会现象和社会问题开始引起学者们的持续关注。在这方面，雷蒙·阿隆成为当之无愧的先行者。1955—1956 年，他曾经在巴黎大学主讲工业社会里的阶级与阶级斗争，其讲义在 1962 年整理出版，题名为《工业社会十八讲》，此后又增补了他 1956—1957 年在巴黎大学的部分讲义，以《阶级斗争：工业社会新讲》的书名再次出版。

雷蒙·阿隆对 20 世纪 50 年代西方工业社会阶级构成及其走向的理解，反映了当时身处“丰裕社会”中的西方学者典型的认知范式。他不遗余力地分析了战后十余年里西方工业社会发展的四个主要趋向：其一，农业劳动力持续向工业和行政部门转移，这种产业结构上的转移在空间上则体现为城市化的进程持续加快。其二，“雇佣劳动者在全部劳动力中的比例增加了，而独立经营者的比例下降了”，雷蒙·阿隆称之为“雇佣劳动化”，用以取代马克思所谓的“无产阶级化”。他清楚地看到，在战后，“一种社会类别的人数在所有工业国家随着经济增长而不断膨胀，这就是被雇佣者”。直到二战，在西方各主要资本主义国家中，职员在就业人口中的比例普遍维持在 15%～20%的水平，战后，特别在美国，这一比例持续上升。1954 年的统计显示，美国“办公室职员占就业人口的 12.6%，售货员占 6.2%，企业基层管理人员占 13%”，雷蒙·阿隆将这种众所周知的现象称为“管理时代”的“雇佣文化”。与此形成对照的，则是几十年来工人的人口及比例一直维持在某一水平而不再增长。其三，社会出现了因为教育、职业、收入等因素导致的多重分化。其中最重要的是两点：(1) 随着工业化水平的持续提高、社会财富的持续积累、国家宏观调控政策力度的加大，公共教育覆盖范围和普及程度大大提高，而教育在社会分化中的作用越发重要；(2) 新中产阶级的日益崛起和旧中产阶级的日趋减弱。其四，“数量日益增多的劳动者资产阶级化”，人数可观的普通劳动者的生活水平普遍得到提高。[①] 雷蒙·阿隆写道：“美国社会的集体财富大幅度增长，撇开分配方式不谈，财富使得越来越多的人达到小资产阶级的生活水平。当前，约35%的家庭有4 000～7 500美元的收入，显然构成一个中产阶级。”而“在考察欧洲国家的统计数字后”，雷蒙·阿隆认为，在美国发生的现象也普遍出现在欧洲，“呈金字塔形的工资等级底部和顶部的差距逐步缩小了”。他的结论显而易见：战后的欧美社会，不仅是一个空前丰裕的社会，更是一个将不平等削减到最低水平的社会，一个新中产阶级的社会（阿隆，2003：129－140）。

雷蒙·阿隆认为，社会不平等的消弭和新中产阶级在战后的逐渐占据主导地位，取决于经济与社会两个层面的基本原因。在经济层面，第一，起决定性作用的是总收入的提高，这样，“哪怕在分配方面没有什么变化，资产阶级化的现象也会出现”。只要整个金字塔升高了，进入中产阶级生活条件的人就会越来越多。在美国，1929—1953年，年薪低于2 000美元档次的收入占美国总收入的比重从42.7%降到22.9%，同期高于4 000美元档次的则从21%上升到44.9%。第二，产业结构处于不断调整中，各经济部门间关系不断变化，非固化的经济结构创造了大量新的就业岗位和致富机遇，促进了下层的向上的社会流动机制的建立。第三，股份制普遍实施，化解了因为生产不断集中而可能带来的收入的集中。垄断公司的资本属于几百万股东，尽管他们不对企业的运转产生实际影响力，却能够分享巨额利润。“不存在小部分人获取的巨额收入和大群人领取的极低工资，但却有介于最低和最高等级之间的一系列不同级别的酬劳”。与此相对应的，“雇佣劳动化”导致“在日益增多的人成为雇佣劳动者的情况下，不平等决定于工资的不平等。而缩小工资不平等是很容易的”。白领雇员的持续增加，既是新中产阶级社会到来的表征，也是造成社会日趋平等的主要原因。在社会层面，起作用的则主要是税收与社会福利共同构成的再分配机制（阿隆，2003：140－143）。

雷蒙·阿隆对工业社会未来的预测是，一方面，尽管存在着资本和财富的巨大的不平等，但是一个中产阶级社会的总趋势是资本收入与总收入相比呈持续下降趋势。收入水平趋于拉平和生活水平普遍提高，将使阶级对立和冲突在总体上趋于缓和。所谓“阶级斗争”将趋于淡化，而不是冲突的激化，“革命运动的势

① 雷蒙·阿隆认为这与《资本论》中提及的工人的“绝对贫困化”并不完全矛盾。因为马克思并不排斥随着劳动生产率的提高，工人实际工资会得到提高。导致贫困化的主要原因是技术在劳动力市场上具有举足轻重的作用，它削弱了工人讨价还价的能力，增强了企业主的实力（阿隆，2003：137）。

头和运用暴力的癖好逐渐减弱”，“承认冲突，不缓和冲突，这不是工业社会的正常状态，正常的是阻止冲突变得更为剧烈”。另一方面，美国与欧洲社会的中产阶级呈现出不一样的特征。在美国，经济不平等是严重的，但是“全民族的思想方法是中产阶级的思想方法。绝大部分美国人自认为属于这个阶级。它是代表全社会特征的阶级”。而在欧洲，尽管“从经济角度看不同社会集团相互靠近了，但是各集团的生活方式和心理状态却依然存在巨大差异”（阿隆，2003：148－167）。

概括起来，雷蒙·阿隆的基本观点是：承认阶级或社会集团的存在，但不承认资本主义社会是马克思所说的阶级分明、两极对立的社会；承认阶级利益的冲突，但认为利益冲突天然合理并已走向缓和，不认为利益冲突必然导致你死我活的阶级斗争和暴力革命；承认资本主义社会存在资本分配的不合理及其扩大化趋向，但同时认为也存在由于经济发展而产生的平等化趋向。阿隆的观点代表了西方自由主义思想家主流的阶级和社会结构理论。他对工业社会的社会学分析为马勒、高兹等法国知识左派的“新工人阶级”理论的形成提供了论证前提，具有较高的学术价值。

5. 达伦多夫：工业社会中的新中产阶级

作为社会冲突理论的代表人物，达伦多夫著述甚多，1959 年，他出版了《工业社会中的阶级和阶级冲突》，并亲自将其由德文译为英文。这本书出版后受到欧美学术界的高度赞扬，李普塞特称之为“改变现代社会学领域方向的最重要尝试之一”，美国《政治科学季刊》赞许其是“马克思以来关于阶级这个论题的丰富多彩、错综复杂的探索中最富于独创性的尝试之一”，《美国社会学杂志》则强调这本书“是几年来发表的有关社会理论的最富有挑战性的贡献之一”（林荣远，2000：3），它也成为达伦多夫社会阶级与阶层研究的早期代表作。

在《工业社会中的阶级和阶级冲突》一书中，达伦多夫把社会阶级结构明确解释为“它的成员与行政权力的关系”。“阶级涉及的是权力”，“阶级的基础是与地位有关的权力差异，即与其权力预期值有关的社会功能结构。……个人由于发挥了与权力有关的社会功能而成为一个阶级的成员……他属于某个阶级是因为他在一个社会组织中占有某种地位，也就是说，阶级的身份来自对社会功能所承担的责任”（转引自周穗明，2007：7）。因此，其社会阶级结构不涉及经济所有制关系，而是一种政治权力结构。这样，达伦多夫就把阶级不仅与私人所有制相联系，而且与造成社会不平等的权威关系相联系。

在剖析马克思的阶级理论、分析马克思关于资本主义社会冲突的基本逻辑后，达伦多夫重点阐述了马克思以后西方工业社会——他称之为“后资本主义社会”（post-capitalism society）——阶级结构发生的三个重要变化：（1）资本方面的重要变化。即所有权与控制权的分离，没有了功能的资本家让位于“发挥重要功能但却没有资本的群体”，工业中这群新的统治群体，完全不同于以往的“完全的资本家”。随着资本功能的分化，企业家阶层也分化为三种类型：资本家、财产继承人和专业管理阶层。三种群体各有不同的准入机制，相对于资本家的自己创业，财产继承人先天拥有企业，专业管理阶层要么通过管理工作的职业生涯向上流动，要么通过高文凭准入，他们既不同于传统管理型资本家，也不同于现时代纯粹的资本家。达伦多夫将上述变化称为“资本的分解”（decomposition of capital）。而这种分解又意味着以往资产阶级与无产阶级之间的劳资矛盾已经“在体制上被隔离”，“人们的职业地位已经失去对产业工人社会人格的全面塑造力，而只能决定其社会行为的有限部分”（Dahrendorf，1959：272），这又与接下来的第二个变化息息相关。（2）劳动力的重大变化。在达伦多夫生活的发达工业时代，工人阶级已经不是 19 世纪马克思时代那种无技术、贫困的和同质性的群体，正如资本的分解一样，他们至少已经分化为三个分层群体：其一是处于日益增长中的高技术工人阶层，他们越来越多地与工程师和白领雇员相融合；其二是数量较为稳定的半技术工人，他们具有特殊的劳动经验，技术技能水平跨度也很大；其三是日益减少中的无技术工人群体。这三者名义上同属“工人阶级”，实际上相互间已存在很多社会阶层特征的差异，如工资差异、福利差异、社会声望与地位差异乃至阶级与自我认同差异，其利益诉求也不尽相同甚至对立，已经很难为一个目标团结起来。（3）中产阶级的变化。直到马克思晚年，每 20 名雇员中可能仅有 1 人可以被称作中产阶级，而到了 20 世纪 50 年代，这个比例大约已经上升为每 5 名雇员中有 1 人属于中产阶级——在第三产业中甚至可以达到每 3 人中有 1 人是中产阶级成员。在达伦多夫看来，相对于 19 世纪的老中产阶级，20 世纪中叶的新中产阶级从一开始就处于分化状态，是内部的差异性极大的异质性群体，以至于无法为其设定边界。达伦多夫认为，如果按照既有的阶级模式设想，中产阶级的上层是资产阶级的延伸，其下层白领雇工则是工人阶级的延伸，其后果只能使情况更加混乱——虽然白领雇工与产业工人一样不拥有资本和权力，但他们的社会特征却与产业工人大相径庭，同样，上层中产阶级虽然拥有一定权力，却也不同于真正的统治阶级。在战后新中产阶级相关理论谱系中，达伦多夫的主要贡献，其一是他确认了新中产阶级的上升趋势，把中产阶级纳入阶级分类框架；其二是他发现了人数虽少，但具有决定性意义的“真正的服务阶级”，即上层公务员、国家和私人行政管理部门的领导成员，他们已经取代传统的封建贵族、大土地所有者和资本家阶级在战前的统治角色，成为拥有最多的权力资源的阶层。达伦多夫进一步指出，由于中产阶级的复杂局面，很难想象传统的阶级模式对发达工业社会的阶级状况与冲突有较强的解释力。基于对这三种变化的分析，达伦多夫区分出四个社会集团或者阶级，即统治阶级、服务阶级、被统治阶级和知识分子（张世鹏，2001：29－30)。与一般左翼的解释不同，他不赞成经济繁荣导致工人阶级及其阶级意识消失的观点，而把工人意识的淡化主要归因于社会阶级和社会结构的变化。他强调西方仍然是阶级社会，认为包括老中间阶级、新中间阶级和结构复杂的工人阶级在内的85％欧洲居民都是被统治阶级（周穗明，2007：7)。

此外，达伦多夫创造性地使用了“阶级冲突制度化”的概念，认为发达工业社会之所以没有发生马克思预言的暴力革命，是因为资本与劳动者之间的紧张关系已经被制度化缓解了，制度使得两者之间的关系合法化，从而阶级斗争的方法、武器和技术被置于制度的有效控制之下，阶级斗争本身已经成为相互平衡的权力之间的合法斗争。尽管没有人能够保证某种特定的冲突管理模式可以永远成功，但制度化的冲突与以往绝对的阶级冲突对立已完全不同。事实证明，工业社会是能够处理其内在结构所造成的利益冲突的，各利益群体间完全可以和平相处。而所谓群体冲突已经成为一种市场关系，在这个市场中，相对自治的各种力量根据特定游戏规则相互竞争，没有永久的胜利者，也没有永久的失败者（李强，2011：55－56)。

达伦多夫提出的新中产阶级的相关理论观点，在理论上和方法上都与米尔斯等关于“白领”的新中间阶级理论有明显的不同，是20世纪80年代后以权力政治为中心的社会分层理论的重要来源，其对社会结构整体变化的概括迄今仍具有重要的参考价值。

二、新韦伯主义

自20世纪20年代的德国理论界开始，西方社会学家在讨论社会阶级问题时，都会或多或少地避免马克思式的单纯依赖经济状况划分阶级的简单化趋向。作为最早的和最有力的批评者之一，韦伯始终坚持关于阶级界定的多元主义的立场——其中，对教育因素的重要性的强调无疑是最显著特征之一，尤其体现他在对新中产阶级的分析中。表面上看，在《经济与社会》中，韦伯采用了一个类似于马克思的二元分类的模型来分析当时的欧洲社会，社会分为两大类别，一类是有产者，另一类是无产者。不过，在韦伯那里，二者形态是高度可变的，在其各自内部，存在很多分化的利益群体。在“有产者阶级”中，韦伯区分了财产所有者阶级和获利阶级（经营者），区分标准不仅在于是否拥有可以产生利润的财产（也就是资本），更在于后者进入有产者行列，更重要的原因是建立在良好教育背景上的资格准入（educational qualification）。同样，无产者内部也是分化的，这其中，就存在着各种各样的中产阶级，他们名义上属于无产者的行列，可是，凭借良好的教育背景，他们掌握着具有明确市场价值的技能，因而在阶级处境（class situation）上，他们与那些没有任何社会特权的阶级完全不同（Weber，1968：927－930）。正因为存在如此复杂的形态，韦伯认定，“有产”和“无产”的区别根本不足以构成社会阶级分野的标准。在他那里，社会阶级实际上是由一系列的阶级处境（上文已经提到）所构成的，而这些阶级处境则由于它们涉及共同的社会流动机会而相互关联在一起。与马克思式的纯粹经济意义上的阶级概念相比，韦伯的定义更接近于“地位群体”（status group）。在此基础上，韦伯在资本主义社会中区分出四个主要的社会阶级群体：工人阶级、无产的白领工人、小资产阶级和特权阶级。他预言，随着资本主义社会的演进，小资产阶级会出现分化而渐趋消亡，无财产的中产阶级将得到最大程度的扩张（Weber，1968：305－306）。如此，韦伯通过与马克思不同的路径，得出了也不尽相同的结论。在此后大部分时间里，在对新中产阶级进行过各不相同的阐述的理论家那里，韦伯对马克思的修正得到了认同和响应。新韦伯主义者倾向于把分层的多元标准与主要由教育所定义的一般概念“市场位置”融为一体。

1. 帕金：社会排斥与新中产阶级的建构

作为新韦伯主义的重要代表，弗兰克·帕金在理论方面的最主要贡献是系统阐述了源自韦伯的社会排斥（social closure）思想。而从这个向度出发，帕金对围绕中产阶级及其周边阶层的社会屏蔽和社会流动的解读，则丰富了新韦伯主义的社会分层理论（李强，2011：109－119）。

帕金对中产阶级的理解，始终围绕着“阶层排斥”和“阶层流动”两个概念展开。早期，帕金更多地关注以往多被人忽视的中产阶级推进发展、变革社会的功能，这集中体现在1968年出版的《中产阶级激进主义》一书中。该书研究了英国中产阶级在和平运动以及核裁军运动中的作用，认为在对当时的社会运动的解读中，阶级的视角仍是一种有效的分析方法。帕金指出，中产阶级激进主义具有重要意义，而传统上关于中产阶级的韦伯主义解释更多地关注它的社会稳定功能，而忽视了中产阶级促进社会变革、引领社会变迁的功能（李强，2011：

109)。在这里，我们可以清晰地看到20世纪60年代末激进主义的世界性流行和社会运动广泛兴起的时代背景。随着“革命时代”的激情消退，帕金对中产阶级的分析，愈发回归韦伯主义的本位，强调其在维系社会稳定方面的作用。

在帕金的中产阶级的分析中，“社会文化缓冲带”（social and cultural buffer zone）理论的解读无疑是点睛之笔，而这个理论的提出，则是建筑在他关于阶级界限、社会排斥和社会流动等一系列翔实阐述之上的。

帕金认为，二战以后，随着非体力劳动者队伍急剧扩大，一种迥异于马克思主义时代阶级状况的社会背景出现，那就是大批中下层白领劳动者，他们与体力劳动者之间与其说存在管理与被管理、统治与被统治的关系，毋宁说是两种生活机会和机遇不同的阶级群体。他认为，今天的马克思主义已经很难用财产权来区分阶级。例如，为了区分白领雇员内部的差别，他采用了高级雇员、中级雇员和低级雇员的说法，这样的区分，实际上已经和韦伯主义的分析没有太大区别了。

因此，帕金对社会分层的论述，上溯自韦伯的“社会排斥”概念。在韦伯看来，各个社会集团试图将获得资源和机会的可能性归属到具有某种资格的小圈子里，社会排斥就是为此设定的一套资格的程序，符合资格者能够获得最大的收益（Parkin，1979：44）。帕金延伸了韦伯的以上观点，指出社会排斥将导致两大基本社会运动形态的出现：其一是排斥，其二是篡夺。所谓排斥，也就是“一个社会群体，企图通过类似压迫的社会过程，在牺牲另一个群体利益的前提下，确保自己获得特权的社会地位”，这是社会封闭的直接后果，代表着一种“向下”的权力运用。例如，中产阶级通过种种手段，表现其与下层阶级的区别，力图维持自己作为一个相对封闭的社会集团的特殊利益（无论是实质的还是符号的），就是一种排斥。而所谓篡夺，则正好相反，代表了一种“向上”的权力运用，表现为“被排斥的群体企图赢得分享更大份额的资源的集体努力”。他进一步分析了资本主义社会“社会排斥”的特点，强调资本主义社会排斥制度与历史上其他形式的社会排斥（诸如血统制、贵族制等）的不同之处在于，它不采用家庭、血统等先致资格的限制，表面上看，它是开放的，在原则上，成员资格的条件对每个人都是开放的。但实际上，现代资本主义设计了两种精巧的排斥制度，运用两大社会排斥工具建构和保持着中产阶级的阶级地位，首先自然是以财产为中心的各种手段，其次，与前者同样重要的，就是“学术的和专业的资格证书和文凭”。前者涉及一系列关于收益、报酬、经济权力的法律制度，宣布了财产所有者的权利，将其他群体排斥在产权利益之外（Parkin，1979：48）。至于后者，在帕金看来，具有与财产制度同样重要的意义。技术证书监控着劳动分工中的关键职位，决定着谁可以进入这些职位。在现代资本主义社会，由于白领职业的增长，人们更加重视技术证书的排他性。社会上流行的所谓“文凭主义”（credenitialism）现象，就是极力提高教育证书的地位，用证书来控制劳动分工中的某些关键位置。所以，所谓专业化，其本身就是社会排斥的一种表现，为某种职业设立门槛，限制进入者的资格和人数，用这样的办法来保障该职业的市场价值（Parkin，1979：48－55）。

作为新韦伯主义者，帕金的社会分层研究的基本目标，是寻求社会稳定和政治秩序。在他看来，社会的基本事实是，上层地位优越者总是少数，下层总是多数，上层试图控制下层，于是不稳定就必然发生。帕金认为，解决社会不稳定最好的、持久的办法就是，统治者一定要使得一个管理社会财富分布、收入分配的基本原则看起来合理合法，即使低收入者也能认同这样的原则或规则，这就是所谓的“社会共识”（social consensus）。稳定的政治秩序正是建立在这样的社会共识之上的。

帕金认为，强制和共识是任何社会实现社会控制的两个基本方面。不过，现代社会并不轻易使用强制手段，而是代之以一些巧妙的、温和的社会机制，用以维持社会稳定。而这些社会机制中，最重要的、具有政治意义的，就是社会流动，社会流动就是实现政治稳定的社会资源。帕金对“社会流动实现社会稳定”的机制考量，是从对体力劳动阶层人群向中产阶级流动的社会现象的经验研究中得出的。帕金指出，粗略估计，现代西方国家中，出身体力劳动工人家庭的人，约有1/4～1/3将会流入中产阶级行列（Parkin，1971：49）。这种向上的社会流动给下层阶级中那些精力旺盛、雄心勃勃的人提供了逃离下层的渠道，于是就减轻了因不平等造成的社会紧张。一个人升入中间阶级，意味着他通过个人的努力解决了社会地位低下的问题，这样就削弱了那种试图通过集体活动解决整体的社会下层阶级命运的努力。

在帕金那里，这种个体的向上流动，无疑是一种政治安全阀（political safty-valve）。向上流动常常伴随着政治态度的从左翼转向右翼，因为地位的改变常常使人们对自己进行再定义；而且，向上流动的距离越远，个人自我定义地位调整的幅度就越大，例如，长距离流动到专业技术和管理型中产阶级的人，其自我地位认同就会与仅仅是短距离流动到普通办公室职员的人完全不同。研究证明，多数的社会流动是短距离的，故而这些人的社会态度、自我地位认同就不会有太大幅度的变化。因此帕金认为，向上流动进入中产阶级的人与原先就出身于右翼的中产阶级在政治态度上也是有区别的。不过下层人群向上的社会流动，也在改变着原本右翼中产阶级的社会基础。

在政治安全阀之外，帕金继而提出了上文提及的“社会文化缓冲带”理论。帕金认为，在中产阶级和工人阶级之间存在着的这个缓冲带，由大量低层职业白领构成，它具有重要的社会稳定功能。正因为这个缓冲带的存在，社会流动就不会引发明显的社会不适应问题。例如，出身工人家庭的人，向上流动，进入中产阶级下层的缓冲带，在这个缓冲带里，他们的行为模式、所认同的社会符号，就不会与周围有太大差距，从而不会有很强烈的“外来感”。所以，大量所谓社会流动，只不过是边缘阶层进出缓冲带的流动，是同一个家庭两代人之间发生的边缘地位的流动。阶级之间的流动也可以带来原来阶级的文化，这也是一种文化缓冲。研究显示，那些家庭里曾经有过中产阶级经历的工人阶级的孩子，比那些家庭里没有过中产阶级经历的工人阶级的孩子，在学校里的学习表现要好得多。科恩对美国工人阶级家庭的中学生的研究表明，如果母亲曾经是白领家庭出身，那么孩子中有 80%能上大学，而如果母亲是工人阶级家庭出身，则孩子中只有42%能上大学。既然受教育水平与职业成就之间有十分密切的关系，那么，这个数据就可以证明，那些母亲曾经是中产阶级出身、后来下降到工人阶级的家庭，其子女具有明显较高的上升流动的潜在动力。而杰克逊和马斯登的研究也证明，那些通过取得教育成就而流入非体力职业的工人阶级子女，大多数或者有父母出身于中产阶级家庭，或者父母处在工人阶级与中产阶级边缘位置上，而不是那种典型的、传统的工人阶级家庭（Parkin，1971：56－57）。帕金认为，专业和管理阶层中产阶级及其子女，他们的下降流动会比下层白领职业成员的下降流动受到更大的文化震惊。体力工人的生活方式、工作经历、报酬水平，对于那些已经习惯于中产阶级地位的人而言，显然需要作出很大的适应调整。在工业社会中，有时确实会发生这种类型的长距离地位下降流动。但在绝大多数情况下，专业技术中产阶级家庭能够保证他们的子女承继某种白领地位。这里所说的承继，更多的不是指继承私有财产，而是指给子女提供较好的教育、较好的家庭环境，这些因素有助于子女的成功。

总之，“社会文化缓冲带”大大缓解了社会紧张和社会不适应，这就是西方社会得以稳定的重要原因。

2. 洛克伍德：“职员”的阶级意识与阶级地位

1958 年，英国社会学家洛克伍德出版了他的代表作之一《职员：对于阶级意识的研究》。仅从标题字面上看，这本著作与米尔斯那本名作有异曲同工之妙[①]，而从其副标题来看，洛克伍德延续了韦伯以来的阶级研究主题，因而这本著作不仅是战后对被视为新中产阶级组成部分的某一类职业人群进行分析的代表性实证研究成果之一，也奠定了作者韦伯主义立场的社会分层基础理论框架。

洛克伍德之所以选择“职员”群体作为研究对象，不仅因为过去半个多世纪里其人数增长速度超过其他任何职业群体，成为不容忽视的社会集团[②]；更主要的是，职员处于一个很特殊的社会地位上：一方面他们和产业工人一样，是彻底的雇佣劳动者，可另一方面，职员的职业某种程度上又是工人阶级向上流动的主要渠道，职员群体的阶级意识和社会态度与工人阶级却大相径庭。洛克伍德认为，这种现象显示了传统马克思主义有关阶级地位与阶级意识观点的内在矛盾，而要想真正理解职员阶层的阶级意识，就应当从严谨的实证研究出发，而不仅仅根据空泛的概念——例如“无产”或者“受雇佣”——就认定他们的社会地位（Lockwood，1958：14－15）。在实证研究的基础上，洛克伍德提出了一种“三元一体”的阶级地位界定方法，他认为，按照这种关于阶级地位的新定义，就可以比较出在工业社会发展的不同阶段，职员阶层与产业工人阶层在多大程度上具有相同或相异的社会地位。

洛克伍德的“三元一体”，指的是从三个方面对阶级地位进行界定，即：（1）市场地位（market situation），狭义上指的是经济地位，主要衡量指标是经济收入，也包括经济机会和所有福利型的经济指标；（2）工作地位（work situation），指的是决定个人在劳动分工中社会地位的一整套社会关系；（3）身份地位（status situation），也就是个人在全社会声望等级体系中的地位，包括家庭出身、教育背景、婚姻状况，等等（Lockwood，1958：15）。[③]

洛克伍德接下来简要回顾了职员群体的发展历程。在大规模产业化、现代化之前，绝大多数企业规模很小，职员的劳动分工也不发达，对职员的工作能力与才能的要求也不高。此时职员与雇主之间往往具有比较密切的私人关系，他们的地位往往具有不可替代的特点，也比较容易受到提拔。至于收入，尽管并不一定

① 从字面直译，米尔斯的著作研究对象是“白领”（white collar），而洛克伍德研究对象是“黑衫”（blackcoat），即职员群体。

② 洛克伍德认为到了他写作此书的 20 世纪 50 年代，每 10 名劳动者中就有 1 名是办公室职员（Lockwood，1958：13）。

③ 在这三个要素中，“身份地位”的提出很明显受到韦伯的影响，而“工作地位”则隐约可见马克思关于工人阶级阶级意识与集体主义取向的论断的影子，至于“市场地位”则可以视作一种经过修正的韦伯观点（李强，2011：123）。

很高，也往往没有固定的标准，却稳中有升。这些职员通常有较好的教育背景，他们衣着光鲜，受人尊敬，办公室也窗明几净，与机器工厂形成鲜明对比（Lockwood，1958：34）。洛克伍德特别指出，如果单从收入上来说，这一时期的职员群体其实可以进一步细分为两个阶层：那些在银行业、保险业、贸易公司以及市政机关工作的职员，可以毫无压力地过着真正受人尊敬的中产阶级生活；而职员群体中的更大一部分，收入其实比工匠高不了多少，虽然从经济状况看他们实际称不上中产阶级，却在意识上对此有强烈的认同（Lockwood，1958：22）。接着，洛克伍德考察了现代办公室产生后的职员群体状况。由于现代企业组织的发展，职员群体人数激增，同时，办公自动化的发展也改变了职员的劳动方式，教育水平的提高，又使得职员潜在队伍不断扩大，阶层垄断性逐步削弱（Lockwood，1958：34－35）。

在接下来的主要篇幅中，洛克伍德分别详细论述了现代生产条件下职员阶层三种地位的变化状况（Lockwood，1958：39－133；李强，2011：124－129）。

对于职员的市场地位，洛克伍德主要测量了三个指标：收入来源及金额，职业保障性，向上流动机会。学术界传统上认为体力劳动者与职员阶层因为有着相同或相近的市场地位，因而对他们在阶级意识上产生的重大差异难以接受和理解，而洛克伍德则通过有关英国职员阶层与产业工人阶层市场地位的大量数据证明，即便是同样处于雇佣劳动者和“无产”状态的社会阶层，也完全可能处于不同的市场地位中。具体而言，虽然表面上看职员与体力劳动工人一样都不占有生产资料，但无论从收入、职业保障还是从向上流动机会等方面看，他们与体力工人都是完全不同的：职员比体力工人获得更高的收入，并且影响他们收入的要素完全不同于体力工人；职员比体力工人享有更好的职业保障，这种保障虽然还没有成为像财产权那样的独立要素，但也是标示市场地位的重要一环；职员有更多向上流动的机会；职员市场地位的特殊性，还包括了带薪休假、退休养老金、低强度的工作和整洁的办公环境等。

对于职员的工作地位，洛克伍德认为相对于体力工人，其特点在于：工作单元规模小且比较分散，与雇主关系密切，容易建立私人关系；办公室内部的劳动分工，特别是部门级别的设立，比较容易导致职员的内部分化和小群体的出现；对职员个人技能水平的衡量很难形成统一标准，因而其工作的劳动力市场化水平较低，发展缓慢。洛克伍德强调，无论是前现代的“家长制”企业，还是现代的“科层制”企业，工作地位的分化仍然是职员阶层与体力工人阶层之间的一道鸿沟，使他们相互之间难以产生认同。

对于职员的身份地位，洛克伍德沿袭了韦伯的观点，认为身份属于主观声望评价体系。表面看来，判断阶级注重客观实际利益，判断身份注重主观价值观念；但实际上，统治阶级从来都是赋予与自己联系最为密切的那些品质和活动以最高的评价和声望，从而将自己的地位合法化。在现代工业社会，作为身份地位基础的、占统治地位的价值观是企业家、专业技术阶层和中产阶级的价值观。具有最广泛影响的声望标准是“个人职业成就越高，社会声望也就越高”，其中的核心要素就是职业，而获得某种特定职业所需要的教育背景、与该职业相匹配的收入和承担的职责，也就成为个人社会地位的主要决定要素。洛克伍德以那些与中产阶级接近（或者说处于中产阶级边缘位置）的工人为例，说明身份是如何影响阶级意识的：这些工人或者原本就出身于中产阶级家庭，或者希望他们的子女能够向上流动成为中产阶级成员，因而他们总是试图在价值观念与社会态度上向中产阶级靠拢，如对家庭规模严格控制、重视子女教育、看重社会声望，等等，在行为方式上也更倾向于个人主义文化原则而非工人阶级中常见的集体主义原则——他们通过个人行动而不是集体行动来谋求个人地位的上升。因此可以说，这些工人对于身份地位的渴望削弱了他们原本应该具备的阶级意识。洛克伍德据此总结认为阶级分化并不就是简单的利益分化，也与不同阶层的观念密不可分。

在《职员：对于阶级意识的研究》出版 10 年之后，洛克伍德又与他当时的剑桥大学同事、同为新韦伯主义分层理论代表学者的戈德索普共同完成了三卷本的著作《阶级结构中的富裕工人》，继续探讨发达资本主义社会中经济地位大为改善后的那个“富裕工人”群体的阶级意识与社会态度问题。

3. 吉登斯：市场能力与社会分层

20 世纪 70 年代，著名社会学家吉登斯也曾参与对社会分层与中产阶级问题的探讨。1973 年，他出版了《发达社会的阶级结构》一书，这本著作是吉登斯关于社会分层最主要的著作。尽管“受到 60 年代中后期民权运动、学生运动、工人运动的影响，左派和激进主义声势浩大，阶级的讨论是热门话题”，但是吉登斯却“表现得相当冷静，对马克思和韦伯的著作进行了再思考”，他的著作延伸了韦伯关于“阶级处境”的分析框架，认为“市场能力”（market capacity）是决定阶级结构化至关重要的因素，而他在阶级分析中所秉持的温和立场，也体现了韦伯主义社会学理论的特点（李强，2011：96）。

吉登斯所谓“市场能力”是对韦伯“市场技能”（marketable skill）概念的延续，指的是“个人可以带到市场上增强其讨价地位的各种形式的相关属性”（Giddens，1975：103）。在吉登斯看来，从市场能力的角度看，那些不占有生产资料而通过出卖劳动能力换取收入的“工资劳动者”（wage-labourer）并不像马克思所说的那样，只能完全听命于他们的雇主（生产资料所有者），相反，他们的劳动能力就是他们随身携带的特殊财产，这种特殊财产是可以在市场的讨价还价中起作用的。在吉登斯这里，资本和生产资料的所有者资本家阶层与劳动能力（表现为某种专业技能）的所有者雇员阶层在市场的竞争中呈现一种平等关系：他们之间谁控制谁，不是先天的，而取决于具体的市场环境中哪种资源更具有“稀缺性”。如果生产资料与资本的稀缺价值更高，那么资本家就处在有利位置上；相反，如果专业技能稀缺性更高，那么“工资劳动者”的阶级地位就更有利。这正是此前我们提及的，韦伯主义在分层与阶级观点上那种弥合阶级矛盾、缓和阶级对立的取向和相对“保守”的立场（Giddens，1975：103－104）。

吉登斯区分了三类基本的市场能力：（1）以生产方式形式存在的财产所有权；（2）某种经过认定的专业教育或技术资质；（3）纯粹的体力。以此为基础，形成了资本主义社会的三个基本阶级：上层阶级、中产阶级和下层阶级（工人阶级），这三个阶级分别拥有不同的市场能力（Giddens，1975：107－108）。不过吉登斯也强调，资本主义社会并没有在上述阶级之间设置固定的壁垒和正式的障碍，阶级之间依旧保持着流动性。

吉登斯继而用了一整章的篇幅专门对“新中产阶级”进行了分析（Giddens，1975：177－197）。他在看到中产阶级内部巨大差异的同时，坚持把中产阶级视为一个统一的阶级。他认为，所谓社会群体的差异性主要来自两个方面，其一是市场能力的不同，其二是劳动分工的区别。所谓中产阶级的市场能力，指的是他们提供市场所需要的技术知识、被社会承认的专业化技术的能力。然而，并非所有拥有此种能力的人都可称作中产阶级。因为存在着一种社会屏蔽（closure）的机制，该机制防止其他阶级成员的进入。专业技术工作的市场能力，受到职业转入方面的社会屏蔽的限制，所有的专业技术协会都用屏蔽的方式排斥其他社会阶层成员进入。他分析说，虽然劳动分工也会造成差异，但是与市场能力比较，劳动分工所造成的不是阶级的差异。因此，中产阶级内部尽管有很大差异，但大多是劳动分工的差异。吉登斯举例说，从劳动分工角度看，一个绘图员与一位社会工作者有巨大差异，但从市场能力上看，他们却具有很大的相似性（Giddens，1975：186－188）。吉登斯批评达伦多夫关于中产阶级的观点。达伦多夫认为，中产阶级的共性在于它是一个服务阶级，为统治者与被统治者之间提供了桥梁。吉登斯则认为，这种定义完全不能区分中产阶级与其他阶级之间的区别（李强，2005b：32－33）。

4. 艾伦瑞克："综合二元标准"与"专业管理阶级"

1976年，著名的社会和政治评论家、细胞生物学博士芭芭拉·艾伦瑞克和她的丈夫约翰·艾伦瑞克发表了他们影响深远的文章《专业管理阶级》，对新中产阶级的性质与特征提出了他们系统而独到的见解。[①]

艾伦瑞克首先在历史性描述的基础上对西方马克思主义学者关于新中产阶级的主要观点逐一做了批判。艾伦瑞克认为，新中产阶级既"不能像马勒和贝尔维尔那样被作为广义的'工人阶级'的一个组成部分来考察，因为他们实际上与'工人阶级'处于客观上的对抗之中"，也不能认为新中产阶级像高兹和普兰查斯所谓的"和小资产阶级一样是一个'残留'下来的阶级，因为它是伴随着垄断资本主义而产生的一种特殊的阶级类型"；相反，新中产阶级是"在垄断资本主义社会里构成的一个不同的阶级"，按照艾伦瑞克的术语，新中产阶级被称为"专业管理阶级"（Ehrenreich，1979：9－10）。

艾伦瑞克对"专业管理阶级"下了明确的定义：这个阶级"由支薪的脑力劳动者构成，包括范围广泛的职业、技术、收入水平、权力和声望的职业集团。他们不占有生产资料，他们在社会劳动分工中的地位可以广义地说成是再生产资本主义的文化和资本主义的阶级关系"（Ehrenreich，1979：12－13）。在他们看来，这个职业集团大致可以区分为两种类别：其一是与社会控制和意识形态宣传直接相关的工作人员，如教师、社会工作者、心理学家、演员、作家、广告人等，其二则是在生产过程中发挥其作用的中层行政人员、管理者[②]、工程师、科学家和其他技术工作人员等。

艾伦瑞克强调，专业管理阶级处于在它上面的统治阶级和在它下面的工人阶级之间，是典型的"中间阶级"。不过，它的边界并不清晰，原因在于现代社会资源的分化与多元化使得对社会分层的界定已无法按照一个单一的标准来进行。她举例说，一个护士，可能出身于工人家庭、中产阶级家庭或小资产阶级家庭。他/她可能在工会举办的学校里受过两年的短期教育，也可能在中上阶层所办的学校里接受四年的正规教育。他/她可能仅仅是一个"工人"，每天做着相同的护

---

① 学界在论及"专业管理阶级"理论时，大多将其作为战后西方马克思主义对中产阶级的代表论述之一（李青宜，1990、1997；孙寿涛，2007），理由是论文发表时作者的左翼激进学者形象，并且文章发表在《激进美国》上。但是从作者的基本视角看，在对中产阶级的界定上，他们更多接受了韦伯的遗产而对马克思主义传统提出了批评。

② 艾伦瑞克特别强调她这里所谓的"管理人员"，指的是中下级管理人员，与早期管理革命论者指称的对企业发展拥有控制职能的管理阶层有所区别。在艾伦瑞克看来，后者已经成为统治阶级的一部分而不能再称之为"中间阶层"（Ehrenreich，1979：12）。

理工作，不监管任何人，只使用他/她在学校所学到的技术和知识进行服务；也可能是管理机构的一员，手下有为数不等的护士和助手。他/她可能与一个中产阶级的体面的医生结婚，也可能与低级的专业技师或者白领工人结婚。所以，简直没办法把护士分类为一个集团（Ehrenreich，1979：13）。这个例子形象地表明，无论家庭、教育、职业还是婚姻，采用任何一种单一的标准往往无法将新中产阶级的边界相对清晰地划出。因此，艾伦瑞克在界定专业管理阶级时，采用了一种“综合二元标准”。

所谓“综合二元标准”，是指艾伦瑞克在判定“专业管理阶级”特征与属性时，采取了二元的标准，而这两种标准，又各自从两个几乎相对立的向度出发，形成了既对立又统一的“综合性”标准。一方面，与社会经济基础的关系被作为划分阶级的基本特征和标准，艾伦瑞克特别强调，“阶级是根据集团中人们之间实际关系，而不是根据人和物之间的形式关系来确定的”（Ehrenreich，1979：11），这与马克思主义界定阶级的基本标准相吻合；另一方面，作者紧接着却又表示，“与社会经济基础的关系并不足以说明作为一个实际社会实体的阶级的情况”，她认为，某一阶级形成主要是以社会和文化存在为其主要特点的，“一个阶级的成员具有共同的生产方式、教育背景、亲属关系、消费形式、劳动习惯和信仰。这些文化和社会形式不可能以任何一种简单的方式从同时存在的该阶级的成员与其生产资料的关系中产生出来”，此外，“一个集团人们的社会存在不仅决定于他们在生产方面的经验，而且也决定于他们在私人生活方面的经验”（Ehrenreich，1979：11），这里又可以清晰地看到韦伯阶级划分标准的痕迹。

以美国为例，艾伦瑞克简要描述了专业管理阶级的崛起。她特别强调，进入20世纪特别是二战之后，科技革命的突飞猛进在削弱工人阶级集体控制劳动过程的权力和社会化生产的共同经历的同时，加强了劳动管理的权威性与价值；集中在私人基金和公共部门的大量社会剩余产品开始成为调整和管理市民社会的力量；物质产品的丰富导致的消费主义盛行又对“消费管理专家”产生大量需求，这些都是专业管理阶级迅速发展的社会经济背景。她进而阐述专业管理阶级是如何在20世纪实现了与工人阶级的区隔，形成了自己的特征的——在生产方面，科学技术的进步“不仅被用于以新产品的形式创造‘进步’，而且生产新的削弱熟练劳动权力的生产技术”（Ehrenreich，1979：14），同时科学管理，或者说管理革命的出现，使得专业管理阶级剥夺了工人的知识及其对生产过程的控制，后者只需要在前者的指挥下“动动手而已”（Ehrenreich，1979：15）。削弱控制劳动过程的权力，意味着削弱社会化生产的共同经历，一方面使得工人阶级作为一个群体的内在认同和凝聚力减弱，另一方面也使得专业管理阶级与工人阶级之间的区隔变得明显。在消费方面，随着社会主轴从生产转向消费，专业化、标准化的商品和服务向工人阶级生活不断渗透，“消费管理逐渐变得与生产管理同样重要”（Ehrenreich，1979：16），专业人员日益在商品消费和服务消费中占据主导地位。例如，20 世纪之前，在美国的欧洲移民和农村的美国人中间，私人接生是非常普遍的现象。此后，出于健康和公共卫生的考虑，政府宣布不允许私人接生，妇女分娩必须由专业护理机构和人员来帮助完成。这就意味着一个专业的分娩护理职业和相应的职业人群的产生（Ehrenreich，1979）。在其他各类商品和服务消费中莫不如是——这也就是教师、广告人、社会工作者、家政专家等专业人士产生的原因，而他们构成了专业管理阶级的重要组成部分（Ehrenreich，1979：15）。此外，“集中在私人基金和公共部门的大量社会剩余产品和公共部门的社会剩余产品开始成为一种调整和管理市民社会的力量”，公共教育、公共卫生、慈善机构、各类型基金的不断出现和持续扩大的影响，也促进了专业人员的增长。最后，艾伦瑞克总结道，“生产过程的改组，从事社会管理的公共机构的大量出现，商品和服务的专业化……多多少少需要有意识的承担者去作出努力”，正因为如此，“作为新阶级的专业和管理工作者”诞生了（Ehrenreich，1979：16）。艾伦瑞克强调，“这些新的技术工作者、正在出现的专业管理阶级的先锋，并不只是为了满足一个复杂社会的需要而日益扩大的老知识分子”，随着这个阶级在 20 世纪的大规模扩张，他们有着自己独特的阶级利益与自我认同，他们已经固化为一个阶级（Ehrenreich，1979：30），它是一个派生的阶级，是一个“非生产性”的阶级，是与“老中间阶级”完全不同的阶级，是与工人阶级既相互依赖又相互对抗的阶级。

1989 年，芭芭拉·艾伦瑞克又出版了《害怕沦落：中产阶级的内心生活》一书，一方面总结和呼应了她此前提出的“专业管理阶级”的概念，坚持认为她早年对这个阶级的评价是有价值的[①]；另一方面也对 20 世纪 60—80 年代新中产阶级世界的新变化，做了社会心理学上的分析（Ehrenreich，1989）。

三、知识分子与“新阶级”

在本书第四章中我们已经强调，在考察西方中产阶级本质特征的各种理论

① 芭芭拉主要是针对 20 世纪 70 年代有学者对她在新中产阶级社会功能与未来发展趋势上过于悲观的批评给予回应（罗宾斯，2002：196-209），而这又与所谓“新阶级”的讨论紧密结合在一起，下文中我们还将提及。

中，“知识分子新阶级”理论可谓最主要的视角之一。这种理论之所以将“新中产阶级”界定为那些凭借其教育背景和专业知识来获得相应的社会地位，并可能会在未来获得统治地位的知识分子阶级，主要是着眼于新中产阶级是凭借专业知识获取社会分层中相应的位置这一本质特征。尽管围绕知识分子新阶级问题，几十年来众说纷纭，迄无定论，但这些问题无疑对我们全面理解新中产阶级的性质，特别是经由知识社会学视角，通过不同语境中对新中产阶级的不同解读去理解欧美社会在20世纪中后期的社会变迁，会有很大的助益。

1. 加尔布雷思：从丰裕社会到权力转移

1958年，加尔布雷思出版了他的成名作《丰裕社会》，这本书随即成为20世纪50年代美国乃至整个西方世界最畅销的社会经济类书籍之一。某种程度上，书名揭示了它诞生的那个年代的美国社会状况。加尔布雷思满怀激情地写道，美国正拥有着“巨大而空前的丰裕”，这是一个“普通人已经得到愉快生活——如食物、娱乐、个人交通工具和垂钓——的世界，一个世纪以前就算是富人也没有这样享受过”(Galbraith，1984：1-2)。在这样的一个新的世界里，加尔布雷思发现了一个新的社会现象，随着社会与人民富裕程度的普遍提高，闲暇已可以为人们普遍享受而不再是标榜身份的标志，凡勃伦笔下那个免于劳役之苦的有闲阶级消失了，取而代之的是一个不断发展壮大却受到忽视的“新中产阶级”——加尔布雷思称之为“新阶级”(Galbraith，1984：260)。在加尔布雷思那里，“新阶级”是一个由大学教授、中小学老师、医生、企业家、工程师、推销员、广告制作人、政府官员等组成的人群。加尔布雷思从几个方面描述了这个“新阶级”的特征。

其一，界定“新阶级”的最主要的标准是社会声望，其载体则是职业。不同于有闲阶级的是，这个“新阶级”的成员不能坐享收益，他们和多数人一样拥有职业，需要工作。然而对于“新阶级”而言，职业的主要意义已不在于获得薪水，“假使有人说实业家领袖或科学家生活的主要动机是他获得的薪给，那么对他而言这是一种侮辱。……‘新阶级’成员要是降到其薪酬是唯一报酬的普通劳动者的行列去，那么他们的悲哀程度不亚于失去封建特权的贵族”(Galbraith，1984：262)。相反，职业给他们带来的更多是酬赏：免于苦役，避免无聊、闭塞的例行公事，舒适洁净的生活环境，在公众中的权威性等。所有的这些，其本身就意味着声望，新阶级正是从“工作”本身中获取乐趣和认同，而收入充其量只是作为“工作”的一个次要的组成部分而存在。加尔布雷思举例说道，战后初期，一批中小学教师为寻求更为优厚的物质待遇而离开学校进入工厂，看似平常的小事立刻引起轰动，“因为这代表对被授予‘新阶级’的一种职业的史无前例的背叛”。大学老师更是如此，不管他多么抱怨收入的微薄，也绝不会改行（Galbraith，1984：262）。正因为如此，加尔布雷思把职业和与之相匹配的社会声望作为判断新阶级的标准。

其二，因为存在着代际延续，所以新阶级已经不仅是一个社会“阶层”。同其他阶级一样，“新阶级”希望本阶级能够延续下去，其办法就是努力使子女获得与其家庭出身相匹配的职业。对于一个身处新阶级的外科医生而言，最大的悲哀和失败莫过于他的儿子成为一个汽车修理工，或者从事类似为赚取金钱而小心盘算的职业。同时，一个外科医生也有能力不让他的孩子成为汽修工，哪怕不能成为新阶级的核心，也至少可以让他生存在这个阶级的边缘（Galbraith，1984：263）。

其三，新阶级不是一个封闭的集团，每年都有成千上万的人加入，成为这个阶级的成员，而教育成为他们实现社会流动最主要的有效因素，“任何人只要在年轻时有足够的时间和金钱做准备，在正式院校接受教育，就能够成为‘新阶级’的成员”（Galbraith，1984：263－264）。[①]

其四，另一方面，在开放性的反面，新阶级内部仍然存在等级。从大学教授，到次一级的工程师，再到处于边缘的推销员，呈现出一个由高到低的谱系。而区隔的标准，同样在于附着于不同职业的不同的声望。

加尔布雷思观察到，过去的百余年特别是进入20世纪以来，新阶级以异乎寻常的速度在膨胀。在19世纪中期他们不过包括一小撮教师、牧师、作家、记者和艺术家，可到了20世纪中期，新阶级已数以百万计（Galbraith，1984：264）。《丰裕社会》中所阐释的加尔布雷思早期的新中产阶级理论，是战后盛行的福利国家思想的直接反映。充分就业和广泛的社会福利并行，进而形成了20世纪50年代美国社会收入均等化的趋向。这体现了加尔布雷思早期带有凯恩斯主义烙印的思维逻辑，也是战后特别是进入20世纪50年代以后欧美社会新中产阶级产生的社会经济基础。

---

① 某种程度上我们可以说，对教育在新中产阶级形成过程中重要性的强调，构成了“新阶级”理论家的思考框架。因此不难发现，在林林总总的“新阶级”理论之中，在几乎所有关于工业社会的分层模型里，教育都是作为将个体划分到不同阶级的首要机制和基础性因素而受到重视的。例如，吉登斯就主张中产阶级应该按照教育来进行定义，因为他们在市场中的权力获取主要就来自其所接受的教育质量（Giddens，1975）；柯林斯则强调，对中产阶级而言，教育本身不仅是他们适应经济需要的手段，在维护阶级特殊利益方面，教育本身就是权力的一部分（Collins，1979）；戈德索普在定义他所谓的“服务阶级”时，同样非常强调教育经历在该阶级进入成本中的不容忽视的比重（Goldthorp，1982）。

我们已经介绍，加尔布雷思笔下的对象，就是米尔斯所谓的“新中产阶级”或者“白领”，而加尔布雷思之所以不沿袭米尔斯而使用了“新阶级”这个概念①，首先在于，在米尔斯那里依靠职业来定位的新中产阶级，其外延被加尔布雷思缩小了。后者更强调与职业有一定关联的教育背景—社会声望在界定中产阶级过程中的作用。其次，也是最关键的在于，米尔斯的术语更多表现了“白领”与老中产阶级在社会结构中相对位置的相似，而加尔布雷思则更属意于这个阶级的“新”的特征。不同于米尔斯对新中产阶级未来的悲观态度，加尔布雷思对这个“新”阶级充满了憧憬。因为这个阶级是优质教育、高素质的代表，“教育是扩充这个阶级的有效因素，投资于教育，不论从质量上还是从数量上估价，都非常接近于社会进步的基本指标”。因此他断定，“随着新阶级对教育的强调，随着他们对知识、文学和文化艺术方面需求的最终影响，这个阶级将迅速扩张”，而这个“新阶级”的“迅速扩张，应该成为主要的社会目标，也许仅次于和平生存本身”，而那些从事“例行工作，从事单调的手工劳动”的人，其数量将会“被压缩到最低限度”(Galbraith，1984：264-265)。

10年以后，加尔布雷思修正并深化了《丰裕社会》关于“新中产阶级”的主题，并且将反思集中体现在1967年出版的《新工业国》一书中。所谓“新工业国”，指在科技进步产生巨大影响和资本主义垄断组织社会经济性质发生根本变化的情况下，垄断资本主义发展的新阶段。基于对“新工业国时代”来临的基本认识，加尔布雷思对新中产阶级的思考在三个方面加以深化：

其一，延续《丰裕社会》中的基本判断，特别是强调教育和知识在新中产阶级界定中的决定性作用。他写道：“近来，教育成为划分教育差异的标准。一切受过良好教育的人就像从前那些有钱人一样，自认为与众不同，可以高高在上。……在美国，怀疑和愤怒不再指向资本家和单纯有钱的人。人们带着忧虑和惊异望着知识分子。这不会使任何人惊讶。当粗通文字的百万富翁出来领导和在经济上支持没有知识的人，反对知识上的特权者和满足者，这也不足为怪，这反映了我们这个时代的阶级区别。”(Galbraith，1985：247) 一方面，原先的资本家和企业家缺乏专业管理知识，逐渐失去对企业的控制能力，进而失去对整个社会的主导地位；另一方面，缺乏良好教育背景的工人，也就是“数量巨大的同一

① 在《丰裕社会》中，加尔布雷斯曾经就职业管理者的实际权力的问题引用并讨论过米尔斯继《白领：美国的中产阶级》之后出版的《权力精英》(Galbraith，1984：76-77)。尽管全书没有直接引用《白领：美国的中产阶级》一书，但是我们推论他至少应该知晓这本书的基本观点。

类型的蓝领”正在“被机器取代，被白领职员排挤”（Galbraith，1985：283）。如此，社会阶级关系发生了变化，主要社会矛盾变为有知识的人和无知识的人之间的矛盾。

其二，加尔布雷思将教育—知识的背景和获取社会权力的能力结合起来，较早地提出了“知识资本”（knowledge capital）的概念，构造了以所谓“权力转移论”为核心的新理论，阐述了20世纪中期以知识分子和专业人士为主要组成部分的新中产阶级在西方社会结构中占据主导地位的演变过程。在加尔布雷思看来，对最重要、最稀缺的生产要素的拥有，决定了社会权力的掌握。他分析了美国两百年来生产要素的变化，进而指出：两百年前，土地是决定性因素，地主是掌权者。随着在美洲等地发现大批土地，资本渐渐变得稀缺起来，于是，掌权者就成了资本家。到了现代，也就是“新工业时代”，随着科学技术的迅猛发展，技术变得越来越复杂，越来越专门化，而它对于企业成败又至关重要。也就是说，科学技术知识在发展中已经代替资本成为最重要的独立生产要素，既然专业知识已经成为最重要的生产要素，那么权力也就转移到了掌握专门知识的人手中，包括科学家、工程师、专业技师、营业员、广告人、推销员、法学家、调解员、经理、董事等在内的拥有专门知识的“技术结构阶层”（technostructure）[①] 已经取代资本家成为新一代的掌握知识资本权力的人，从而成为新一代掌权者。

关于“技术结构阶层”形成的观点，显然来自新制度主义的理论推论。加尔布雷思的新制度主义承袭了老制度主义的方法，在新的历史条件下发展了凡勃伦重视制度结构分析的传统。新制度学派认为，制度只是人类本能和外在客观因素相互制约所形成的广泛存在的习惯。现实的经济制度不过是心理现象（风俗、习惯、伦理、道德）的反映和体现，起决定作用的是法律关系、人们的心理以及其他非经济因素。加尔布雷思甚至认为，人是习惯和遗传下来的思想、态度的奴隶。在他看来，“技术结构阶层”并不占有土地和物质形态的资本，但是他们拥有技术、管理等专门知识，知识已经成为新的资本。这个新阶层掌握了知识资本，具有非经济因素的优势，已主宰了当代社会的权力。通过对新兴的“技术结构阶层”的分析，加尔布雷思进一步揭示了资本主义社会的权力和权力分配、不同集团之间的利益冲突以及经济的不同组织结构，也从一个角度说明了战后资本主义社会结构的新变化（周穗明，2007），到了20世纪90年代，托夫勒还曾经专门就加尔布雷思提出的“权力转移”的主题进行了更深入全面的阐述（Toff-

① 对这个术语，有多种不同的中文译法，如“专家组合”“专家技术结构”等。

ler，1990）。

其三，在《新工业国》中，加尔布雷思又尝试修正了他早年提出的作为一个整体的“新阶级”概念，认为新中产阶级内部其实存在两个群体，其一是以企业管理层、政府官员为主体的群体，他们构成“技术结构阶层”的主体，在“体制”之内日益占据重要位置，发挥重要作用，也日益向上层资产阶级靠拢。与之相对的，是那些一般意义上的“知识分子”，他们常常因为各种高深的专业知识为企业和政府所用，但更多承担着社会批判的职能，与“体制”保持着某种微妙关系。加尔布雷思逐渐认识到，新中产阶级并不是一个边界分明的阶级，在这个群体的内部，存在着差异与碰撞，这种不可避免的张力却正是解读新中产阶级的必要前提。

2. 贝尔：中轴转变

1959年贝尔首次提出了“后工业社会”概念，从那以后大约20年里，对未来世界的全面分析与预测，一度成为西方学术界的热潮[①]，贝尔在其间称得上独步一时。尽管贝尔有关“后工业社会”的著作并非专门论述西方社会分层与阶级机构，但他却因此被认定为主张知识分子与新阶级理论的代表学者之一（Briggs，1981）。学术界的这种称许当然自有其道理，因为贝尔根据战后西方社会某些特征对未来社会进行的“推测性描绘”（贝尔，1997，1976年版前言：5），很大程度上就是围绕一个“新阶级”的崛起展开的。[②]

贝尔认为“后工业社会”是一个广泛的概括，可以从五个组成部分进行简明概述：（1）经济方面从生产经济转为服务性经济；（2）职业分布上专业与技术人员阶级处于主导地位；（3）未来发展方向上对技术的控制空前加强；（4）决策制定方面有一种新智能出现；（5）最重要的是中轴原理（axial principle）[③] 的转变，理论知识将处于中心地位，成为社会革新与制定政策的源泉（贝尔，1997：14－37）。

在贝尔看来，后工业社会是围绕着知识组织起来的——他因而也称之为“知识社会”（knowledge society）——其目的在于进行社会管理和指导革新。一方

① 在20世纪六七十年代，西方学术界以“后……”（post-）为前缀来界定未来社会特征的学术概念至少有几十种，其侧重点各有不同（高铦，1997：3）。而与贝尔的《后工业社会的来临》出版差不多同时，此前提及的法国社会学家图海纳以“后工业社会”为题发表了他对社会变迁的解读（Touraine，1971）。

② 在《后工业社会的来临》中，贝尔也专门提到了“新阶级”这个概念（贝尔，1997：132）。

③ 贝尔所谓的“中轴原理”，指的是“在寻找社会如何结合在一起这个问题的答案时，它设法在概念性图式（conceptual schema）的范围内说明其他结构环绕在周围的那种组织结构，或者是在一切逻辑中作为首要逻辑的动能原理（energizing principle）”（贝尔，1997：9）。

面革新的源泉越来越多地来自科学研究与技术发展，另一方面，按照国民生产总值和就业情况来衡量的“社会的力量”越来越体现在知识领域（贝尔，1997：234）。贝尔以简明的图标形式标出了后工业社会的基本结构及与此相关的一系列问题（见表6—1）。

表6—1　　后工业社会的结构与问题

中轴原理	理论知识的集中与具体化
首要机构	大学、学术研究所、研究公司
经济基础	以科学为基础的工业
首要资源	人力资本
政治问题	科学政策、教育政策
结构问题	私人与公共部门的平衡
社会等级	基础——技术；途径——教育
理论问题	“新阶级”的内聚力
社会反应	对官僚主义化的抵制；对抗文化

资料来源：贝尔，1997：131。

在他看来，在后工业社会，“理论与经验相比占首位，而且在知识编纂成抽象符号的系统以后，可以同任何规律体系一样用来说明许多不同领域内的经验”（贝尔，1997：21）。在这个“以理论知识为中心”的中轴原理之下，整个社会体系及其运转会发生一系列变化——其中必然包括社会分层与阶级结构的变化。

贝尔认为，每个社会的阶级阶层划分，都是围绕一个基本轴心进行的。晚近西方社会划分阶层的主要轴心是两个：在后工业社会来临之前是财产，之后这个轴心则是知识与技术（见表6—2）。

表6—2　　西方社会阶层划分标准和权力获取方式的变迁

	前工业社会	工业社会	后工业社会
资源	土地	机器	知识
社会活动场所	农场、种植园	公司企业	大学、研究机构
统治人物	地主、军人	企业家	科学家、研究人员
权力手段	直接控制武力	间接影响政治	技术和政治力量的平衡，选举权和权利
阶级基础	财产	财产	专门技术
获取权力途径	军事力量、继承、武力夺权	政治组织、继承、赞助、教育	政治组织、教育、动员、吸收

资料来源：贝尔，1997：392。

至此，贝尔有关知识阶层的观点已经呼之欲出，他说，“如果说过去百年间处于统治地位的人物一直是企业家、商人和工业经理人员，那么，（后工业社会）

的‘新人’（new men）就是掌握新的智力技术的科学家、数学家、经济学家和工程师”，“知识工人的阶级日益占据主导地位”，“正像商业公司由于其组织生产大量产品的作用而成为过去百年间的重要机构一样，大学——或是某种其他形式的知识机构——将由于其作为发明和知识的新源泉而成为未来百年中的主要机构”（贝尔，1997：375），“在后工业社会里，专门技术是取得权力的基础，教育是取得权力的方式”（贝尔，1997：391），“后工业社会的主要问题是要有足够数量的受过训练的具有专业和技术才能的人才”（贝尔，1997：256）。换句话说，在贝尔看来，后工业社会在政治体系与阶级结构方面最重要的特征，就是一个受过教育、具有专业技术才能的知识分子“新阶级”将占据社会权力的主导地位。

贝尔强调他的预测是建立在对两种理论脉络的梳理与分析之上的：其一是自圣西门以来的“科技治国论”（technocracy），其二是由马克思、韦伯、托克维尔等开创，本书此前已经详细分析过的20世纪20年代“管理革命”理论、苏联“官僚新阶级”理论直至20世纪60年代欧美学者（包括本章提及的马勒、高兹、图海纳、达伦多夫等人）对两百年来社会变迁中阶层变化和“新阶级”产生的种种理论概括，因而是可靠和客观的。

尽管如此，贝尔始终认为，上述知识分子阶层是否能构成社会学意义上的“阶级”或许还有待商榷。正是基于这种考虑，贝尔还对知识社会内部的垂直分层和分化进行了详细解剖。他认为未来的知识分子群体内部或许会呈现三个阶级：“有创造性的杰出科学家和高层专业管理人员，工程师和具有教授地位的中产阶级，由技术员、低级教职员和教育助理人员组成的无产阶级”（贝尔，1997：236）。因而作为一种政治学概念的“新阶级”，其内涵与外延似乎还有待厘清。为此他又参照霍夫斯塔德的划分方式，分别以“经济”和“文化”为轴心，以美国的政治生活与权力格局为例，进行了如下划分（见表6—3）。

表6—3　　美国政治生活与权力格局

		经济轴心	
		左翼	右翼
文化轴心	自由倾向	城市知识分子	管理阶层
	保守倾向	工人阶级	旧资产阶级

资料来源：Bell，1981：186。

这种将知识分子阶层置于更广阔的社会结构和更全面的类型学分析框架内考察的视角，对深入理解“新阶级”的本质及其未来，颇有参考价值。

3. 古尔德纳：新阶级的兴起与知识社会学的集成

与大量研究“新中间阶层”与“新中产阶级”的学者一样，古尔德纳也是从马克思阶级斗争理论的基本视角出发，但是却从其缝隙中发展出一整套迥异于前者，甚至也迥异于绝大多数中产阶级问题理论家的理论框架。

在古尔德纳看来，“20世纪，在所有成为正在形成的世界社会经济秩序组成部分的国家中，一个由人文知识分子和技术知识分子组成的新阶级，开始了与原先控制着社会经济领域的集团的竞争，这些集团由商人或政党领袖组成。无论是在由发展中国家构成的第三世界，由苏联及其卫星国构成的第二世界，还是由北美、西欧和日本这些晚期资本主义国家构成的第一世界，一种新的阶级斗争和新的阶级系统正在逐渐形成”（Gouldner，1979：1）。古尔德纳没有把这个阶层明确地称作“中间阶层”或者“中产阶级”，但是显然，他对由知识分子组成的这个“新阶级”在社会中基本位置和特征的描述，与伯恩施坦以来大部分论述中间阶层的学者们的观点如出一辙：“新阶级是一个新的阶级，它既不同于旧的工人阶级，也不同于旧的有产阶级；它既拥有两者的要素，也具有两者都没有的特征。”（Gouldner，1979：20）

不过，此后的论述则体现出古尔德纳极大的创造性和历史乐观主义，古尔德纳认为，不仅在功能上，“新阶级”是发达工业社会真正具有革命潜能的阶级，而且他们将行使发展“批判话语文化”的基础职能。并且从历史发展的趋势看，古尔德纳也对“新阶级”抱着极大的信心。在他心目中，进入晚期资本主义社会阶段以后，“文化资本”将取代“货币资本”成为社会统治的基础。而作为“文化资本”之占有者的知识分子也将取代原有的资产阶级而成为新的统治阶级，这也是古尔德纳“新阶级”理论的核心结论——尽管在他所处的时代，这种历史性的转变还仅仅初露端倪，新阶级也还远不是“统治阶级”（Gouldner，1979：15），不过在古尔德纳心中，“未来”的方向却是确定的。

古尔德纳对“知识分子的未来”的乐观态度，既来源于他对“新阶级”形成轨迹的历时性考量，也来源于他对晚近资本主义社会若干制度性演变及“新阶级”本质性特征的共时性观察。

古尔德纳根据中世纪末期以来一些重要的精神界标，描绘了这个“新阶级”的演变图景，在这幅历史图景中，知识分子逐渐从原有的社会结构中离析出来，成为公共领域中相对自治的社会阶层。在前现代社会，用以涵括这种精神界标的关键词包括：（1）世俗化——它不仅将教会的权威要求非神圣化，并且提供了启蒙理性得以发芽的胚胎；（2）具有作为民族国家形成的重要纽带的本地语言（相对于沦落为“仪式语言”的拉丁语）；（3）知识分子从封建私人从属关系中解脱出来；（4）欧洲政治的多国结构，使知识分子“具有了一种超越国界的世界化的共性，同时也增强了他们独立于地方精英的自治性”；(5) 核心家庭的出现，导致父权制社会价值观和政治意识形态的衰弱。不过，以上几个方面在功能上对新旧阶级具有重叠的意义，真正切入“新阶级之产生”正题的，是自欧洲开始的在“公共的、多阶级”的教育上出现的深刻的改革和拓展。这种改革的影响是多方面的：扩充了“新阶级”获得工作的可能性，将受教育者的价值观从相对狭隘的家庭体系中解脱出来，增强了国家的影响，同时提供了一种批判性的话语产生的土壤。一句话，公共教育的兴起，成为造就大批知识分子的制度基础（Gouldner，1979：2-3；Power & Whitty，2002）。

对公共教育的意义的重视，是与古尔德纳对“新阶级”基本性质的判断相一致的，这就涉及古尔德纳“新阶级论”的第一个核心命题：与厂房、机器、货币一样，知识（文化）也是一种资本，并且是一种特殊的资本，拥有这种特殊资本的知识分子因而成为不同于拥有物质资本的资产阶级（也就是古尔德纳所谓的“旧阶级”）和不拥有资本的工人阶级的“中间阶层”。

作为处于“中间”位置的阶层，“新阶级”与“旧阶级”以及工人阶级之间，必然存在冲突和必要的张力。就前者而言，“新阶级”与“旧阶级”的矛盾根源在于定义各自根本性质的“资本”的不同性质。老资产阶级的资本是财产，他们的目标是不断积累和再生产其财产，尽可能多地获取利润。但这种资本的再生产过程自然得以这样一种社会结构为前提——在其间，特权和收入按货币贮存的多寡来分配。与此相对照，新阶级所控制的是一种特殊的资本——不是货币，而是对有价值的文化的控制。古尔德纳详细说明了文化资本化的过程和意义：“这意味着那些拥有文化或拥有文化的某些形式的人把收入留了起来，同时拒绝给那些缺乏文化的人以这样的收入。对于那些通过工资、版税、专利税、专利证书而在文化上拥有技能的人，他们获取收入的规定，是技能的资本化。”（Gouldner，1979：26）而这种特殊资本的投资回报依赖于一种按个人才干或专业知识而进行权力及收入分配的社会结构。这就造成了新阶级与现存社会制度的冲突。为了自身利益，新阶级不能不结束财产资产阶级的统治（陈维纲，1996：39）。

就后者而言，尽管“新阶级”与工人阶级一样，要依赖从资本家那里获取的工资为生，不过，前者具有超越单纯经济层面的责任和觉悟，那就是“要负责控制其工作内容与工作环境，而不能为了获得通过讨价还价所能得到的最高工资而放弃这些责任……它的责任是生产有价值的产品，提供有价值的服务，并提高这些行为所必需的技能”，总之，“新阶级”“体现出工人阶级自我管理的某种未来希望，预示了他们从异化的劳动中的解放”（Gouldner，1979：20）。

从另一个向度看，作为“中间阶层”的“新阶级”，又与旧阶级和工人阶级有着千丝万缕的联系。从渊源上看，新阶级与旧阶级开始并没有区别，前者不过是“从旧阶级中分离出来的具有斗争性的小集团”，其产生也是旧阶级“结构状况的内在性质决定的”，而在目前的实际中，新阶级又同工人阶级一样，“通过劳动在一种工资系统中谋生”（Gouldner，1979：19－20）。就这样，在古尔德纳的论述中，作为“新阶级”的知识分子在社会结构中的“中间性质”，被多元地展现出来。

在论述的第二个层面上，或者说古尔德纳的第二个核心命题是，他断论“新阶级是现代社会中最进步的力量”，他预言“在可以预见的未来，不管人类的解放可能会出现什么情况，它都是中心”（Gouldner，1979：83）。正如资产阶级革命期间，“旧阶级”将权力从土地控制者手中夺过来一样，在未来，权力将逐渐从物质资本拥有者手中转移到拥有“人的资本”者手中，也就是转移到“新阶级”手中。在古尔德纳所处的时代，他已经看到，“新阶级”因为拥有生产力与管理方式方面的技术知识，对生产方式已经有了相当大的实际控制，从而有了谋求利益的势力，作为对生产过程进行着日益有效支配的“新阶级”，正在与拥有生产资料所有权的“旧阶级”展开较量，前者正渐渐将后者束于历史的高阁，而后者“逐渐转变成一个拥有特权但毫无作用的地位集团，转变成一个在生产和管理方面没有什么作用的贵族”（Gouldner，1979：17）。一直到这里，古尔德纳的论述还是基本延续了由20世纪40年代“管理革命”理论正式提出并逐渐受到公认的所有权和控制权逐渐分离、管理人员逐渐取代资本家成为社会主导的观点（Burnham，1941）。而接下来关于“为什么新阶级能成为未来社会统治阶级”的论断，则逐渐开始凸显古尔德纳的知识社会学理路的特征。古尔德纳认为，“新阶级”对未来社会统治权的建立，不仅或者说主要的并不在于他们占有了一种与一般意义上的“资本”一样可以达到提高生产力、增加收入和提高拥有者社会控制力的“特殊资本”，并且这种资本将在未来社会生产中占据主导地位，更重要的是，这种特殊资本还有一种特殊性质，也就是其话语的批判性。在以往的任何一个社会之中，那些决定着主流话语有效性的原则，其实都建立在社会的权力关系之上。任何一种言说，无论其表面陈意如何，其实都受控于幕后的权力，正是这种预设的权力结构赋予了顺从于它的话语以无上的“权威”。

不过，在作为“新阶级”特殊资本的批判性话语那里，一切都发生了彻底的变化，话语的权威性终于可以从特定的社会语境中解脱出来——这意味着它不再受制于任何既定的权力结构。“在这里，一切论断和原则都可以被质疑，其有效性得由更进一步的论据或理由给予支持。这种句法使得批判话语超越于任何阶级、任何权力精英的干预之上。从批判话语的角度看，所有真理论断，不论其产生的社会根源是什么，都得接受同等的判决。即使是最有权势的社会集团也得和处于最底层最无知识的集团一样把其论断、要求及自我理解交付于同等的判定过程。新阶级的超语境话语与世界主义是一脉相承的。它实质上乃是一种普遍话语。"（陈维纲，1996：39）

在古尔德纳看来，新阶级话语的普遍性，正体现在它"坚持反思"的本质上，"它有责任检查那些一向被认为就该如此的东西，把'被给予的'变成'有疑问的'，把策略变成主题。它有责任检查我们的生活，而不仅是享受它。所以，批判的话语文化不仅要挑战现在，还要挑战反现在，也就是对现在及其前提的批判。换句话说，批判的话语文化必须用双手扼住自己的咽喉，看能挤压多久。批判的话语文化总会走向自我批判，以及对那个自我批判的批判"（Gouldner，1979：59－60）。正因为存在这种普遍的批判性特征，"新阶级"不得不把自身利益与公众正义相结合，在追逐自我利益的目标之上，"新阶级"还有一个更重要的身份：他们还是公众利益的承担者和实现者。也正是这一关键性的身份使他们最终成为"最进步的力量"和"人类自我解放的中心"。

通过对其寄予厚望的"新阶级"的描述揭示了话语与权力的普遍关系后，古尔德纳并没有停止在知识社会学思考本身，在第三个层面上，他又把关注的目光拉回到具体历史情境之中，拉回到具体的"新阶级"身上，并对这个阶层的历史命运进行了尽管初步但却深刻的反思，以至于密苏里大学学者沃根认为古尔德纳新阶级理论最具吸引力之处恰恰在于这种反思，因为它明确指出了"新阶级"的内在矛盾（Vaughan，1981：156）。

古尔德纳的反思，是从他对几种关于"新阶级"概念的基本定义的分析与批判开始的，包括：新阶级是新的历史精英，作为良性的技术官僚占据着牢固的社会地位；新阶级是一个统治阶级，与其前辈一样成了"剥削者"；新阶级是旧阶级的同盟军，将与旧阶级融合，锻造更新的精英阶层；新阶级不过是作为旧阶级的权力奴仆为后者服务（Gouldner，1979：6－7）。这几种观点，实质上是从不同的角度，揭示了"新中产阶级"的不同面貌与性质。而在古尔德纳的反思中，新阶级即便是一个"普遍阶级"，那它也是"有缺陷的"。

首先，古尔德纳强调"新阶级"中存在两种精英：（1）只对技术性知识产生兴趣的技术知识分子；（2）把兴趣主要放在批判、解放、解释上，并具有很强的政治性的人文知识分子（Gouldner，1979：48）。不过，这样的类型学分析当然不是古尔德纳的首创，因而他只是简单地论说了这两者在对旧阶级进行反抗的方式、背景、程度等方面存在着差异，并且只是暗示这种差异会导致新阶级内部的某些分野（Gouldner，1979：78），而并没有将其作为论述的重点。

真正开始对新阶级“缺陷”进行审视与反思，在古尔德纳那里，是从理解新阶级的“异化”开始的。不同于马克思的“异化”（alienation）范畴，古尔德纳的这个概念等同于“激进化”。新阶级的本质就是中产阶级，按照一般理解，在社会分层结构中的中间位置意味着他们即使不是政治的护卫者，也至少不是社会政治动荡的推动者。然而马克思、恩格斯本人已经觉察到“非无产阶级”激进化的现象，甚至他们认为，“共产主义觉悟”有可能通过作为中间阶层的“新阶级”对工人阶级的思考而产生。古尔德纳赞同马克思、恩格斯的观察力与思考深度，却并不认同他们在《德意志意识形态》《共产党宣言》等著作中关于此的解释，认为他们仅仅从思想意识的向度做了勉强的解读，这与马克思主义“社会存在决定社会意识”的基本主张相矛盾，因而“马克思和恩格斯在回答这一基本问题时所给出的答案只是隐藏在光芒之下的沉默”（Gouldner，1979：58）。相比之下，古尔德纳的论述则显得更有解释力，因为他的视角来自社会分层、社会流动、社会意识与自我认同等多个向度。

古尔德纳认为，“新阶级”奉行的那种批判话语文化之所以是激进的，是因为它力图使自己远离或高于日常语言，并尽量摆脱话语场景对话语本身的影响。同时，对于批判性话语来说，源于判断的权力高于任何社会阶级和权力精英的行动和宣称，也就是说，任何真理性的断言都必须以相同的方式加以判断，接受批判话语文化的审查。这必然剥夺了传统权威断言社会现实的权力，也剥夺了它赋予自己的合法性以有效性的权力，这使得“新阶级”获取了一种与情境无涉的身份，使他们不必过分顾及已建立的社会秩序而对一切做出批判与颠覆，也就是促使人的不断激进化。另外，批判话语文化将言说者与他们所论及的对象之间的关系视为判断者与被判断者的关系，这就意味着已有的社会等级制度只是表面现象，而更深层、更重要的区分发生在能言说并能真正理解的人与不能做到这一点的人之间，这也必将导致“知识分子新阶级”与传统旧阶级的疏离乃至决裂（朱士群等，2005：164－165）。

其次，尽管“新阶级”显示了优秀的才能，但是在一个等级秩序既定的社会，他们向上流动的渠道往往受到阻碍，特别是当新阶级“拥有很多的文化与相应地很少享有权力和财富之间的不相称”愈发明显的时候，“新阶级”对现存社会秩序的怨恨会变得愈发强烈。这种情况在许多年以前的法国大革命、美国革命以及俄国知识分子形成过程中就已经体现出来。

最后，新阶级成员本身都有一种对社会的“整体性”承诺：“我们”，对于整个社会是负有责任的。这种关于责任感的承诺，建立在两种认同的基础上：在民族国家内部，这种承诺源于“新阶级”对自身社会地位和未来社会领导者位置的认同；在民族国家之间，则源于“新阶级”对“民族传统捍卫者”身份的认同。尽管古尔德纳认为，在旧阶级的传统经营当中，多多少少也有这样的责任承诺，但是在“新阶级”那里，这种整体性承诺最终发展成为一种强大的内在力量，推动他们不断地异化。

通过不断的再生产，“新阶级”的异化得以维持、复制和传承下去，成为与旧阶级对立的异化阶级，并由此成为现代社会中最进步的力量，在可预见的未来，它也将成为任何可能的人类解放的中心。不过，令古尔德纳感到忧虑的是，这种“解放”并不意味着统治的终结。虽然“新阶级”的终极意义是结束旧的资产阶级统治，但“新阶级”本质上仍是一个充满了矛盾的阶级，同任何其他群体一样，充满着内在的矛盾。新阶级话语的批判性，使其倾向于承担“公众的利益”。可是同时，新阶级依然是一个“文化资产阶级”，这决定了他们必然又是一个关心垄断收入与特权的精英阶层。悲观点说，即使“新阶级”实现了他们的统治，也不过是另一种形式的政治交易，牺牲某些利益以谋求其他的利益（Gouldner，1979：81），“新阶级”依然是新的等级制度的核心，是拥有新型文化资本的精英阶层（Gouldner，1979：101）。古尔德纳认为，“新阶级”那种内在的局限性和矛盾，就是其自身独特的理性特征与作为文化资本家的雄心之间的矛盾。一方面，批判话语文化颠覆了社会限制，颠覆了特权，也颠覆了它自己，但是另一方面，一种新的统治也在孕育之中。在古尔德纳看来，批判的话语文化在竭力要求消除所有的社会差别的同时，由于相信自己的文化是最好的，又希望让最符合、最能代表这种文化的人取得优势。新阶级的话语因而成为一个笨拙的论证（argumentation）机器，它削弱了想象力，不鼓励表演，阻止表现性，只承认其自身的统治权是通向真理的唯一通道。于是，“新阶级”从一开始就垄断了真理并护卫自己的利益，将自己凌驾于其他阶级之上，坚持自己的话语优于其他阶级。因此，实际上新阶级在推翻旧的不平等的同时，采取了一种隐蔽的方式对国家进行批判，称非人化的技术具有支配权和自主权，其实就是产生了一种新的意识形态，进而悄悄建立了一种新的等级制度。在这一制度中，作为文化资本家的“新阶级”占据着支配地位，并由此获得更大的利益。这与批判话语文化颠覆一切的基本宗旨产生严重对立，最终，“自身灭亡的种子”就包含在新阶级自己的文化之中了（Gouldner，1979：86；朱士群等，2005：168）。古尔德纳在这里表现出的思辨性与理论勇气也为不少学者所赞赏（例如 Vaughan，1981），认为揭示新阶级的内在矛盾，才是古尔德纳一系列理论中最出彩之处。

下　篇

全球中产阶级

进入21世纪以来，“全球化”成为西方学术界最流行的研究主题和关键词。正是“全球化使人类的活动突破了时空界限，形成了全球范围内的依存关系。这种依存关系自然会使得不同国家和地区的中产阶级成长与发展，也越来越受到全球化浪潮的影响”（周晓虹，2007b：3）。英国社会学家安东尼·吉登斯认为“全球化”是一个世界性的社会关系的强化过程，它“使在场和缺场纠缠在一起，让远距离的社会事件和社会关系与地方性场景交织在一起”（吉登斯，1998：23）。这意味着，无论是发达国家还是发展中国家，在全球化力量的驱策下，其社会经济结构与阶级形式都出现了一种“时空压缩”（time-space compression）的景观。尤其是进入20世纪70年代以来，随着跨国公司的崛起和资本主义生产方式从福特制向后福特制的转变，中产阶级的地域分布及其构成发生了复杂而深刻的变化。

第七章 全球中产阶级产生的动力机制

世界银行发布的《2007年全球经济展望》预测，发展中国家将有更多的人进入“全球中产阶级”的行列，现在发展中国家有4亿人属于全球中产阶级，而到2030年，这个数字将上升到12亿，占全世界总人口的15%。事实上，一个空间分散但全球一体的社会阶层已经逐渐浮现在全球地理空间与社会生产的实践过程之中。我们这里所讨论的全球中产阶级是在全球市场的扩大与复杂化的背景中产生的。全球市场要求商品生产与销售必须通过庞大中间环节的精密分工与辅助运作，来加速总资本的循环，以不断提高或保持利润。这介于生产与销售之间不可或缺的中间环节产业，包括交通运输业、金融服务业、专业服务业（如医疗、法律）、文化媒体产业，等等。近代资本主义的生产分工与产业结构的重组，带来了庞大的中产阶级受雇劳动者（姚欣进，2007）。那么，作为“阶级”分析的核心议题——中产阶级研究，我们需要厘清的问题有：全球中产阶级产生的时空背景和动力机制是什么？这一新兴群体主要是由什么人构成？他们又具有什么样的群体性特征？他们未来的走向如何？

一、技术中轴、服务业经济与后工业社会

后工业社会是丹尼尔·贝尔“有关西方社会结构变化的一种社会预测”（贝尔，1984：8）。这一思想体系脱胎于1959年夏季，贝尔在奥地利萨尔茨堡的一次学术讨论会上，首次使用“后工业社会”这个词，并提出了他对未来西方社会的设想。之后，他在1962年和1967年又分别写了《后工业社会：推测1985年及以后的美国》和《关于后工业社会的札记》两篇长文。1973年出版的《后工业社会的来临》一书对“后工业社会”思想做了全面

的理论阐述和实例分析。在《后工业社会的来临》一书中，贝尔将社会分为社会结构、政体和文化等三个部分："社会结构包括经济、技术和职业制度，政体则调整权力的分配和评判个人之间与集团之间发展矛盾的权力和要求，文化是指表达象征和含义的领域。"（贝尔，1984：12）他还指出由于信息产业的发展、工业的衰退以及服务业人口的增长，以生产为主的工业社会特色，已经逐渐被新的后工业特质取代，美国已经进入了一个新的不同于工业社会的社会形态。"后工业社会的概念首先建立在科学与技术之间的新型关系之上，涉及社会结构方面的变化，就是经济改造和职业体制改组的方式，而且也涉及理论与经验，特别是科学与技术之间的新型关系。"（贝尔，1984：12）贝尔将理解社会结构变化的重点放在了技术的影响之上，他将技术"作为一种分析的因素，以观察新技术出现以后会产生什么样的社会变迁，以及社会及其政治制度必须设法解决什么样的问题"（贝尔，1984：8）。贝尔强调，在社会进步过程中，技术已经成为一种主要力量，尤其是进入20世纪以来，各种高新技术的发展，特别是原子能、电子计算机和各种通信技术的发展，极大地促进了信息技术和新能源的开发利用。而且，技术不仅在经济领域起作用，同时也对社会的政治、文化、宗教、艺术等起着巨大的甚至是根本性的变革作用。因此，他以技术为中轴，将社会划分为前工业社会、工业社会和后工业社会三种形态。这种划分是共时性的，又是历时性的。共时性体现在这三种社会在目前世界上是并存的，分布在不同的国家和地区；历时性体现在这是人类社会发展和进步的必然规律。

贝尔指出，由于信息产业的发展、工业的衰退以及服务业人口的增长，以生产为主的工业社会特色，已逐渐被新的后工业特质所取代，美国进入了一个新的不同于工业社会的社会形态，也是第一个进入后工业社会的国家。"广泛地说，如果工业社会以机器技术为基础，后工业社会则以知识技术为基础。如果资本与劳动是工业社会的主要结构特征，那么信息和知识则是后工业社会的主要结构特征。"（贝尔，1984：9）在《后工业社会的来临》一书中，贝尔将社会划分为三种理想类型：前工业社会、工业社会和后工业社会（见表7—1）。后工业社会首先是社会结构的变化，其结果在具有不同政治和文化构造的社会中将有所不同。然而，作为一种社会形态，它将是21世纪美国、日本、苏联和西欧社会结构的一个主要特征（贝尔，1984：20－21）。

表 7—1 社会变化的总图式

	前工业社会	工业社会	后工业社会		
地区	亚洲 非洲 拉丁美洲	西欧 苏联 日本	美国		
经济部门	第一产业 采掘业 农业 矿业 渔业 木材业	第二产业 商业生产 制造业 加工业	第三产业 交通运输 公用事业	第四产业 商业 金融业 保险业 地产业	第五产业 卫生保健 教育 研究 政府 娱乐
职业高低	农民 矿工 渔民 非技术工人	半技术工人 工程师	专业人员、技术人员 科学家		
技术	原料	能源	信息		
意图	同自然界竞争	同经过加工的自然界竞争	人与人之间的竞争		
方法论	常识 经验	经验 实验	抽象理论：模式，模拟，决策论，系统分析		
时间角度	面向过去 特定反应	特定适应 计划	面向未来 预测		
中轴原理	传统主义 土地/资源的局限性	经济增长：国家或私人对投资决策的控制	理论知识的集中与具体化		

资料来源：贝尔，1984：130。

前工业社会的“意图”是“同自然界竞争”；它以传统主义为轴心，相对应的产业是第一产业，资源来自采掘业，受到报酬递减律的制约；主要从业人员就是农民、矿工、渔民、非技术工人。工业社会的“意图”是“同经过加工的自然界竞争”；以经济增长为轴心，以人与人及其之间的关系为中心，相应的产业结构是第二产业，利用能源把自然环境改变成技术环境；主要从业人员是半技术工人、工程师。而后工业社会的“意图”则是“人与人之间的竞争”；在这种社会里，以信息为基础的“智能技术”同机械技术并驾齐驱，其产业结构是第三产业、第四产业甚至第五产业；主要从业人员则是各类专业人员、技术人员和科学家。在三个不同的社会中，技术成为最主要的关键要素。技术在社会发展中不仅改变了生产力，还改变了生产关系，即劳动力逐渐分化为不同的阶层，白领阶层不断壮大，蓝领阶层相对缩小；生产工具也从传统走向现代化、精密化。

贝尔指出，在由工业社会向后工业社会过渡的过程中，服务性经济有着若干不同的阶段：第一阶段，工业发展的同时，必然引起运输和公用事业的扩大以及商品运动和能源使用的增加，同时引起非制造业蓝领劳动力的增加。第二阶段，在大规模商品消费和人口增长的过程中，销售（批发和零售）和金融、不动产以及保险等传统的白领就业中心的活动也在增加。第三阶段，随着国民收入的上升，家庭用于食品的费用开始下降，边际增长额首先用来购买耐用消费品（衣着、住房、汽车），然后用于奢侈品、娱乐等方面。相应地，饭馆、旅社、汽车服务、旅游、娱乐、运动等个人服务部门开始发展。同时，为延长人的寿命而发展保健事业，为加强专业技术训练而发展教育事业。第四阶段，由于对服务业产生更多的要求，市场不能充分满足人们对较好的环境和较好的保健与教育的需要，政府特别是全国和地方一级政府开始发展（贝尔，1984：138－139）。

在贝尔所描绘的后工业社会里，“大多数劳动力不再从事农业或制造业，而是从事服务业，如贸易、金融、保健、娱乐、研究、教育和管理”（贝尔，1984：14）。贝尔强调指出：“在后工业社会里，强调的是一种不同类型的服务业。如果我们把服务业分类为个人性质的（零售商店、洗衣店、汽车修理、美容店），企业性质的（银行业和金融业、房地产、保险业），运输、通信和公用事业，以及保健、教育和管理，那么最后这个类别的增长对于后工业社会具有决定性意义。因为这是一个表示新的知识界——大学、研究机构、各种专业以及管理部门——不断扩张的类别。”贝尔认为，美国已经从以财富生产为中心的社会转型为以服务为中心的社会。因为无论从国民经济总产值来看，还是从劳动力的分布状况来看，比起农业和工业部门，服务行业所占比重已经越来越大了（见表7—2）。今天的美国是世界上唯一的一个后工业国家：它的服务业部门雇佣的劳动力占就业总人数的一半以上。也就是说，美国是世界上第一个服务性经济的国家，是第一个大多数人既不从事农业生产，也不从事工业生产的国家（贝尔，1984：15）。

表 7—2　　1964 年主要职业类别的就业人数和 1975 年计划需要人数

主要职业类别	1964 年		1975 年		百分比变化
	人数（百万）	%	人数（百万）	%	1964—1975 年
就业人员总数	70.4	100.1	88.7	100.0	26.0
白领工人	31.1	44.2	42.8	48.3	37.6
专业技术类人员	8.6	12.2	13.2	14.9	53.5
经理、官员、企业主（农场除外）	7.5	10.7	9.2	10.4	22.7
办事员类人员	10.5	14.9	14.6	16.5	39.0
销售人员	4.5	6.4	5.8	6.5	28.9
蓝领工人	25.6	36.4	29.9	33.7	16.8
技工、领班类人员	9.1	12.8	11.4	12.8	25.3
操作工类人员	12.9	18.4	14.8	16.7	14.7
劳工（农工与矿工除外）	3.6	5.2	3.7	4.2	2.8
服务业工人	9.3	13.2	12.5	14.1	34.4
农场经营者、农场经理人员、农业工人与领班	4.4	6.3	3.5	3.9	−20.5

资料来源：贝尔，1997：18－19。

从以上的分析中人们可以清晰地看到美国社会的一个历史性趋势：随着社会经济重心的转移，服务经济占的比重会越来越大。服务业的扩张，特别是在贸易、金融、教育、保健和政府部门的扩张，展示了一幅白领社会的图景。与此同时，职业分布重心也由原来从事单纯重复性操作的半熟练工人转向了白领阶层。但并非所有的服务业都是白领工作，也并非所有的制造业都是蓝领工作。因为白领阶层也包括运输工人和汽车修理工。随着越来越多的工作实现自动化，蓝领劳动力本身也已稳步而明显地由从事直接生产的工作转而从事非直接生产的工作；在工厂中，工人更多地从事看管、修理和维修机器的工作，而不是在装配线上工作。而在白领阶层中，增长最快的是从事专业技术性职业的阶层。

贝尔指出，向后工业社会的转变，不仅表现在劳动部门分布的变化上——人们在何处工作，而且表现在职业类型的变化上——人们做何种工作。新中产阶级，即专业与技术人员阶级将日益扩大而处于主导地位，理论知识将处于中心地位，它将是社会革新与制定政策的源泉，这是后工业社会在职业分布方面的特征。在很大程度上，职业是划分社会阶级与阶层的最重要的决定因素。贝尔从美国就业结构的变化中得出结论："到1956年，美国职业结构中白领工人的数目，在工业文明史上第一次超过了蓝领工人"，"到1970年，白领工人与蓝领工人的比例超过了五比四"（贝尔，1984：17）。而在白领职业中，"专业技术人员的增长速度超过了任何其他的职业人员的增长速度（是劳动力平均增长率的两倍）"（贝尔，1984：18），而成为美国社会中最引人注目的、占主导地位的职业。在美国，专业与技术人员阶层包括下列集团：（1）教师（公立与私立学校中的教师是最大的集团，占整个专业与技术人员阶层的1/4）；（2）工程师；（3）工程与科学技术人员（包括制图员与测绘员）；（4）科学家（包括自然科学家与社会科学家）。

贝尔认为，"随着先进技术领域——宇航、计算机、炼油、电子、光学和聚合物——工程、技术人员的扩大，尤其是50年代，当熟练劳动本身的性质明显地发生巨大变化的时候，当这个新的阶层在职业方面变得更加重要，而且日益取代熟练工人而成为工业活动中重要集团的时候"（贝尔，1984：163），社会学家们必须在阶级概念上来为这一新兴群体下个定义。尽管贝尔强调白领将成为占美国社会主导地位的职业群体，但与米尔斯不同的是，他并不赞同将后工业社会中产生的"新中产阶级"划拨到工人阶级的阵营中去。他针对马勒、格茨等学者的关于专业技术人员具有很强革命性的观点，批驳道："受教育的劳动者处于官僚主义和平民主义这两个极端的夹击之中。如果它要抵制威胁其成就的'异化现象'，它就更可能要维护传统的专业精神，而不会走向二者之中的任何一方"，"许多人从蓝领工人的家庭升迁到了工程技术的行业，他们不愿意再退回去了"。因此，针对米尔斯、马勒、格茨的观点，贝尔不无讽刺地总结道："所谓'新工人阶级'一词只不过是一个激进的幻想而已。"（贝尔，1984：168－169）

虽然贝尔的后工业社会理论是以第二次世界大战之后的美国社会为蓝本的，但贝尔并不认为进入后工业社会的国家都将表现出和美国社会完全相同的时代特征。对于贝尔来说，"后工业社会"这一概念"并不是一幅完整的社会秩序的图画"，而仅仅只是为了"描述和说明社会结构（即经济、技术和等级制度）中轴变化的一种尝试"（贝尔，1984：132），换句话说，是对发达工业国家"社会轮廓"（social framework）变化的一种描述而已。按照贝尔的理解，"社会轮廓"就是维持社会内部个人生活秩序的主要制度结构，至多只是一种理念或一个概念模式，而不是对现实社会的忠实"反映"。至于这一"轮廓"中究竟应该装入哪些具体内容，则要视不同社会的政治、文化状况而定。

贝尔指出的后工业社会的典型特征——技术中轴，到了阿兰·图海纳这里，被转换为了技术支配社会，或者说程序化社会：

> 如果我们按照权力支配的性质进行划分的话，那么可以将这种新的社会形态称为技术支配社会。但如果按生产形式与经济组织模式的性质加以区分的话，那么我们就可以将这种社会称为程序化社会（转引自贝尔，1984：36）。

在1969年出版的《后工业社会》一书中，图海纳从社会学层面对信息社会所形成的新的政治—经济支配形态，以及由此产生的种种新的社会问题尤其是新的社会纷争和社会运动进行了深入研究。图海纳指出，程序化社会的主要特征之一就是经济决策和经济竞争已经不能以自觉和独立的方式进行了。也就是说它已经丧失了独立性（朱伟珏，2005：21）。后工业社会已经成为一个主要以消费和娱乐为中心的社会，其根本原因不像某些乐观的、乌托邦式的社会学家所言，是由于后工业社会财富的生产标准业已形成，所以已经无须把所有精力都集中在提高生产力之上。后工业社会实际上是随着高度经济增长而出现的前所未有的社会“流动化”的产物。人们曾经拥有过的独立的私人空间、各种形式的地方共同体以及固有的生活方式，现在却由于逐渐增大的社会—地理流动性、广告与宣传的普及以及大规模政治参与而解体了。这些因素已使得经济机制再也无法从社会组织和社会行为的核心部分中独立出来。经济成长不是资本积累的结果，而是各种社会力量共同努力的结果。成长是由直接知识，即社会具有何种程度的创造能力所决定的。经济成长与其说受制于各种经济机构，不如说更直接地依赖于政治进程本身。如今当我们决定一项巨额投资时，经济效益已不再是主要的考查指标，成长与（政治）权力双方的强烈要求才是决定人们是否投资的关键因素（转引自贝尔，1984：37）。

与贝尔相比，图海纳更关心后工业社会出现的新的社会问题、新的阶级对立以及新的社会纷争。为了便于考察程序化社会，即后工业社会出现的种种新的社会问题，图海纳导入了“异化”概念。他指出，程序化社会本质上是一个被“异化”了的社会；程序化时代的个人是被“异化”了的个人。不过，这里所指的“异化”显然和工业化时代的“异化”存在着很大区别。工业社会的“异化”主要指人们的各种“自然”欲望被流水线操作、大都市以及大众传媒，即被“非人性化社会”粉碎了。而在后工业社会，也就是图海纳所说的程序化社会中，“异化”专指这样的一种现象，即人们在对各种不同的社会、文化倾向进行选择时，只能选择有利于统治阶级或对统治阶级维护其统治不构成任何威胁的东西。如果说被“异化”了的社会行为也存在一定意义的话，那么它充其量也不过是对施行“异化”的集团利益起到一种补充作用而已。例如，对无法决定自身命运的劳动者而言，给予其参与企业组织的机会至多也只能被视为一种“异化”（Touraine，1971：171）。

美国未来学家阿尔温·托夫勒在《第三次浪潮》一书中首次系统地描述了未来的信息社会。他将始于一万年前并且延续至今的“农耕时代”称为人类社会发展的“第一次浪潮”。在这个时代，财富的主要形式就是关于“农业、种植”的相关知识的积累和应用。接下来的是始于17世纪并且延续至今的所谓“第二次浪潮”，亦称“工业时代”。工业时代的特点是财富的创造和积累依赖于“产品制造”的知识的创造和积累。托夫勒将“超工业社会”定义为“继农业革命和工业革命之后的第三次浪潮”，这次浪潮大约始于20世纪的50年代后期，托夫勒说道：“1956年，美国白领及服务业员工的人数，首次超过了蓝领的工厂工人，这是第二次浪潮烟囱工业经济式微、新的第三次浪潮经济兴起的一个早期标志。”（Toffler，2006：37）第三次浪潮经济，以包括资料、信息、影像、符号、文化、意识形态及价值观等在内的知识为中心资源，在第三次经济浪潮中，微电子工业、宇宙工业、海洋工程和生物工程等低能耗工业得以迅速发展，实现人和自然的协调发展。相关统计数据证明，在这一时代，农业人口将只占总人口的2%以下，工业人口将占总人口的28%以下，服务业人口将占总人口的70%以上。这里的“服务业”指“知识服务业”，如管理、法律、会计、金融、电信、医疗、教育，以及政府相关服务等。

托夫勒认为，第三次浪潮使得工作性质也发生了质的改变。第二次浪潮主要是由低技能、相互替换性高的体力工作所推动的，工厂作业式的大众教育训练工人从事单调、重复性高的工作，而第三次浪潮培养了越来越多的不可相互替换的劳动力，对劳动力工作技能的要求也越来越高，换句话说，专业分工及技能要求的提高，使得劳动力可替换性降低。此外，一个更进一步的变化是“直接”劳动力或称“生产性”劳动力与“非生产性”或“间接”劳动力之间的区分已然模糊，因为即使在厂房中，工厂的生产性劳动力的比例相对于白领、技术性及专业性劳动力而言都在不断下降，间接劳动力所生产的价值和直接劳动力相当，甚至更多。第三次浪潮还带来了工作单位不断微型化的变化。大批做着同样的体力劳动的工人，被小型而专业的工作团队所取代；大公司标准化的组织架构渐渐消失，取而代之的是矩阵管理组织、特定的项目团队、盈利中心，以及越来越多样化的战略联盟、合资公司及国际财团等（托夫勒，1984：86）。

随着工业社会向后工业社会的转变，劳动力的标准化也将瓦解。因为，知识和信息与驾驭它的人的生存方式紧密相连、不可分割。曾有社会学家预测：在未来10年到20年间，世界上将会出现一个全球化的、无论在哪个国家都收入相当的中产阶层，他们或者拥有自己的小公司，或者与干脆就是个人，做着国际生意，承包着国际项目，每天花大量时间在线工作、开会，或者与不曾想到的各种各样的商人谈判，而这显然在今天已经成为无可争议的事实。

二、弹性生产、新产业空间与后福特主义

20世纪，随着大规模生产方式在资本主义社会的流行，“福特主义生产模式与其内部从事大规模生产的工人之间的内在矛盾为理解资本主义重大的历史性转化提供了一个有益的分析框架，它也有助于理解这一时期形成的资本主义社会秩序的合法性”（Smith，2000：12）。然而，进入20世纪60年代中期以来，几乎与全球化的出现同时，全球资本主义的政治经济结构和生产方式也在发生深刻变化。福特主义的内在缺陷由于外部一系列条件的变化而不断显性化，生产和消费之间的良性循环已不复存在。福特主义的大规模生产、完整装配线与它的巨大公司已经达到了规模经济的极限，它所激发的生产力增长，引起了世界范围的资源危机和资本危机，迫使所有经济部门必须探索新的生产方式，通过技术和体制变革来寻找节约能源的出路。自20世纪70年代以来，“后福特主义”（Post-Fordism）作为一种新的资本主义生产方式，逐步出现在资本主义整体经济体系之中。二战后，以泰勒制劳动组织和大规模生产消费性商品为特征的福特主义借助国际贸易和国际投资的全球扩张，创造出资本主义商品市场的有效需求。“后福特主义”作为一种全新的经济市场与经济文化原则，泛指一个与大众生产（mass production）时代截然不同的时期，在劳动过程、劳动力市场、产品和消费模式上纷纷进行生产调整，日益显现弹性和分散化的特征，从根本上改变了资本空间布局（Harvey，1990：171）。“后福特主义”就是在这样的社会背景下应运而生。世界石油危机造成的战后繁荣的结束，也直接引发了资本主义工业的重构。所谓大众生产的主要特征是以“泰勒式”的工作组织与纪律为生产基础的标准化工业生产模式。至少涵盖了以下几点转变的特征（Gruskey，2001：215-231）。

（1）化学和电子技术缔造了新的“信息技术”，19世纪末20世纪初，信息

技术领衔的第二次工业革命推动美国、德国、日本成为世界经济体系中的霸主，同时以英国为主的老牌工业资本主义国家开始出现了相对衰落的迹象。

(2) 出现了更有专业弹性、形式更加松散的劳动过程和工作组织，并由此导致旧生产基地（以及相关的地区与文化）的衰落，同时带来了以电脑、高技术及相关领域为基础的“新兴产业的增长”。

(3) 公司机构从垂直化结构体系向扁平化结构体系转变，具有“单个”功能与服务的子公司及分包协议者大量出现。

(4) 跨国公司成为主要支配的经济形式，劳动力市场逐步突破民族国家的界限，形成国际分工链条；到了后工业时代，生产链条上的各个环节被拆解开来，分别放在了不同国家；形成全球生产网络体系。

(5) 消费成为生产的主要目标，注重因生活方式、品位、文化而产生，而不是由社会阶级类别而产生的“目标”消费者。

(6) 劳动力市场中，临时性的非正规就业逐步取代了全日制的正规就业，熟练工人进行中小批量生产，取代了非熟练工人进行的大规模标准化生产；男性熟练手工工人阶层萎缩，而服务与白领阶层的比例相应有所提高。在有偿工作的范围内，非固定与非全职的工作增加，同时伴随着劳动力的“女性化”和“族群化”。

(7) 社会分化出现了新模式，主要表现在“公有”和“私有”领域之间、2/3抱有上升期望的与1/3被剥夺了每个有价值的社会机会的“新穷人”和贫困阶层之间的分化。

“后福特主义”代表着一种新的经济市场与经济文化原则，它与“福特主义”相反，通常与更小型、更灵活的生产单位相关，这种生产单位能够分别满足更大范围以及各种类型的特定消费者需求（胡大平，2003：23）。这种“后福特主义”的弹性积累，表现为“劳动过程、劳动力市场、产品和消费模式的弹性。它以出现全新的生产部门、提供金融服务的新方式、新市场的出现，以及商业、技术和组织创新速率的极大强化为特征”（Harvey，1990：171）（见表7—4）。

> 经济与政治的阶级关系和国际与国内的阶级关系，它们的发展是一个机会和冲突并存的进程……新劳动空间分工不仅仅是格局问题，而是对一些同样陈旧的纸牌进行的一次重新洗牌。它们代表了不同地点进行的活动、社会组织的新空间格局、新的差异层面与优势和依赖间之间的一系列新关系。每一次新劳动空间分工都代表着一种真实的、完全的空间重构。这远不止是一

种“区域问题”(Massey，1984：7－8)。

表 7—4　　福特主义与后福特主义的对比

福特主义		后福特主义	
		柔性化生产	大规模定制
市场环境	稳定、可预测的需求和统一的市场	不稳定、不可预测的需求和多样化细分市场	不稳定、不可预测的需求和多样化细分市场
生产特点	大批量、专业化、流水线	小批量、灵活专业化生产	大规模生产＋ 柔性专业化（ 模块化生产)
产品特征	单一的标准化产品	个性化、多样化的产品	大批量的定制产品
经济效益	规模经济以大企业为核心的产业综合	范围经济	规模经济和范围经济
生产组织特征	具有垂直等级特征的大企业组织	具有网络化组织特征的中小企业聚集	具有网络化联系特征的大企业组织
管理组织特征	单向垂直管理、缺乏横向和自下而上的交流	扁平化管理组织，横向、纵向交流频繁	等级组织和网络化组织并存
产业联系特征	以物质联系为主，具有垂直等级联系特征	以信息联系为主，具有网络化联系特征	转包和动态联盟
决定区位因素	丰富、廉价的劳动力和土地以及便利的交通条件	便于及时交流的信息条件和发达的交通条件	便于及时交流的信息条件和发达的交通条件
空间布局倾向	多区位引起空间集聚和扩散两种趋势	高度聚集	灵活布局
区域空间结构	以大企业为核心的产业综合	中小企业组成的柔性产业聚集体	企业网络
对城市体系的影响	以中心性为特征的等级制城市体系	网络化城市体系	等级制城市体系和网络化城市并存

资料来源：王缉慈等，2001：89。

表 7—5 提供了福特制—凯恩斯式劳动市场和后福特制—弹性劳动市场的主要区别。在资本主义生产方式向“后福特主义”转变的过程中，其中一个重要的地理指征为新产业空间的崛起。“新的产业空间”一词源于 1985 年曼纽尔·卡斯特主编的《高技术、空间与社会》一书，该著作用“新的产业空间”一词表示美国和英国高技术和国防工业地区的发展。根据卡斯特的解释，“新的产业空间”表示可以将高技术产业的发展置于技术、空间和社会三者交织的网络中进行研

究。空间提供了一种环境，这个环境促进某些技术而阻碍另一些技术的发展；空间又是一种容器，在其内部，技术变化的影响和社会的活动相互反应。

表 7—5　　在福特和后福特劳动市场中理想的、典型的工作组织形式

	福特制—凯恩斯式劳动市场	后福特制—弹性劳动市场
生产组织	以大型的、完整的、资本集中的工厂生产标准产品为代表的批量生产	以网络化的、生产专业化的产品和服务的垂直分离公司为代表的弹性生产
劳动过程	基于详细劳动分工和标准化任务的低技术化和泰勒化、在社会地位上疏远的工作体制	以临时工和核心劳动力渐增的交叉性和适应性为使用基础的弹性劳动过程
劳资（产业）关系	较高的工会密度，深深嵌入法律和传统的工人权利，集中化谈判	工会的瓦解，雇佣关系的个性化，分散化谈判
工作分割	制度化，通过技能和地位严格组织的工作阶层，大规模的内部劳动力市场	可变的，在核心和外围之间逐渐深化的分割，内部劳动力市场的分解
雇佣准则	优先考虑男性、全职工人，职业稳定性和工作安全	优先考虑“具有适应性”的工人，就业风险正常化
技能与培训	有职业针对性，以年轻工人为主，以行业学徒为特征	普遍的、广泛的培训，终生学习和重学技术，以兼职学生为特征
收入分配	实际收入的增加和薪酬差异的减少	收入两极化和薪金差异的增加
家庭氛围	未被“主流”经济承认的附属物，妇女未付酬家务劳动假设为性别化福利体制所强化	国内经济的商业化，付酬劳动力中女性参加率的增长，福利减少，工作—市场危机向家庭的转移
宏观经济战略	总需求的维持，商业循环平稳化，确保生产率和收入的提高	维持低通货膨胀，顺从国际金融市场，劳动力弹性的强化
劳动力市场政策	充分就业：可靠且高水平的男性就业	全面的受雇佣能力：确保劳动力的适用性
福利体制	（嵌入法律的）以权利和普遍性为准则的扩张性福利国家，作为工资“基底”的福利	以强制参与工作或模仿工作为基础的地方化福利系统，临时工作的实行
地方特征	与众不同的、专业化的和相对稳定的区域就业系统	地方化的、弹性的、可变的就业系统，服务就业的普遍增加
尺度特征	由于宏观经济管理和劳动调节而对国家经济的偏爱	对国家尺度的歧视，遵循全球经济规则，劳动调解的分散和下移
地理趋势	就业和生产的分散	就业和生产的集聚

资料来源：谢泼德、巴恩斯，2009：170。

新的产业空间既可以指高技术渗入的传统工业地区，又可以指高技术创造的新工业化地区。前者即为老福特制工业区通过远离部门专业化，迈向斯科特（Scott，1988）所指的弹性积累的“新产业空间”，成为新产业空间研究的一个重要分支，后者则成为卡斯特研究的重点。他发现，高技术产业由于对技术创新的依赖性，因此对区位选择有着自我的偏好，影响高技术产业集聚的重要区位因素有：(1) 对技术创新的易达性：由于高技术产业对技术创新的依赖性，故其区位趋势是接近大学、科研机构和各种研究与开发活动所在地。(2) 劳动力质量和良好的生活条件：在高技术产业中，以知识为基础的研究、设计以及生产，往往需要高质量的劳动力，这样，高技术产业的区位往往趋向高质量劳动力集中的地区；此外，良好的生活居住条件是吸引高质量劳动力的基本条件，这种条件一般为城市尤其是大城市及其临近地区所有。(3) 市场的空间接近性：高技术产业的特征是着重生产的工序，因此，更注重按需生产。由着重工序的产品与用户相互关系决定的市场特性便成为高技术产业区位的考虑因素。通常来讲，就是要选择接近消费者的区位。(4) 风险资本的可获得性：技术产业的发展，在很大程度上依赖于创新产品的提供，而创新产品的产生在很大程度上依赖于风险资本的投入，因此，能否获得风险资本，以及风险资本投资机构的性质和区位，也就成为高技术产业选择区位的因素之一（Castells，1985）。

自 21 世纪初以来逐步建立的福特式生产和积累的工业化方式，正在为新福特式或后福特式的弹性生产和积累的信息化方式所取代。前者以将规模生产、过程流、装配线、劳动力技术分工和产品标准化作为基础的内部规模经济为特色；后者则以弹性生产过程、弹性劳动力市场、着重工序的按需生产，以及寻求外部规模经济为特色。与传统工业相比，高技术产业，尤其是信息产业，是更具弹性的产业，在区位方面也表现出较大的弹性（谢俊贵，2001：36）。因此，卡斯特在对美国高技术产业进行理论研究的基础上，发现高技术产业所具有的上述特征，使其与传统的资本主义生产和积累的方式有着明显的差异。由于高技术产业具有特别依赖信息、着重生产工序以及由此产生的生产过程的内部分割等特性，因此，随着高技术产业区位的形成过程，也就产生了四个基本空间过程：(1) 新产业内部的劳动空间分工，每个生产阶段都有其特有的劳动力和职能要求，即有特殊的和不同的空间表现形式；(2) 高技术产业的技术、社会和空间等级原则构造了创新环境，具有独特的空间特征，并集中在少数经过选择的区位；(3) 不同生产职能的非中心化过程，产生了高技术工业的内部结构和空间格局；(4) 除创新环境外，高技术产业的区位富有弹性，它由高技术工业与其市场的密切关系决定。

与此同时，卡斯特觉察到高科技产业的发展不但将带动世界经济的重构，也将形成新的产业空间和新的劳动分工。他将高科技产业集聚的新产业空间中的高质量劳动力称为“流动空间里的世界精英”——恰恰是全球中产阶级的重要组成部分。卡斯特敏锐地发现“空间与阶级”成为重要的研究议题，1985 年以后他将主要的研究精力集中于这一议题之上，从他出版的著作便可窥知：《高科技、空间与社会》（Castells，1985）、《信息化城市：信息技术、经济重构与城市区域化过程》（Castells，1989）、《世界的高技术园区：21 世纪工业区的构成》（Castells & Hall，1994）、《本土化与全球化：信息时代的城市管理》（博尔哈、卡斯泰尔，2008）等。在这一系列关于技术、空间与阶级的讨论中，卡斯特描绘了向信息化社会转化的趋势，以及新的空间形式与过程，即“流动空间”（space of flows）的兴起。“流动空间”这个概念，乃是相对于我们经验感知的“地方空间”（space of place）而提出的。由于我们的社会是围绕着“流动”而建构起来的，提出“流动空间”旨在强调在支配性的经济、政治与象征结构里，物质的空间和权力的空间是分离的。流动空间理论潜藏的假设是：社会是围绕着特定的支配性利益而不均衡地组织起来的。流动空间不是我们社会中唯一的空间逻辑，但它是支配性的空间逻辑。卡斯特指出此流动空间逻辑有以下三个层次的物质支持：

（1）电子通信网络。就如同在工业经济里，铁路界定了“经济区域”和“全国市场”一样。在当今世界，信息网络的基础设施本身成为权力的流动网络的表现。

（2）由节点与核心所构成的网络。这个空间的网络逻辑强调的是，尽管节点和核心可能根据它们在网络中的相对重要性，形成有层级的组织，但是，这种层级会随着网络活动的演变而有所改变。

（3）占支配地位的精英的空间组织。流动空间也是由社会行动者所发动、构想、决定与执行的。因此，占社会领导位置的技术官僚——金融—管理精英，就他们的利益与实践而言，也需要特定的空间支持。信息精英的空间，构成了另一个流动空间的基本向度。信息精英的空间呈现是指向世界的，他们将权力与财富的空间投射到全世界，通过形成自己的社会，构成隔绝的小区，并且企图营造一种生活方式与空间形式，以便统合全世界精英的象征环境，超越每个地域的历史特殊性（柏兰芝，2006：21）。

另一个新产业空间的研究流派是 20 世纪 80 年代艾伦·斯科特提出的“新产业空间理论”，其基础理论是调整理论、制度经济学、后期韦伯类的经济地理学。斯科特认为如果企业内部交易成本大于企业外部交易成本，其结果就造成空间集中；反之，造成空间分散。并且，在柔性生产方式中，区位的核心因素并不是聚集经济、规模经济以及劳动市场规模，更重要的是对环境变化的适应能力。这样一来所形成的“新产业空间”既具有自我独特的社会政治形态，也具有自己的发展路径。弹性积累的区位逻辑由双重趋势组成：第一，对福特制劳动力蓄水池的规避（由于它们政治化的工人阶层、制度化的劳动过程和高支出结构）；第二，产品在与福特制核心工业区在社会上或地理上相隔离的区位上的选择性再集聚。

在1988年的《大都市：从劳动分工到都市形成》一书中，斯科特写道：

> 城市如何在现代资本主义生产体系中发展和形成起来呢？什么样的力量管理着城市经济体的内在和外在组织？生产在都市间的地利位置是如何安排的，以及它是如何随着时间而改变的？城市劳动是如何在都市系统内被调动并且在生产工作中被部署的？经济对都市生活结构的影响是什么？相反，都市生活对于地方经济结构又有着什么样的影响呢？这些问题……打开了工业化和城市化理论问题的一些基本窗口……并且它们对我们开始着手理解现代大都市任务的方法具有重要影响……都市化过程是如何——通过复杂的劳动分工模式和动态——被资本主义社会基本生产机器生产出来的（Scott，1988a：37）。

换句话说，“工业化作为经济组织化和社会一体化的普遍过程是现代都市发展的基础。最重要的是，劳动社会分工的复杂分支、生产的交换结构以及当地劳动力市场形成的动态创造了普遍深入巩固整个都市空间模式的力量”（Scott，1986：25－37）。作为一位典型的工业都市主义者，斯科特认为，都市劳动力市场是城市空间中劳动社会性分工的主要表达方式之一。劳动力市场和中产阶级曾经突出的中间部分更普遍地被挤压了，除了一些有幸提升到技术和管理职位的劳动力以外，更大数量的人几乎都与蓝领工人为伍，家庭收入锐减，并且朝着最近被称为依靠福利生活的城市下层阶级边缘迈进。根据性别、人种和种族，以及职业和住所来绘制工业重构对都市劳动力市场及其分割的社会性空间性影响的图标，成为斯科特这样一批工业都市主义者的主要的研究焦点。当公司试图通过“外部化”以前在公司内所完成的功能以提高其弹性和迅速反应性时，发生在生产系统中的动态垂直分离这一趋势，会创造一种深层次的和复杂的社会劳动力分工，因为个体生产者被纳入“具有极大延展性的外部联系和劳动力市场联系的网络之中”（Scott，1988a：171－186），由于企业深深地嵌入组织间的复杂交易网络，小规模专业化生产商（服务业和商品）不断增长的重要性就与生产系统独立性的增加联系起来（谢泼德、巴恩斯，2009：172）。因为最小化外部（公司间）交易成本和建立一系列合适的劳动力市场联系的双重需要导致经济活动的显著集聚。新产业空间被看作生产和劳动力实践中普遍创新的密集网络化中心（谢泼德、巴恩斯，2009：197－198）。

斯科特发现，新的产业空间主要集中于三个主要经济部分：（1）以高科技为基础的生产，尤其是电子、宇航和生物医学，引发了如"技术城市群""技术城区"和"硅谷"这样的一批新术语；（2）以工艺为基础并且劳动和构思高度密集型的工业，从服装、家具和珠宝生产到导弹和电影生产；（3）被称为FIRE的部分，包括金融保险—房地产公司以及与广告、推广宣传、法律服务有关的活动。知识，绝大多数的实证研究和主要理论构建尝试在美国及世界其他地区集中关注三个新都市工业空间经济的推进部门（Scott，1988：186）。新产业空间的经验案例有意大利的艾米利亚-罗马涅大区（Emilia-Romagna）、德国的巴登-符腾堡州（Baden-Wurttemburg）、英国的剑桥和美国的硅谷等，这些新产业空间成为20世纪80年代后期全球中产阶级增长的热点，当然也是20世纪70年代工业衰退区域的一种镜像。

三、跨界生产、新国际分工与全球生产网络

20世纪70年代兴起的西方发达国家的经济结构转型浪潮，由传统的工业经济转变为后工业经济，高技术产业和服务业成为经济的主导部门，科技产品以及高级的专业服务，如会计、计算机软件、法律、各种咨询服务业，成为支撑社会经济生产的主流产业。另一方面，西方社会由于工资的上涨、企业成本的增加，不得不将一些劳动和资源密集的传统产业部门转移到发展中国家，特别是东亚地区，形成了新的国际劳动分工。"全球化导致美国局部去工业化，因为产业生产转移至世界其他地区（不是消失），全球化淘汰了传统制造业的工作。"（Castells，1994：152；Castells，1996：57）而包括中国在内的一些积极参与全球化进程的发展中国家的城市，由于跨国资本的大量持续流入，加快了工业化和现代化进程。其中作为跨国公司和外来投资主要集聚地的一些大都市，被有的学者称为"全球城B型"。制造业和服务业的快速增长，带来了大量新的专业技术性岗位，也为新兴中产阶层提供了滋生的土壤。跨国公司必须在东道国当地雇佣一批具有较高知识层次、工作认真负责且易与母国文化沟通的人才为其服务。就目前在华的跨国公司而言，这些人才主要集中于中下层管理领域与专业服务领域（如银行、保险公司、投资公司、会计师事务所、咨询公司、旅馆酒店等），为了与东道国企业争夺人才，同时也为了与国际惯例接轨，公司一般给予这些人相对中国国内企业较高的薪水。享受较高薪水的人成了边缘市场社会中的“白领阶层”。跨国公司的东道国雇员是跨国公司产品的忠实顾客和在新兴市场的前期启动者，他们所形成和崇尚的丰富、精致、不断更新的消费特点和消费倾向，以及对其他消费群体所形成的示范和传递效应，又构成了边缘市场成长和发展的一支重要影响力量（薛求知、诸葛辉，1999：171－181）。

在跨国公司迅速培养新兴中产阶层的同时，美国学者杰里米·里夫金在著作《劳动的终结：全球劳动力的衰落与后市场时代的发端》中尖锐地指出：“跨国公司日益严重地篡夺了国家的传统作用，已经对世界资源、劳动储备和市场行使着无可比拟的控制力。大部分这类公司拥有的财富比许多国家国内生产总值更多。”因此，所谓的“全球公司”成为一种“准政治机构，通过对信息和传播的控制，对人员和所在地行使着巨大的权力”（Rifkin，2004：79）。其结果正如有的论者所说，资本主义的逻辑压倒了政治的逻辑和民主的逻辑。资本要求它自己的政治，即从它的利益、从它的语言出发的政治。金融市场“调控着”货币政策与之不相适应的国家，并对这些国家的货币发动猛攻，而这些国家的中央银行根本没有招架之力，回天乏术。跨国公司成功地推行着它们的规则、它们的法律，“换言之，它们期望着一种同国家平起平坐的地位，承认它们拥有同国有企业相同的权利，但不向它们要求任何补偿”。其后果是“跨国公司和其他世界化的主角将可以用它们自己的法则来代替国家的法则，给国家剩下的只有镇压和惩处的职能”（陆象淦，2001：21－26）。

跨国公司的生产活动的全球扩张成为经济全球化的主要驱策力量，正如全球社会学大师彼得·迪肯所说，“国家边界不再是生产过程的‘水密’容器”（迪肯，2007：8）。在传统的全球劳动分工格局中，工业化国家生产制造业产品，而非工业化国家提供原材料和农产品，并作为一些制造业产品的市场，这种“核心”—“边缘”结构的专业化地理构成了长久以来世界主要贸易的基础。而在全球化力量的驱策下，全球经济空间进入了重组版图。进入20世纪90年代，商品与劳务的全球生产关键趋势是生产过程的组织转化，包括多国公司自己的转化，它逐渐不是由多国公司（multinational corporation）①执行，而是由跨国生产网

① 多国公司指的是以国家为基地，并在两个以上的外国有子公司的公司，基本上是二战后的产物，到20世纪80年代，逐步地为跨国公司这一组织形式所代替。跨国公司不仅在战略决策和资源投放上一切以经济目标和效率为出发点，而且它毫不顾及国与国之间的界限。

络为之。

多国公司虽然是基本构成要素，然而没有网络却不能运作，这个新全球经济的结构与过程为：（1）中小型公司合作互惠的网络：中小型公司经由跨界造作的协议，形成互惠的工业升级，在全球化了的生产系统中具有竞争力。（2）多国公司分散内部的网络：这些单位与其他多国公司的半自主性单位，以策略联盟形式，相互联结。这些联盟（事实上是网络）的每一个都是中小型公司辅助网络的节点。（3）形成全球网络：大部分的生产部门（不论是商品还是劳务）的支配性区段按其真实操作程序，在全世界组织起来。为了特殊市场与特殊目的地而组装——高额、弹性与定做生产（夏铸九，2000：51－65）。跨界生产网络组织起网络状的工业结构，在领域上分布整个世界，其几何形式则保持变动。

在这一格局的巨大转变的历史浪潮中，一个新的全球劳动分工体系已经浮现。核心与边缘地区以广泛的劳动分工为基础的直接交换，已经转变为一个高度复杂的结构，其中包含了很多生产过程的片断化以及它们在全球尺度的空间再配置，而这穿透了国家边界，形成了跨界生产（cross-border）的网络体系。新兴工业化国家/地区（NIEs）成长为新的工业生产中心，工业生产已经从大规模生产的组装线技术转向更灵活的弹性生产网络。这种新国际劳动分工模式，我们称之为“全球生产网络”（global production networks，GPNs），全球生产网络生产和提供最终产品和服务，且在全球地理中形成一系列企业关系与网络联结，这种关系和联结将产品和服务的生产过程、将分布于全球各地的价值实现环节和增值活动连接起来，形成产品和服务的全球生产与价值链，从而构成全球化的重要微观基础。简而言之，新国际分工逐渐成为公司的网络之间的分工，这些跨国生产网络，不均等地横越地球，塑造全球生产模式，最后塑造了国际贸易的模式。地方和全球结合在一起，以各种各样的方式深入对方，这种地方的尺度可以是地区、国家、城市。“当今资本主义的地理可以被视为一个多形态的、多层次的‘拼图游戏’，其中多种形式的地域组织……正被更紧密地叠加和交织在一起。”（迪肯，2007：18）

实质上，在全球生产网络中，产品的生产活动必须涉及两个以上国家的企业相互联系在一起所形成的生产网络。它可分为三种情况。第一种情况：至少由两个在地理上较邻近的国家的企业所形成的生产网络，也称为跨境生产网络或国际生产网络。第二种情况：由位于同一贸易区范围之内的多个国家的企业形成的生产网络，也叫做区域生产网络或区域生产体系。第三种情况：生产网络由至少两个大洲或两个贸易区以上的国家的企业相互联系形成。从全球生产网络的理论发展脉络来看，全球生产网络是指一种跨国界的生产组织，在这个组织体系里面包含了价值链的全部环节并相互作用，如研发、产品设计、制造、分配以及服务等，从事生产的跨国公司的发展策略受到母国制度产生的各种限制与机会的深刻影响。

全球生产网络全新的研究框架体系强调这一网络以一定的正式规则（契约），通过网络参与者等级层次的平行整合进程来组织跨企业及跨界价值链的一种全球生产组织治理模式。主要有两个流派构成：一是是夏威夷大学的恩斯特·迪特（Dieter，2002：497－523，1417－1429），他重视经验主义的现实总结，在延续全球价值链研究路线的同时，更将全球生产网络建构为一种特别类型的企业组织创新，侧重承担不同生产功能的企业网络关系的研究，重视服务功能的宽广范围（从产品设计到市场销售），同时强调网络成长中知识的流动与共享对地方产业升级的推动作用（李健、宁越敏，2011：20－27）；二是以哈里森、迪肯、科等人为代表的曼彻斯特大学学派。这一学派秉承价值链、全球商品链理论的内涵而兼具地理学、经济学及社会学色彩，分析的空间尺度更加多元化，把握了经济全球化中全球的、区域的、地方的经济和社会等诸多方面，研究内容与内涵更加丰富，在强调价值创造、分配及权力履行的同时重视制度镶嵌，认为全球生产网络中以企业为中心的生产网络的准确实质都被所镶嵌的具体的社会政治背景所影响，强调地方对全球化的呼应，在全球化与地方化的互动中实现地方发展和福利提升（见图7—1）。

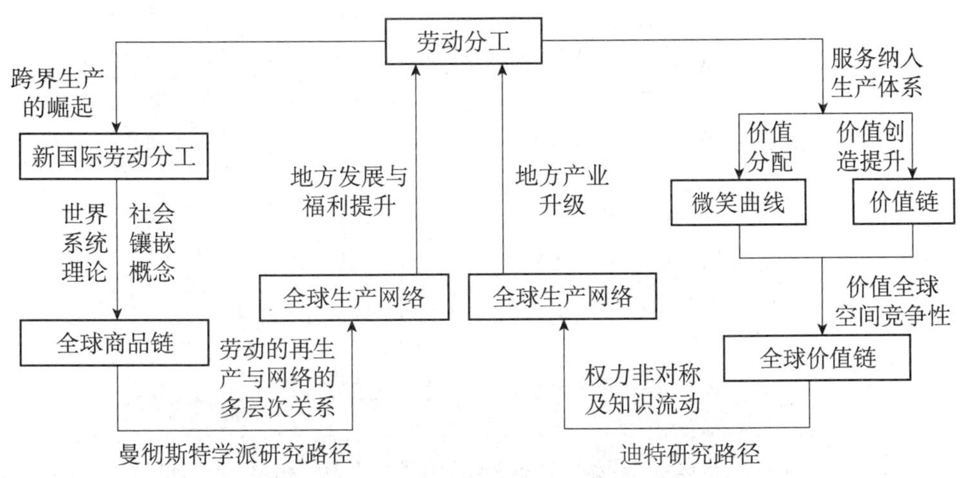

图7—1　全球生产网络研究脉络

全球生产网络本质上是一种新型的国际分工模式，即产品内分工模式，其核心内涵是特定产品生产过程的不同工序或区段通过空间分散化展开成跨区域或跨国的生产链条或体系，因而会有越来越多的城市、国家或地区参与特定产品生产过程的不同环节或区段的生产或供应活动（周晓艳、黄永明，2007：29－36）。生产网络的每一个部分（每个公司、每种经济功能）都在非常大的程度上“落地”于一定的区域，这种“落地”既体现在物质层面（通过沉没成本），也体现在非物质层面，尤其是本地化的社会关系、社会资本、独特的制度和文化习惯。因此曼彻斯特学派的全球生产网络研究以企业、制度、关系/流、空间/地方为主要考察维度，并以技术、时间为外在影响要素，主要围绕价值（value）、权力（power）与镶嵌（embeddness）三个研究领域进行问题探讨（见图7—2）。研究的主要议题有：特定产品R&D、设计、生产和营销的企业网络如何形成又如何实现全球和区域组织；网络中企业权力的分配与变化情况；劳动力的意义及价值的创造、转移机制和过程；地方制度等要素如何影响网络中地方的企业策略；生产网络中的企业如何实现技术升级并促进地方经济发展等（李健、宁越敏，2011：20－27）。由于曼彻斯特学派研究内容和内涵的丰富性，目前全球生产网络的实证研究大多沿用了该学派的研究思路和框架。

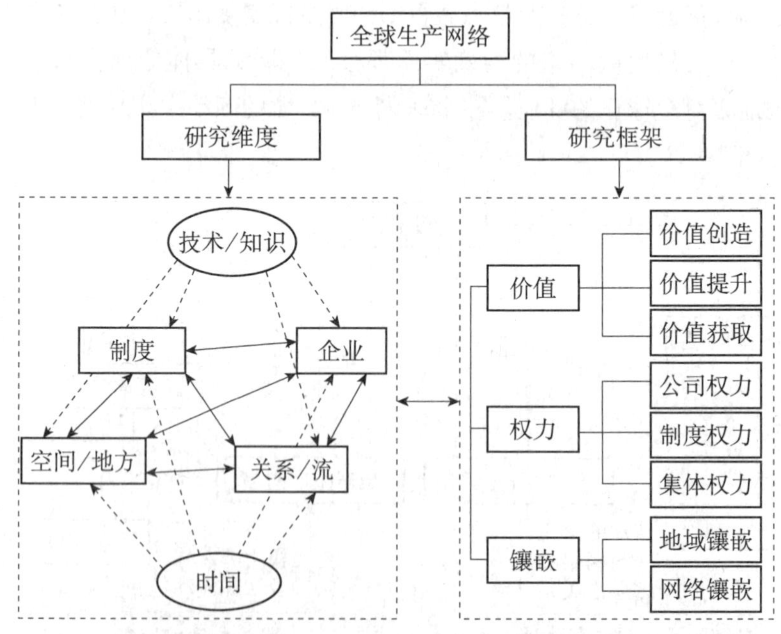

图7—2　全球生产网络“钻石模型”研究维度及“树形”研究框架

全球生产网络只会镶嵌在那些社会经济发展动力强劲的地方，这种镶嵌包含两种路径：一是全球生产网络的领先企业进入，提前以契约形式利用中小企业集群建立次级合同制造或辅助生产，因此，在全球生产网络覆盖的地方或者区域，会产生大量的中小型企业，因为传统的大型企业由于制度僵化而面临许多危机和挑战，而一些中小型企业则由于灵活的经营机制和广泛的关系网络而更加具有活力。可以说，中小型企业是更能适应国际经济弹性生产体制的组织形式（Castells，1996：156）。新型的小企业顺应了现代工业中小型化和多样化的趋势，开始显示特有的优越性，获得了新的活力。虽然中小企业的经营额和收入在所有公司总收入中的比重非常小，但从企业的数量来说，却是占绝大多数的，加之信息化和互联网的助力，新型小企业开始以更少的成本在全球范围内从事创新活动和参与竞争，成为更能适应国际经济弹性生产体制的组织形式（Castells，1996：156）；全球生产网络促生了新型的中小企业的兴起。第三产业的发展，尤其是信息技术的发展，为资本需求较少、生产经营灵活的小企业的创立和发展提供了有利条件。这些新型的小企业顺应了现代工业中小型化和多样化的趋势，开始显示出特有的优越性，获得了新的活力。它们与现代工业生产相辅相成，成为现代企业发展的重要组成部分。在美国，1990 年，收入在 5 万美元以下的小公司，共有 1 417 万家，占公司总数的 70.7%。这些中小企业主要是业主企业，这就使小业主这个传统中产阶级群体获得了“新生”，人数又重新攀升。二是领先企业在特定区位通过外包业务吸引新的企业进驻，创造一个新的地方或区域社会经济关系网络，从而创造大量的管理阶层白领群体。

此外，现代生产已深入劳动过程内部的产品内分工，表现为全球生产网络价值链各环节割裂操作的状态，这在技术密集型产业中表现尤其突出（李健、宁越敏、汪明峰，2008：18－26）。全球生产网络利用商务成本差异性生产出“差异功能空间”，并重塑了城市空间结构，中央商务区、科技园区、工业区等不同的空间正是在平衡商务成本和获取专业化与集聚经济的过程中逐渐被生产出来的（李健，2011：35－41）。在城市—区域的形成与演变过程中，生产网络各价值链区段往往并非均匀分布，在整个生产网络空间扩散过程中仍倾向同类区段的集聚，无论是管理控制、营销等高端环节，还是研发设计等中端环节，乃至制造组装环节均是如此。

大都市区的各专业化功能区之间通过可见的商品生产物质流和不可见的信息服务流实现相互协作。占据价值高端环节的核心大都市区以垂直分工形式，通过信息/服务流控制郊区及其腹地的生产活动；而郊区与腹地系统的城市承载大量的生产制造和开发价值区段，它们间的价值链关系更多表现为相同区段的水平分工合作，彼此间存在大量的信息和物质流。通过这样一个价值链高低端垂直联系及价值链相同区段的分工合作，形成大都市区的崭新格局，并在全球化和本地化的互动中实现产业经济和空间系统升级。图7—3揭示了从全球（区域）生产网络到大都市区扩散并嵌于特定空间的社会经济实质，即整个城市—区域空间经济结构呈现多中心主导的格局（李健，2011：35-41）。随着全球生产网络在地方的镶嵌并按照一定规则实现空间扩散，地方集聚的各价值区段在空间上就形成了多元化的产业综合体，进而形成功能各异的产业群体，成为新兴中产阶级的蓄水池。

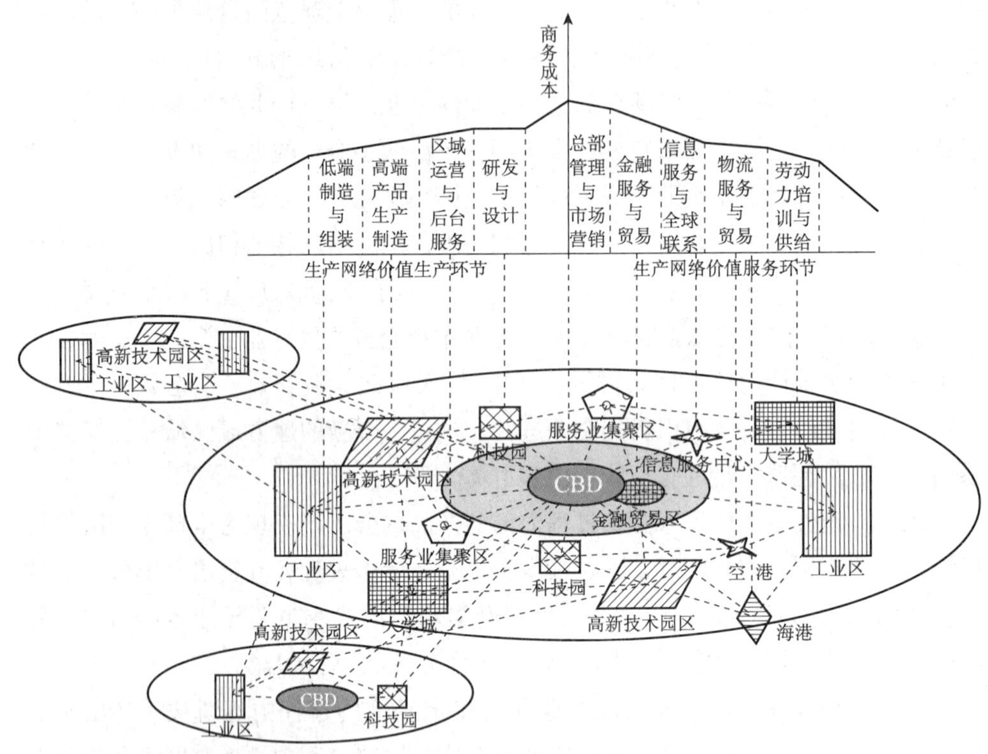

图7—3 从全球生产网络到大都市区生产空间组织

四、内城更新、住房阶级与中产阶层化

中产阶层化（又称中产阶级化，绅士化，gentrification）是20世纪60年代末西方发达国家在城市化过程中，城市中心区更新中出现的一种社会空间现象。《牛津地理学词典》将这一概念解释为“富有家庭寻求近邻城市中心区而导致内城衰落区重建、更新以及再居住的过程，这种择居过程通常是这些家庭权衡空间与接近中心区服务的结果”。

最初的“中产阶层化”概念是由英国学者卢斯·格拉斯于1964年在描述伦

敦中心地区阶层演化和置换现象时提出的："中产阶层化是一种中产阶级居住区置换以往的工人阶级和低技术家庭居住地区的阶层演替过程。"（Glass，1964：231）10年后，格拉斯完善了这一定义，认为中产阶层化是包括住宅更新、房屋所有权从租住向私有转变、住宅价格提升和"新中产阶级"置换工人阶级等在内的复杂过程（Glass，1964：156）。与格拉斯类似，尼尔·史密斯和彼得·威廉姆斯则将中产阶层化描述为"修复工人阶级的和被遗弃的住宅以及后续的该地区向中产阶级邻里转变的过程"（Smith & Williams，1986：172）。进入20世纪70年代末期，中产阶层化现象与更加宏观的社会转型、产业结构重组、文化变迁以及经济全球化等进程的内在关系逐步被揭示出来，各种现象和过程机制也被更全面地认知，后来的文献对它的概念内涵有较大的扩展（Smith，1982：58；Hamnett，1984：121-143；Sassen，1991：321；Ley，1996：251），更多的学者从结构主义的角度来重新解释中产阶层化的过程，他们发现，随着西方国家城市开始经历后工业社会转型，白领服务业逐渐成为主导性的职业构成。受过高等教育、拥有专业知识的管理人员和专业技术人员占据主导地位。由于他们对于接近市中心工作岗位的内城居住空间的需求日益显著，呈现出逐渐向大都市内城区聚集的趋势，由此构成了内城中产阶层化的主要推动力量（Ley，1996：251；Hamnett，2003a：147）。因此，所谓的中产阶层化，其实质是由工业化城市向以金融、商业和创意服务业为基础的后工业化城市转变过程中的一种社会空间表现形式（Hamnett，2003a：2401－2426）。结构主义的代表学者克里斯·哈姆尼特就将中产阶层化界定为一种经济、社会和文化现象："中产阶级或更高收入群体侵入原来由工人阶级居住的城市邻里"（Hamnett，1991：173－189），相应的居民工作性质与地点、职业结构、收入结构、生活方式和住房市场结构发生变化，该地区的文化特质也随着以上社会经济属性的改变而改变（Hamnett，2003a：2401－2426）。

目前，"中产阶层化"的概念已经从格拉斯最初的定义扩展开来（Lees，2000：389－408），所针对的客体不仅是被修缮的传统住宅，还包括新建的独立住宅和高层公寓（Davidson & Lees，2005：1165－1190），甚至包括城市原有工业区的宗地改造，并逐渐扩展到城市零售和商业领域，甚至出现在乡村地区和海滨小镇中（Shaw，2008：1697－1728），更涌现出"超级中产阶层化"（super-gentrification）（Lees，2000：389－408）、"学生中产阶层化"（studentification）（Smith，2005：269）、"旅游中产阶层化"（tourism gentrification）、"郊区中产阶层化"（suburban gentrification）（Badcock，2001：1559－1572）、"乡村中产阶层化”（rural gentrification）（Phillips，1993：123－140）等众多衍生概念。由于中产阶层化更多地反映出经济重构导致的城市社会空间重构，以及资本循环过程和城市劳动力市场的再组织过程（Smith，1996：131；2005：198），因此，它至少包含3个特征：（1）邻里外的高收入者置换邻里内的低收入者；（2）邻里内部物质条件得到改善；（3）邻里特征发生转变。随着中产阶层化概念的扩大和丰富，戴维森和里斯如此总结了当代中产阶层化的主要特征：资本再次进入城市中心；高收入群体的侵入带来社会阶层地位的提升；城市景观得到改变以及低收入群体被直接或间接地替代（Davidson & Lees，2005：1165－1190）。

20世纪80年代以来，随着西方国家的产业结构从以制造业为主导向以服务业为主导的“后工业化”（post-industrialization）转型，站在结构主义的立场上，虽然中产阶层化这一社会空间过程表现为城市中产阶级以富裕阶层取代低收入阶层、由郊区或其他地区再次返回内城（城市中心区），是城市政府的主观经济行为的客观社会空间后果。从80年代开始，城市中心地区成为西方大城市复兴计划的重要组成部分，各级政府投入大量资金，改善基础设施，修复历史建筑，整治荒废土地和美化环境。政府的这些措施带来了积极的“外部效应”（externality），有效地减低了私人部门的投资风险和开发成本，使城市中心重新成为各种资本（包括跨国资本）的重要投资场所。然而，城市更新之后的中产阶层化并不是一个简单的社会流动与空间变迁过程，更是如肖所说，应将其视为一个由国家和市场机制共同驱动的“阶层再造”（class remake）运动（Shaw，2008：1697－1728），引发了复杂的社会、空间变动（吴启焰，2008：19－25；Kennedy & Leonard，2001：427－450）。作为“后工业化”的宏观经济转型过程中，各级公共部门（包括地方和中央政府）和各种私人部门（包括本国和跨国资本）之间合作（public private partnership）的结果，城市中心地区重获生机，展现出集商务、零售、文化、娱乐和休闲活动为一体的“后工业城市景观”（postindustrial urban landscape）（孙群郎、常丹丹，2007：135－148）。特别是城市中心的商业步行街区和滨水地带，往往被作为城市复兴的成功标志。城市中心地区的一些历史街区经过整修和更新，成为受到“新生代”中产阶级青睐的高档住宅区。生活在这些社区的主体是年轻的中产阶级，由于全球化的影响，他们多是高级专业人员，属于“全球人”一类。其次，受现代、后现代主义文化的熏陶，家庭结构更趋于小型化，丁克家庭可能成为他们主要的家庭结构模式。此外，他们的生活行为中消费主义的印痕更趋明显，进而影响其工作生活休闲场所的文化氛围，推动整个内城区文化景观乃至整个城市文化形态的异位变异（吴启焰，2008：19－25）。

诚然，城市空间结构的演变是与宏观层面上的经济结构和社会结构的重组相关的。正如中产阶层化促成城市中心的社会经济构成（socio-economic structure）的变化，是西方大城市的社会空间结构重组的一个重要特征。可以说，中产阶层化过程体现为物质环境更新和社会阶层重构两个基本表征。社会阶层的重构更深刻地反映了中产阶层化现象的本质内涵。西方的众多研究表明，中产阶层化过程中的迁入者大多是年轻的、受过良好教育的、高收入的专业人员、管理人员和技术人员，即所谓的“雅皮士”，或有一个更正式的称谓：“新兴中产阶层”。这些较高社会地位人群的迁入，使得旧城居住邻里的社会经济地位上升，并伴随着房地产价格上升、内城经济活力复苏等积极的社会效应（Ley，1983：251）。

在近半个世纪的中产阶级化研究中，主要形成了五大理论取向：

第一，“租差论”的经济主义取向。古典经济学以威廉·阿隆索为代表的区位地租理论，从房地产经济学视角解释城市中心区如何在中产阶级化过程中成为中产阶级的乐园、安家之所。城市土地在不同用途使用者中间分配时，遵循“最高租金原则”，即由愿意支付最高租金者使用。城市土地在不同收入家庭间的分配就是通过住宅位置的选择，实现家庭效用最大化。在城市的持续增长过程中，由于交通费等因素的影响，内城的潜在地租水平是不断上升的，这必然会导致市中心城区土地和住宅的高度需求，从而引起城市中心区土地和住宅费用的增加。而远离城市中心区，土地和住宅费用呈递减规律，中心地区由于地租级差的杠杆效应，成为新建高档楼盘的主要集中地，城市仹房市场的分化通过房价的阶层选择性过滤机制，对城市社会空间的重构起着决定性作用。而且城市中心地区的房价随着经济的增长和收入的增加而不断上升，社会阶层演替的情形愈加显著，最终只有收入较高的中产阶级人士才能支付这高昂的租金，城市中心区原住的低收入家庭不得不迁移到地租较低的城郊地区，中产阶层化由此产生（吴启焰，2001：153）。

第二，“资本论”的结构主义取向。领军人物尼尔·史密斯明确表示生产资本流向是比消费者偏好更重要的中产阶层化的推动力量。他强调中产阶层化实质上是由房地产商与相关机构操纵的资本的返城运动，而不是所谓“新中产阶级”的文化选择；投资者、开发商、房产代理、金融机构、政府和主流媒体等是绅士化背后积极主动的推动者（Smith & Williams，1986：351；Smith，1979：538-548；Smith，1992：110-115；Smith，1996：121）。他将纽约的中产阶层化过程比喻为19世纪发生在法国巴黎公社的“恢复失地”或“复仇者”（revanchist）

运动。他认为，中产阶层化是白人中产阶级驱赶低收入群体、少数族裔和移民群体，试图恢复城市中心“失地”的一种空间表达（Smith，1996：121－146）。雷虽然强调消费与需求观点，但同时也考虑到经济和政治因素，认为中产阶层化根植于工业结构从传统制造业到服务业的转变过程（Ley，1994：53－74）。结果是职业结构发生改变，从事金融、文化和信息服务等产业的白领职业阶层和技术人员取代体力工人在劳动力市场中占据主导地位，并在大城市中集聚，其中小部分新兴中产阶级偏好内城“中产阶层化”的生活方式（May，1996：194－215）。

第三，“文化论”的消费主义取向。其代表人物雷指出了史密斯的理论缺陷，即“人”的缺失——忽视不断扩大的城市中产阶级日益增长的内城空间需求。雷认为，中产阶层化应该更多地与中产阶级个人消费品位和地区社会文化相关联（Ley，1996），即中产阶层化是一种消费“文化运动”（Ley，1994：53－74）。他通过对后工业化城市文化和阶级构成重要变化的分析，聚焦于文化和中产阶级的消费需求来解释中产阶层化的发生原因，认为新消费阶层的出现才是中产阶层化发生的先决条件，而不是史密斯强调的开发商和金融机构的资本运作。哈姆尼特是消费阵营中的另一位代表学者，他认为城市中日益壮大的中产阶级以及他们对内城空间的需求偏好是中产阶层化的主要推动因素（Hamnett，1991：173－189）。沙朗·祖金在其研究绅士化的著作《统楼房生活》一书中，将副标题定为“城市变迁中的文化与资本”，强调了文化在开启中产阶层化进程中的重要作用，即艺术家首先赋予某衰败区域的另类生活方式以高雅文化氛围，从而吸引了中产阶层和富裕阶层到这里来定居，体验城市生活的浪漫和刺激，进而吸引商业资本的注入，推动街区由萧条走向繁荣。祖金将苏荷区（SOHO）的这种复兴模式称为“生产的艺术模式”（Artistic Mode of Production）（孙群郎、常丹丹，2007：135－148）。

第四，“二元论”的整合主义取向。学者们不再纠结于弄清中产阶层化的何种理论是正确的，而是要把这些理论拼接在一起（Hamnett，1991：173－189）。哈姆尼特强调一种全面的、综合的绅士化解释体系必须包括回答中产阶层化群体从何而来、他们为何中产阶层化、中产阶层化地区和住宅是如何生产的等一系列问题，这就要求在各种不同的中产阶层化的解释理论之间进行整合。他归纳出中产阶层化发生的 3 个必要条件：（1）内城必须有充足的、潜在的可供中产阶层化的地区；（2）必须有一群潜在的中产阶层化消费者群体；（3）必须存在根据是否具有城市中心居住偏好进行分割的新服务阶层（Hamnett，1991：173－189；Hamnett，2003a：2401－2426）。洛蕾塔·里斯提出整合生产层面的马克思主义分析和消费层面的后现代主义分析（Lees，1994：137－150）。而柔斯和博雷加德认为，租差无疑是中产阶层化发生的一个必要条件，但其自身不足以解释绅士化的发生，必然还存在具有吸引力的内城住宅、城市中心地区文化上的活力、中产阶级对内城住宅和职业的偏好等潜在的推动因素（Rose，1984：47－74）。

第五，"投资论"的国家主义取向。荷兰中产阶层化的核心驱动力量不是地方政府渴望增加税基或者开发商追求利润，也不是中产阶级对内城住宅的需求，而是一种由国家主导的中产阶层化现象（state-ledgentrification），试图在城市衰败邻里中创造出新的社会秩序（Uitermark，Duyvendak & Kleinhans，2007：125－141）。美国的情况则更多是由于联邦政府减少了地方政府财政配额，地方政府转而与私人资本联姻，努力吸引和挽留城市中产阶级以增加税收（Hackworth & Smith，1994：137－150）。中产阶层化不仅成为市中心开发模式的一个转变——从公共机构到私人部门，从大规模到小规模的项目，从推倒重建到维护修缮——而且还成为投资来源方面的一个转变（Zukin，2005：184－185）。

中产阶层化是推动城市住宅私有化进程的主要力量之一。城市内城区高昂的地租和房价驱使平民阶层只能通过共租分摊高昂的居住成本。这与雷克斯和摩尔提出的"住房阶级"（housing class）理论不谋而合，二人在合写的《种族、社区和冲突》一书中创造了"住房阶级"这一新概念，他们指出资本主义的生产、阶级冲突与国家和城市中的特定制度及其产物相关，其中住宅对阶级的形成和阶级冲突又起着至关重要的作用。城市中不同住宅的获得，是经济、市场和官僚制共同作用的结果，而不同住宅的拥有就产生不同的"住宅阶级"。根据住房条件的差异，不同的住房阶层群体位于城市内不同的空间位置：（1）全部产权所有者住在第三区域或城市周围的卫星城镇；（2）抵押买房所有者在第四个区域中占主导地位；（3）居住公房时间较长的房客也在第四个区域，贫民窟整顿后，公房房客也许就居住在第一或第二个区域；（4）为贫民窟整顿作计划的住房位于第一或第二个区域；（5）私人房客在各个区域中都有，但以第一、第二、第三个区域居多；（6）临时住所的房客在第一和第二个区域都有，但以第二个区域居多（Rex & Moore，1967：321－378）。住房阶级理论的提出："一方面将对住房的研究与主流社会学关注的资源分配不平等和阶级斗争的传统紧密地结合在一起；另一方面，他们试图说明城市的空间结构和社会组织是如何通过住房分配体系联系在一起的。"（蔡禾、张应祥，2003：157）

英国消费社会学家彼得·桑德斯认为，在现代社会中，住房阶级越来越重要，甚至比职业划分更能准确地划出现代社会的分层状况。他提出了一个试图涵盖和超越住房阶级理论的分析框架。桑德斯的分析框架可以分为两个阶段：第一，以自有住房作为潜在利益的交换者来取代传统“住房阶级”概念的标准。他提出了一个“拥有物业阶级”（domestic property class）概念。他指出，根据住房来源是来自政府公房还是市场私房可划分两类住房群体，自有住房者拥有住房的各种权利和潜在交换价值方面的优势。以住房是否具备潜在交换价值作为区分“住房阶级”的标准，显然与获得不同条件的住房标准大不相同（Saunders，1978：233－251）。第二，按照住房产权的归属不同把住房群体分为公房房客和私房自有者，用消费部门分割理论来超越住房阶级理论，指出拥有住房使一些人很快积累财富并获得更多的生活机会，结果将在消费方面导致群体分化（Saunders，1979：269）。桑德斯在1984年发表的《超越“住房阶级”：消费方式私有产权的社会学意义》中提到，要用消费部门分割理论来正式取代住房阶级理论。“住房所有并不能改变人们的阶级利益，但它是一个可以帮助我们界定人们消费部门利益的重要因素”（Saunders，1986：206）。他按照住房产权所属状况，把社会群体分为依赖政府公房领域的房客群体和依赖市场私房领域的私人消费者群体，而不遵循雷克斯和摩尔所提出的住房状况标准。基于消费资料部门分割的群体分为两类：一类群体通过市场途径获得高质量的服务，而另一类则是那些日益被边缘化的无法享受优待的少数群体。住房自有者与依赖公房的群体是消费部门分割的明显表现（Saunders，1986：153）。两个阶段的一致之处都是围绕住房产权来展开讨论，只是前一个关注利益回报，而后一个则把消费部门分割作为研究社会群体政治倾向的依据（Saunders，1984：202－227）。

住房阶级理论为阶级的政治指向实证研究开创了一个全新的研究视角。麦卡里斯特采用国际比较视角分析了澳大利亚、美国和英国三国住房产权与政治忠诚方面的差别。研究显示，在澳大利亚，住房所有者支持工党的比例只比租赁私房者的比例少了4%，60%的住房所有者认为自己是中产阶级，租赁私房者却只有51%的人认为自己是中产阶级。在美国，住房类型影响政党选择的作用稍大一些，两类住房群体支持民主党的差别为6%，而两类人认为自己是中产阶级的比例差别却并不显著。如果只考虑住房所有者和租赁私房者之间的差别，两类群体在支持英国政党方面的差别只有3%，而阶层想象的差别则为5%，但如果将住房所有者和租赁公房者作比较，那么政党支持的差别为14%（公房所有者支持工党的占57%，租赁公房者为43%），二者在阶层想象上的差别是14%（Mcallister，1984：509－522）。

进入21世纪，随着全球化的进程，中产阶层化及其引发的物质空间变化在不断衍生和扩张，新参与者的不断加入和新地点、新景观的不断出现使得当代中产阶层化概念变得扑朔迷离（吴启焰，2008：19-25）。史密斯在其《新全球主义、新城市主义：中产阶层化成为全球城市战略》一文中提到，中产阶层化自20世纪90年代以来已经在不同程度上发展成为重要的全球化城市发展战略（Smith，2002：427-450）。这说明中产阶层化作为全球化过程结果（Davison，2007：490-506），是一种"再城市化"（re-urbanization）现象（Butler，2007：759-781），对城市发展与社会空间重构而言意义重大。中产阶层化的演进历程也证明了上述学者的论点。肇始于20世纪60年代的中产阶层化运动一共历经了三个阶段：（1）20世纪90年代以前，中产阶层化运动促进了西方城市内部居住空间的分异和重整。这个时期，有关在少数民族聚居区是否存在中产阶层化、中产阶层化程度如何，以及中产阶层化的影响的研究引起了学者们浓厚的兴趣。（2）进入90年代后，中产阶层化进程发生了新的变化。在此之前相当长的时期内，文化和资金一直被认为是中产阶层化进程的两个关键驱动因素。（3）随着政府在城市公共管理中的职能的强化，继文化驱动的初始阶段、资金驱动的第二阶段后，出现了第三阶段的中产阶层化，其特征是以公共政策作为中产阶层化的主要驱动，以积极的中产阶层化作为城市复兴的引擎。

此外，在一些世界级城市内部，出现了超级中产阶层化现象，如伦敦内城、纽约布鲁克林高地等（钱洛阳、朱海森，2008：66-78）。洛蕾塔·里斯提出了"超级中产阶层化"（super-gentrification）的概念，将其描述为金融服务行业的高收入雇员助推内城的价值重估，那些在20世纪70年代已经被中产阶层化过的邻里社区再一次被"中产阶层化"。里斯于2003年在《城市研究》上发表的《超级中产阶层化：纽约布鲁克林高地案例》实证论文，强调超级中产阶层化现象只局限在全球性城市，如纽约和伦敦，因为这些城市已经成为密集投资和高消费的聚集地。这些投资和消费来自新一代超富金融家，而他们的财富则来自全球的金融行业和公司服务性行业（Lees，2003：2487-2509）。在其他论文中，里斯将目光从中产阶层化的空间研究转向了阶层研究，或者说群体研究，指出一群超级富有的职业雇员在城市中心以一种标签化的方式将自己与传统中产阶层化者相区别（Lees，2000：389-408），并对内伦敦的房产市场施加影响（Lees，2006）；在新的全球化产业——金融服务产业中工作和接受精英教育模式，是住在超级中产阶层化社区内的富豪们的共同特征。因此，在全球化的时代，只有将中产阶层化置于社会与经济转型“连续统”（continuum）当中（Shaw，2008：1697－1728），才能更加有效地理解21世纪中产阶层化发展的复杂性。

以往对中产阶层化的研究大多集中于地理学家，萨斯基娅·萨森是全球化和中产阶层化研究的第一位社会学家，她在《全球城市》一书中，将中产阶层化放置于全球经济一体化，尤其是生产性服务业全球变迁的宏观过程之中加以考察，提供了一个关于全球化和中产阶层化内在联系的分析框架。萨森认为，全球经济重构的一个显著特征是，在经济活动全球扩散的同时，以金融业为先导的生产性服务业和跨国资本在纽约、伦敦等全球城市日益聚集，使得这些城市发挥着世界经济管理和控制中心的战略作用。她对全球性大都市内部进一步分析发现，这些产业表现出在城市中心地区高度集聚的空间区位特征（Sassen，1991：136）。

萨森认为，在全球城市的社会重构过程中，职业结构和收入结构出现高、低两端迅猛膨胀的极化趋势。高收入职业中的白领阶层拥有比传统中产阶级更高的收入，低收入职业则是处于服务业低端的低技术、低工资的工作岗位，收入水平相对贫困化。作为这种社会极化的空间结果，全球城市经历了剧烈的社会空间重构，变得更加“分裂化”和“不均衡”。随着以金融、保险、房地产为代表的高端服务行业在中心区的高度集聚，大量高收入的雇员被吸引到邻近的中心城区生活居住，导致了已建成用地的再开发和中产阶层化。这与新经济以服务业居重的产业结构特征有关，尤其是生产者服务业中的金融、保险、中介、咨询、财会服务、法律服务、企业总部等更倾向聚集于人气旺、商机多、可达性高的城市商业中心区。一些设计、广告、策划、互联网站、电子商务、媒体等所谓“创意性产业”也常选择这一区位。高收入阶层居住在豪华的中产阶层化邻里之中，而低收入阶层则聚居在内城的衰败地区。这种对中心区位居住空间的巨大需求，形成中心城旧区中产阶层化的根本动力。在这个意义上，中产阶层化现象最先出现在伦敦、纽约、多伦多等西方发达国家的主要大都市，绝不是一个偶然的事件。中心城中产阶层化提供了靠近中央商务区就业岗位的高品质居住地。因此，大都市中心城的中产阶层化可以说是与经济全球化过程相关联的一种特殊的城市居住现象，其实质是大都市社会极化的一种空间表现（Sassen，1991：48）。

此外，国际性的投资企业、国际性的开发商、国际性的建筑师和国际性的购买者和使用者催生了一个国际性的房地产市场。基于跨国企业和国际精英对办公和居住空间的大量新增需求，大都市中心城的部分地区出现了大规模的旧城更新项目，国际性的开发企业和机构是其中十分活跃的推动力量。例如，伦敦码头区的金丝雀码头（Canary Wharf）再开发，是一个包括商务办公和豪华居住的大型项目，由一家总部在加拿大多伦多的跨国企业开发，由美国顶尖的SOM和贝幸明建筑事务所设计，其开发目标就是为了满足伦敦中心城的大型跨国金融企业对办公和配套居住的空间需求。在全球化进程中，随着跨国资本的不断扩张和高收入雇员的大量增长，大都市中心城的高端房地产市场得以快速成长。简而言之，无论从房地产市场的供应还是需求来分析，大都市中心城的中产阶层化都表现出高度的全球化特征。在这个意义上，大都市中心城的中产阶层化构成了全球经济重构过程的一个有机组成部分（Sassen，1991：23）。

由于经济的国际化，社会上层的交往越来越国际指向，而对本地下层居民的服务需求日益减少。与此同时，社会下层与上层阶级的联系减少，与主流社会的经济活动越来越不相干，从而造成本地社会团结程度的降低、社会联系的断裂、空间上的分离、碎化和极化。彼得·马库斯和罗纳德·肯彭接着萨森对全球城市中产阶层化的分析，将研究的视角集中于全球城市的区域与阶层分析（Marcuse & Kenpen，2000：6－7）。就新兴的管理和专业技术人员阶层而言，他们不仅在规模上增长迅速，并且构成了全球化时代城市社会的活力中心。相对于居住在郊区的传统中产阶级，他们代表了新的消费文化和审美取向，对于生活品质有着全新的诉求，更倾向于选择“亲城市”的生活方式。对于他们来说，理想的居住地不是郊区住宅，而是位于中心城内的由仓库改建或老旧住宅区更新而成的中产阶层化邻里。相对于郊区新住宅而言，中心城的中产阶层化邻里不仅风格独特，而且具有强烈的城市文化特征，反映了全球化时代一种新的消费意识形态（ideology of consumption）。马库斯和肯彭将全球城市的社会空间结构归纳为以下6个部分：（1）富裕阶层飞地，这些飞地被称为“城堡”（citadels）或者“排他性的飞地”（exclusionary enclaves），一般位于中心商业区，住宅形式为高级公寓，由高墙环绕，内部有办公机构和商业用地；（2）中产阶层化地区，由职业阶层、管理阶层和技术人员构成，位于旧城市的内部地区，他们周围是以老年人和贫困人口为主的陈旧的住宅区；（3）郊区，一般居住着中产阶级家庭，他们一般拥有子女，家庭收入较高；（4）经济公寓住宅区，这里的公寓住宅比较便宜，一般为租赁住宅，居住着工人阶级，失业率比较高；（5）少数民族飞地（ethnic enclaves），是经济公寓住宅区的一种独特形式，在这里，少数民族由于种种原因聚集在一起；（6）被排斥的聚居区（excluded ghetto），这是一种新型的聚居区，居住着新的城市贫民，他们长期受到严格的排斥，处于社会的底层（Marcuse & Kenpen，2000：4）。

城市中产阶层化现象的国际比较如表7—6所示。

表7—6　城市中产阶层化现象的国际比较

案例比较项目	自由政策主导下的全球性大都市	社会福利制度背景下的北欧国家	经济政治体制转型背景下的东欧国家	发展中国家
	美国纽约	瑞典斯德哥尔摩	匈牙利布达佩斯	土耳其伊斯坦布尔
发展历程	始于20世纪50年代，20世纪80年代开始进入高潮；包括三个波次的发展浪潮，与公关经济变化联系紧密	始于20世纪70年代，20世纪80年代开始进入高潮	始于20世纪90年代，具有显著的突变性	始于20世纪80年代，包括三个发展阶段
动力机制	全球经济一体化导致的产业结构和职业结构的转变；私人资本主导；非主流文化的影响；城市（更新）发展政策的推动	社会住房政策朝向市场化、私有化方向的调整；城市社会运动和环境运动的影响；产业结构和职业结构变化的影响；内城再利用战略的推动	城市土地和房产交易市场放松管制；公有住宅快速、大量私有化的影响；跨国资本的推动；城市中心商业化改造的带动	历史地段保护和更新的推动；新兴阶层历史文化观念和居住偏好的驱动；跨国资本和国际机构的推动作用
空间现象	从曼哈顿中心区周边开始，最终扩展到整个内城地区；兼有拆除新建、整治更新和再利用的更新方式	涉及内城的大部分衰败地区；主要以自发的、个别的居住更新方式为主	主要集中在城市行政商业中心周边；以小规模的快速改造和居住更新为主；发展规模还较有限	主要集中在内城景观优美的滨水地区和历史中心地段；以小规模整治为主；发展规模还较有限
社会结果	迁入者多为新兴中产阶层，尤其是金融、保险、房地产等高端服务业人群，早期以艺术家为先锋；动迁过程通常伴随着激烈的社会冲突和有组织的反抗，种族矛盾较显著	迁入者多为以专业技术人员为主的新兴中产阶层，初期以大学生、艺术家为主；没有大规模的动迁现象，社会矛盾较小	迁入者以新兴中产阶层为主，海外回国人员和外国投资者占一定比重，有居民反对动迁，但没有有组织的反抗	迁入者以新兴中产阶层为主，建筑师、艺术家、记者等文化中产阶层占较高的比重；居住混合，社会构成多样，没有大规模的动迁现象，社会矛盾较小

资料来源：戴晓辉，2007：52-53。

五、世界城市、生产者服务业和两极化的世界

“全球化意指世界的压缩，也指对世界作为一个整体的意识的强化”（转引自周蜀秦，2010：38－44），不仅是对全球化的一种理解，更重要的是建构了一种全球化的话语。信息技术与弹性生产使得生产变得比以往任何时候都要广泛，遍布了世界所有有人居住的地方。东亚新兴工业化国家的兴起、硅谷和南加州市郊科技园的新工业空间的创造、类似于鲁尔工业区的许多老制造业区域蓬勃生长的文化创意产业、生产的全球性与全球性的生产已经要求我们必须跨越地区的界限，以一种全新的全球化术语来研究重构中的全球性空间经济与全球化的城市社会空间（周蜀秦，2010：37－43）。新的国际劳动力分工，以及在所有地区的职业结构方面的变化，在全球城市当中显得更有形和更显著。从总体上看，在零散分布在全球各地的世界城市，或称全球城市中，我们看到了一个从工业向服务业以及信息产业的有关职业的明显转向。

“世界城市”（world city）或“全球城市”（global city）概念最初是由苏格兰城市规划师帕特里克·葛德于1915年提出的，他在其所著的《进化中的城市》中最先提出了“世界城市”这一概念，并给出了定义：这些世界城市都必须聚集着世界上绝大部分最重要的商业活动。依据美、英部分学者的观点，世界城市指在全球或世界某一大区域范围内起到经济枢纽作用、具有高度现代化的基础建设与国际服务功能、集中世界主要的跨国公司与金融机构、城市人口规模大部分在五百万人以上的超级城市，有的已经成为超大型城市群的核心城市（Friedmann，1986：69－83）。

真正最早从事世界城市研究的是英国地理学家、规划师彼得·霍尔，他在1966年出版的《世界城市》一书中，对这一概念做了全面概括，主要包括以下7个方面：（1）世界城市通常是主要的政治权力中心。它们是国家最高权力机关和各类政府机构的所在地，有时还是国际权威组织的所在地。在这些机构周围集中了一些经营与政府有关业务的机构，如大的专业组织、工会、雇主联合会、大公司集团总部等。（2）世界城市还是国家的贸易中心。它们是大港口，进出口货物从这里转运到国内各地和世界其他国家；是国家公路和铁路交通的枢纽；是大型国际机场所在地。（3）世界城市是主要银行的所在地和国家金融中心。中央银行以及商业银行总部、大保险公司总部和一整套专业的金融保险机构均设于此。（4）世界城市是各类专业人才集聚的中心，有大学、大医院、国家图书馆、博物馆、法院和各类科学、技术、文艺、研究机构。（5）世界城市是信息汇集和传播的地方，有发达的出版业、新闻业及无线电和电视网总部。（6）世界城市不仅是

大的人口中心，而且集中了相当比例的富裕阶层人口。从历史上看，这里是奢侈品工业和商店最早发展的地方，新的商业经营形式也最早在这里出现。现在世界城市内制造业的生产线已迁往郊区，工业和贸易的重点也转移到最适合都市发展的行业。(7) 随着制造业贸易向更广阔的市场扩展，娱乐业成为世界城市的另一种主要产业部门（Hall，1996：213；顾朝林等，2002：29 - 30）。

随后，约翰·弗里德曼在与乔治·沃尔夫合著的一篇经典论文《世界城市的形成：研究与行动的议题》中，以伊曼纽尔·沃勒斯坦的世界体系为基础，将都市视为全球资本主义经济再结构的动力源，因此，在新的国际分工下，世界城市成为全球集中化的控制与命令中心，同时也构成了社会极化与政治冲突的主要场地（Friedmann & Wolff，1982：309 - 344）。

五年后，弗里德曼为弥补前文的不足，发表了新论文《世界城市假说》，从新的国际劳动分工的角度，着重研究了世界城市的等级层次结构与布局，并具体提出了 7 个有关世界城市的假设，包括：(1) 一个城市与世界经济整合的形态与程度，以及这个城市在新空间分工中分派的功能，对于城市内部的结构变迁起决定性的影响；(2) 世界上的主要城市是全球资本在生产与市场空间组织与串联中的据点；(3) 世界城市的全球控制功能直接在其生产部门与劳工雇佣的结构动态中反映；(4) 世界城市是国际资本密集地点；(5) 世界城市是国内外移民的目的地；(6) 世界城市的形成突显工业资本主义的矛盾——空间与阶级的极化；(7) 世界城市的成长之社会成本超过国家财政所能负担的（Friedmann，1986：69 - 83）。同时，弗里德曼提出了 7 项指标来衡量世界城市，包括：(1) 世界的金融中心；(2) 跨国公司总部所在地；(3) 国际性机构的集中地；(4) 商业部门（第三产业）的高度成长；(5) 主要制造业中心（具国际意义的加工工业等）；(6) 世界交通的重要枢纽（尤指港口与国际航空港）；(7) 达到一定标准的城市人口。

1995 年，弗里德曼在《我们身在何处：世界城市研究的十年》一文中提出了“中心—外围论”的观点（Friedmann，1995：21 - 47）。在考虑区际不平衡较长期的演变趋势的基础上，将经济系统空间结构划分为中心和外围两部分，二者共同构成一个完整的二元空间结构。中心区发展条件较优越，经济效益较高，处于支配地位，而外围区发展条件较差，经济效益较低，处于被支配地位。他在这一理论基础上对世界城市的等级体系分布也进行了分类：第一类为核心国家，指工业化市场经济国家，主要城市包括欧洲的伦敦、巴黎、鹿特丹、法兰克福及苏黎世，美国的纽约、芝加哥及洛杉矶，以及亚洲的东京；次要城市包括欧洲的布鲁塞尔、米兰、维也纳及马德里，加拿大的多伦多，美国的迈阿密、休斯敦，以及大洋洲的悉尼。第二类为半边缘国家，指中高收入的市场经济国家，主要城市包括巴西的圣保罗，亚洲的新加坡；次要城市包括中南美洲的布宜诺艾利斯、里约热内卢、卡拉卡斯、墨西哥市，亚洲的香港、台北、马尼拉、曼谷及汉城，以及南美洲的约翰内斯堡。当然，历经过去十几年的变化与发展，全球各地有许多城市正努力跃升为世界城市，中国的北京、上海均可为代表。

弗里德曼发现，在诸如纽约和伦敦这样的大城市，其特殊功能是全球金融市场和跨国公司活动的“控制点”，因此它们既拥有一批高收入、国际化的员工从事复杂经济活动，也有庞大的支撑性劳动力从事中、低端的服务，结果便引起这些城市内部严重的社会上和空间上的两极分化。全球化经济要求流动和灵活的就业安排，与这种要求高度一致的是，工作机会往往是以非正式化和分包合同的方式出现的。图 7—4 显示了这些过程产生的基本方式。弗里德曼如此描述：

> 空间上的两极分化源于阶级分化。在世界城市中，阶级分化有三个基本侧面：跨国精英分子和无专业技能工人之间巨大的收入差距，大规模的劳工从农村地区或境外涌入，以及工作岗位演变过程中的结构趋势……这些构成了工作岗位的“生态”……重构过程……涉及高薪，但工会化的行业中的岗位消失……新增工作岗位产生……全球性控制功能出现。和这些充满活力的行业相关的是一些个人服务行业（主要雇佣女性和/或外来员工），而疲软的制造业则被血汗工厂和小型产业所代替，后者则以几乎最低的薪酬雇佣不受工会保护的劳动力。正是这个结构性转变造成了 19 世纪 70 年代中等收入阶层的衰减……来自境外的或国内贫困劳工的迅速涌入，使世界城市社会再生产的需求大量增加，包括住房、教育、卫生、交通、福利……在这场优胜劣汰的竞争中，那些贫困的尤其是新迁入的劳工最有可能败下阵来（Friedmann，1986：76－79）。

而保罗·诺克斯和约翰·阿格纽则指出，全球生产制造的国际空间布局与阶层网络具有下列几项特征：（1）生产制造过程中有关高层管理的经济活动，集中在主要的世界城市中；（2）在核心国家大型城市区域，以及新兴工业化经济体与某些边缘国家的首都城市，主要聚集中层管理与行政的经济活动；（3）涉及高科技的 R&D 与改革创新活动，则集中在核心国家；（4）先进的高科技产业的专业

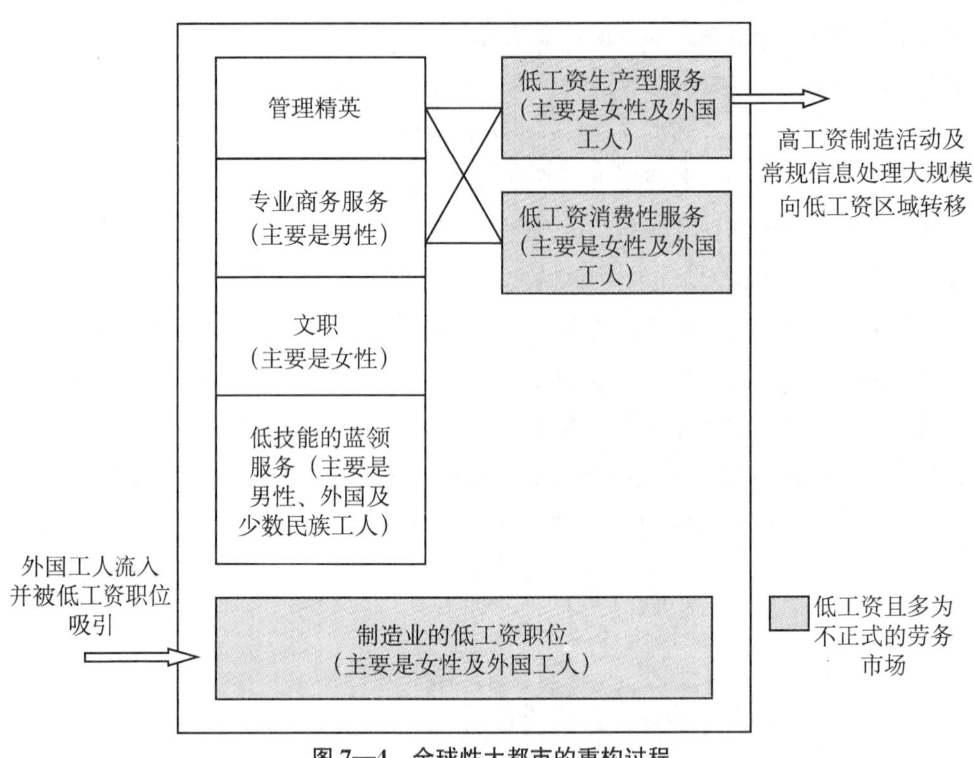

图 7—4　全球性大都市的重构过程

资料来源：Friedmann，1986：69－83。

化生产区域，大部分仍集中在核心国家；（5）大批量制造生产，则分散在核心国家的边缘区域和新兴工业化国家及其他边缘国家的大都市区域（Knox & Agnew，1994：351）。

如果说地理学家霍尔、弗里德曼等人对世界城市的研究建立在厘清概念、建立体系的基础之上，将触角伸向了空间与阶级的研究议题，并揭开了世界城市研究体系中职业群体的变化与空间转型互构过程的冰山一角，那么美国著名社会学家萨斯基娅·萨森则完全将世界城市或者说全球城市的研究带向了社会学的主流议题——阶级与空间的关系。随着后福特主义在全球范围的展开以及跨国企业的制造生产活动趋向分散式全球布局，西方发达资本主义国家的生产者服务业迅猛发展。自 20 世纪 80 年代以来，外国直接投资大规模地向服务业、金融业和高级生产者服务业聚集，这与经济全球化浪潮和资本主义生产方式的转变密不可分。在后福特主义这一灵活多变的组织体系之下，对于跨国公司而言，企业规模的日益扩大及其构成的多样性，加上组织功能的分离和地理空间的分散，使得公司总部整合管理的难度越来越高。虽然这些活动也可以被公司内部化，但在管理职能日益复杂和服务需求愈发专业化的情况下，公司内部生产某些高度专业化的服务变得越来越困难，迫使更多的公司选择到市场上购买这些服务，从而创造了对专业化的生产者服务业（producer services）的需求（Beyers，1993：12 - 18；Wood & O' Farrell，1999：133 - 151）。生产者服务业在区位选择上，往往倾向于在国际大都市聚集，特别是其中专业化程度较高的高级生产者服务业，如银行、金融、会计、法律、广告等行业，由于企业需要获得进入全球网络的资格，因此在国际大都市集聚的动机更强烈（余佳、丁金宏，2007：35 -42）。生产者服务企业一旦能够位于一个国际化大都市中知识密集型的服务业集聚区，就会获得发展全球化联系的额外优势。另一方面，全球城市的出现与经济活动的全球化以及金融业和高级生产者服务业的空间集聚密切相关。

在 1991 年出版的著作《全球城市》中，萨森以伦敦、纽约、东京三个世界顶级的全球城市为案例进行比较研究，从全球化的地理和组成、全球城市的经济秩序以及全球经济的社会秩序三大方面，来讨论全球经济如何形塑城市的生活。

首先，全球经济下资本流动伴随着外资投资的新形势以及国际财务市场的扩张而发生，同时也是地理空间生产的分散以及新形式的再集中，进而重塑劳动市场的过程。全球城市除了具有作为国际贸易和银行业中心的悠久历史外，在区位特征上还具有 4 个特点：（1）世界经济组织高度集中的控制中心；（2）金融机构和专业服务公司的主要集聚地；（3）高新技术产业的生产和研发基地；（4）产品和创新的市场（Sassen，1991：147）。全球城市是全球经济的指挥中心，这里主要聚集了各种高级服务业，而制造业部门则不断向周围郊区、其他小城镇以及第三世界转移，从而造成制造业部门比例的进一步下降和第三产业比例的进一步提高，也就是说，全球化提高了城市的第三产业，尤其是生产者服务业的比例，而降低了第二产业的比例。生产者服务业的增加意味着高级经理阶层人口的增加以及其收入的增加，第二产业向郊区和第三世界的转移意味着失业率的提高和贫困人口的增加，与此同时，国内外低技术移民潮流涌入大城市的中心区，人口的两极分化越来越严重，他们在经济地位、社会地位和空间分布方面的鸿沟越来越大（孙群郎、郑殿娟，2006：107）。

其次，萨森以金融财务作为生产者服务业核心，来讨论其去规约化、国际化以及创新的发展趋势，特别是在纽约、伦敦以及东京三个全球城市中，如何联结生产者服务业而成为国际财务市场的中心。全球城市往往是丰富而熟练的人力资源聚集地，随着金融贸易和高级生产者服务业的国际化程度的提高，全球城市成为跨国企业总部和服务业国际贸易的首选之地（Coffey & Bailly，1992：857-868）。全球城市为高级生产者服务业（advanced producer services）的增长与延伸及在城市中心区集中提供了空间条件，使其成为二战后国际化大都市发展最迅速的产业，其创造就业的能力也最强（Coffey，2000：10-183）。因此，作为全球资本在生产与市场空间组织与串联中的据点（Friedmann & Wolff，1982：643-663），全球城市已逐步成为世界经济活动的主要单元。萨森指出，全球城市的特征之一是生产者服务业的增长和延伸，以及在城市中心区的高度集中；同时，白领阶层与一般工人日益扩大的收入差距造成了社会极化和城市空间的显著差异。信息技术的发展改变了人们的交往、聚集和工作方式，对城市空间形态的影响将是革命性的，甚至会改变城市的本质和功能。相对于城市中的宗教信仰、意识形态、权力结构等内生因素来说，全球化、信息技术等外部因素在塑造城市空间形态方面表现出巨大的能量。不同的经济增长类型，促进了不同的社会形态。

最后，萨森发现国际投资引起的社会经济变迁、财务和生产者服务业部门的扩大与制造业部门的没落，导致了社会结构的极化。众所周知，主导世界城市的一个基本社会现实是，职业结构的变化对于人口的社会经济构成产生了巨大冲击，并出现了社会阶层的贫富两极分化（polarization）。所谓“社会极化”意味着顶层和底层职业团体的收入差距越来越大，而中间职业团体却在萎缩。萨森发现，社会极化反映在劳工的收入与职业分配上，由于与专业和管理有关的先进服务及生产者服务业增加和工业部门的减少，伴随着低工资工作的增加，如低技术的服务业、兼职工作与非正式部门，这两种因素导致高收入与低收入群体同时激增。生产的国际化导致制造业转移到欠发达地区，这成为新移民大量涌现的主要动因；制造业在地理空间上的分散趋势使得越来越多的企业将总公司和生产服务线集中于主要城市，从而形成“脑部经济”效应；全球城市职业结构的变迁呈现出往极端化方向发展的趋势：高科技的专业技术人员和高流动性、临时性、低成本工人的数量均处于上升态势。

在萨森的论述中，我们可以发现全球城市与全球中产阶级的关系中一个非常吊诡的现象：一方面，随着生产者服务业在全球城市中的集聚和增长，全球城市成为新兴中产阶级的孵化器。由于全球城市以高级生产者服务业的高度群集与共生为特征，扮演着发号施令的角色（政府、国际代理人、主要公司总部），同时集中金融与企业服务（会计、法律、广告、公关、管理咨询），建筑、公共工程、时装、室内设计等设计专业，休闲与商务观光，以及文化创意产业（生活表现艺术、博物馆与画廊、印刷与电子媒体）等高级生产者服务业（Hall，1996：59－77)，成为“具有网络化联系特征的大企业组织”。另一方面，世界城市中职业结构的变化促使社会极化现象凸显，中产阶级群体数量萎缩，全球城市职业结构变迁呈现向极端化方向发展的趋势。

第八章　全球中产阶级的群体构成

一、消失的资本家：管理阶层

20 世纪 80 年代以来，在全球化和信息化的双重发展进程中，全球劳动分工的层次和水平日益深化。全球化导致了发达国家内部“局部去工业化，因为产业生产转移至世界其他地区（不是消失），全球化淘汰了传统制造业的工作”（Castells，2003：152），导致发达国家的经济结构向后工业社会转变。正如西方著名社会学家罗格·金和约翰·雷诺所说：“19 世纪以来，工业上最有意义的进步就是，作为附属性产物，一个由高级经理与食薪专业人士组成的新的阶级的诞生与成长。”（King & Raynor，1981：87）而对于包括中国在内的一些积极参与全球化进程的发展中国家的城市而言，由于跨国公司是将企业内部的劳动分工进行全球布局的主要推动者，因此这种全球布局必然导致中间层次管理部门即地区总部数量不断增加。组织形式的垂直一体化管理、生产形式中的订单生产、全球商品链（global commodity chains）长度的延伸也成为全球布局得以运转的重要环节。在此过程中，新国际劳动分工形成了一种全球化发展的关系网络体系，包括“时间、空间两个维度上的企业间、企业内部，部门间、部门内部，区域间、区域内部，国家间、国家内部的以及企业、部门、区域和国家相互之间形成的以生产为主导的社会、经济、文化、科技制度等不同范畴内部及相互交叉的互动网络体系”（孟庆民等，2000：112－116）。二战以来，在企业规模扩大的同时，全球跨国企业持续和戏剧性增长，国际性公司的数目现在非常大，跨国公司的对外直接投资是当今世界的一个主要资金来源。根据联合国跨国公司中心的报告（United Nations Center on Transnational Corporations，1988），在 1985 年，从事工业和农业的 600 家最大的跨国公司的销售总额已经达到了 3 万亿美元。这些大的跨国公司分布在全世界，生产了发达的市场经济和发展中国家的工业和农业的产品总附加值的1/5多。在这样一个由全球公司构成的庞大复杂的网络体系中，产生了大量新的专业技术性岗位，也为后发国家中新兴中产阶层的产生提供了滋生的土壤。

1941年，美国制度经济学家詹姆斯·白恩汉出版了《经理革命：世界上正在发生什么》一书，第一次提出了“经理革命”的概念，将公司中经理的地位提升到了社会统治阶级的高度。白恩汉指出，从社会学意义的指征出发，所有权本身就意味着管理，因此真正的所有者（而不是名义上的所有者）必然是接近生产手段和产品分配的人。经理阶级正是这样的人，而“对大多数股票持有人来说，所有权有着非常次要的性质，因为他们很少有接近生产手段的管理权，而且没有比较决定性的管理权”，经理阶级是社会上“最有权力的人”，既是管理者，又是实际的所有者。白恩汉指出，“经理革命”是一种由于权力转移而发生的社会变革。由于这种社会变革，社会的统治阶级已由过去的资本家变成了现代的企业管理者即“经理阶级”了（Burnham，1941：74）。他认为，“经理阶级”拥有了经营权，同时也拥有了所有权，成为社会上最有权力的人。“这些变化意味着，经理们无论作为个人来说，还是从法律地位或历史地位来看，都越来越不再和资本家一样了。有一种连带在一起的转变：经理的职能通过生产技术的变更而变得比较特殊，比较复杂，比较专门化，以及对于整个生产过程比较有决定性，从而使得那些履行这些职能的人，作为社会上一个特殊的集团或阶级而与众不同。”（Burnham，1941：82）

二战后，西方学术界掀起了一场“权力转移革命”的研究热潮。1967年新制度学派重要代表人物约翰·加尔布雷思在出版的《新工业国》一书中尖锐地指出：现代公司的权力已经从资本家手里转到技术结构阶层手里，因为谁掌握了“最不可缺少的”或“最重要的”生产要素的供给，谁就拥有权力，而现在专业知识成为企业成功的决定性生产要素，于是权力再度转移到专门知识的拥有者——技术结构阶层的手中。原来掌权的资本家成为了“正在消失的形象”。加尔布雷思发现，“成熟的公司所追求的原则上的非经济目标与它同时追求的、首要的经济目标和技术目标是完全一致的……事实上，公司需要这些社会目标来保持许多脑力劳动者与体力劳动者（相对而言）的忠诚和操守，使他们替公司服务”。

经理型企业家的兴起使得经理人员已经成为当今时代劳动力中最大的一个团

体。美国人口统计局20世纪80年代末的统计调查表明："管理与专业人员"已占劳动力总数的1/3。到了21世纪，这一数字只多不少。在人类历史上，经理型企业家的创新资本及其管理职能首次解释了为什么我们在生产领域雇佣了大量知识人员与技术人员，而以往的社会都无法做到这一点。确实，在此以前的社会无法容纳如此众多的人员。即使在不久以前，也没有人知道如何把拥有不同技术与不同知识的人集合在一起，以达到一个共同的目标。一个现代企业现在可以雇佣上万个具有高等知识的人，他们来自不同方向的知识领域。各个领域的工程师、会计师、设计师、市场专家、经济学家、统计学家、心理学家、计划人员、人力资源管理者——都在一个共同的企业中工作。如果没有处在管理中的企业，任何人都无法发挥作用。

从表面上看，跨国公司或者说全球公司的代理化制度变迁所呈现的是所有者与管理者的分离，而实际上，其本质在于管理者与企业家的结合，即异质型人力资本所有权与经营权的结合（丁栋虹，1999：3－9)。与发明家型企业家扮演"乐器制造师"的角色不同，管理职能的行使使得经理型企业家在经济的大舞台上扮演着"经济人"的角色，其合理"创造从事技术发明的发明家"的管理职能，马克思称之为社会的"指挥劳动"。

通过现代产权制度建设、市场制度建设、代理制度建设、信息制度建设，异质型人力资本已经经过了4种历史形式的发展：财产资本、技术资本、创新资本和信息资本。由此引发了4种主导类型企业家的历史性成长。即业主型企业家、发明家型企业家、经理型企业家和专家型企业家。从这个角度出发，可以与通常所说的4种企业家联系起来（丁栋虹，2000：143－149)：(1) 黑领型企业家（black-collar)。黑领型企业家属于业主型企业家，拥有土地财产资本。这种"黑"与泥土有关。(2) 蓝领型企业家（blue-collar)。蓝领型企业家属于发明家型企业家，拥有技术资本。这种"蓝"与技术图纸和油漆有关。(3) 白领型企业家（white-collar)。白领型企业家属于经理型企业家，拥有创新资本。这种"白"与办公室及以纸为主要媒体有关。(4) 金领型企业家(gold-collar)。金领型企业家属于专家型企业家，拥有信息资本。这种"金"与电脑有关。

美国社会学家芭芭拉·艾伦瑞克和约翰·艾伦瑞克（Ehrenreich & Ehrenreich，1979）认为发达资本主义国家的中级管理人员、工程师、文化工作者和其他科技人员形成了一个新的阶级——专业—管理阶级。他们是拿薪水的脑力劳动者，不占有生产资料，进行的是资本主义文化和资本主义阶级关系的再生产。他们由多种社会地位的人员构成，从高级行政人员到护士，因而他们没有共同的阶级利益。他们不同于传统的小资产阶级：传统小资产阶级处于劳动和资本这两个对立的两极之外，既不为资本所雇佣，在很大程度上也不是由劳动的雇主所构成。专业—管理阶级为资本所雇佣，并管理、控制和有权支配劳动（虽然并不直接雇佣劳动）。

随后意大利社会学家古格利尔莫·卡切迪提出了所谓“新中间阶级理论”(Carchedi，1977：71)。他认为，发达资本主义社会主要由三个阶级构成：工人阶级、资本家阶级和新中间阶级。新中间阶级仅指工厂企业中的中下层管理人员。他从三方面区分新中间阶级与老中间阶级：一是生产资料的掌握与否，老中间阶级是掌握生产资料的资本家阶级，新中间阶级不占有生产资料；二是完成资本职能方面，老中间阶级作为个体完成资本职能，而新中间阶级作为“总体”“集体”完成资本职能；三是老中间阶级是人格化的资本家，而新中间阶级既完成总体资本功能，又完成总体工人职能。他认为由于新中间阶级打破了以往阶级的纯粹状态，在不同程度上以两种职能的不同的结合形式出现，因而新中间阶级是处于矛盾的阶级地位的。

对此，新马克思主义学派的代表人物、美国著名社会学家埃里克·欧林·赖特也持相同观点。他在1997年出版的《阶级》一书中指出，一个具体的社会很少以单一的生产方式为特征，它的实际阶级结构是以利益剥削关系的综合模式为特点的。他首先根据对生产资料的占有和非占有把社会分为两部分，然后根据作为资本主义社会剥削特性的两个从属关系的组织资产和技术/资格证书资产的占有状况划分出各种类型。整个社会的阶级结构体现为表8—1所示的12种阶级地位。赖特的阶级分类或阶级模型理论重建了“中间阶级”的概念，他以“矛盾的阶级定位”取代了“中间阶级”的概念，把资产者中的“小雇主”和“小资产阶级”(通常说的“老中产阶级”）放在生产资料所有者的矛盾定位上，根据组织资产和技术/资格证书资产把专业人员等（通常说的“新中产阶级”）放在非生产资料所有者的矛盾定位上。之所以将赖特定性为新马克思主义的代表人物，是因为他的阶级分析理路坚持了马克思主义的基本理念，根据是否拥有生产资料划分两大阶级，然后把中间阶级置于阶级序列的矛盾位置上。

表 8—1　　资本主义社会中阶级地位的分类

<table>
<tr><td rowspan="2"></td><td colspan="4">生产资料资产</td><td rowspan="2"></td><td rowspan="2"></td></tr>
<tr><td>生产资料所有者</td><td colspan="3">非生产资料所有者（雇佣劳动者）</td></tr>
<tr><td>拥有足够的资本雇佣工人从而不工作</td><td>1. 资本家</td><td>4. 专业管理人员</td><td>7. 半专业管理人员</td><td>10. 非专业管理人员</td><td>+</td><td rowspan="3">组织资产</td></tr>
<tr><td>拥有足够的资本雇佣工人但也必须工作</td><td>2. 小雇主</td><td>5. 专业监督人员</td><td>8. 半专业监督人员</td><td>11. 非专业监督人员</td><td>>0</td></tr>
<tr><td>拥有足够的资本但不足以雇佣工人且自己拥有工作</td><td>3. 小资产阶级</td><td>6. 非管理专业人员</td><td>9. 半专业工人</td><td>12. 无产阶级</td><td>—</td></tr>
<tr><td></td><td></td><td>+</td><td>>0</td><td>—</td><td></td><td></td></tr>
<tr><td></td><td></td><td colspan="3">技术/资格证书资产</td><td></td><td></td></tr>
</table>

资料来源：赖特，2004：91。

而英国肯特大学教授理查德·斯凯思在与赖特著作同名的简明著作《阶级》一书中，则依据职业类型等进行了阶层划分，为社会生产关系、社会阶级结构和职业类型理论之间到底是一种什么关系的问题提供了更明确的答案（见表 8—2）。在对所谓“中产阶级”的处理上，斯凯思坚持了马克思的思路，而不同于赖特的“阶级的矛盾定位”的分析逻辑，他坚持根据在社会生产关系中的地位来划分阶级。凡是与所有权职能有关并实现所有权职能的职业类型都从事着剥削经济剩余的活动，凡是与劳动职能有关的职业类型都从事着生产经济剩余的生产活动，因此职业类型是“嵌于”社会阶级关系之中的，各种职业类型和从事各种职业活动的人必然地从属于一定的阶级类型，这与人们的主观态度和自我认同没有任何关系。

表 8—2　　社会生产关系、阶级结构、职业类型

<table>
<tr><td colspan="3">社会生产关系——→阶级结构——→职业类型</td></tr>
<tr><td colspan="3">与资本职能有关的：</td></tr>
<tr><td>（1）所有权
（2）控制和协调
（3）研究和技术发展</td><td>中产阶级</td><td>（1）股东和财产所有者
（2）董事、管理人员、高级专业人员
（3）科学家、工程师和技术专家</td></tr>
<tr><td colspan="3">与劳动职能有关的：</td></tr>
<tr><td>（4）生产经济剩余
（5）完成必要的但非生产性任务</td><td>工人阶级</td><td>（4）生产性手工工人
（5）勤杂、秘书、日常“非手工”工人、“支持性”和维修工人</td></tr>
</table>

资料来源：斯凯思，2005：29。

伊亚尔、塞勒尼和汤斯利于 1998 年发表了一本题为《制造没有资本家的资本主义：后共产主义中欧的阶级形成和精英斗争》的著作，此书对于转型社会提

出了一种新的理论解释思路，并在后社会主义国家社会分层研究领域产生了较大的影响。在此书的前言中，伊亚尔、塞勒尼和汤斯利提出，他们试图用一种新的理论来解释后共产主义社会向资本主义的转型，他们把这套理论称为“没有资本家的资本主义”。所谓“没有资本家的资本主义”是指“后共产主义社会中的技术/知识精英所采取的一种新的、特殊的转型策略，因为这些社会在引入市场机制之前并不存在私有财产所有者阶级”。不过，他们强调说，“没有资本家的资本主义”并不必然是“没有资产阶级的资本主义”，如果把资产阶级理解为拥有不同类型资产的人，那么，他们既可以是物质财产的拥有者（经济资产阶级），也可以是文化或知识的拥有者（文化资产阶级）。伊亚尔、塞勒尼和汤斯利的结论是，广义上的知识分子推进着后共产主义的资本主义，他们是资产阶级社会和资本主义经济机制产生的根源（Eyal，Szelényi & Townsley，1998：1）。

伊亚尔、塞勒尼和汤斯利提出，后共产主义社会是一种特殊的社会结构，在这种社会结构中，文化资本是权力和特权的主要来源。拥有经济资本只能使行动者处于社会等级的中间地位，而把以前的政治资本转化为私有财富的情况则较少。只有当社会行动者拥有了适宜于这种过渡的资本种类时，以前的共产主义社会的特权才能转化为后共产主义的特权。也就是说，那些在国家社会主义社会中居于社会顶端的人，只有他们被赋予了很好的文化资本，才能继续保持他们在社会顶端的位置。相反，那些单纯依赖于已遭到贬值的共产主义时期政治资本的人，无法实现这种转变，他们很可能向下流动（Eyal，Szelényi & Townsley，1998：6）。在后共产主义时期，知识精英与共产主义社会统治精英中的技术官僚成员将联合起来改革社会主义经济和建立资本主义，其目标是摧毁共产主义，试图建立“没有资本家的资本主义”，它导致了知识分子与技术官僚的联盟（Eyal，Szelényi & Townsley，1998：9－10）。伊亚尔、塞勒尼和汤斯利预言，后共产主义时期的阶级形成是一种高度竞争的过程。几种不同类型的候选人有可能成为新的有产阶级：技术—管理精英、外国投资者及他们的代理人（买办性知识分子）、希望把企业做大的中小企业主。有这种可能，即后共产主义体制达到它的顶点时会形成一个私有财产阶级。但就目前而言，这一阶级还只是处在竞争性的形成过程之中。这一阶级的成员可以来自以前的技术官僚和管理者，新的私营企业主也可能以他们的资金实力来与前者竞争这一位置，另一种可能性是，处于边缘地位的国内（民族）资产阶级与拥有关键性生产资产的外国投资者共同运作经济系统。还有一种情况也是可能的：技术官僚和管理者成功地再生产（延续）现有的分散而模糊的产权关系，从而在没有所有权的情况下保持对经济的控制权（李春玲，2005：45）。

此外，管理阶层还包括公共服务部门中的管理人员。1953年，奥地利马克思主义者卡尔·伦纳提出服务阶级论。他认为服务阶级主要由三部分构成：一是公共部分，即在政府中服务的雇员（文官和其他官员）；二是私人经济机构中的雇员（商业行政、管理人员和技术专家等）；三是社会服务机构中的雇员（“福利分配的代理人”）。尽管这个集团不分享生产资料所有权——服务阶级支持和服务于资本家阶级所承担的功能——但由于他们的劳动是非生产性的，因此他们不同于工人阶级，不是剩余价值的创造者，而是直接或间接地索取从工人阶级那里榨取来的剩余价值。同时，他们分享委托给他们的权威，并由于拥有特殊的知识和专长，在完成任务时具有权威和自由处理权。拉尔夫·达伦多夫也在20世纪60年代提出服务阶级概念。他认为服务阶级由上层公务员、国家与私人行政管理部门的领导成员构成，因此可称为公务阶级。他们人数虽少，但其以个人竞争取代团结互助的集体主义和共同情感的价值观念已渗透到所有其他社会集团之中（Dahrendorf，1959：143）。

在全球生产网络中，全球管理阶层将越来越多的公司业务和治理方案拓展到全球，加入全球供给链。新兴中产阶级中的管理人员可以协调供给链的各个组成部分，实现7大洲、一周7天、一天24小时不间断生产。

二、崛起的创造者：创意阶级

20世纪80年代，沙朗·祖金在分析“阁楼文化”时就曾提到创意人员的重要性：艺术家创意地带是由艺术家、手工艺者、设计者、音乐人和各种文化生产者集聚，形成了城市先锋（urban pioneers），城市先锋集聚并成长为创意群体（creative community）（Zukin，1982：11-103）。

而学术界通常将美国著名城市经济学家卡内基—梅隆大学的理查德·佛罗里达作为创意阶级研究的代表学者（王俊、汤茂林、胡玉玲，2007：121-123）。2002年，佛罗里达出版了新著《创意阶级的兴起》，标志着“创意阶级”概念的诞生（Florida，2002b：13）。在该书中，佛罗里达将人类社会发展划分为农业经济时代、工业经济时代、服务经济时代和创意经济时代。他指出，自20世纪80年代以来，虽然服务经济依然占据主导地位，但创意经济增长速度加快，有超过服务经济的趋势。这一重要的产业结构的变迁使得当代美国社会的社会阶层构造也随之发生了重要变化：知识和创意或者人力资本或人才（talent）正在替代传统的自然资源和有形劳动，成为财富创造和经济增长的主要源泉。除了劳动阶级

(working class) 和服务阶级 (service class) 以外，一个新的阶级在悄然兴起，那就是创意阶级或创造阶级 (creative class)。构成创意阶级的成员虽然从事各种不同的行业，但他们都必须具备“对原有的数据、感觉或者物质进行加工处理，生成新的而且有用的东西的能力” (Florida，2002b：31)，也就是佛罗里达所称的“创造力”或“创意” (creative)。他们经常会有创新的想法，发明新的技术，从事“创造性”的工作，或者说“构建了新的有意义的新形式”。这是他们区别于其他阶级的重要特征。一般来说，在劳动阶级和服务阶级中，按工作计划不加思考地进行工作的人居多。而创意阶级更加自主灵活，在工作中充分发挥个人的创造性，进行各种新的尝试。

佛罗里达指出，创意阶级的显著特点就是其成员从事着旨在“创造有意义的新形式”的工作。佛罗里达把创意阶级分成“超级创意核心群体” (super creative core) 和“创造性的专门职业人员” (creative professionals) 两个组成部分。一个群体包括引导当代社会潮流的科学家、大学教授、诗人、小说家、艺术家、演员、设计师、建筑师，另一个群体是现代社会的思想先锋，如非小说作家、编辑、文化人士、智囊机构成员、分析家以及其他对社会舆论具有影响力的各行各业人士。他们都在从事着创造性的工作，这些成员制造出了新的形式 (new form)，而他们通过这些形式被广泛传播而从中获益，例如一位作曲家可以通过他谱出的曲子被广泛传唱而获得收益。后一个群体广泛分布在知识密集型行业，包括高科技、金融、法律及其他各种知识密集型行业的专业人员。这些人员致力于解决具有创造性特征的问题，运用自己的专业知识来解决特定的问题。为获得这一能力，这些人群必须经过正规的高等教育培养，从而获得一定程度的人力资本。这些人员的工作必须不断地实验、定义新技术、提出新的解决方案。佛罗里达认为这些人员通过职业转换或职业提升，可以上升为创意阶级的核心人物：制造出可传递的、被广泛运用的“新形式” (Florida，2004：80)。根据这个定义，佛罗里达推测，2002 年美国的创意阶级人数达到了 3 830 万人，占劳动力市场的 30% (Florida，2002b：72－77)。而在 1900 年，创意阶级仅仅只有 300 万成员，迄今为止增长了 10 多倍。在 20 世纪初期，创意阶级成员仅占就业人员总数的 10%，这个比例一直维持到 20 世纪 50 年代，之后开始缓慢增长，70 年代与 80 年代间，这个比例一直稳定在 20%左右，自此之后，这个新兴阶级发展迅猛，总人数从不到 2 000 万发展到 1999 年的近 4 000 万（见图 8—1）。1991 年，创意阶级成员占就业人口总数比例为 25%，而到 1999 年，这个比例攀升到 30%（见图 8—2）(Florida，2004：85)。

创意阶级的核心是“超级创意核心”阶层，其成员总计 1 500 万人，占就业人口总数的 12%。“超级创意核心”阶层包括科学与工程、计算机与数学、教育、艺术、设计与娱乐等行业的工作者，即那些从事直接创意活动的工作者们，20 世纪以来，“超级创意核心”阶层总数在 1900 年还不足 100 万人，1950 年增至 250 万，1991 年已超过 1 000 万。按此情形计算，该阶层成员占就业人口比例在 1900 年为 2.5%，1960 年增长到 5%，1980 年与 1990 年分别为 8%与 9%，而到 1999 年，该比例已高达 12%（Florida，2004：86）。

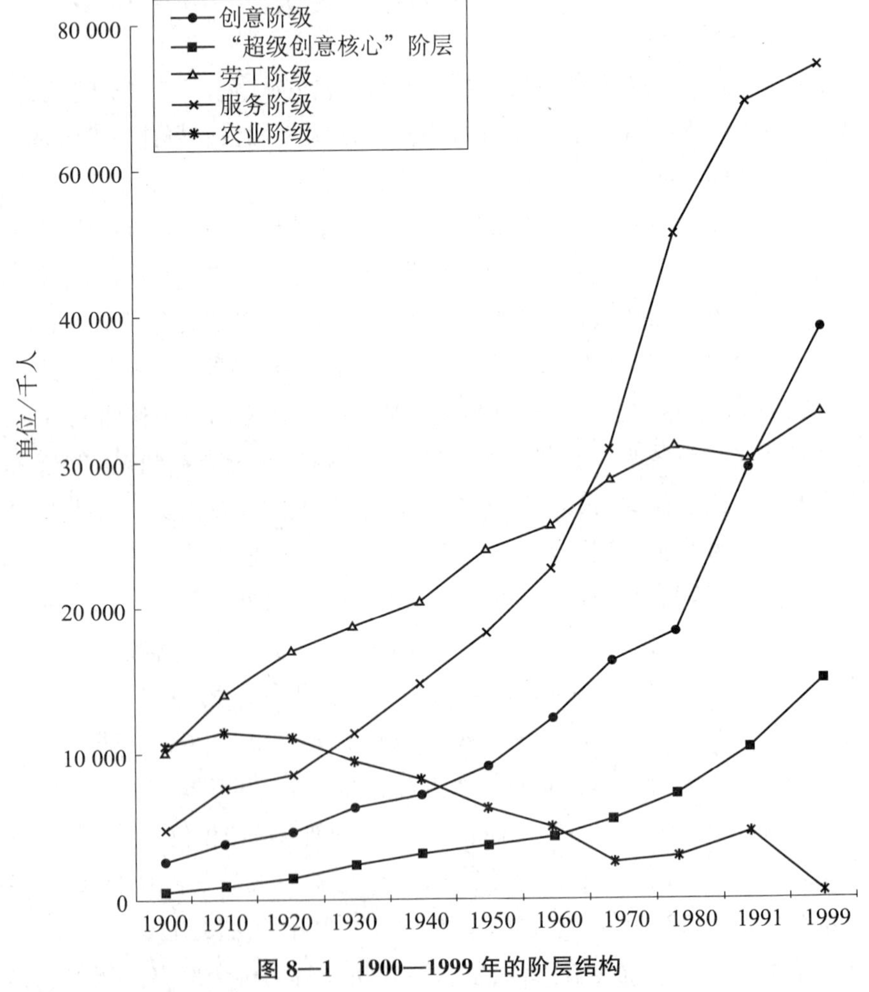

图 8—1　1900—1999 年的阶层结构

资料来源：Florida，2004：84。

佛罗里达强调了创意阶级的基础是建立在其经济特性之上，他以经济性为基础，刻画了这一人群的社会、文化和生活方式。所谓创意阶级，是指他们将经济

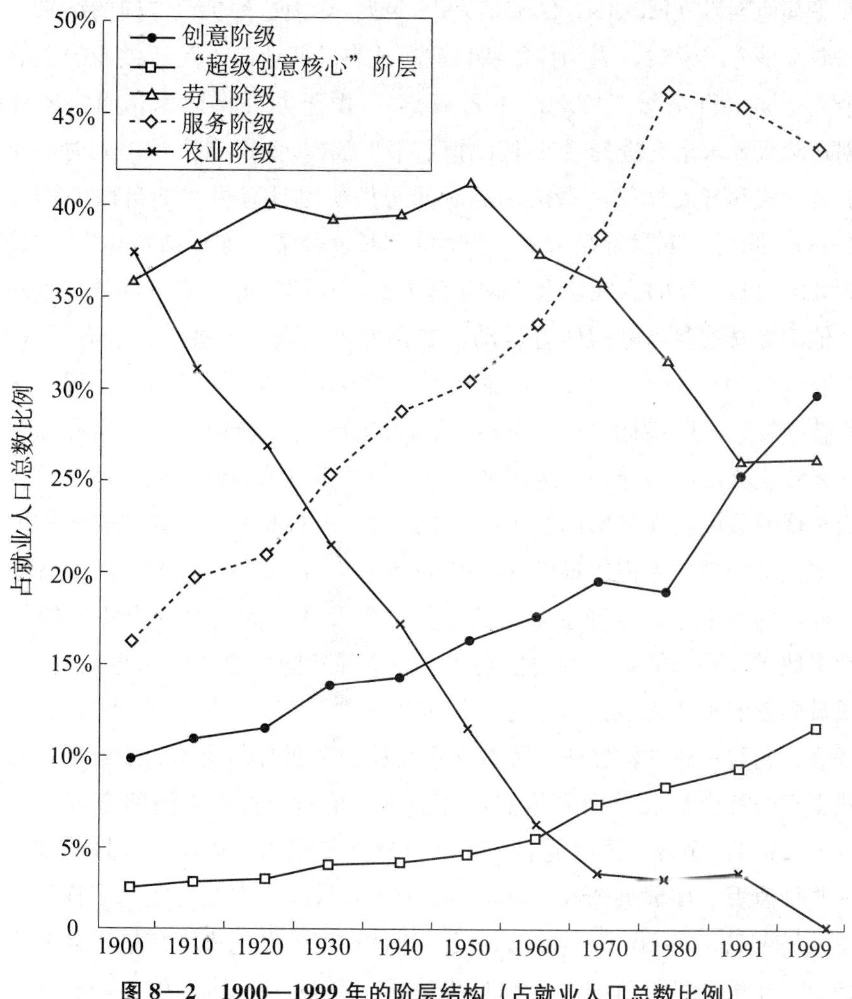

图 8—2　1900—1999 年的阶层结构（占就业人口总数比例）

资料来源：Florida，2004：85。

价值贯穿于整个创造性活动之中。这一阶级由知识型工人、象征型分析家、专家以及技术工人构成（佛罗里达，2006：86）。他强调阶级的经济基础，认为人们是从各自共同的经济基础出发，将自身组织在一起，从而形成社会团体及价值认同。只有共享经济基础的社群，才能形成共有的社会文化偏好、消费与购买习惯，以及社会认同。创意阶级的财产是无形的、看不见的，而这也恰恰构成了他们作为一个阶级的创造性能力，因为这些财产在他们的脑袋里。

在整理访谈资料的基础上，佛罗里达对创意阶级的职场生活和业余空间进行了详细的描写。他指出：创意阶级在选择工作时，除了关心薪酬以外，还特别重视工作的意义、灵活性和安定性，同事的尊重，技术要求以及企业所在城市的生活条件等其他因素（Florida，2002b：90－99）。作为这种价值取向的结果，劳动力市场向水平方向发展，人们往往从自己所从事的职业而不是所供职的企业那里寻找个人认同（Florida，2002b：102－115）。由于办公自动化和网络经济的发展，创意阶级要求享有选择或安排工作时间和工作场所的自主性。同时，他们的休闲消费方式和开展休闲消费活动的时间与场所也具有极大的自由弹性（李振华，2008）。同时，创意阶级由于工作时间延长，经常会推迟结婚和生育（Florida，2002b：147－156）。在业余文化生活方面，比起棒球、篮球等观赏型的体育运动，他们更喜欢参与型的体育运动，如自行车、攀岩、潜水、滑雪等（Florida，2002b：170－176）。此外，创意阶级崇尚多样性的文化消费。佛罗里达采用了高科技指标、发明指标、人才指标、同性恋指标、“波西米亚”指标和种族融合指标来测量城市的多样性，运用多变量回归分析方法验证了城市多样性吸引创意阶级集聚的假说，并指出创意阶级主要通过释放自我和塑造自我来建构他们的休闲消费方式和维护他们的身份（Anthinodors & Ronald，2002：341－372）。

因此，佛罗里达认为创意阶级的成员尚未形成作为一个社会集团的群体意识，大多数成员并未能意识到他们是作为一个独特的社会团体而存在。“这一阶级的成员们依旧不认为他们自己已经形成了一个阶级——一个具有共同特征的、彼此联合、利益一致的群体……那些在重大社会转变时期崛起的阶级都曾齐心协力、建立新的社会机制并引领他们的社会继续前行，但创意阶级却并非如此。”（Florida，2004：序言）虽然他们实际上分享许多相似的品位、偏好和期望，共享这一些价值观，如尊重个性、竞争与实力主义优先，喜欢开放与多样的城市社会环境（任雪飞，2005：99－102），具有修订规则、发现表面离散事件间内在联系的能力，注重自我价值的实现和自我认同，等等（易华，2010：61－65），佛罗里达认为这些价值观大大解放了个人的创造性，成为后工业时期资本主义经济成长的新的推动力，“创意阶级构成了美国社会的主导阶级，其成员占据着工业、媒体、政府以及艺术和流行文化的权力中心”，但实际上这一群体的成员“并未意识到他们已经形成了一个阶级……也就无法自觉地去引领社会发展，尽管其实在很大程度上，社会已在他们的掌握之中”（Florida，2004：序言）。

“BoBos”一词源于美国一名编辑大卫·布鲁克斯根据其观察所得而写成的《天堂里的 BoBo 族》（*BoBos in Paradise*）一书，是 Bourgeois（布尔乔亚）及 Bohemian（波西米亚）两词合并而成，混合了波西米亚和布尔乔亚的价值特征，是后工业社会里新出现的一类社会群体。“BoBo 族”从字面上理解，就是“布尔乔亚—波希米亚人”（Bourgeois-Bohemian），是 20 世纪 60 年代的“嬉皮士”和

80 年代的“雅皮士”的现代综合版。形象地说，BoBo 即像资产阶级一样有钱，像艺术家一样有闲；在占有了资产阶级式物质的同时，还融和了艺术家式的冒险和反叛的精神。“布尔乔亚”其实就是“中产阶级”的法语音译，是一个曾经深锁在知识分子阁楼里的并不时髦的舶来品。他们严格遵从社会秩序和道德规范，一般拥有较高的学历，有一份不错的工作和比较丰厚稳定的收入，讲究生活舒适和情调。“波希米亚”是吉卜赛人的聚集地，在叛逆的 60 年代成了“嬉皮士”用来向循规蹈矩、追求物质享受的中产阶级生活挑战的有力武器。“波希米亚人”指放荡不羁的生活或人，他们性格奔放，我行我素，如天马行空，遵从内心的召唤，决不向现实社会的道德秩序和规则妥协。这样两个词构成的一个新词“BoBos”有一个社会学解释：是指在现有资本异化人性的社会环境中，通过人性对资本的再度克服和异化，是自由对“资本”这一人类后天“自然”的否定之否定。通俗解释就是，生存已不再是个问题，让生活成为需要用充裕资本去营造的、并在营造中不断获得自由享受的那部分人，就是 BoBo 族了。布鲁克斯感叹道：“等级的规则似乎完全颠倒了。”20 世纪以来，要区分小资情调的布尔乔亚文化和波希米亚反叛文化是轻而易举的事情。布尔乔亚资产阶级是那些一丝不苟、脚踏实地的人。他们捍卫传统和中产阶级的道德观。他们在大公司上班，住在郊区，礼拜天会上教堂。而波希米亚性格的人则是那些藐视传统的率性任情者。他们不是艺术家就是知识分子，崇尚 20 世纪 60 年代的激进价值观，而布尔乔亚则是 20 世纪 80 年代积极进取的“雅皮士”。但到了 20 世纪 90 年代，布尔乔亚人和波希米亚人已经完全混在一起了，通过深入调查他们对性、道德、休闲生活和工作的态度，研究者发现，越来越无法区分现有社会体制的叛逆分子和拥护现有社会体制的公司人。这事实上是信息时代所造成的一种文化影响。在这个时代，“创意和知识至少与自然资源和金钱资本对经济上的成功而言是同等重要的”。信息的无形世界和金钱的有形世界彼此融合，这两者结合起来产生了诸如“智慧资本”“文化产业”等新名词，因此，布鲁克斯断言：“在这个时代能够迅速崛起的人就是那些可以把创意和情感转化成产品的人。”这些高学历的人一脚踏在创意的波希米亚世界，另一脚踩在野心勃勃和追求世俗成功的布尔乔亚领域当中。他将这些新信息时代的精英分子即布尔乔亚的波希米亚人称为“布波族”（BoBos）。

信息时代创造了全新的工作类别：创意主管、知识长（chief knowledge officer）、团队精神协调人（team spirit）、网页设计师、专利代理人、分镜头剧本作者、基金会方案负责人、挑选脱口秀来宾的制作人员，等等。信息时代的到来奖励了教育，也扩大了高—低学历人口间的收入差距。除此之外，中上阶级也从中产阶级当中的一小部分成长为一个显著的族群。高学历阶级甚至占据了过去属于劳工阶级的职业。“布波族”这个阶级的成员通常会读竞争激烈的大学，往往住在高级住宅区。新兴的上流中产阶级正在建立一种新的社会等级，使他们得以在普通大众中鹤立鸡群。美国的精英分子可能受到欧洲风格和礼仪的影响，但他们毕竟不是欧洲贵族。和大西洋对岸的那些欧洲中产阶级一样，他们是商人，不是地主。他们喜好精致的食物，但是却又不过分崇尚高贵和豪奢的派头。他们希望自己看起来能够比劳动阶级更有文化教养，但却不像那些欧洲贵族般挥金如土，讲究派头。他们之所以被称为中产阶级，部分原因是他们偏好的正是不走极端的中庸之道。

三、新型的知本家：知识阶层

率先提出“知识产业”（knowledge industry）概念并对此进行了系统考察的是美国经济学家弗里兹·马克卢普。1962 年，马克卢普出版了奠定其信息社会理论基础的《美国的知识生产与分配》一书。在该书中，马克卢普给出了知识产业的一般范畴和最早的分类模式，并在此基础上建立起对美国知识生产与分配的最早的测度体系。他向我们展示了 20 世纪以来劳动力职业组成的变化：从事知识生产的人数增加，从事生产劳动的人数减少；并且在国民经济中划出了一个知识产业或信息产业部门。马克卢普运用其独特的统计学方法，首次对美国的信息与知识产业进行了定量分析并得出结论：1958 年美国的知识生产总金额为 1 364 亿 3 600 万美元（见表 8—3），占美国国民经济总产值的 29%。而在 1954—1958 年这 4 年中，知识部门的增长率则高达 8.8%（而在此期间美国经济的平均成长率只有 5.1%）。《财富》杂志在 1964 年 11 月的期刊上，刊登了著名经济学评论家巴柯的“巨大知识产业全貌”一文。在此文中，巴柯对马克卢普的研究给予了高度评价，称其为“未曾有过的最为惊人的尝试”。巴柯还运用马克卢普的统计方法，对 1963 年美国知识经济进行了测算。结果发现 1963 年，知识产业的总产值为 1 950 亿美元，占美国国民经济总产值的 34%。

表 8—3　　知识生产与支出（1958 年）　　单位：百万美元；%

知识产业	教育	60 168（44.1）
	研究与开发	11 051（8.1）
	通信媒介	38 339（28.1）
	信息机械	8 868（6.5）
	信息服务	18 010（13.2）

续前表

	合计	136 436 (100.0)
知识的支出	政府支出 企业支出 消费者支出	37 968 (27.8) 42 198 (30.9) 56 270 (41.3)
	合计	136 436 (100.0)
生产品	最终生产品（投资及消费） 中间生产品（经费）	109 204 (80.0) 27 232 (20.0)
	合计	136 436 (100.0)

资料来源：Machlup，1962：64。

在马克卢普那里，“知识”是一个十分宽泛的概念，他将知识分成五大类型：(1) 实用性知识。即对于人们的工作、决策和行为有价值的知识。实用性知识可以根据人们的行动再细分为专业知识、经营知识、职业知识、政治知识、家政知识、其他各种实用性知识。(2) 学术知识。即能够满足人们在学术创造上的好奇心的那部分知识。学术知识是满足求知欲的知识、有关教养的知识、有关人文与自然科学的知识以及作为文化组成部分的知识。(3) 作为闲聊话题的娱乐性知识。即满足人们在非学术方面的好奇心，或者能够满足人们在轻松娱乐和感官刺激方面的欲望的那部分知识。这类知识常常包括本地传闻、小说故事、幽默和游戏等。它们大多是由于被动地放松“严肃的”事务而获得的知识，因而具有降低敏感性的趋向。(4) 宗教知识。即有关上帝及拯救灵魂的知识。(5) 多余的知识。即偶然获得的漫无目的的知识 (Machlup，1962：21－22)。在此基础上，马克卢普具体将知识生产分为产业研究与职业研究两类。他指出，知识产业可以归纳为教育、研究与发展、通信媒介、信息设备、信息服务五大部分（见表8—4）。

表 8—4　马克卢普知识产业分支表

教育	研究与发展	通信媒介	信息设备	信息服务
家庭教育 职业培训 宗教教育 军事服务教育 中小学教育 高等教育 商业与职业培训 政府教育计划 公共图书馆 隐含的教育成本 交通、书籍等	基础研究 应用研究 发展	印刷与出版 摄影、录音 戏剧、音乐和电影 广播、电视 广告、公共关系 电话、电报和邮政 服务会议	印刷业设备 乐器 电影设备 电话和电报设备 信号设备 测量、观察和仪器 办公用设备 计算机	专业服务 　法律服务 　工程建筑服务 　会计 财政金融服务 　支票存款银行业 　证券经纪人 　保险代理人 　不动产代理人 批发商的知识服务 政府活动

资料来源：Machlup，1962：21－22。

由于知识职业就是知识生产与分配的劳动行业或岗位，因此，有什么样的知识生产与分配活动，就有对应的知识职业，因此，在职业研究序列上，马克卢普认为，知识职业可分为教育（如教师及其他辅助人员）职业、研究与发展职业（如科学家、研究人员）、通信媒介生产与操作职业（如演员、出版商）、信息设备的生产与操作职业（如计算机工程师）和信息服务职业（如银行家、证券经纪人）。显然，依据这样的体系对知识职业进行识别存在许多困难。马克卢普努力地得出这样一个总结性结论：1959 年美国知识生产者已占总劳动人数的 31.6%（Marchlup，1962：352－362）。

运用统计学方法对信息社会（知识社会）进行定量研究的另一位代表人物是美国经济学家马克·尤里·珀拉德。《信息经济》是他为定量研究信息活动在美国经济总体中所占比例而撰写的、一部深受马克卢普知识社会理论影响的著作。此书的主要贡献在于将信息部门划分成了两大类型：向市场提供信息和信息服务的“第一次信息部门”和存在于政府及非信息企业内部的“第二次信息部门”。与马克卢普仅仅将目光集中在可以直接进行交易的信息产品相比，珀拉德的视野显然要开阔得多。他不仅对作为一种商品的信息本身进行了系统性研究，而且将目光集中到被政府部门和其他企业内部所利用的信息之上。“第一次信息部门”和马克卢普的知识产业大致相同，具体包括以下 8 大种类：（1）知识生产和发明产业；（2）信息流通和通信产业；（3）包括融资和保险在内的风险管理；（4）所有的市场信息产业以及包括宣传行业在内的调查与调整产业；（5）信息处理与信息传递产业；（6）信息消费品制造行业；（7）部分政府部门的活动（第一次信息服务、邮政部门等）；（8）赞助设施（转引自 Bell，1999）。“第二次信息部门”包括为了满足政府部门或非信息企业内部消费需求所创建的任何形式的信息服务。具体指非信息企业内部的研究开发、数据处理、电信与电话、管理以及会计等部门（转引自 Bell，1999）。

珀拉德指出，如果我们仅仅按照马克卢普的最终需求进行测算的话，那么 1967 年美国第一次及第二次信息部门的产值之和占 GNP 的 25%。但如果采用他的附加价值来进行计算的话，那么仅第一次信息部门的产值就占 GNP 的 25%，而第二次信息部门的产值则为 GNP 的 21%。据此珀拉德得出一个惊人结论：1967 年美国国民经济总产值的 46%都与信息活动有关（见表 8—5）。并且大约半数劳动者都在从事着某种与信息有关的工作，通过信息工作所获得的收入占其总收入的约 54%（转引自 Bell，1999）。因此，美国已经发展成为一个以信息为基础的经济实体。由于其经济活动的主要成分是信息消费品、服务部门及官方和私人官僚体制（第二次信息部门），因此事实上美国已经步入信息社会。

表 8—5 **美国 1967 年信息经济结构** 单位：百万美元

生产者	中间消费者			最终需求	与 GNP 之比
	第一次信息部门	第二次信息部门	非信息部门		
第一次信息部门	69 754	78 917	0	174 585	21.9%
第二次信息部门	0	616	227 778	27 440	3.4%
非信息部门	59 538	0	571 503	593 363	74.6%
附加价值	199 642	167 826	427 920	GNP（附加价值＋最终需求）＝795 388	
与 GNP 之比	25.1%	21.1%	53.8%		

资料来源：转引自 Bell，1999。

马克卢普的《美国的知识生产与分配》客观上成为西方学术界持续长达 20 余年的所谓“知识社会”“信息社会”“后工业社会”和“电子社会”等形形色色思潮的先导（陈禹、谢康，1997：9－13）。马克卢普得出的 1958 年美国知识生产占国民生产总值 29%的这个结论，在 20 世纪 60 年代被美国学者广泛采用，其中最著名的恐怕要算克拉克·科尔的《大学的作用》（1966）一书，而且，马克卢普的知识产业思想诱发了多部著作的产生，彼得·德鲁克的《不连续的时代》（1969）、丹尼尔·贝尔的《后工业社会的来临》（1973）、约翰·奈斯比特的《大趋势》（1983）等著作都直接受到了马克卢普知识社会理论的影响。

美国著名管理学家彼得·德鲁克 1969 年在《不连续的时代》、1993 年在《后资本主义社会》以及 1994 年在《大西洋月刊》发表的《社会变革的时代》一文中，全面阐述了他的知识社会理论。德鲁克指出：“在人类历史上从来没有哪个世纪像 20 世纪这样经历如此多样和激烈的社会变革。在本世纪的最后十年中，工作和劳动力、社会和政治这一切都在质与量上既不同于本世纪早先的情况，也不同于人类历史以前所经历的任何情况：其形态、过程、问题及结构都是不同的。”（Drucker，1969：265）德鲁克预言，工业社会已经进入了“后资本主义时代”，“知识”将成为唯一重要的资本，从而劳动者与资产者之间的阶级对立将消失，或至少发生本质性转化，从“两个阶级”之间的对立转化为无数以个体经验为知识资本的专家之间的竞争与合作。这些因知识分工而成为职业劳动者的专家，其实应当被称为“知识劳动者”。他们的日常工作往往同时是体力劳动的和脑力劳动的，例如，飞机维修师、计算机系统的操作员、住房环境污染程度检测员、心理及养生保健咨询师、提供医疗服务的专业护理人员和各类医学成像仪器的操作者（Drucker，1995：362）。

丹尼尔·贝尔的代表作《后工业社会的来临》坚持了实用主义的立场。他将“后工业社会”概念基本等同于“知识社会”概念：“显然，后工业社会是双重意义上的知识社会。首先，技术革新的根源越来越依赖于研究与开发（更直截了当地说，在科学与技术之间，由于理论性知识已成为核心问题，所以一种新的关系正在逐渐形成）；其次，从社会整体状况来看，知识所占据的比重（占国民经济生产总值的比率及雇佣比率）也在逐步增大。”（Bell，1973：162－176）也就是说，知识社会的主要特征之一就是理论性知识已经在我们的社会生活中起到举足轻重的作用。通过有组织的研究开发所发明的科学理论，不仅与尖端技术存在着紧密关联，而且也在制造行业（尤其在高分子化学、光学、电子工程学以及电气通信等领域）中发挥着主导性作用。新的“知识型技术”主要包括信息论、控制论、决策论（decision-making theory）、博弈论和功能论等新兴理论，以及线形规划（linear programming）、统计决策理论、马可夫连锁（Markov chain）应用和统计实验等新方法。这些理论与方法不仅使人们实现了对庞大的和错综复杂的数据的系统性分析，同时也推动了电子计算机仿真技术的应用与发展。总之，后工业时代的企业运作完全依赖于此类知识型技术。与此同时，发明这些理论性知识的大学、研究机构以及学术团体在社会中也占据着重要地位。

贝尔指出，后工业社会既是一个知识社会和服务社会，同时也是一个以信息为中心的社会。“如果说工业社会主要以‘能源’为中心的话，那么后工业社会就是一个以‘信息’为中心的社会。”对于贝尔而言，“重要的既不是人力资源也不是自然资源，而是信息”。因为在后工业时代，信息已成为真正意义上的核心性资源，并且它在企业内部正逐步转换为一种权力。因此，当前我们所处的社会已经从一个以财富与物质生产为中心的社会转型为一个以信息与知识为中心的社会。因此，贝尔断言：在未来的社会里，必将出现一个以科学家、专业人员、技术人员和技术官员为主导的知识阶层，不论人们如何定义这一阶层，这一阶层将在社会的政治生活中起主导作用。贝尔指出，讨论这一阶层时必须澄清4个问题：(1) 技术专业才能在解决社会问题时的范围和限度；(2) 如何“估价”这种出售“知识”而不是出售商品的新型工业，以及这些工业在一国经济中的重要性；(3) 以技术而不是财产为基础的任何新社会阶级的内聚力的基础是什么；(4) 技术人员和技术官员成为一个新的统治阶级并取代老资本家阶级的可能性(Bell，1976：91)。贝尔强调，后工业社会作为一个正在兴起中的新社会，其主要阶级首先是一个以知识而不是以财产为基础的专业阶级。任何一个新型社会的出现都必将带来财富、权力和地位的分配问题，这对于任何社会来说都是中心问题。在后工业社会里，财富、权力和地位不是阶级的标准，而是各阶级所寻求或获得的价值。社会上的阶级是根据划分阶层的基本轴心产生的。西方社会划分阶层的两个主要轴心就是财产和知识。最终说来，阶级并不意味着一个特殊的人群，而是把取得、掌握和转移不同权力及其有关特权的程序制度化的一种体系（Bell，1976：91）。

约翰·奈斯比特在《大趋势》一书中提出："我们仍然认为自己是生活在工业社会里，但是事实上我们已经迈入了一个以创造和分配信息为主的经济社会。"他认为，信息社会始于1956—1957年，其主要标志有二：一是1956年美国历史上第一次出现从事技术、管理和事务的"白领工人"超过从事体力劳动的"蓝领工人"。二是1957年苏联发射了第一颗人造卫星，开辟了全球卫星通信时代，使地球缩小成一个"村庄"。在信息社会里，"知识生产力已经成为生产力、竞争力和经济成就的关键因素。知识已经成为最主要的工业，这个工业提供经济社会生产所需的重要资源"。在信息社会里，价值不是随着劳动而增加，而是随着知识而增加的。奈斯比特认为，所谓的服务业事实上是由传统的服务业和新兴的信息业这两大极不相同的部分组成的。自20世纪70年代后，发展更快的是信息业的从业人员，包括计算机程序编制员、教员、职员、秘书、会计、证券经纪人、经理、保险行业人员、律师、银行业和工程技术。这些信息业从业人员构成了一支全新的信息产业大军。而这支新兴产业大军在1982年已超过劳动人口的60%（Naisbitt，1982：49）。到1996年，据欧洲经济合作与发展组织的统计，在西方主要工业化国家，信息业从业人员已占各种职业总和的40%以上。这些信息业从业人员虽然处于被雇佣的地位，也不拥有传统意义上的物质生产资料，但却拥有较高的科技知识和专业技能，他们以知识作为生产要素参与生产经营，从而不仅得到了出卖劳动力的收入，还得到了知识（作为生产要素）投入的收入。因此，他们成为"不同于简单协作时期的工人、手工工场工人和大工业无产阶级的新型雇佣劳动者"（Naisbitt，1982：49）。

日本学者堺屋太一则认为从事"创造知识价值"工作的人们是个与以往的"中产阶级"不同的阶层，他们拥有并依存于专门知识、经验和感觉等"生产手段"，从事设计和专门技术等"创造知识价值"的工作，是个名副其实的真正的"中产阶级"（堺屋太一，1987：51）。美国学者卡尔·波格斯则发现，技术知识分子以各种方式来服务于官僚国家资本主义的调和机能，服务于工业社会的其他形式，他们居于政府机构、大学、公司、军队、媒介工业和文化工业之中，并与批判性的知识分子相对立（Boggs，1993：107）。技术知识分子生产着象征思想、价值和意识形态的符号产品，它们甚至比一般的物质产品更加重要，因为他们不但生产特定的产品，同时也生产相应的消费和生活方式。对知识阶层的研究始终方兴未艾，直到2001年，仍有学者史蒂文·布林特在其论著中估计，“科学型、专业型及知识型”的经济工作者占美国就业人口总数的36%——这个统计以人力资本为基础，所涵盖的行业必须具有5%以上大学学历的从业人员。布林特所考察的行业涵盖农业服务、大众传媒、化学、塑料、制药、计算机与电子设备、科学仪器、银行、会计、咨询等其他商业服务、医疗卫生服务与医院、教育、法律服务等，还包括几乎所有的宗教和政府组织（Brint，2001：101-132）。

真正将知识阶层纳入社会学科的阶级研究，当属美国社会学家阿尔文·古尔德纳。他指出，在后工业社会中，存在一个主要从事专业的新阶级，古尔德纳称之为“专业人员阶级”，“这个阶级是精英主义和追求自我的。它利用自身的特殊知识来增加其利益和权利，控制自己的工作环境”（Gouldner，1979：8）。专业主义认定专业人员必须经受合乎标准的正式训练，领取合格证书，坚持共同的专业标准。也就是说，“厕身于一门专业之内，意味着正式或非正式地得到本专业同行或某些已确立的机构的认可”（Gouldner，1979：46），这就意味着只有专业人员才有能力相互评价。专业主义还进一步认为，专业人员强有力的法人身份维持着他们特有的“服务方向”，因此，其自主权自然会符合公众的利益。然而正如古尔德纳所指出的，专业主义实质上是专业技术阶层或阶级的意识形态，它“不动声色地把新阶级奉为公正、合法的权威典范，以其专业技能和对社会的奉献、关心来进行操作”（Gouldner，1979：23），同时也肯定了专业人员能凭借他们的教育、专长和社会作用对权威提出特别的要求。从这些论述不难看出，专业主义在充分肯定专业人员权益的同时，也包含着将专业人员与大众隔开的趋势。

古尔德纳提出，知识分子已经不同于传统的资本家，他们作为一个“新阶级”，是以其“文化资本”而非传统的财富资本为特征的。他们带有一种内在的辩证逻辑和革命潜能，因而是现代社会中新的革命力量。古尔德纳的一个重要观念是，现代社会的知识分子与生产手段有一种独特的关系，随着教育重要性的不断提高，这种关系使得文化资本变得日益重要。由于知识是控制生产的要素，知识分子作为一个阶级就在公共领域中处于一种优势地位。当然，他的“知识分子”概念含义很广，包括工程师、技术专家、媒介人士、教师、学者、专业人员、管理人员和政治官员。这一理论问世之后即引起了很大争议，有的人不同意古尔德纳的看法，认为知识分子并不是一个单一独立的阶级，从整体上说，他们应该是中产阶级的一部分，或用“新中产阶级”的概念来标识。

在一切以“后……”为名的社会结构形态中（如后现代社会、后工业社会、后福特制社会等），诸如知识经济的兴起、生产社会让位于消费社会的趋势、信息和服务业的急速膨胀，以及传统社会角色的转变、专业社会的来临等深刻的社会结构变迁，都为阶级或阶层研究提供了寻找新的分析视角的可能。在工业社会里，经济资本是社会分层的重要指标，而在“后……”时代里，新的社会现实却把文化资本或象征资本的重要性呈现在我们面前。上述学者均指出，随着转向知识社会和专业社会这一趋势的不可避免，一种新的阶级角色正在兴起，而且其作用和影响力也越来越大，可称之为“正在兴起的”社会阶层——象征或符号产品的新型生产者。如果说传统的中产阶级概念较多地拘泥于一般社会学意义的分层指标，即较多地从财富等经济资本的角度出发的话，那么，当今新的中产阶级概念的区分指标更趋向于多元化，文化资本问题显得更加突出。

四、复活的小企业：业主阶层

卡尔·马克思认为：“除了资产阶级和无产阶级以外，现代大工业还产生了一个站在它们之间的中间阶级——小资产阶级”（马克思、恩格斯，2003：103），其中包括小工业家、小商人、小食利者、富农、小自由农，以及医生、学者、牧师等为数不多的自由职业者。美国社会学家埃里克·欧林·赖特继承了赖特·米尔斯对“新”“老”中产阶级的划分方法，认为作为“老中产阶级”的小雇主等，会与所谓的“新中产阶级”即白领阶层一样长期存在于现代资本市场经济之中（赖特，2006：54）。资本主义生产方式的转变以及第三产业的兴起与信息技术的发展，为资本需求较少、生产经营灵活的小企业的创立和发展提供了有利条件。正如第一个提出“网络社会”概念的美国社会学家曼纽尔·卡斯特在1997年出版的《认同的力量》一书中认为的，信息技术革命已催生了一种新的社会模式，即网络社会。在一切社会组织中，都存在一种网状结构，个体在其中编织主要关系，如家族的、种族的、经济的、职业的、社会的、宗教的或政治的关系。网络由一组相互连接的结点构成。而结点到底是什么，卡斯特说：“具体地讲，依赖于我们所讲的具体网络的类别。”（Castells，1997：470）比如说，在全球金融流网络中，它们是股票交易市场及其附属的先进服务中心；在欧盟管制的政治网络中，它们是国家的内阁和欧洲的官员；在信息时代的全球媒体网络中，它们是电视系统、新闻报道组以及产生、传输、接收信号的装置等。从现实的情况看，这种社会模式有其特征，即经济行为的全球化、组织形式的网络化、工作方式的灵活化、职业结构的两极化（Castells，1997：354）。卡斯特指出，在以信息技术为基础的信息化社会里，其经济形态与工业社会的经济形态相比将发生转变，这时将会出现一种以信息化、网络化、全球化为特征的新经济，其核心是以知识为基础的生产力及对获利能力的强调，脱离了工业经济单一的生产力增长方式。所谓“信息化”是指一种“生产和管理的社会和技术组织的特殊形式，它通过对新的信息技术的运用而使以知识和信息为基础的生产效率得以实现”（Castells，1994：133）。

在网络社会里，作为经济活动的主体的企业组织改变了其组织形式，以适应快速的经济技术变化（Castells，1996：164）。网络企业组织对传统的科层组织形式的改造，使企业组织由工厂化时期的大量生产转变为弹性生产，或者说从“福特式”生产转变为“后福特式”生产。在福特主义向后福特主义的演变过程中，持续的产品/工艺创新，终身雇佣的具备高技能和高归属感的雇佣工人，对剩余价值的折中分配，企业组织通过多级分包网络来利用市场、产品和技术信息，并保持分包商之间的竞争，制造业、银行和国家分担技术创新的长期战略已成为后福特主义的主要特征。建立在中小企业之间的动态分工网络的“弹性专业化”模式和以大企业为核心并控制多层次分包企业网络的“精益生产”模式成为后福特主义的两种主要模式。这两个模式实际上都强调了解除泰勒制的劳动分工和严格的管理控制，注重发展有高度专业技能和充分自主控制权的雇佣劳动，生产人员具有足够的自主控制权以便实现对生产过程的快速调整；强调保持与生产相关的活动如设计、营销、顾客服务等的整体一致性，以及缩短产品周期、发明多功能机器与利用微电子技术发展企业间网络对适应消费者需要变化的重要性。

网络产业是更具弹性的一种产业，它的生产弹性更大。新的管理方式则更强调组织内部和组织外部的各种联系、协作和合作关系。企业组织在管理流程上呈现出水平化，同时向下拓展出企业网络，所有这些都建构着某种新的企业组织形式。正因为如此，在网络社会的新经济中，传统的大型企业由于制度僵化而面临许多危机和挑战，而一些中小型企业则由于灵活的经营机制和广泛的关系网络而更加具有活力。可以说，中小型企业是更能适应国际经济弹性生产体制的组织形式（Castells，1996：156），20 世纪 70 年代末崛起于意大利东北部地区的中小企业经济即是为明证。20 世纪 70 年代末，意大利西北部传统工业地区遭受世界经济危机的打击，开始出现衰退，而其东北部经济却呈现增长势头。这些地区企业规模以中小企业为主，产业结构以新兴手工业为主，具有较高的技术含量，企业之间基于互相信任和稳定协作关系的网络十分发达。意大利社会学家别卡提尼系统考察了意大利中部的托斯卡纳（Tuscany）地区后，将大量专业化中小企业集聚的“第三意大利”[①]，与1890年马歇尔《经济学原理》中在英国观察到的产业区进行对比，发现二者惊人地相似，于是将其称作“马歇尔式产业区”。由于这一地区具有数量众多的工业小区，每一个小区均具有与马歇尔工业区类似的特征，又由于这些地区为新兴工业区，所以被称为“新产业区”（new industrial district）（张占仓，2006：737－741）。这些产业区“是具有共同社会背景的人们和企业在一定自然与社会意义的地域上形成的社会地域生产综合体”，其发展得益于在本地劳动分工基础上实现的经济外部性，以及当地社会文化背景支持下的企业之间的相互协同作用（张辉，2005：104－110）。

亚当·斯密最早从分工的角度描述了中小企业集群的概念，他认为中小企业集群是一群具有分工性质的中小企业为了完成某种产品的生产联合而形成的群体（斯密，1972：36）。马歇尔则从“外部经济”的角度对此进行了探讨，他认为是由专门人才、专门机械、原材料提供、运输便利以及技术扩散等“一般发达经济”所造成的“外部经济”促使小企业的集聚从而形成小企业集群（Marshall，1920：78）。美国哈佛商学院的著名管理学家迈克尔·波特教授1990年在《国家竞争优势》一书中正式提出“产业集群”（industrial cluster）的概念，并在1998年的《哈佛商业评论》上发表《产业集群与新竞争经济学》一文，指出，所谓“产业集群”，是指在某一特定领域中，在地理位置上集中且相互联系的公司和机构的集合，并以彼此的共通性和互补性相联结（Porter，1998：77－90）。

在开放的全球经济中，产业集群的产业网络或社会网络等区域创新网络的全球联结，即不同国家或不同形式的产业集群之间的协作或互动问题，成为新的关注点。实际上，在经济全球化环境下，不同区域之间的产业网络联结或协作，成为新产业集群形成并得以迅速发展的重要力量。如美国硅谷、中国台湾新竹和广东东莞等产业集群之间的协作与创新网络联结，是推动各自区域经济发展、催生无数中小企业的作用力。尤其是价值链理论的普及，进一步说明地方产业集群之间的关系是彼此有深刻的内在联系的。

彼得·科诺林伽和约克·梅耶-斯塔莫在对发展中国家产业集群的研究中，借鉴马库森（Markusen，1996：69）对产业区的分类方法，把产业集群分为三类（见表8—6）。

---

① 意大利最发达的地区是其西北部工业基础最好的地区，即由都灵、米兰、热那亚等组成的“金三角”，该地区被称为“第一意大利”；其南部是以农业为主的欠发达地区，被称为“第二意大利”；其东北部与中部原来也是不发达的农业地区，但自20世纪70年代末以来，发展的速度非常快，被称为“第三意大利”。

表 8—6　　产业集群的分类

类别	意大利式产业集群	卫星式产业集群	轮轴式产业集群
主要特征	以中小企业居多；专业性强；地方竞争激烈，合作网络基于信任的关系	以中小企业居多；依赖外部企业；基于低廉的劳动成本	大规模的地方企业和中小企业；明显的等级制度
主要优点	柔性专业化；产品质量高；创新潜力大	成本优势；技能/隐性知识成本优势；柔性；大企业作用重要	
主要弱点	路径依赖；对突变适应缓慢	销售和投入依赖外部参与者；有限的诀窍影响竞争优势	整个集群依赖大企业的绩效
典型发展轨迹	停滞/衰退；内部劳动分工的变迁；部分活动外包；轮轴式结构出现升级；前向和后向工序的整合；提供客户全套产品或服务	衰退/停滞（如果大企业衰退/停滞）；升级；内部分工变化	
政策干预	集体行动形成区域优势；公共部门和私营部门合营	中小企业升级的典型工具（培训和技术扩散）	大企业/协会和中小企业支持机构的合作，从而增强中小企业的实力

资料来源：Knorringa & Meyer-Stamer，1998：423。

第二种产业集群的分类法来自里·米特、福维尔·费瑞耐里，他们基于产业集群的内在关系将产业集群总结为以下三类（见表 8—7）。

表 8—7　　产业集群的类型及其绩效

类型	非正式集群	有组织的产业集群	创新型集群
例子	加纳库马西 Suame Magazine 汽车零部件集群	尼日利亚 Nnewi 汽车零部件制造集群、巴基斯坦西亚尔科特外科手术器械集群	丹麦日德兰半岛家具业集群、意大利 Belluno 眼镜产业集群
关键参与者参与度	低	低到高	高
企业规模	个体、小	中小企业	中小企业和大企业
创新	几乎没有	有些	持续
信任	几乎没有	高	高
技能	低中高	中	高
技术	低	中	高
关联	有些	有些	广泛
合作	几乎没有	有些、不持续	高
竞争	高	高	中到高
产品创新	几乎没有	有些	持续
出口	几乎没有	中到高	高

资料来源：Mytelka & Farinell，2000。

而金碚等人则根据对产业属性的研究，把产业集群分为以下三类（2003：401－420）：（1）传统产业集群。以传统的手工业或劳动密集型的传统工业部门为主，如纺织、服装、制鞋、家具、五金制品等行业，大量的中小企业在空间上相互集中，形成一个有机联系的市场组织网络。在这种产业集群内，劳动分工比较精细，专业化程度较高，市场组织网络发达。典型的例子是意大利瓷砖产业群、服装加工产业群，德国印刷机械产业群，瑞典造纸产业群等。（2）高新技术产业集群。主要依托当地的科研力量，如著名大学和科研机构，发展高新技术产业，企业间相互密切合作，具有强烈的创新氛围。如美国的硅谷、波士顿128公路、得克萨斯奥斯汀高新技术产业群，日本的工业机器人，印度的班加罗尔地区，以色列的特拉维夫，英国的剑桥工业园，法国的索非亚等。（3）资本与技术结合型产业集群。如日本的大田、德国南部的巴登—符腾堡等。一般来说，由于存在着不确定性以及研发与生产的日益分离，高新技术企业比传统产业企业更倾向于集聚。据研究，在美国，像电脑、制药等高技术产业的创新活动明显多于传统产业，与此相对应，高技术产业更倾向于以集群的形式存在，以共享大型高技术装备和高科技人才资源。

网络社会促生了新型产业集群的出现，也造就了新型的中小企业主的兴起。因为第三产业的发展，尤其是信息技术的发展，为资本需求较少、生产经营灵活的小企业的创立和发展提供了有利条件。这些新型的小企业顺应了现代工业中小型化和多样化的趋势，开始显示出特有的优越性，获得了新的活力。它们与现代工业生产相辅相成，成为现代企业发展的重要组成部分。虽然中小企业的经营额和收入在所有公司总收入中的比重非常小，但从企业的数量来说，却是占绝大多数的。在美国，1990年，收入在5万美元以下的小公司，共有1 417万家，占公司总数的70.7%。这些中小企业的不断出现与复制，使得小业主这个传统中产阶级群体获得了“新生”，人数又重新攀升。阿尔弗雷德·马库森将产业集群比作“平滑空间上的黏滞点”（Markusen，1996：293-313），在这个黏滞点上，吸收集聚了稠密的经济能量，培育了一大批具有世界影响力的产业，为全球中产阶级的诞生创造了新鲜的沃土。

第九章　全球中产阶级的未来走向

一、萎缩的中产：欧美中产阶级的困境

全球化风潮带来的经济冲击，使得美国庞大的中产阶级产生分裂。美国学者理查德·隆沃思在《全球经济自由化的危机》（隆沃思，2002：401－420）中谈到，中产阶级因此被分为了三股力量：第一股是亲身经历了美国梦、现已垂垂老矣的传统中产阶级，他们在美国有史以来经济最繁荣的时期长大并成家立业，终身拥有安稳的工作。在他们眼中，生活就像一列火车，他们只需上车，就可以到达理想的地方。这些中产阶级生活富足，浑身散发着安全感、信心和宽容大方。他们或许是历史上的异数，刚好碰上了美国的黄金年代。他们的中产阶级价值，形成了美国看待自己的方法，而且到现在还以此自许。第二股是他们的子女——“受骗的一代”。这些人在舒适的环境中成长，在发生越战的 20 世纪 60 年代成年，大多数仍秉持旧式的中产阶级价值观。他们自幼即认为经济会持续扩张，为社会带来稳定繁荣，但结果却是企业裁员、全球竞争和恐惧感。他们有许多人曾经担任待遇优厚的中级管理职务，现在却遇到裁员。他们习惯了富足的生活，现在却可能永远失去这种生活。第三股是现在才成年的“焦虑的一代”。他们比上两代更难找到以及保住好的工作。事实上，他们发现自己可能成为历代美国人中第一批生活比不上父辈的人。令人意想不到的是，他们接受生活的不安定和缺乏保障，而且似乎认为这是理所当然的。他们拥有富足生活的玩具，如录像机、健身房会员证、高级咖啡。但是，他们没有真正的富足表征，如房子、积蓄或社会地位。政府可以通过法律控制外包，但是却无法控制资本和廉价劳动力的结合。美国的中产阶级正处在衰退中，提供廉价白领劳动力的国家却在出现一个不断扩大的中产阶级，这对美国社会会有长远影响。在隆沃思看来，如果最初的中产阶

级是搭乘火车一路平安无事地抵达目的地，那么新的中产阶级似乎被困在巴士上，在同一条路线上辛苦地来回奔波。换一个比喻来说，老中产阶级正像搭电扶梯一样，只要往上面一站，就能够顺顺当当往上爬；新中产阶级还是可以向上爬的，可是他们用的是梯子，有人爬得上去，有人却未必，还有人则必定被卡在中间。

普林斯顿大学教授保罗·克鲁格曼在美国经济政策研究所（Economic Policy Institute）举办的“均富议题论坛”中，发表了专题演说“美国中产阶级消失的历史”，尖锐地指出：二三十年前，美国的中产阶级占据社会重心位置，可是最近几年来，经济增长的收益却流向了富人阶层。造成这一切的原因是现在的美国政府以牺牲穷人的利益来取悦富人，美国现在的贫困状况比别的工业国家严重。在一定意义上，“美国中产梦正在死亡”。在失业率和失业人口达到近几十年来高峰的同时，美国房屋按揭的拖欠违约率在2008年8月创造了7.58%的历史纪录，也就是每100户房主中，有近8户已经或即将丧失自己的住房。《经济学家》周刊引用美国马里兰大学专家的话说：经济衰退的主要问题不在于数百万新增贫民人口，而是中产阶级遭到“巨大打击”。曾经占据美国总人口80%的中产阶级所秉持的“美国中产梦”（包括：有一天能自己买一套房子，拥有一份稳定、高收入的工作，工作到65岁退休）已经被金融危机彻底碾碎。“推动美国前进，主导美国主流文化的中产阶级正在消失……因为曾经让美国中产经济赖以生存的数以百万计的工作岗位正在消失”，“在曾经的中产阶级家庭里，一个人赚钱，就足够保障全家人过上舒适的生活。然而现在，这样的日子已经远去”。美国伊利诺伊大学劳动经济学家凯文·哈洛克说：“长期稳定的工作岗位正在逐渐减少，有良好工会保障的工作也大不如前。”当经济衰退朝着复杂和恶化的方向发展时，新的科学技术加剧了中产工作岗位消失的速度。“曾经的人力工作岗位，现在都被高科技代替了。或者是产业发生功能转变，传统岗位消失。这现象不仅出现在传统工艺组装线岗位上，而且同样威胁着一些白领岗位。”前美国劳工部首席经济学家、乔治城大学劳动经济学教授亨利·霍哲在与他人合著的《好工作全都跑哪去了?》一书中说：“曾经拥有良好收入的文职类工作的消失最为明显。”“现在，拥有一个大学文凭并不会让你在劳动力市场获得任何优势。”霍哲说：“这是一个美国市场正在进行变革的证明。”10个正在消失的工作包括：（1）旅行社中介减少14%。旅行社减少了14%的就业机会，也就是约1.25万个岗位。（2）职业培训学校减少14.4%。职业技术教育培训教师一年收入曾达5.4万美元。而美国公共系统预算的削减导致这类职位缩水了14.4%，行业变革加剧了这类职位的缩水。(3) 广播新闻分析员减少 15.9%。传统新闻媒体结构发生变革，加上新闻媒体广告收入逐年下降、新闻组织预算削减导致这一岗位削减了 15.9%。(4) 农业工程师减少 18.4%。农业领域劳动力市场的缩小，导致农业工程师这一职业也在缩水，近年缩水了 18.4%。与此同时，市场上对普通工程师的需求却在增多。(5) 交通运输保安减少 18.7%。这一职位的年收入通常约 5 万美元，甚至最高可达 8 万美元，现在缩减了 18.7%。(6) 法律文书减少 22.9%。在 2005—2004 年期间，美国消失的法律文书职位达 1 万多个。经济衰退导致律师事务所难找合作伙伴，加上文字处理软件越来越灵活、法律事务所财政预算减少，导致这一岗位减少了 22.9%。(7) 校对员减少 31%。这一职位在美国的年收入曾达 3 万美元。但在过去五年里减少了 6 000 个岗位，约为 31%。经济学家预言，到 2018 年之前，由于新闻杂志及出版市场的持续衰退，这一岗位将继续缩水。(8) 数学工程师减少 31.4%。近年来，这一类职业减少了 31.4%。现在，普通的数学类工作很难找到。公司更希望有一些更专业或者更复合型的人才，如统计师，或者是目前需求量增加的造价工程师。(9) 广告推广经理减少 32.7%。这一岗位减少了 1.7 万多个，约 32.7%。经济学家相信缩水与新技术和网络媒体广告业的兴起有关。(10) 薪酬福利经理人减少 34.2%。新技术取代了这一职位的功能，该职位近年减少了 34.2%，约为 1.85 万个。

从 1972 年至 20 世纪 90 年代初，美国资本主义步入了长期经济停滞的危机时期。为了遏制利润率不断下降的趋势，美国不仅转向新自由主义社会经济政策，大幅缩减社会福利、公共支出，而且进行全球化弹性生产、全球分工，将民生消费商品的制造业转移至东亚新兴地区（如过去的中国台湾与今日的中国大陆）。这些社会经济大环境的改变，不仅严重削弱了美国蓝领工人的力量（失业率的升高与工会组织的瓦解），而且导致了支撑美国中产阶级的社会基础开始崩溃。在 1973—1990 年间，美国实质工资平均年增幅是 0.25%左右（姚欣进，2007），增长率几乎可以忽略。在新自由主义政策下，美国的税收制度为了让企业的资本利润能扩张积累，不受社会财富重分配影响，采取了劫贫济富的走向。美国一般受薪劳动者，尤其是中产阶级，就承受着最高比例的税赋，其结果是日益扩大的贫富差距。

而从 20 世纪 90 年代兴起的、美国主流经济学家寄予厚望的信息革命引领的“新经济”，也没有为中产阶级带来任何改善。根据美国最新调查研究，若以收入水平来定义中产阶级家庭，例如 4 名家庭成员，家庭年收入介于 4 万～13 万美元，其一家之主的年龄介于 25～64 岁的工作年龄之间，而且排除了拥有金融资产净值超过 50 万美元者，则这些中产阶级家庭一旦主要工作者失业了，他们即使紧缩基本生活支出 25%，能靠其所有资产撑过 9 个月者也仅有 13%而已。也就是说，绝大部分的美国中产阶级是经不起任何的失业危机的，一旦失业超过 9 个月，就会落入房产拍卖、流离失所的惨况（姚欣进，2007）。

"富人更富，穷人更穷"的马太效应不但存在于一般劳动阶层中间，而且日益侵蚀着所谓"中产阶层"。首先就表现在实际收入的下降。英国《金融时报》首席经济评论员、副主编马丁·沃尔夫在《金融时报》2006 年 5 月 8 日版发表的评论性文章《美国人收入不平等为何加剧?》中指出：1997—2001 年间，在美国实际工资增长总量中，前 10%的高收入工薪族获得了 49%的增量，而前 1%的工薪族获得了惊人的 24%。而同时，垫底的 50%工薪族获得的份额还不足 13%。前 0.1%的工薪族在工资总增长中获得接近 8%的份额，而前 0.01%得到将近 4%。后者在增长的收入中所占的份额，超过 20%收入最低工薪族的 2 倍。美国的收入分配在过去 40 年里明显变得更加不平等了：前 10%的份额从 1996 年的 27%，上升到了 2001 年的 38%；前 1%的份额从 6%上升到了 12%；前 0.1%的份额从 1%上升到了 5%（见图 9—1）。

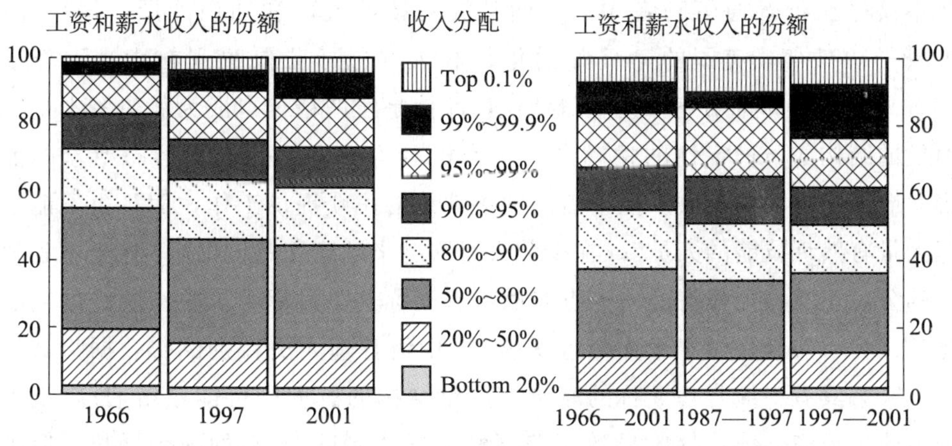

图 9—1　美国的收入分配

美国国家经济研究局发表的一篇论文的数据同样证实了马丁的论点：美国家庭年收入 2.5 万美元到 7.5 万美元的中等收入人口逐年减少，但 2.5 万美元以下和 7.5 万美元以上的两个族群都在增加。事实上，全美年收入超过 75 万美元的人就集中在 0.25%的人口中。而 1979—1997 年，1%家庭的税后收入增加了 157%。在这 1%的家庭的收入等于社会底层两千万家庭的收入总和。诺贝尔经济学奖得主约瑟夫·斯蒂格利茨在2011年5月发表在《名利场》杂志上的文章指出，身居美国财富金字塔顶端的1%人口每年收入占全国总收入将近1/4。若以所拥有的财富而论，这1%人口所控制比例达40%。而在25年前，这两个数字分别为12%和33%。过去10年来，上层1%人群的收入激增18%，中产阶层的收入却在下降。而对于只有高中文化程度的人来说，收入的下降尤其明显，仅在过去25年里，就下降了12%。

美国战略分析家、历史学家、作家爱德华·勒特韦克毫不留情地指出，美国一再吹嘘的能够保持比欧洲低得多的失业率的能力掩盖了其劳动者缺乏权利和保障，以及实际工资收入越来越低的事实。“自70年代以来，70%的美国人的纯小时工资不是停滞，就是实际上不断下降。”所以美国社会中的消费和福利的增加完全是靠剥削的强化得来的，劳动的价格日益降低。另一位美国学者杰夫·福克斯也认为，美国的生产率与工资水平成反比：“自1979年以来，美国劳动者的平均生产率提高了22%，而他们的实际工资降低了8%。美国劳动者的实际工资在6年的经济繁荣之后，却又比1989年的水平降低了3%。”其结果是贫困人口和无家可归者不断增加。工资下降的趋势不仅存在于普通劳动者中间，而且波及技术人员和知识阶层。据统计，1968—1995年，美国的工程师的年均收入（包括劳保福利在内）下降了13%。所以，勒特韦克不无感慨地说，即使是所谓精英也成为涡轮资本主义引发的结构的不稳定性的牺牲品，所谓机会均等完全是意识形态专家的谎言，今天的市场机制“不但不能给缺乏训练的民众提供工作，而且也不能雇佣大量有熟练技能的人员”。在少数人财富越来越膨胀的同时，“处于不利地位的公民正在丧失仅有的一点点东西。有人称这个过程为‘中产阶级的空心化’”。另一位经济学家里夫金也认为：“中级管理人员特别倒霉：据哈默估计，80%具有中级管理职称的雇员在调整结构的过程中可能被解雇。”正因为如此，经济全球化尽管导致了美国经济连续将近10年的强劲增长，但湮没了“原有的社会协调，这种社会协调保障着中产劳动者家庭避免工业资本主义滥用权力和反复无常的风险”（陆象淦，2001：26－29）。中产阶级中在文化和经济上比较弱的那一部分人存在着被挤出中产阶级的极大风险，因为技术的变革要求以脑力强度大的职业来代替体力强度大的职业。国际著名学者沃勒斯坦认为，上述过程改变了中产阶级在生产过程（包括在服务部门体系）内部的绝对和相对生存状况，加之目前全球兴起的缩减公共财政预算趋势，更是加剧了中产阶级的衰退和萎缩（陆象淦，2001：26－29）。更残酷的现实是，今日美国中产阶级如果想要维持其一贯的生活水平与方式，如让小孩接受好的教育、享受基本医疗保健、一家两车、拥有好学区地段的房产等，则他们的实际收入根本难以支撑，必须通过扩张信用来借贷度日。一旦工作职位不保，则最好能于9个月内找到至少相当于之前收入的工作，否则就可能沦为街头游民。另一个更深远的影响是美国中产阶级的自身再生能力已逐渐消失了。“收入顶端的人（the evolution of top incomes）有一半在10年后仍然在那里，但相对垫底的人群而言，收入顶端人群的财富在持续增加。”底层人群脱离底部的几率很小。此外，两代人之间的机会也受到了负面影响（姚欣进，2007）。也就是说，过去美国中产阶级即使爬不上去，也能让下一代通过好的教育、好的工作机会来重新成为新的中产阶级。但如今，这一代的中产阶级父母要保住自身的饭碗都已勉强，对于下一代的培养更是捉襟见肘、难以为继了。

在全球化的时代里，欧美发达国家的中产阶级正处于明显往下沦落的趋势。作为一个整体性的阶级来说，全球（尤其是过去有坚实社会基础的先进国家）中产阶级的劳动条件、收入、生活水平、社会地位、阶级人数所占的社会比例、阶级再生力（让自己的下一代也保有目前的阶级地位）等都越来越恶化。这已经成为一个不可否认的客观趋势。欧洲中产阶级的境况则更困窘。在欧洲传统的中产阶层市民社会，愤怒和躁动的情绪在蔓延，在最近包括希腊、法国、西班牙等国在内的欧洲多国一系列的中产阶层罢工中，冲在队伍最前面的中产者们已非昔日有车有房、衣食无忧、时常全球旅游度假的白领，而成了走上街头抗议降薪和退休年龄延迟的工会先锋。

法国生活条件研究中心社会学家雷吉·比戈，将收入处于法国社会中层的50%人群定义为中产阶层。其中月可支配收入在1 120～1 750欧元间的人群为“下层中产阶级”，1 750～2 600欧元间的人群为“上层中产阶级”。法国巴黎政治学院社会学博士项目主任路易·肖韦尔则认为，具有较稳定、较充足收入和较可靠社会保障，除维持日常生活外还可负担一些娱乐活动，并为子女提供较良好教育的人群才可以被认为是中产阶层，如公务员、教师、医护人员、高级知识分子、部分企业雇员和高级技工等。

德国柏林世界经济研究所的一项最新研究显示，进入21世纪前10年来，德国中产阶级萎缩，穷人和富人群体人数有所增加，出现了穷人越穷、富人越富的趋势。公报显示，2009 年，月净收入为 860～1 844 欧元之间的德国中产阶级占总人口的 61.5%，2000 年时这一比例为 66.5%。同时，低收入和高收入人群分别从 2000 年的 17.8%和 15.6%上升到 2009 年的 21.7%和 16.8%。此外，低收入者的月平均净收入从 2000 年的 680 欧元降低到 2008 年的 645 欧元，高收入者的月平均净收入则从 2 400 欧元上升到 2 700 欧元。[①] 2010 年，德国政府宣布，未来 4 年内将削减 816 亿欧元财政开支以缓解德国债务状况，其主要措施包括削减低收入者的社会福利、大幅裁减政府工作人员和取消税收优惠。研究人员指出，这一方案令贫富差距进一步扩大，直接影响了中产阶级的生存基础，进而对社会稳定造成恶劣影响。

由保守党和自由民主党组成的英国政府上台后承诺采取措施大幅削减赤字，而中产阶级家庭可能成为减赤方案的最大“受害者”。英国《每日邮报》网站援引均富国际会计师事务所的分析结果报道，削减赤字方案将导致一些家庭支付的税款增加。其中，中产阶级家庭所受影响最大。均富国际税务顾问迈克·沃伯顿指出，“对那些处于中间阶层的人来说，他们面临的国民保险税税率更高，还将失去退税额”，尽管财政部坚称现阶段“没有计划”增加增值税，但当时经济学家预测，政府将在今后 18 个月内将增值税税率由 17.5%提高至 20%。增值税增加将加重中产阶级家庭负担，因为低收入者购买的主要是无须缴纳增值税的生活必需品，而有钱人更倾向于把钱存起来或缴纳退休金。均富国际的分析结果显示，考虑到政府可能采取的所有措施，一个年收入为 5 万英镑（7 万美元）的家庭，如果拥有两个孩子而他们的父母只有一方挣钱，那么在最坏情况下每年须多缴纳 1 247 英镑（1 800 美元）税款。[②]

法国中产阶层在经历了二战后三十年的迅速发展壮大的繁荣期后，成为法国社会的中坚力量，当时中产阶层普遍对未来生活感到乐观且有保障感，二战后三十年堪称法国中产阶层发展的“黄金年代”。但随着 20 世纪 80 年代法国经济增长速度逐步放缓，失业问题日趋严重，法国中产阶层开始普遍出现一种焦虑心态，特别是在房地产价格上涨幅度持续高于中产阶层收入上涨速度的情况下，许

① 参见《德国中产阶级萎缩：贫富差距扩大》，见 http：//news. xinhuanet. com/mrdx/2010 - 06/18/content _ 13691671. htm，2010 - 06 - 18。

② 参见《蜕化的欧洲中产阶级》，见 http：//news. xinhuanet. com/world/2010 - 06/29/c _ 12277109 _ 2. htm，2010 - 06 - 29。

多理论上处于中产阶层位置的人无力购买与其同样属于中产阶层的父母居住地同等环境的房产，而不得不置业于房价更便宜的区域，因此产生了“身份倒退”之感。雷吉·比戈指出，由于在过去三四十年内法国中产阶层收入上涨速度落后于住房、水电、燃油等物价上涨速度，导致目前法国中产阶层每月身负的“强制性开支”比重提高，进而使得他们可自由支配资金比重下降，严重影响其生活质量。比戈所指的“强制性开支”包括每月偿还贷款、各种税收、保险、房租、水电、煤气等无法缩减的开支。比戈的调查结果显示，1979 年“强制性开支”平均占法国下层中产阶层月支出的 21%，但 2009 年时这一比例上升至 38%。对上层中产阶层而言，“强制性开支”比例也在这段时间内从 20%上升到 32%。比戈举例说，2008 年，法国居民税后可支配月收入中间值为 1 467 欧元。对于收入接近该中间值的人群，每月支付完“强制性开支”，再支付完食品、交通、医疗、教育等开支后，大约只能剩下 300 欧元用于娱乐、服装等消费。在这部分人群里，48%的人当年没有外出旅游，37%的人没有去过电影院，34%的人没有汽车。[①] 法国政府保护中产阶层的扶植措施，主要体现在构建较为完善的福利保障系统上。通过社会保障体系来保证中产阶级能够维持一定的生活水准，而不会为疾病、退休等因素所过度困扰。高福利制度也给国家财政造成了相当沉重的负担。特别是相当一部分中产阶层从业于与国家相关的政府机关、医疗机构、教育机构和大型企业，这些人的医疗保险、退休金等都需要国家财政支持。某种程度上，“中产阶级”成为“国家开支”的代名词。目前法国国内生产总值一半以上都投入了公共开支，其中社会保险、退休金等所占份额不小，2009 年法国公共财政赤字高达 8%。比戈认为，在目前的财政状况下，法国政府已无力推动中产阶层继续扩大化。

一向以社会和谐、均衡以及财富分配均匀自居的日本，也因连年的经济低迷而加剧了中产阶层的瓦解。2000 年前后，90%的日本人认为自己属于“中产阶层”。而在 2009 年东京大学进行的一项调查中，接近一半的日本人把自己的经济地位定义为“中产阶层以下”。在 2009 年，日本有 16 000 多家公司倒闭，比前年增加了 12%。有媒体称，破产潮很可能会继续下去，破产的工厂主和被解雇

① 参见《蜕化的欧洲中产阶级》，见 http：//news.xinhuanet.com/world/2010－06/29/c_12277109_2.htm，2010－06－29。

的员工自杀数量也会上升。① 从2005年7月的统计数字来看，日本的失业率已从最高时期（2002年8月和2003年1月）的5.5%降至4.4%，但表面数字的繁荣不能掩盖两极化的实质："虽然有工作的人多了，但是低收入的非正规员工占了1/3，导致贫困率的增加。"经济评论家获原博子女士一针见血地指出："所谓经济复苏，是大企业和富有者阶层的盛宴。大多数工薪阶层不仅没有享受到加薪，反而增加了社会保障费和税金的负担，他们不可能感受到经济的好转。"她举例说，"50多岁被解雇的人，每月勉强度日，为了生存不得不找一份工作。工作的确有，但是问题的关键是这些工作能否提供给他们足够的薪水"，"再这样下去，只能是富人愈富，穷人愈穷"。

被誉为"日本战略之父"的日本管理学家大前研一在其《M型社会：中产阶级消失的危机与商机》（大前研一，2010：2）一书中写道：自20世纪80年代开始，日本社会中代表社会富裕与安定的中产阶级迅速消失。社会结构所发生的变化，其本质其实是收入阶层已经在经济长期衰退中两极分化，社会由原来的中产阶级社会转变为M型社会了。也就是说，在人口分布上，中低收入层及高收入层变成了两个人数众多的社会阶层。随着20世纪90年代后期开始的收入减少，我们所知道的"中产阶级"（生活水平属于中等程度的国民占人口的绝大多数）崩溃了（大前研一，2010：2，33）。大前研一断言，中低阶层时代已到来，假设以一个人平均年收入600万日元为标准，超过1 000万日元为上层阶级，600万～1 000万日元为中上阶层，300万～600万日元为中低阶层，300万日元以下为低层阶层，日本的中低阶层及低层阶层人数明显增加，上层阶层也微微增加，但是在中段的中上阶层的人数却大为减少（见图9—2）。随着中产阶级社会的崩溃，上述的人生规划也随之瓦解，所以现在大家都已经开始觉得"搞不好，或许自己的一生就在中低阶层度过了"（大前研一，2010：36）。二战后，"日本社会的中坚一直由中产阶级构成。在美国克莱斯勒公司CEO李·艾柯卡和新进职员收入相差百倍的时代，日本的社长和新进员工的收入差距只有8倍。这种没有贫富差距的均质化社会，可以说是日本的优势，也是支撑日本经济增长的原动力"（大前研一，2010：38-39）。但是"到了2002年，占人口大多数的收入阶层向收入较低的方向偏移，年收入在600万日元左右的中间阶层减少，年收入超过1 200万日元的人数反而增加了。这种趋势在这几年尤其明显"。日本的中产

① 参见《全球中产阶级危机》，见 http：//news.xinhuanet.com/world/2010-10/17/c_12668439.htm，2010-10-17。

阶级社会出现了全面崩溃的趋势。在劳动人口中，占大多数的中产阶级崩溃之后，收入阶层的分布将往低层阶层和上层阶层上下两极移动，迈向左右两端高峰、中间低谷的“M 型社会”。美国的“里根革命”[①] 之后，这种趋势格外显著，日本在 20 年后，也沿袭了这股潮流（见图 9—3）。

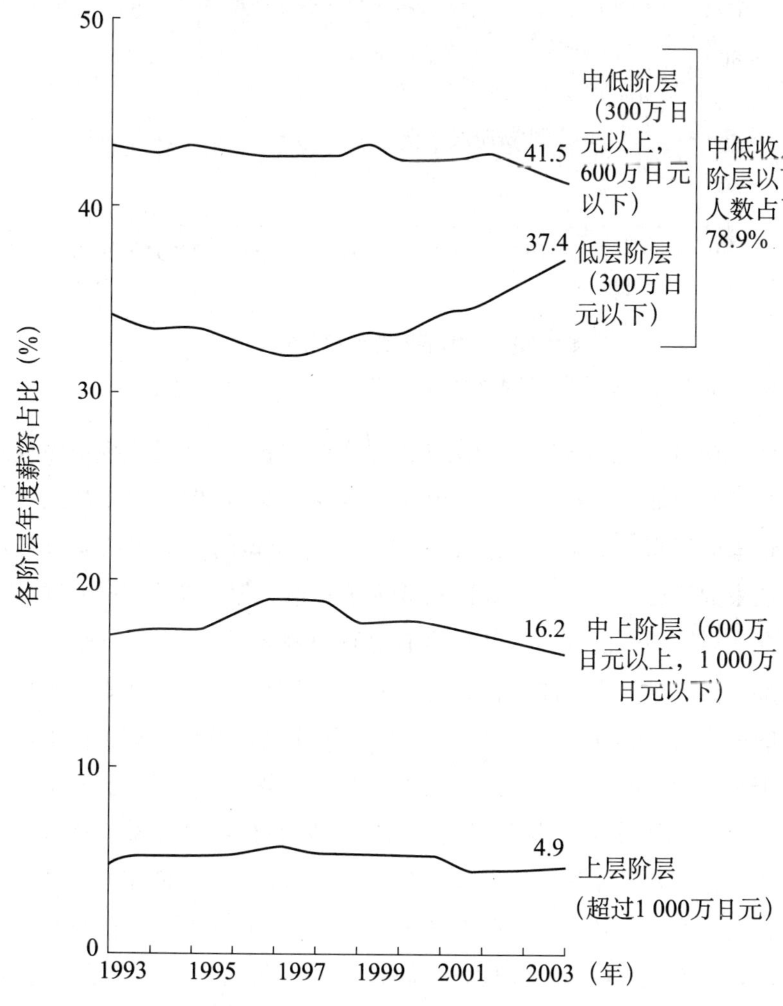

图 9—2 薪资收入人数的结构比例变化

资料来源：私营企业薪资状况统计调查（日本国税厅）。

① 20 世纪 80 年代，里根政府在保守主义经济政策的指导下着手削减税收和政府开支，大幅度增加国防开支。这些政策的实施被看作一场经济政策方面的“里根革命”。里根革命的名言是：不要再把一切问题的解决都寄希望于政府，政府正是问题之所在。

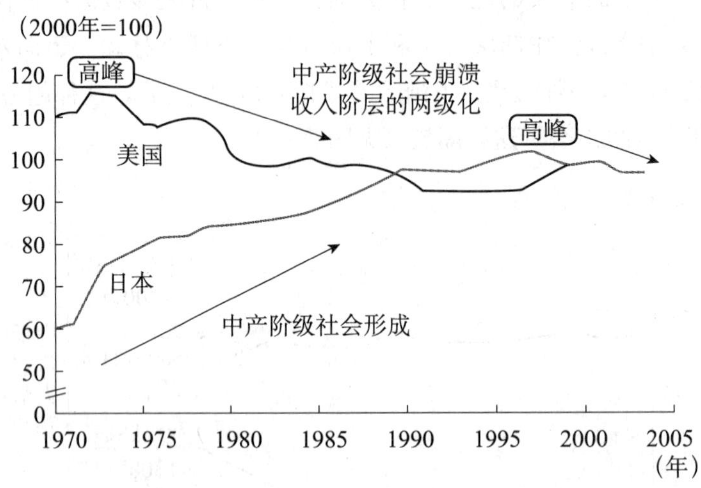

图 9—3　日本平均劳动薪资的变化

资料来源：日本厚生劳动省、美国劳动统计局。

大前研一指出，“非正式员工的增加”“产业的收入差距”“年功序列主义的崩溃”三个指标特征预示着日本已经迈入“M 型社会”，但“大多数人好像还是无法走出过去的梦幻。根据日本内阁 2004 年 4 月所做的国民生活调查显示的数字，虽然这个数字比上一次的调查稍稍减少了一些，但还是有 89.5%的人认为，自己在社会上居于中间阶层。为什么会有这种自我矛盾的心理？理由只有一个，那就是大部分的日本人仍然滞留在虚构的中产阶级社会之中，抱着‘希望居于中间阶层’的愿望”（大前研一，2010：41）。而事实上，不仅是日本，美国也正在体验着经济衰退带来的“中产阶级社会的崩溃”的恶果。“事实上，第二次世界大战结束后至 70 年代初，美国所营造的‘中产阶级社会’形象，就如同电视剧总是以‘我的爸爸是世界最棒的’来描绘一个家庭。也就是说在这段时间里，美国整个社会的价值观是平均的。但是进入 20 世纪 70 年代后，中产阶级崩溃，低收入者增加，人均收入减少，同时，高收入者的年收入提高，于是 M 型社会形成了。”（大前研一，2013：50）

在全球化的时代里，出现了一块“看不见的新经济大陆，涵盖了四个空间：第一是延续旧世界的‘实体经济’空间；第二是资金流、信息流可以穿越国境自由流通的‘无国界经济’空间；第三是由包括互联网在内的各种通信技术所产生的‘数字经济’空间；第四则是以自己资金百倍、千倍的倍数资金流动的‘倍数经济’空间。在这块看不见的大陆上发生的所有现象，都是由这四个空间交织的复杂关系所产生的。1985 年，就如同比尔·盖茨导入的 Windows Ver. 1 所象征的意义一样，美国发现新经济大陆的企业一个接一个诞生了。也就是说，美国因为早一步发现‘新经济’，所以成功地彻底开放了市场，并借高科技产业有效地改变了产业结构，让人均薪资在 1995 年之后开始上升。现在美国收入差距两极化的现象依然存在，但是中低阶层的收入已经足够让中低阶层过上相当富足的生活。美国已经是个生活者大国了。日本就好像在美国屁股后面一路追赶，社会结构也急速迈入 M 型社会。美国在中产阶级社会崩溃之后，花了 20 年的时间，才恢复经济实力，并改善失业率”（大前研一，2010：51－53）。

继大前研一之后，日本社会学家三浦展于其 2006 年的著作《下流社会：一个新社会阶层的出现》中，提出了“下流社会”的概念。三浦展指出，随着日本经济的发展，出现了非常严重的两极分化倾向，越来越多的人开始形成一个极广泛的“下流社会”阶层。所谓“下流”，不是指社会底层，而是指中产阶级的居下游者。他们的物质生活已经足够温饱甚至小康，但却在物质、精神等各方面失去了向上发展的动力，而甘于平庸。对人生缺乏热情、不喜欢与别人接触是下流人群的主要特征。所谓“下流社会”，是指位于全球化之趋势下及社会阶级的变动中，中产阶层渐渐失去其特征及优势并下沉为下层社会的一群人。三浦展指出了一个非常严酷的现实，即中产阶级的分崩离析。关于“下流化”的成因，三浦展认为是两大因素造成的：一是由于全球化加速的资本主义的恶性竞争，加上日本的长期不景气，因此正职的终身雇佣工作变得稀少，大量年轻人从事不稳定又没未来的低薪劳动派遣工作，导致对人生的自我半放弃，若想要从 M 型社会的一端跳到另一端，得到有前途的工作，需要极大程度的拼劲和努力；二是目前的年轻一代从小就生长在经济的已发展期，基本衣食无虞，可以靠上一代资助而不致饿死，与战后第一代日本人必须拼命求生的状况不同，所以突然面对惨烈竞争的全球化社会时容易躲入“自我安全区”过着随性、轻松的生活，而且自认是追求生活品质、人生不必那么累……因此他们最终无法累积收入，职业也停留在低档次，没有人生目标地活着（三浦展，2007：25）。

欧美发达国家所推行的新自由主义政策带来的结果，就是贫富差距日益扩大，中产阶级的中下阶层不断往下坠落，而逐渐呈现“两头大”的社会结构。对此，美国社会学家罗伯特·佩鲁西和厄尔·威松在《新阶级社会：告别“美国梦”?》（Perrucci & Wysong，2008：28）一书中针对美国阶级状况的变化提出了阶级分析的一个新模型：双菱形社会阶级结构（见表 9—1）。他们认为，在当今美国社会，资本是可用于交换的最主要资源，具有四种主要形式：消费资本

(consumption capital)、投资资本（investment capital)、技能资本（skill capital)和社会资本（social capital)。佩鲁西和威松将其统称为“生产资本”(generative capital)。

表 9—1　　当今美国的阶级结构

<table>
<tr><th colspan="3">阶级位置</th><th>人员构成</th><th>阶级特征</th><th>比例</th></tr>
<tr><td rowspan="3">特权阶级
(privileged class)</td><td colspan="2">超阶级
(superclass)</td><td>所有者与雇主</td><td>从投资和自由商业获得收入，收入在 10 万美元至 100 万美元之间，能获得相当规模的消费资本和投资资本</td><td>1%～2%</td></tr>
<tr><td colspan="2" rowspan="2">专业阶级
(credentialed class)</td><td>管理人员
[中层和上层管理人员、公司与公共组织的执行总裁（CEO)]</td><td>执行总裁的平均收入达到 100 万美元以上，其他管理层人员的平均收入为 10 万美元以上</td><td>13%～15%</td></tr>
<tr><td>专家</td><td>具备学院颁发的专业学位，运用社会资本以及与所属专业团体的联系获取收益，收入在 10 万美元及以上</td><td>4%～5%</td></tr>
<tr><td rowspan="4">新劳工阶级
(new working class)</td><td colspan="2">自在阶级
(comfort class)</td><td>护士、教师、公务人员、小企业主、具备技能且隶属某个职业团体的技术工人、机械师、电气师</td><td>收入在 3．5 万美元至 6 万美元之间，但缺乏投资资本</td><td>10%</td></tr>
<tr><td rowspan="2">不确定阶级
(contingent class)</td><td>工薪层
(wage earners)</td><td>文职人员、服务业、物流人员、具有一定技能的手工艺人、机械操作师、装配人员</td><td>大多数是专科毕业生，收入在 3 万美元或以下</td><td>50%</td></tr>
<tr><td>自我雇佣者
(self-employed)</td><td></td><td>收入适中，但容易导致生活困顿</td><td>3%～4%</td></tr>
<tr><td colspan="2">被排斥的阶级
(excluded class)</td><td colspan="2">从事临时性的、无须劳动技能的工作</td><td>10%～15%</td></tr>
</table>

资料来源：Perrucci & Wysong，2008：28。

因此，罗伯特·佩鲁西和厄尔·威松认为，双菱形阶级模型取代了先前的金字塔形与橄榄形，成为美国阶级结构的主导模型。如图 9—4 所示（Perrucci & Wysong，2008：29)，在双菱形阶级结构中，占据总人口 20%的是特权阶级。这一阶级由两部分组成：一是直接或间接地控制着大量的经济资源的所有者、雇主和执行总裁们（CEO）；二是由管理人员和专家构成的专业阶级，他们都是来自国家主要工业、金融业、商业、媒介、主要政府机构的专家。特权阶级构成了双菱形阶级模型中上部的小菱形部分。

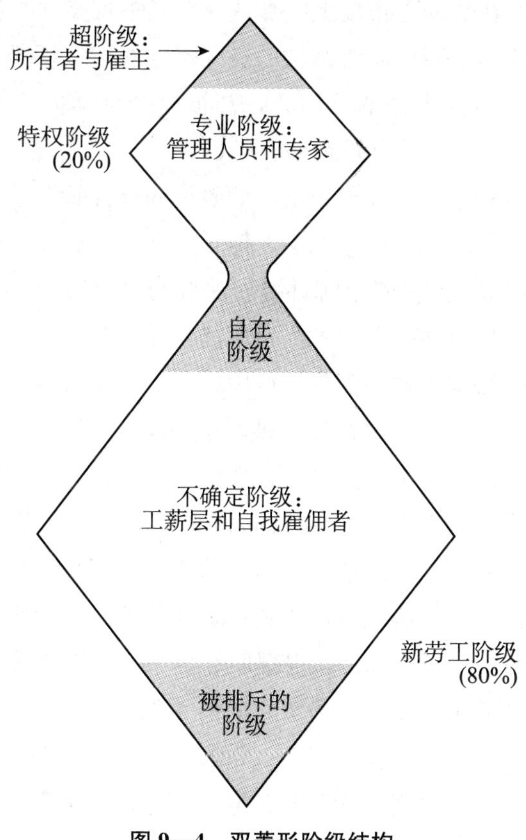

图 9—4　双菱形阶级结构

而下部的大菱形部分则由占人口 80%的所谓新劳工阶级构成。这一阶级的小部分是由学校老师、政府公务人员、社会工作者、护士、小企业主，以及具备一定技能并隶属于某个职业团体的技术工人、机械师、电气师构成。他们并不掌握稳定可靠的经济资源和社会资源，但却能维持一定的消费资本，工资的剩余部分还能用于自购房屋，因此罗伯特·佩鲁西和厄尔·威松将其阶级特征归结为自在阶级（comfortable class），尽管他们的收入相对较高，总体年收入在 35 000～60 000 美元之间，但这一阶级无法应对持续的经济低迷期以及未来不可测的经济风险，如一旦健康出现问题，将严重影响生活质量，因为他们缺乏足够的投资资本来缓冲上述风险。具备一定技能的工薪者（wage earners）是新劳工阶级的主力军，包括工业企业中操作机器的工人、银行职员，以及那些随时可能被新兴生产技术、电子信息系统以及其他职能机器挤掉工作岗位的管理人员等。这些工薪阶层与临时工和兼职人员一样，无法保证其职业的连续性，因此，罗伯特·佩鲁西和厄尔·威松称其为“不确定阶级”（contingent class）。当然，工薪者并不是新劳工阶级的底层。在劳动力市场上，那些缺乏基本技能、只能从事短暂性工作或季节性工作的人才是双菱形阶级结构的最底层。他们从事着劳动力市场中没人愿意从事的职业，如市区大楼的看门人，却被整个劳动力市场视为“无用的废物”而排斥在外，是一个被排斥的阶级。

罗伯特·佩鲁西和厄尔·威松指出，双菱形的社会阶级结构最重要的特征在于：人们的社会位置虽然与其职业相关，但却并不是由职业所决定的。双菱形社会阶级结构推翻了以职业与声望为基本指标来划分社会阶层的新韦伯传统。因为在这一结构中，即使从事同一职业的人也可能处在社会的不同位置。比如说，律师既可以是由特权阶级构成的小菱形结构中的一员，也可以是由新劳工阶级构成的大菱形结构中的一员。诸如工程师、科学家以及专家等职业也同样如此。罗伯特·佩鲁西和厄尔·威松认为决定阶级位置的并不是职业，而是他们先前所一致强调的：谁能掌握生产资本（generative capital）这一不随着时间流逝而变动的、稳定的、安全的生存资源，谁就能挤入特权阶级的小菱形结构之中。

毋庸置疑，在以往对阶级结构的剖析中，功能主义的研究传统认为阶级结构就像一个多层的蛋糕（layer-cake），根据职业声望、教育程度以及收入三个重要指标分成六个或八个阶级，阶级与阶级之间的界限十分明确，且互不相关。这一阶级结构使人们确信一个“中间阶级”（middle class）的确存在，他们人多势众，处于上层阶级与下层阶级之间，而且相信通过提高教育水平、工作技能以及收入可以有不断提升自我阶级地位的可能。

二战后的前三十年时间里，就学术定义与公众感知而言，美国的中产阶级已经深深地扎根于经济现实之中，大多数的中产阶级成员的社会地位与经济、社会资源的核心部分紧密地联系在一起。他们从事着体面的工作（职业声望处于中等地位或更高），有着稳定的中等收入或更高的收入，且在不断增长之中，享有相对完善的医疗与养老保障，并投身各种保守的社会机构之中，如学校、教堂、社会团体以及其他志愿组织。然而，就在 1973 年前后，由中产阶级构成的美国梦破灭了。正如米尔斯当年用他那极富社会学想象力的笔触勾勒出一幅美国中产阶级远景所运用的证据——1960 年，美国白领工人总人数超过了蓝领工人总人数——一样，大约占到美国 3/4 劳动力的非管理阶层工人的实际小时工资（校正了通货膨胀的影响）在 1973 年达到最高点之后，便不断跌落，从而引发了社会结构的变动。

罗伯特·佩鲁西和厄尔·威松认为20世纪70年代以来的美国社会已经出现了一个极化了的、将中产阶级排除在外的、全新的阶级体系。阶级极化（class polarization）已成为现实。特权阶级和新劳工阶级重新构成了两大对立阶级。双菱形的阶级结构打破了大多数美国中产阶级所怀有的美国梦的未来愿景。由于上层阶级与下层阶级间收入不平等的加剧，中产阶级的规模不断地萎缩。20世纪90年代中期，55%的美国人认为自己已不是中产阶级的一员，而成为劳工阶级。[①] 另一个证据是进入21世纪以来，大多数社会学家认为中产阶级身陷重围、逐渐萎缩。许多导论性质的社会学教材都将这一现象纳入了讨论范围之中，并为此开设了专题。可见，双菱形结构是一个能精准勾勒美国社会阶级现状的模型，在这一阶级结构中，中间阶级已无立锥之地，剩下的只有特权阶级和新劳工阶级。前者拥有着取之不竭的资源、稳定可靠的工作与收入，以及完备的医疗保障与养老金，而后者却"身无分文"。

20世纪80年代研究美国社会分层的学者丹尼斯·吉尔伯特和卡尔·约瑟夫将收入来源、职业和教育文凭的标准结合起来，构造了一个有关美国阶级结构的"理想型"概念，认为在美国可以识别出六个阶级：资本家阶级、上中层阶级、中层阶级、工人阶级、劳动贫穷阶级以及下层阶级。他们将上中层阶级定义为"受过大学培养的专业人员和经理"；将中层阶级定义为"在工作上接受来自具有上中层阶级证书的那些人的命令，但也具有充分的职业技能，维持良好的生活，享受舒适的主流生活方式。他们通常感到地位稳定，有时也会渴望向上流动。其中大部分为白领人员，但有时也是蓝领人员"（吉尔伯特、卡尔，1992：394）。他们的研究结论是：美国的社会结构正在变化。他们认为"从比例上看，工人阶级正在下降，同时，上中层阶级、中层阶级、劳动贫穷阶级以及下层阶级都在扩大。蓝领和白领的界限已经失势，位于阶级结构上半部分的美国人看来是在靠损害下半部分人的利益而获得优惠和权力"（吉尔伯特、卡尔，1992：394）。如果说工业化的必然结果是不占有生产资料的新中产阶级的兴起，那么进入后工业社会后，产业工人的数量开始减少，白领阶层内部的分化和差别日渐扩大，随着全球化进程的加快，这种分化的趋势也加速了。

托马斯·弗里德曼则在《世界是平的：21世纪简史》一书中描绘了全球化时代里"颠倒的社会层级"的现象。全球化不只是一种现象，也不只是一种短暂

---

① *The Downsizing of America*, New York, Random House, 1996, p. 318.

的趋势，而是一种取代冷战体系的国际体系。全球化是资本、技术和信息超越国界的结合，这种结合创造了一个单一的全球市场，在某种程度上也可以说是一个全球村。他将全球化划分为三个阶段："全球化 1.0"主要是国家间融合和全球化，开始于 1492 年哥伦布发现"新大陆"之时，持续到 1800 年前后，是劳动力推动着这一阶段的全球化进程，这期间世界从大变为中等；"全球化 2.0"是公司之间的融合，从 1800 年一直到 2000 年，各种硬件的发明和革新成为这次全球化的主要推动力——从蒸汽船、铁路到电话和计算机的普及，其因"大萧条"和两次世界大战而被迫中断，这期间世界从中等变小；而在"全球化 3.0"中，个人成为主角，肤色或东西方的文化差异不再是合作或竞争的障碍。软件的不断创新、网络的普及，让世界各地包括中国和印度的人们可以通过互联网轻松实现自己的社会分工。新一波的全球化，正在抹平一切疆界，世界变平了，从小缩成了微小。

弗里德曼惊奇地发现，对于每个个体而言，"不仅我的工作要在某条全球供给链中找到位置，而且我自己也必须懂得竞争并掌握符合生产链中工作岗位要求的技能。我完成这项工作的质量应该像世界上其他人完成的质量一样高甚至更高"。与以往不同，不论这个人在世界哪个角落，只要他是最好的、最聪明的、最有生产力的或成本最低的，这个工作就非他莫属（Friedman，2007：218）。人力资源组成了钟形曲线中间部分的新成本。对于个人来说，在平坦的世界中生存的关键是想办法使自己成为"免受平坦化冲击的局外人"。当世界变得平坦后，社会层级颠倒了过来。弗里德曼认为"免受平坦化冲击的局外人"是指那些工作不会被转移到发展中国家的人、那些工作不会被数字化或自动化的人。弗里德曼把"免受平坦化冲击的局外人"简单地分为两类：第一类是有特殊天赋的人或掌握一些特殊技能的人，如迈克尔·乔丹、麦当娜、埃尔顿·约翰、脑外科大夫以及国家卫生研究所的研究癌症的一流学者等。这些人提供的产品独一无二，无人能够替代，因此不能被转移到国外，不能被自动化或通过电子方式传输。第二类是工作与某个地区有紧密联系的人。他们之所以免受平坦化的冲击，是因为他们的工作地点是固定在某个区域的，因此他们熟悉当地的情况，或者他们熟悉与之面对面地打交道的顾客、客户、患者或观众。从总体上讲，他们的工作水平是由当地市场供给的需求决定的（Friedman，2007：220－221）。弗里德曼举了一个例子，他将一个在巴尔的摩卖柠檬水的小伙子列入不受平坦化冲击的劳动者行列，"因为他的水让我解渴，同时，他的表演让我心情愉快。他的某些独特的东西给了我独特的感觉"。

弗里德曼喜欢把平坦世界中的工作分成"可替代的"和"不可替代的"。所谓可替代的指能够轻易被数字化、自动化或转移到国外的工作。平坦世界最与众不同的特色之一是，有越来越多的工作，不仅是制造业的蓝领工作，还包括服务业的蓝领工作，逐渐变得可替代。相比之前，由于越来越多的人从事服务行业，越来越多的人也将受到影响。因此，他认为，目前美国社会的大部分中产阶级工作——从工厂流水线，到数据录入、证券分析、会计以及放射医学等——在过去曾被认为是不可替代或不可贸易的，而现在，由于世界变得平坦，它们已经转变为可替代和可贸易的了。他将这些工作称为“旧中产阶级”工作。许多从事这种工作的人现在面临着来自平坦世界的压力。正如印孚瑟斯公司首席执行官南丹·奈利·卡尼所说的：“美国面临的问题实际上就是中产阶级的问题。因为指望当一个会计就可以过上安稳生活的日子已经一去不复返了。许多中产阶级就是这种旧中产阶级……除非形势的逼迫，否则他们是不会对自己的知识技能进行再投资的，结果导致许多人都吊在同一棵树上。”因此，弗里德曼认为，大多数工作不是淘汰给印度或中国，而是“淘汰给了过去”，即数字化和自动化替代了传统人工操作。世界越平坦，越有更多的工作被数字化、自动化或转移到落后地区。

美国经济过去看上去就像是一条钟形曲线，中间有一个巨大的凸出部分。这个凸出部分代表着中产阶级的工作，它不仅是美国经济稳定的基础，而且是政治稳定的基础。没有广大的中产阶级队伍，其民主制度是不会如此坚固的。如果这条钟形曲线变成两头大中间小的哑铃型曲线，美国是承受不起的。哑铃曲线难以保证经济上的公平和政治上的稳定。前克林顿政府国家经济顾问简·柏林正确地指出：“我们要么一起成长，要么分崩离析。”对此，弗里德曼不免忧虑。“第二次世界大战以后发展至今天的美国让我想起了一句老话——富不过三代。第一代人是艰苦的创业者，通过创新发家致富；第二代人守住了所有的财富；第三代人在成长过程中，逐渐变得肥胖、木讷和懒惰，慢慢地挥霍着祖辈留下来的遗产。”（Friedman，2007：258）如果今后越来越多的旧中产阶级实现了自动化或被转移到发展中国家，那么对于美国和其他发达国家来说，最大的问题是：什么是新兴中产阶级的工作？这种工作需要人们掌握什么技能？在美国，新兴中产阶级的工作正在随时形成，这正是为什么随着世界逐渐平坦化，我们没有出现大规模失业的原因。但是要想从事这些新兴中产阶级的工作，你需要掌握某种适合平坦世界的技术，这种技术可以使你——至少是暂时的——免受平坦化的冲击。在组成钟形曲线中间部分的新成分中，没有旱涝保收的铁饭碗。

二、虚无的阶级：新兴中产阶级的脆弱

在身居西方的全球中产阶级急剧萎缩的同时，新兴市场国家的全球中产阶层

在人数与财富方面的增长速度仍在不断刷新人们的想象。高盛公司首席经济学家吉姆·欧文曾表示，新兴市场中产阶层的崛起已经成了新世纪“10年中最为重要的事件”，他们将于20年内在全球消费力方面超越西方中产阶层。摩根士丹利亚洲区总裁斯蒂芬·罗奇则认为，在5至10年内，光是亚洲新兴国家的中产阶层就能够填补过度消费的美国消费者所留下的空白。“所有人的目光都转而期待着亚洲，尤其是中国以及其他人口众多的国家的中产阶级，成为今后的全球性消费者。”(Li，2010：31)

尽管国内学者对于中产阶层的概念界定和分类标准还有分歧，但改革开放以来，中国内地中产阶层人群的发展壮大却是不争的事实。这主要得益于教育水平提高和产业结构转型，为人们提供了越来越多的上升流动机会。南京大学社会学系的“中国中产阶层调查”，在针对包括上海在内的国内五个大都市的实证研究基础上提出，现阶段我国中产阶层应包括以下6类基本的社会构成。(1)改革开放以后新生的私营企业家和乡镇企业家，这一群体是依赖市场发展起来的；(2)改革开放以后新生的小业主、小商贩等自营业者以及其他形式的个体工商户，不过，这一群体中有些经营规模较小的谋生艰难，难以归入我们讨论的中产阶层；(3)计划经济体制下的“中间阶层”分化出来的部分党政干部和知识分子，虽然不再具有改革前那样的优势，但仍具有相当的地位优势；(4)由引进“外资”而产生的“外企白领”，即在外企工作的中方管理人员和高级员工；(5)企业和社会组织的管理人员，包括高校培养的MBA、MPA以及法律硕士等，是目前增长较快的一个部分；(6)因高新技术的采用和新兴行业的出现而产生的专业技术人才和高收入群体，如海归创业者、律师、会计师、房地产估价师、股票经营者、影视制作人以及创意设计人员等其他类型的自由职业者。可以说，这一阶层的构成具有鲜明的异质性，既有计划经济时代延续下来的党政干部、知识分子，也有市场经济条件下新生的私营企业家；既有工业化时期的个体工商户等老中产阶层的成员，也有后工业转化进程中从事服务业的专业技术人员等新兴中产阶层。这样一种“时空压缩”(time-space compression)式的急剧变迁形态，深刻地反映了当代中国社会结构变迁的转型期特征。显然，这一阶层要形成同一的阶层意识和价值观还需要一个长期的过程。

有学者预测，目前中国的中产阶层占总就业人口的20%，如果按照目前中产阶层每年1%的增长速度，20年内中产阶层可以达到总就业人口的40%，这一数据与法国巴黎百富勤公司、美国美林公司的预测大致吻合。法国巴黎百富勤公司的报告称，到2010年，中国中产阶级家庭总数将达到1亿户；美国美林公司预测，未来10年内，中国的中产阶级人数将达到3.5亿人。美国的麦肯锡咨询公司最新的报告说，中国中产阶级将经历两波发展潮：第一波是下层中产阶级的壮大，到2011年，下层中产阶级人数将增至2.9亿人，并在2015年增至峰顶；第二波是上层中产阶级的扩张，吸收部分收入攀升的原下层中产阶级的成员，到2025年，上层中产阶级阵容将高达5.2亿人，超过到时中国城市人口的一半。

戴伯芬在《社会极化和薪资不均——移民和都市劳动力市场》一文中，分析了中国台北在全球化过程中一个不可忽视的议题——以全球化人口流动及都市劳动市场为例谈社会极化与薪资不均。戴伯芬发现，由于全球精英外移（如台商），而都会底层或分散至外缘地区，或被蓝领移民工人取代，台北的全球化社会阶层的特色反而是中产阶级的成长。同时不可忽视的是，台北全球化的阶级极化现象虽不如典型的全球城市严重，但跨国经理人与外籍劳工的薪资的差异却日渐扩大。她认为，台北的全球化导致了两个城市阶级的兴起：一是“全球精英群体”的形成，包括海归群体、临时的外来专家群体，他们构建了一个金融流、商业流、技术流和文化流的全球网络；二是一个全新的移民下层阶级，由外来的合同工、外来新娘以及非法劳工构成，而他们并没有被官方统计在内。戴伯芬运用台北城市管理部门给出的1993—2001年的数据，将全台的职业种类分成了三个阶层：（1）上层阶级（the upper class），包括“立法机关”议员、政府行政人员、商业执行官以及专业管理人员；（2）中间阶级（the middle class），包括助理教授、技术人员、服务人员以及营销人员；（3）下层阶级（the lower class），包括文职人员、手工艺者、车间工作人员、组装工，以及普通劳工。统计部门的数据显示，1993—2001年间，上层阶层和下层阶层的人员均有所下降，前者从254 000人下降到245 000，下降了3.5%，后者则从388 000人下降到345 000人，下降了11.1%。而中间阶层的规模则逐步扩大，从461 000人上升至517 000人，上升了12.1%。由此，戴伯芬认为，台北市并没有出现一个典型的城市极化结构。当然，随后她指出下层阶层的人数存在误差，官方统计没有将所有外来劳工的人数统计在内，尤其是先前她提到的外来的蓝领合同工等移民下层阶级。当然，即使将这些外来移民的数量计算在内，戴伯芬也认为目前这几年间台北的职业结构仍然呈现出上层和下层阶级相对稳定、中间阶级逐步扩大的态势（见表9—2）（戴伯芬，2005：141－164）。萨森的全球城市理论体系极其敏锐地预测了全球城市中浮现的中产阶级类群的可能性。萨森根据世界前 50 家商业银行及前 25 家证券公司的累计资产与收入，对世界 12 个最大的金融中心进行了排名，其中 1997 年北京的收入排名和资产排名分别为全世界第 8 位和第 6 位。北京和上海已经成为主要生产性服务业——金融业、法律业和广告业的主要集聚地，其人口和经济规模、产业结构水平、外商投资规模、国际机场的旅客流量等都表明，这两个城市已经具有较高的城市能级（泰勒、张大川，2005：23－35）。

表 9—2　　亚洲新兴工业体之世界城市比较表

	市场取向的布尔乔亚模式		中心的政治官僚模式	
典范城市	香港	新加坡	台北	首尔
全球控制能力	国际股市、跨国公司、服务业、文化产业中心	跨国公司、服务业中心	跨国公司	跨国公司
都市政权类型	半依赖，特区城市，中央政府干预	独立，城市国家，发展型国家	从威权主义转向民主	独立，分裂的国家首都，从威权主义转向民主
国家对市场的干预	放任、市场主导型资本主义	发展主义、策略性的国家利益	国家稳定优先型资本主义	以国家主导的金融体制来控制大型制造业财阀，成长扩张型的资本主义
区域经济的基础	珠海经济圈	东南亚经济圈	东海经济圈	渤海经济圈
都市的区域角色	集中化权力	集中化权力	不明显的都市首要化，分散化权力	明显的都市首要化，权力集中
城市—中央政府的关系	整合到分离，受中央政府影响	整合	整合到分离，中央与地方南北对抗	整合到分离，地方自治（1995年），中央与地方东西对抗
领导行动者	跨国资本主义的阶级	威权主义国家官僚	威权发展主义国家官僚	威权发展主义国家官僚
群体	跨国的财务公司	国家内阁，联结到商业网络与主要银行	国营企业与服务业	国家扶植的私营制造业财阀（chaebol）
组织	垂直整合的公司		发展主义、策略性的国家利益	

续前表

	市场取向的布尔乔亚模式		中心的政治官僚模式	
典范城市	香港	新加坡	台北	首尔
都市冲突的来源	弱草根组织、弱工会，工会为压力团体	弱草根组织、弱工会，为政府伙伴	统独政治对立、强草根组织、弱工会	强大草根组织与劳工工会组织
产业结构	严重的去工业化，中、小企业外移	去工业化、大企业外包	轻微地去工业化，中、小企业外移	去工业化、大企业外包
职业结构	极化、中产阶级、高度的不平等、高度的空间区隔	压制的、专业化趋向的阶级、高度的不平等、低度的空间区隔	压制的、消失的极端阶级、低度的不平等、低度的空间区隔	压制的、明显的劳工阶级，高度的不平等，高度的空间区隔
都市化的动力	外来内地移民	外来国际移民	内部城乡移民	内部城乡移民
外国移民	低度控制、多量	高度控制、多量	高度控制、少量	高度控制、多量

资料来源：戴伯芬：《从世界城市到全球化中的城市区域：东亚发展型国家的都市比较研究》，未发表论文。

印度的经济腾飞始于拉齐奥于 1991 年开始的经济改革。在这将近 20 年的时间里，印度经济得以快速增长。在未来 20 年里，印度中产阶级的数量将从现在占大约人口 5%的水平增长到占人口 40%以上的水平。可以想见，已帮助数亿印度人摆脱极度贫困的同一种力量正在创造着一个以城市为中心的庞大的中产阶级。他们将主要集中在印度的城市地区。虽然印度的城市化进程不像在其他亚洲经济体中那样进展迅速，但人口的快速增长意味着印度城市人口的绝对数量将大规模扩张，将从现在的 3.18 亿增加到 2025 年的 5.23 亿。此外，与中国的情况不同（中国的城市发展波及大量的城市），印度的经济将继续由两个特大型城市（德里和孟买）加上 6 个大城市集群所主宰。然而，许多比较小的城市（如昌迪加尔和卢迪亚纳）将具有可与大城市相匹敌的人均收入，并成为具有吸引力的市场。消费支出能力从农村转移到城市将使印度私人消费的一大部分落入一些大公司的控制范围之内。目前，有 57%的私人消费开支分布于整个农村地区。但到 2025 年，印度私人消费能力的 62%将由城市掌握支配。随着消费从农村到城市的转移，印度将见证其中产阶级（家庭可支配年收入从 20 万到 100 万卢比）的迅速成长。目前，印度的中产阶级大约有 5 000 万人，约占总人口的 5%。到 2050 年，个人收入的持续增长将促使中产阶级队伍扩大 10 倍，达到约 5.83 亿人，占总人口的 41%。在未来 20 年中，收入金字塔的形状将变得几乎难以辨认。印度的中产阶级已经开始发展，并且到 2025 年将会主宰城市。到那时，大约 3/4

的城市人口将是中产阶级的成员，而目前仅有超过 1/10 的城市人口属于中产阶级。中产阶级的壮大将分为两个阶段，随着低端中产阶级的迅猛增加，大约到 2020 年，高端中产阶级的增长也将加速。他们的年收入超过 100 万卢比（按 2000 年美元不变价换算相当于 21 890 美元，或按购买力平价计算相当于117 650 美元）。他们在全社会中将始终只是一小部分人：目前只占总人口的 0.2%，到 2025 年将增加到约 2%。但从绝对数量来看，到 2025 年，印度最富裕市民的总人数将达到 2 400 万，超过澳大利亚现有人口。到 2025 年，印度富裕阶层的人数也将超过中国同级别的富裕阶层人数（据预测约为 1 900 万人）。富裕阶层的消费在印度全国私人消费总量中所占的份额也将从目前的 7%增加到 2025 年的 20%，这些“全球化”的印度人大部分生活在 8 个最大的城市中，因此他们非常容易受到大型本土企业和跨国公司的影响。此外，他们的生活品位与发达国家的同级别富人也非常相似：名牌产品、国外度假、最新型的消费电子产品、高档汽车等。大约 4 亿印度城市居民（比现在美国的总人口还要多近 1 亿人）所在的家庭将拥有舒适的生活水平。对于许多企业来说，这种新兴城市中产阶级的巨大规模将确保它们受到高度关注。

进入 20 世纪 30 年代以来，随着国家主导的工业化进程的发力，以及城市化和公共教育的扩张，拉美的社会流动性日益增强，中产阶级经历了一个相对快速的发展进程。其中，国家作用的增强而导致的公共部门的扩张是中产阶级增长的主要来源之一。经过近 40 年的发展，到 70 年代末和 80 年代初，拉美的中产阶级占城市就业人口的比重已经超过 30%，初具现代社会结构的雏形。中产阶级的形成和发展源自几个深刻的内部和外部的结构性变化，如工业化、城市化、国际移民、公共教育、现代资本主义技术和技能的传播，以及国家在社会和经济领域的干预性增强，等等（郭存海，2012：28）。20 世纪 50 年代和 70 年代，研究拉美中产阶级的文献多使用“middle sector”而不是“middle class”，其中影响力最大的当属约翰·约翰逊。1958 年，他出版了一部在当时非常重要的著作《拉丁美洲的政治变迁——中产阶级的兴起》。这本书通篇使用了“middle sector”而不是“middle class”，以描述中产阶级在拉美政治变迁中的角色（Johnson，1958：272）。约翰逊使用“sector”（部门或阶层）而非“class”（阶级）的逻辑在于，他认为“中产阶级”这一群体无论在其构成、同社会结构的联系，还是在其政治行为和社会目标等诸方面都存在着异质性，而没有一种“共同意识”。同样纠结于“middle class”和“middle sector”的还有 OECD 发展中心。该中心于 2010 年 10 月发布的《2011 年拉丁美洲经济展望》将主题聚焦于拉美的“中产阶级”。在该书中，OECD 选择“中间部门”（middle sector）而非“中产阶级”（middle class）这一概念，是基于和约翰逊相似的理由：“从社会学意义上来讲，社会阶级含有一定的同质性意味，对其群体有一种认同意识和角色意识。”① 事实上，在为撰写 2011 年报告而专门于巴黎召开的会议预告中，并没有出现“middle sector”一词，而全部由“middle class”替代。② 在有些学者看来，拉丁美洲现在出现的中产阶级与以前的中产阶级有着很大区别。更准确地说，“他们是‘下中产阶级’（lower middle class）”（郎嘉，2007）。这一点可以从 OECD 的《2011 年拉丁美洲经济展望》和巴西瓦加斯基金会 2008 年发布的《巴西新中产阶级》中得到印证。这两份报告中所言的“中产阶级”或“新中产阶级”，并非 1953 年美国社会学家米尔斯所说的因工业化进程导致的社会结构变迁而产生的新阶层，即技术和管理阶层。事实上，仔细分析两份报告的研究过程和结论可以发现，其中所说的拉美（新）中产阶级，并非社会结构中增加的一个阶层，而是现有阶级向上流动而形成的一种脆弱中产或不稳定中产（郭存海，2012：24）。

例如，巴西有近 30％的新兴中产阶层都在非正规市场中谋生，收入很不稳定，缺乏社会保障网络，创业机会有限。许多人是通过借贷的方式来达到较高的生活水准的，这可能是 53％的中产阶层称自己生活在对失业、收入减少甚至破产的恐惧之中的原因之一。他们受益于私立学校的爆炸性扩张，但却见证了教育质量的一落千丈，这也破坏了中产阶层惯有的社会流动途径。《巴西中产阶层》一书的作者若泽·奥古斯都·费尔南德斯在接受《环球》杂志记者采访时指出，中产阶层是巴西迅速从金融危机中恢复的主力军，由于政府提供更多的贷款，这一阶层的消费能力增强，有效拉动了内需，这是巴西摆脱危机的关键。但对这一进程的可持续性他也感到担心：“巴西的消费观念造成中产阶层通常债务沉重，这样危机对他们的影响很大，当他们面临困难时就不得不减少支出，同时这一阶层的人对生活有紧迫感，他们非常害怕变成贫困人群。”

在比较拉美和东亚的中产阶级时，戴安·戴维斯以新韦伯学派的职业视角确定了自己的中产阶级研究路径（Davis，2004：2）。她认为，拉美的中产阶级是由三种职业类型构成的，即：(1) 受薪雇员（salaried employee），包括商业、服

---

① See “Latin American Economic Outlook 2011：How Middle-Class is Latin America?” OECD Development Centre，Dec 2010，p. 73.

② See “Experts meeting：Middle class&development in Latin America，” http：//www. oecd. org/document/56/0，3343，en _ 2649 _ 33973 _ 44982264 _ 1 _ 1 _ 1 _ 1，00. html.

务业、工业等领域的雇员，以及专业人士和国家雇员；（2）自雇者，如技工、工匠和其他独立的小生产者；（3）工业和农业领域的“小企业”（small enterprises）所有者和管理者。在第三种类型中，规模是区分中产阶级（即小资产阶级）和资本家（即资产阶级）的重要标杆。胡戈·努蒂尼和班瑞·伊萨克在研究墨西哥中部的社会分层时（Nutini & Isaac，2010：272），首先将中产阶级划分为三个亚类，即上中产阶级（upper middle）、稳定的中产阶级（solid middle）和下中产阶级（lower middle）。其中，上中产阶级多由企业主和农场主，以及高级职业人士（主要是律师、医生、会计和工程师）组成；稳定的中产阶级在职业方面更加多元化，既包括诸多一般职业人士，也包括中等规模的企业主和农场主，以及中等级别的银行官员和政府官员；而下中产阶级则包括薪水丰厚的蓝领工人和一般白领工人（如教师、护士、商店职员和办公文员）和小企业主。同样是研究墨西哥，吉尔伯特则采用了混合标准，即将职业和收入相结合（Gilbert，2007：114）。他认为中产阶级家庭的标准是“家庭成员的职业是非体力、非程式化、家庭生活舒适、收入超过大众平均收入但在全国金字塔收入结构的顶端之下的家庭”。按照他的意见，墨西哥中产阶级的职业群体大致包括独立或受薪专业人士、经理人、教授、技术员、官僚和商人（但不包括低级办事员或零售店销售员）。这一职业标准接近 2000 年墨西哥全国家庭收支调查（ENIGH）划分的中产阶级职业，大致包括公务员、专业人士、技术人员、教育工作者、艺术工作者、手工艺和制造行业管理人员、行政管理人员、企业或社会公共机构的经营者、（保险、证券和房地产行业的）销售代表和代理人、慈善事业的赞助人/雇主等。罗纳尔多·弗兰克等人在对拉美中产阶级的最新动态进行研究时，也采用了类似的混合标准，但仅限于上中产阶级。他从两个维度，即家庭收入主要提供者的职业（职业维度）和收入（收入维度）定义中产阶级（Franco etc.，2011：103）。在收入维度上，中产阶级的下限是拉美城市平均贫困线的 4 倍，而其上限是收入分配的第 95 个百分位数。在职业维度上，将中产阶级家庭也划分为三个亚类：（1）“持续的”（consistent）中产阶级，即主要收入挣取者（main income provider）从事非体力职业；（2）“非持续的”（inconsistent）中产阶级，主要收入挣取者从事体力职业，但家庭总收入处于中产阶级水平；（3）“不稳固的”（precarious）中产阶级，工作不稳定、薪水不高，通常既没有签订劳动合同，也没有享受社会保障覆盖的非体力工薪劳动者。

俄罗斯科学院社会学研究所副所长、俄高等经济学院社会学教授纳塔利亚·

吉哈诺娃则在接受《环球》杂志记者采访时指出，新兴国家应努力改变“资源和原料供应国”角色，调整经济结构，发展创新型经济。“很多发展中国家处于社会经济发展转型时期，社会结构模式尚未定型”，“在人才政策上，应对中产阶层倾斜，鼓励使用该阶层人才，这是社会创新最有力的来源；在税收政策上，应加强立法，加大税收对缩小收入差距的调节作用；在具体操作上，增加‘吃财政饭’人员和技术工人的收入，提高管理阶层的生活水平；最后，中产阶层的发展跟国家整体发展特别是经济发展情况密切相关，应努力调整经济结构，推动高新技术产业发展，夯实中产阶层壮大的经济基础”。

与西方经历典型意义上的工业化进程不同，在新兴市场国家的经济崛起路径中，前工业社会、工业社会、后工业社会的社会形态和结构属性均可以找到对应的观照元素。这使得这些国家内部的社会结构呈现出一种混杂、交错的发展形态。这对传统的社会结构和社会分层理论提出了一个全新的挑战：在当代社会，“阶级”这一概念是否还有效用？1991 年，后工业自由主义社会分层理论家特里·克拉克和西摩·马丁·李普赛特在《国际社会学》上发表了一篇名为《社会阶级正在死亡吗?》的文章，在美国社会学界引起了一场大争论。克拉克和李普赛特在此文中指出，随着传统的阶级等级体制的消亡和新的社会区分的出现，“阶级越来越成为一个过时的概念”。他们认为，现在的社会分层是碎片化的(fragmented)。他们考察了三个领域中的阶级衰落现象：政治、经济和家庭领域。在政治领域，受阶级归属影响的投票行为消失，原有的政治左派至政治右派的谱系现象（old left-right spectrum ）发生了变化。由年轻的、受过良好教育的、富裕的人所组成的第二代新左派出现了，他们更关注的社会问题是生活方式或生活品位而不是传统的阶级政治问题。在经济领域，克拉克和李普赛特认为，经济增长化解了等级化的阶级分层。收入增长培育了“日益精细和多样化的品位”，小生意市场（niche markets ）迎合了这些品位，在小生意市场中，小企业比大企业更具有竞争力。传统管理结构所赋予的灵活性，使小企业能够开发他们的技术和知识，如计算机、生物工程和智能机械等。受过高等教育的技术和专业就业者越来越自主决策，这预示着“平等主义的、学院式的决策”出现。随着市场增长和家庭企业消亡，传统的权威、等级和阶级关系衰落。在社会领域，家庭日益缩小，从而家庭内部的人际关系越来越平等和宽松。家庭背景不再影响个人的教育和工作机会，是教育而不是家庭背景构筑着社会流动的前景。因此，家庭作为社会分层的单位工具（以家庭为单位进行分层）的重要性减弱。总之，这三个领域的变化证明，“社会阶级死亡”，“社会分层的新形式出现”。克拉克和李普赛特认为，当前社会发展的主要趋势可以描述为“分层的碎片化”（fragmentation of stratification）（Clark & Lipset，1996）。

三、由西迈向东：全球中产阶级的未来

2008 年席卷全球的金融危机[①]过后，《牛津英语大词典》公布了 2011 年最热门的年度词汇，在“占领华尔街”运动及全球经济不景气的阴影下，“受挤压的中产阶级”（squeezed middle）成功击败其他字词获选。“受挤压的中产阶级”是英国工党领袖米利班德 2010 年 9 月在接受 BBC 采访时，引用美国前总统克林顿的话提出的说法。所谓“squeezed middle”，是指被各项税捐压得喘不过气来的中产阶级（middle class）。英国数百万中低收入家庭的生活水平因高通胀、薪资停涨和政府财政紧缩政策而不断下降，是受到严重影响的主要社会阶层。英美两国评委一致认为，“squeezed middle”之所以中选，是因为它切实反映了当前严峻的经济前景，以及人们的普遍感受。这也说明，经济下滑对中产阶级的生活压力不容忽视。在英国，自全球金融危机爆发以后，经济遭受重创，在国民经济中居重要地位的金融服务业受损最大，许多白领失业，一夜间由有着稳定收入的中产阶级变成了贫民。为了帮助中产阶级度过这场危机，英国政府在力所能及的范围内鼓励银行恢复对中小企业的贷款，以维持最能“制造”中产阶级的中小企业的生存；拨款 4 000 万英镑对公司高管、职业经理人和其他失业人员进行求职培训；动用 1 300 万英镑资金向失业人员提供心理咨询。

美国也同样笼罩在金融危机的阴霾下。《大西洋月刊》2011 年 8 月刊封面文章标题为《美国中产阶级有救吗?》文章指出，随着技术不断更新换代，以及大量业务外包海外，美国中产阶级数量迅速减少，这些年的经济危机使中产阶级的处境更加困难，这给美国的经济、文化以及社会都造成了严重影响。要想改变现状，美国必须加大创新力度，同时对一些低端的工作进行改造。2011 年 12 月 19 日出版的《时代》周刊称，2011 年是“融毁的一年”。在美国国内事务方面，文

① 2007—2008 年全球金融危机（Financial Crisis of 2007 - 2008），又称世界金融危机、次贷危机、信用危机，在 2008 年又出现了“金融海啸”及“华尔街海啸”等名称，是一场在 2007 年 8 月 9 日开始浮现的金融危机。自次级房屋信贷危机爆发后，投资者开始对按揭证券的价值失去信心，引发流动性危机。即使多国中央银行多次向金融市场注入巨额资金，也无法阻止这场金融危机的爆发。直到 2008 年 9 月，这场金融危机开始失控，导致许多相当大型的金融机构倒闭或被政府接管，并引发经济大衰退。

章着重谈及了“占领华尔街”示威运动①，指出示威显示了美国中产阶级面临“融毁”。美国中产阶级近30年来收入水平基本处于停滞状态。他们的收入与最富有的1%巨富阶层的收入比，从20世纪70年代末的1∶80激增至这次金融危机爆发前的1∶650。根据美国有线电视新闻网（CNN）最新数据，2010年美国中产阶级的平均年收入为49 445美元，较10年前甚至下降了7%。

日本“外交学者”网站发表的宏观经济和地缘政治战略家、前美国外交官布赖恩·克莱宁一篇题为《全球封建主义时代露头》的文章指出：“如今，工业化国家正面临着近百年来最大的经济威胁：麻烦的中产阶级正在失去推动全球经济增长的购买力。如果这种趋势得不到扭转，过不了多久，也许就在2012年，中产阶级将会破产，一百年来的经济现代化进程也将逐渐停止。”美国学者弗朗西斯·福山在《外交》杂志2012年1—2月号发表的题为《历史的未来》的文章详尽阐述了或许是2012年最大的一个问题，即美国乃至全球的中产阶级的衰落。弗朗西斯·福山指出：“危险不是来自任何一个政党提出的一项特定税收或开支政策，而是来自现代全球经济的流态变化。这个新世纪或许是水平的，但也会具有某种倾向性，各种好处会不成比例地倾向于精英阶层。”日本白波濑佐和子教授在《正在没落的中产阶级》一文中指出：“2008年雷曼公司破产引起（全球）金融危机，随后又爆发欧债危机，宏观经济变数丛生，受此影响，发达国家近年来普遍出现日益明显的‘中产阶级危机’。”

中产阶级是欧美发达资本主义国家社会稳定的“脊梁”，若这根“脊梁”被折断，社会将走向毁灭。对此，欧美发达资本主义国家均将挽救中产阶级作为金融危机过后主要的施政纲领。2009年，美国总统乔治·奥巴马上任后第10天即成立中产阶级工作组，任命副总统拜登为主席。奥巴马认为，“美国经济实力可以通过中产阶级的实力来衡量”。拜登则将“中产阶级强健等于美国强健”作为

① 2011年9月17日，即美国宪法日当天，约有1 000人聚集曼哈顿，游行穿过华尔街并打出“占领华尔街”的旗号，以表达对美国财富分配不公的不满、对政府政策偏袒富人阶层的愤怒，他们多数是失业的工人和即将毕业的大学生。该运动是响应今年7月中旬加拿大的一份非营利性杂志《广告克星》（*Adbusters*）通过电邮等方式所发起的倡议，在开始的前一两周内并没有引起美国主流媒体和政界的兴趣，但在进入第三周后情况发生了变化。随着示威者在穿越布鲁克林大桥时所引起的混乱升级以及九个工会的加盟，各大媒体开始意识到这一运动可能演变为重大社会事件。与此同时，该运动在人数和范围上也迅速升级，相继出现“占领校园”“占领芝加哥”乃至“占领华盛顿”的抗议集会，而在全球其他发达资本主义经济体，如加拿大、西欧以及澳大利亚等地，也出现了响应“占领华尔街”的类似运动。“占领华尔街”运动的浩大声势说明美国中下阶层的愤怒已到达某种临界点。

他所领导的工作组的指导原则。2011年12月6日，奥巴马在堪萨斯州小城奥萨沃托米为竞选连任发表演说，自己的竞选运动主题确认为“为中产阶级而战”。在演说中，他描绘了平民主义的经济图景，承诺要为所有人提供“公平机遇和财富分配”，号称重塑“美国梦”。“美国的中产阶级危在旦夕，我们已经到了为中产阶级而战的时候，”奥巴马认为，“对于中产阶级和那些努力成为中产阶级的人来说，现在是孤注一掷的时刻，要么成功，要么毁灭。”奥巴马说：“成问题的是，我们的国家能否让工作的人赚够养家的钱、留有一定储蓄、拥有房子和退休保障。”显然，奥巴马政府意识到，尽管中产阶级是按多种综合标准划分的概念，但中产阶级的最主要收入来源仍是工资，因此保证就业成为奥巴马政府帮助中产阶级的核心任务，他特别重视通过加大对住房市场、清洁能源、基础设施的投资以及为中小企业减税等来创造就业。英国首相布朗表示，要利用国家的教育体系培养更多中产阶级，让多达75%的30岁以下年轻人接受高等教育。金融危机之后，英国各大院校扩大了研究生招生规模，以使未来的中产阶级能够继续接受高等教育，避免出现本科毕业就失业的状况。著名高等学府伦敦政治经济学院近年的研究生招生扩大了近一倍，硕士和博士生的人数已经超过本科生。一些失业白领选择去高校充电，既积累了学业资本，又度过了目前的就业困难期。

意大利社会投资研究中心负责人罗马在接受《环球》杂志记者采访时说，全球金融危机的爆发和蔓延给意大利中产阶级也造成了诸多影响。对于商人和手工艺者而言，出口下降直接导致其收入下滑。但总体来看，意大利在金融危机阴影下至今没有出现严重的经济和社会危机，其中一个重要原因就是意大利家庭债务压力相对较小。目前意大利只有12%的中产家庭需要为购买住宅而还贷。目前意大利政府为中产阶级所提供的最大保障就是“收入补贴基金”。这是政府专为失业人员提供的、最长可以领取一年的补助。罗马认为，从意大利的经验来看，发展壮大中产阶级，需要保证消费和储蓄平衡增长，也就是说，普通家庭进入中产阶级后，要拥有一定积蓄和财产，这是确保他们安居乐业的基础。

《纽约时报》专栏作家托马斯·弗里德曼在2011年8月14日专栏文章中论述的主题是：“为何全球中产阶级都怒了？”他认为，技术和全球化消灭了越来越多的“常规”工作——这类工作曾支撑起诸多中产阶级的生活方式。在世界各地，许多中产阶级和中下阶层人士都感到“将来”遥不可及。全球化趋势、贸易自由化理念和它造就的世界贸易体系使得资本、服务和技术能更顺利地穿越国境，实现更大的增值。高科技公司纷纷走上了大量外包的道路。硅谷的风险投资家们现在推动他们投资的公司走向雇佣趋势的前沿——把白领工作“外包”。那么，在这场平坦化世界的冲击浪潮中，谁又能幸免，成为新兴的全球中产阶级呢？弗里德曼给出了他有关谁是全球中产阶级的答案。全球中产阶级必须符合以下特征：(1) 伟大的合作者。许多新兴中产阶级的工作需要与他人合作或需要公司内部各部门之间及公司之间的合作，尤其是那些从世界各地雇佣不同国家员工的公司，所以随着越来越多的公司把业务拓展到全球，加入全球供给链，新兴中产阶级工作中最关键的是一种管理人员，这种管理人员可以协调供给链的各个组成部分，实现 7 大洲、一周 7 天、一天 24 小时不间断生产。同时，由于许多产品将通过全球生产链合作制造，因此，很多新兴中产阶级工作的内容就包括如何让生产链运转得更有效率。委内瑞拉的研究科技与社会经济发展的专家卡洛塔·佩雷兹说：“全球网络越复杂，公司越希望在技术规格、兼容性、研究和设计、全球市场、分销渠道、数据分享以及安全性等方面开展合作和加强管理。”在这条链上，有许多新兴中产阶级的工作（Friedman，2007：222）。(2) 复合型人才。如果综合性的工作能够创造出新的价值，那么你就需要复合型人才。传统的解决问题方法是把其分解成各个部分，逐个解决，但是现在，解决问题的方法是把分散的东西综合起来，从整体入手。只有掌握科技的专门人才才能在全球信息服务业（electronic data systems，EDS）找到工作。他们能够精确地设计出电脑程序，使别人能够更轻松快捷地工作。这些人能够免于平坦化的冲击。不能再把工人看作专用工具，而要让他们变成瑞士军刀，那些“瑞士军刀”正是多面手。让我们面对这个现实——我的孩子们不太可能像我一样为同一家公司工作 25 年了，他们必须使自己更加具有适应性，像瑞士军刀一样，才能改变发展道路，进入免受平坦化冲击的新兴中产阶级行列（Friedman，2007：228）。(3) 撬动杠杆的人。现在 EDS 的新兴中产阶级工作岗位至少由会操作这些新程序的人占据。所有这些都是关于如何把计算机与人相结合，实现优势互补。然后，不断地把人类积累的新的最好的实践经验再灌输给计算机系统，实现系统升级，使机器与人的结合体具有更高的生产力。在这样一个全球化了的信息社会里，他们起到了平衡的杠杆作用。在这个循环中，存在很多新兴中产阶级工作。(4) 讲述者。复合型人才越多，我们越需要管理者、作家、教师、电影制作人、记者和编辑，他们都是很好的讲述者，能够把复杂的事物用简单的语言表述出来。马西娅·洛克雷也是一位在 EDS 工作的企业设计师。她是一个典型的新中产阶级者，她学会了如何成为一名讲述者。把某些东西解释给别人，比专注于自己的工作更重要……不善于与人打交道的纯粹的后台技术工人不再吃香，具有较强交往能力的人才变得更加有价值，他们通过让客户了解数码技术，可能成为潜在客户的发掘者（Friedman，2007：224）。（5）适配器。他们创造了一个新的术语来描述信息科技世界发展的趋势，即从现在的专家转变为无所不能、样样精通的人才，就是“多面手”。培养多才多艺的工人，发现多面手及愿意被培训成多面手的工人“将成为职业培训的新标语”（Friedman，2007：227）。（6）强调个性化。新兴中产阶级必须通过使自己的产品个性化，来使自己上升到一个新的层次，得到一份能得到更高收入的新型中产阶级工作。有时，个性化纯粹来自激情；有时，个性化纯粹来自娱乐；有时，个性化则来自自己的灵光一现。普林斯顿经济学家阿兰·布兰德在他的论文中就离岸外包问题说道，由于如此多的新兴资产阶级工作需要个人特色，因此会导致人类之间交流技能的复兴——这种技能曾经随着工业时代和互联网的发展在某种程度上萎缩了。在未来几十年中，随着具有个性化的服务卷土重来，以前的趋势很可能逆转——有可能导致更少的隔阂以及工作中更大的满足。（7）本土化。大型企业对于创造中产阶级工作而言，无疑是十分重要的。但事实上，小型和中型企业提供的就业岗位却在总就业岗位中占大多数。当这些中小产业处于增长状态并大量雇佣工人时，经济就充满活力，否则，经济就处于衰退状态。所以，如果将产生新兴中产阶级，那么中小型企业将扮演重要角色。平坦世界里令人振奋的变化如商业网站等新事物的出现，给小型企业带来了更多的活力，使它们能以更少的成本在全球范围内创新和参与竞争。

弗里德曼认为，新兴中产阶层的工作要求你成为一个优秀的合作者、操作者、改变者、解释者、综合者、模型建立者、局部化者或者个性化者，并且要求你学会如何学习，在工作中具备好奇心和热情，同他人友好合作并且培养右脑的机能。那些园林建筑师、财务计划起草者、家居设计者和不动产交易经纪人等，一旦掌握了这些技能，把其运用到工作之中，满足客户的要求，就会发现他们自己具备了免受平坦化冲击的能力（Friedman，2007：233）。弗里德曼还为我们描绘了一幅中产阶级如何自我升级的路线图：原来生产的是有巧克力汁的冰激凌（传统的插图设计师），随后转变成一个提供香草冰激凌式产品的生产者（用计算机武装的插图设计师），经过技术升级，他又设计生产带有特殊巧克力汁的冰激凌（设计顾问），最后，在专业化市场需求的引导下，开始生产完全与众不同的产品——樱桃冰激凌（作为一名“漫画变形”的艺术家）（Friedman，2007：236）。在平坦的世界中，越来越多的价值被创造出来，复杂问题也日渐得到解决，拥有信任度很高的社会更将是一种优势。因此，尽管此前弗里德曼为美国不得不被平坦化的未来命运而忧虑，但他仍然认为，在这场全球平坦化竞争中，美国仍然是最后的获胜者。“我们拥有相对灵活、放松管制的自由市场经济……美国文化中甘于推翻旧事物、一切重头再来的特点让我们在平坦时代具备了很多优势，因为在平坦的世界里，为了推动创新和增长，我们必须更加频繁地除旧迎新。过去我们从农业时代过渡到工业时代，然后从工业时代过渡到服务业时代。现在我们需要进入下一个阶段——将服务配送到世界各地。过去的每次过渡都会以特有的方式带来痛苦，但是那时候我们都能比其他主要经济体更快、更有效地渡过难关，这是因为我们具有开放灵活的特点，我们让自主调节市场确实起到了调节作用，尽管也给很多人造成了痛苦。这次向平坦世界的过渡将造成更多痛苦，因为它很有可能触及更多的白领工人。”此外，美国对知识产权的保护力度很强，美国还拥有世界上最灵活的劳动法，拥有世界上最大的国内消费者市场，拥有最多的“初体验者”，“（美国人）已具备一切条件可以从旧的中产阶层进入新的中产阶层”（Friedman，2007：233）。

总部位于巴黎的欧盟安全研究所（EUISS）发布的一份有说服力的报告《2030全球趋势》称：按目前趋势，全球中产阶层将从今天的约20亿人增加到2020年的32亿人和2030年的49亿人（2030年全球总人口预计略高于80亿人）。换句话说，人类历史上第一次，中产阶层人数将超过穷人。① 霍米·哈拉斯和杰弗里·格莰通过“对经济增长、中产阶级人数以及收入分配等因素的假设”，估算出“今天世界上有18亿人属于中产阶级，占全球人口的28%。这些人中约有一半生活在发达经济体，还有1/5生活在巴西、俄罗斯、印度和中国——所谓的金砖国家”。按照哈拉斯和格莰的设想，“未来20年，世界将会从多数人是穷人变成多数人是中产阶级”（见图9—5）。

进一步，“2020年会成为世界上中产阶级首次超过穷人的第一年。到2030年，50亿人——近全球人口的2/3——会成为中产阶级”。在金融危机阴霾笼罩下欧美发达资本主义国家的中产阶级急剧萎缩的今天，“全球中产阶级的这种增长潜能是与其地域性重新分布有关系的，全球中产阶级的几乎所有新成员都生活在亚洲”，“全球中产阶级的向东扩张”成为这一群体在未来20年的重要走向（见表9—3）（李成，2013：37）。

① 参见《菲利普-斯蒂芬斯：全球中产阶级决定21世纪走向》，见 http：//finance.jrj.com.cn/opinion/2012/05/07084913011201-1.shtml，2012-05-07。

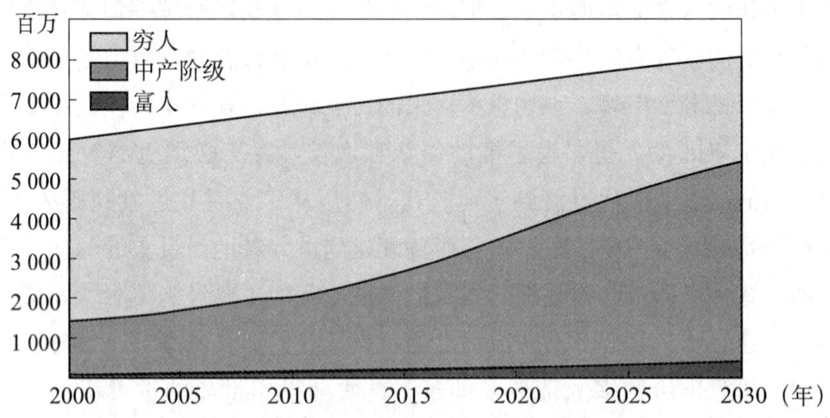

图 9—5　全球穷人、中产阶级以及富人消费者人口分布（2000—2030）

表 9—3　按区域划分的中产阶级规模

地区	2009		2020		2030	
	人口（百万）	所占全球份额（%）	人口（百万）	所占全球份额（%）	人口（百万）	所占全球份额（%）
北美	338	18	333	10	322	7
欧洲	664	36	703	22	680	14
中南美洲	181	10	251	8	313	6
亚太地区	525	28	1 740	54	3 228	66
撒哈拉以南非洲	32	2	57	2	107	2
中东北非	105	6	165	5	234	5
全世界	1 845	100	3 249	101	4 884	100

资料来源：李成，2013：38。

在全球中产阶级“由西迈向东”的趋势中，中国的转变势必最令人瞩目。中国的中产阶级消费者数量已经超过 1.6 亿人，仅次于美国，但这个数字仅占中国总人口的约 12%。EUISS 预测，到 2030 年，这个比例有望达到 74%。在印度，到 2025 年，应该有半数人口跨越每日可支配收入 10 美元的门槛，到 2040 年，90%的人口将为中产阶级。这股潮流也将波及亚洲以外地区。到 2030 年，巴西达到中产阶级标准的人数将占到总人口的 2/3 以上。到同一年，中美洲和拉丁美洲中产阶级消费者数量将赶上北美。非洲的转变将会较慢，但即便在非洲，到 2030 年，中产阶级人数也应当增加一倍以上。当然，这些刚刚迈入中产阶级的消费者的可支配收入仍然远低于北美和欧洲的对应人群。不过，到 2030 年，富裕国家在全球中产阶级消费中所占比例可能下降一半以上，从目前的64%降至30%。①

那么，全球中产阶级究竟具备哪些特征呢？

（1）经济属性：全球性。从全球中产阶级的构成来看，他们的分布虽然局限在以国家或者说以地区（region）为界限的范围之内，但是其经济行为愈来愈指向全球范围，经济利益和经济属性越来越具有全球性特征。“全球性”并非一个异于“全球化”的新术语，而是一个用来表示全新的全球现实环境的词语。它是一种商业现象和经济现象，正在迅速冲击着世界市场。全球性影响着每一个人，它迫使全球中产阶级以外向性的全球眼光来思考和判断自我行动逻辑与价值理念，而不是以内向性的本土眼光来认识经济、政治和文化思想问题。换句话说，即使全球中产阶级的每一个个体，仍然在身份意义上隶属于某地区或者某原籍所在国，他们也已经不折不扣地成为了“新型全球公民”（new global citizens）的一分子。美国密歇根大学政治学教授罗纳德·英格哈尔特对过去20年全球各个国家成年人进行了有关“世界价值观调查”的随机问卷调查，调查发现，一项全球性的价值观转变已悄然出现，即从重视经济增长转为重视生活方式，他将这项改变称为从“谋求生存”到“表达自我”的转变（Inglehart，2000a：215－228；1977；1990；1997；2000b：80－97）。社会学家保罗·雷与心理学家谢里·安德森于2000年发表的合著作品《文化创意者》得出了与英格哈尔特类似的结论，他们认为，美国约有5 000万人可归类为“文化创意者”，具备“后物质主义者”②的价值观（Ray & Ruth，2000：7－42），他们由于“在经济上有高度安全感”，拥有了充裕的物质财富和闲暇时间，更倾向于优先提高生活质量而非实现经济增长。“这种主流趋势似乎是一种跨时代的转变，从对经济与物质安全感的重视转为越来越强调自我表达、主观感受与生活质量……这种文化转变发生在所有发达工业国家。在衣食无忧的年代成长起来的这代人中间，这种价值观也在显现。”（Inglehart，2000：80－97）在过去的20年里，全球中产阶级的崛起，从根本上改变了全球的经济与社会，而这种改变也会继续持续下去。在全球化的时代里，我们确实正在见证乔尔·莫基尔所谓的“革新者”的兴起，全球族追逐新的生活方式，更加包容，也更自由。

---

① 参见《菲利普-斯蒂芬斯：全球中产阶级决定21世纪走向》，见http：//finance.jrj.com.cn/opinion/2012/05/07084913011201－1.shtml，2015－05－07。

② “后物质主义者”（postmaterialist）指美国社会中的一个群体，其成员收入水平、受教育程度和社会地位都较高，更重视对非物质领域的追求，如政治、社会环境等问题。

(2) 联结形式：网络性。20 世纪 80 年代以来，全球进入了一个信息革命的时代。新的组织形式建立起来，它不再依据传统决策的空间和顶级集中性的原则。传统的垂直等级被越来越多的横向关系所取代，这种横向关系往往跨越阶层、跨越国界（罗晖、程如烟，2006：156－160）。尤其在以信息技术为基础的网络社会里，经济形态与工业社会相比将发生转变，这时将会是一种以信息化、网络化、全球化为特征的新经济，其核心是以知识为基础的生产力及对获利能力的强调，脱离了工业经济单一的生产力增长方式。信息化指“生产和管理的社会和技术组织的特殊形式，它通过对新的信息技术的运用而使以知识和信息为基础的生产效率得以实现”（Castells & Hall，1994：83）。在信息革命的背景下，新的组织形式建立起来，它不再依据传统决策的空间和顶级集中性的原则。传统的垂直等级被越来越多的横向关系所取代，这种横向关系往往跨越阶层、跨越国界。网络的普及并不意味着不管是在发达国家还是在不发达国家，世界各地的人们都能平等地进入网络，参与网络；恰恰相反，人们发现，由于国际投资、过境中转或金融交易的作用，各个庞大网络组成地方性的“结”，这些“结”与东京、伦敦和纽约等“全球性城市”的城市新现实不可分割，主要在它们之间发展互动关系（Castells，1994：57）。对于全球中产阶级而言，他们不再西装革履地被束缚在密不透风的办公室隔间里，而是在国际投资、过境中转或金融交易的作用下，穿梭于东京、伦敦、纽约、上海等各个“全球城市”——全球庞大网络所组成的地方性的城市空间“结”之上。他们更多地隶属于某一个或某几个项目小组，而不是被禁锢在企业严格的科层制束缚之下，这使得全球中产阶级具有一种“随时组合、随时解散”的特征。他们既是网络的构建者，也是网络的突破者。

(3) 劳动资本：知识性。德鲁克曾预言，工业社会已经进入“后资本主义时代”，“知识”将成为唯一重要的资本，劳动者与资产者之间的阶级对立即将消失，或至少发生本质性转化——从“两个阶级”之间的对立转化为无数以个体经验为知识资本的专家之间的竞争与合作。20 世纪 70 年代以来，西方发达国家的经济体系纷纷从工业型经济向服务型经济转变，知识成为现代经济增长的基础。全球中产阶级从某种程度上说也可被称为“知识劳动者”，他们主要由高级专业技术人员构成，如建筑师、律师、私人企业中的技师、商业营销人员、经理、与市场运作密切相关的影视工作者，以及收入较高的教授、医生、股票经纪人与自由职业者等构成。他们凭借着良好的知识背景、专业技能和知识智能等“软资本”（soft capital），在市场经济体制下换取财富、地位、名望、权力等各种稀缺资源。后工业社会既是一个知识社会和服务社会，同时也是一个以信息为中心的社会。社会的确定性特征发生了根本性的变革，新的特征正在出现；正在生成的社会日益受到“知识”的驱动。“如果说工业社会主要以‘能源’为中心的话，那么后工业社会就是一个以‘信息’为中心的社会。”（Bell，1976：序言）“重要的既不是人力资源，也不是自然资源，而是信息。因为在后工业时代，信息已成为真正意义上的核心资源，并且它在企业内部正逐步转化为一种权力。”（Bell，1973：170）因此，当前我们所处的时代已经从一个以财富与物质生产为中心的社会转型为一个以信息与知识为中心的社会了（Bell，1973：489）。

（4）生活方式：趋同性。全球中产阶级有着一种趋同生活方式的偏好。跨国公司在全球范围内的大肆扩张，不仅改变了当地的经济运转形式与劳动分工格局，更重要的是，它们将某种文化生活方式在全球各个角落扩展开来。在全球消费文化的均质化趋势不可避免的前提之下，全球中产阶级自然就成为这种新文化象征物的符号代表群体。他们被置于一个特定的社会—空间—时间结构中，既成为全球消费文化的创造者和传播者，也成为这一文化的“积极消费者”。尤其体现在高等教育（如读商学院）、奢侈消费品和高档服务上。由于尚未形成作为一个社会集团的群体意识，大多数成员并未能意识到他们是作为一个独特的社会团体而存在的。但是他们实际上分享了许多相似的品位、偏好和期望，共享着一些价值观，如尊重个性、竞争与实力主义优先、喜欢开放与多样的城市社会环境等。佛罗里达在其著作《创意阶层的崛起》一书中写道：由于创意阶层是“另类的”（alternative）和具有“波希米亚人”（Bohemian）风格的“独立企业/人”，因此，他们趋向于“3T”［技术（Technology）、人才（Talent）、宽容（Tolerance）］指数高的地区，即城市环境是开放的、多样化的、有活力的地区。这类地方是“文化思想相互碰撞、外来者迅速成为内部人的地方”（Florida，2003：13）。所以，“城市发展的核心动力是创意阶层的兴起。因此，营造适合创意阶层生活和工作的环境以吸引其入住成为城市发展的重要目标”。佛罗里达指出，“3T”的三个要素之间存在很强的关联性且相互依赖。“3T”理论解释了美国一些城市如巴尔的摩、圣路易和匹兹堡尽管拥有高超的科技和世界一流的大学，却没能够产生经济增长的原因：这些城市不愿充分地给予创意阶层以包容和开放的态度和环境。“3T”的相互依赖性也解释了美国一些城市如迈阿密和新奥尔良即使在生活方式方面具有吸引力，却没能取得应有的成就：它们缺乏必需的科技基础。最成功的地方——旧金山海湾地区、波士顿、华盛顿、奥斯汀和西雅图——这些地方把“3T”结合了起来，所以它们成为了真正有创意的地方（Florida，2002b：743－745）。阿姆斯特丹传统上的创新型经济人才的大量存在加上其高程度的开放性，产生了别具特色的阿姆斯特丹风格，形成了吸引知识劳动者和创意人的重要推动因素（Musterd & Deurloo，2006：81－82）。佛罗里达及其研究者们将欧洲科技指标、人才指标和包容指标综合在一起，形成了一个测量指标——欧洲创意指标（ECI）。欧洲创意指标主要建立在人才指标、科技指标和包容指标三个测量指标的基础上，并在最后一步分析中，考虑了一个国家在ECI方面的得分和其最近取得的成就或趋势之间的关系，他们运用了欧洲创意矩阵。欧洲创意矩阵实质上是一个将欧洲创意指标和创意趋势指标进行比较的示意图，它将欧洲国家和美国分为四组或四个象限（见图9—6）。

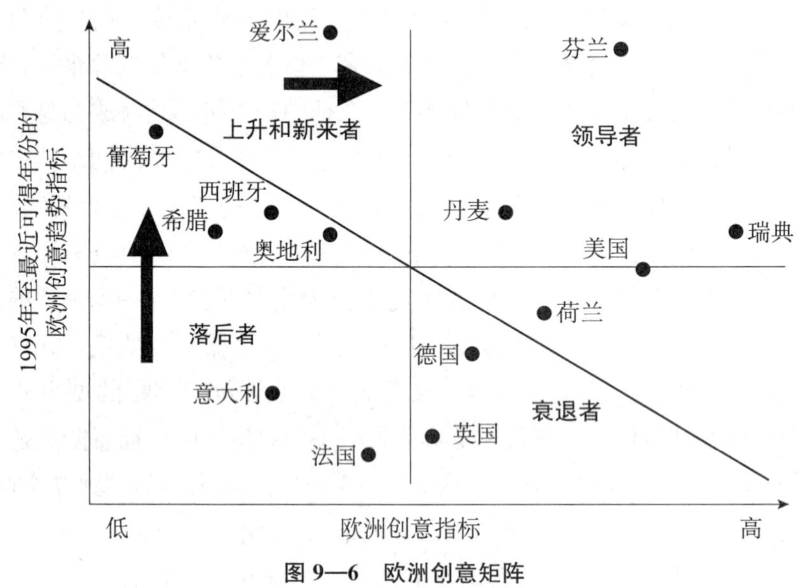

图9—6　欧洲创意矩阵

图9—6中的领导者表示在创意能力方面能够将ECI得分和高增长率结合起来的国家；上升和新来者表示具有低的ECI得分，但相对有高的创意增长率的国家；衰退者表示具有相对高的ECI得分，但在创意能力方面却不能维持其增长的国家，它们的竞争力随着时间的流逝正在落后；落后者表示具有低的ECI得分和低创意增长率的国家，在创意经济时代，这些国家会发现它们很难与其他国家竞争（Florida，2004：11－39）。

四、有关中产阶级成长历程的简要表述

从西欧近代早期的“中间等级”到近现代的新老“中产阶级”（middle class），其成员构成和社会属性经历了一个复杂的演变过程。无论是概念的界定诠释还是政治文化属性的判断识别，以往中产阶级的研究均被纳入民族国家的框架之下，形成了结合不同国别的工业化进程、关注其中的阶级分化现象以及中产阶级的起源和发展演进的研究路径。迄今为止，对中产阶级的概念界定仍然存在着种种不同看法，戴维斯将这种研究现状称为“中产阶级的混乱”（Davis，1962：77－78)。戴安·E·戴维斯认为中产阶级构成的多元性和异质性意味着“该阶层并非由各方面均呈中间状态的人们所组成，而是一个失去轮廓的流动的群体……即‘成层的非结构化’现象”（Davis，2004：2)。“企图一劳永逸地从认识上定义中产阶级的‘真正’边界的努力是注定要失败的，因为它寄望于对诸阶层本体地位的完全错误的认识：中产阶级并不是一个当前的存在。”（王奕红，2003：100）随着全球化进程的加快以及资本主义生产方式的转变，以往对中产阶级的传统研究路径被彻底解构。如前文所述，在全球范围内确实存在着一个人数不断上升的“全球中产阶级”，虽然他们的分布仍然停留在以国家，或者说以地区为界限的范围之内，但是，中产阶级的产生来源、构成属性以及群体性特征已经出现了一个在全球范围内扩散的趋势。尤其是对于发展中国家而言，由于并没能经历一个自发意义上的独立工业化进程，同时又不得不面临后工业社会带来的生产方式的转变，因而自身的工业化过程与社会结构变迁呈现出更复杂的特征，这些国家的中产阶级的产生与分布已不仅与其工业化进程相关，而更多地纳入了全球性元素，也更多地体现了“从地方到全球”的双重空间意义。因此，跳出传统的民族国家的研究框架，从全球生产网络的角度，结合马克思中产阶级的传统行业性研究范式，从一个更为细密的研究角度出发，寻找全球中产阶级研究中出现的各种新指标、新特征，把握全球中产阶级的产生、形成、发展过程中的变动性因素，成为目前中产阶级研究的关键所在。换句话说，我们究竟应该运用什么样的研究方法以获得在中产阶级研究上的一个全球视角，特别是这个全球视角是自下而上的，是联结本地（local）与全球的，而不是被限制在国家的范围内。

英格哈尔特在《沉默的革命》一书中写道：“当前的社会变得更加灵活了，政治的特性从过去的带有阶级性的物质利益的关注转向非阶级性的后物质主义的关注。政治争论不再围绕着与工人阶级利益密切相关的经济问题，而是转向中产阶级关心的生活方式、环境保护以及维护和平等问题。”由于全球性消费品市场的形成，再加上全球人员交流与文化传播的推动，符号消费创造了一个超越民族国家界限的全球中产阶级，他们消费相同的产品，形成同样的消费品位和消费行为。消费主义首先是从意识上，然后才是从经济上将中产阶级从民族国家内部分离出去，从而成为全球的中产阶级。波德里亚将二战后的人类社会称为“消费社会”。他认为：“消费既不是一种物质实践，也不是一种富裕现象学，它既不是依据我们的食物、服饰及驾驶的汽车来界定的，也不是依据形象与信息的视觉和声音实体来界定的，而是通过把所有这些东西组成意义实体（substance）来界定的。消费是在具有某种程度上的连贯性的话语中所呈现的所有物品和信息的真实总体性。因此，有意义的消费乃是一种系统化的符号操作行为。”全球中产阶级的经济资本使他们能够不受生存需求的限制，有追逐符号的能力。此外，由于全球中产阶级自身的脆弱性，其地位暧昧且变动不居，使他们对地位的敏感度超出其他阶层，他们更需要提升自我从而与其他群体区分开来，符号消费则恰好具有此功能，能够满足这种需求。

我们发现，“消费模式与其说是单个消费者‘自由意志’的总和所产生的结果，毋宁说是科学地运用流行文化来创造大众需求和塑造以身份为基础的消费的结果”（罗宾逊，2009：39）。法国著名社会学家布迪厄在《区隔：品位判断的社会批判》一书中，对布尔乔亚式的小资产阶级，即中产阶级进行了翔实的经验研究和理论分析。他认为，消费已经成为中产阶级在特定的场域中为了保持和提升其社会地位而追求品位以有别于其他阶层的策略性游戏。在对消费的研究中，“社会学力图确立文化商品的消费者及其对此类商品的鉴赏品位（taste）赖以产生的条件，同时描述出占用这些商品对象——在某种场合被视为艺术作品——的不同方式，以及形成这种被认为正统的（legitimate）占用方式的社会条件”。在布迪厄看来，消费是主观与客观相统一的社会实践，是一种社会行为。不同地位的阶级群体通过其在独特的消费行为基础上形成的消费模式相区分。消费者行为的每一方面——从对假期和墙纸的选择到食品偏好和服饰款式——都显示出某些有关我们所属社会的重要事情。因此，消费首先具有“区隔”和标识的功能，是一种阶级“区隔”的方式。每一个亚群体都展现了其自身特殊的“惯习”（habitus）。基于相异的“惯习”，不同的阶级群体在消费过程中形成不同的文化欣赏“品位”，从而达成本群体的社会认同，与其他“品位”不合的外群体相区隔。消费作为一种符号性活动，是一种具有相对自主性的实践，而不是直接产生或决定于社会结构中的位置。实际上，消费是一种确立社会各群体差异的方式之一，而不仅仅体现由其他因素决定的差异。在后工业社会里，社会阶级结构可以内化为人们独特的阶级惯习。不同阶级的成员，总是在各自阶级惯习的约束下，带着自己特有的阶级秉性，进入不同品位的场域，并通过选择不同的生活方式来表明自己的阶级身份，表明自己与其他阶级之间的关系和社会距离。以普通的饮食为例，中产阶级偏好美味、健康、热量低的食品，以保持良好的体型。

布迪厄根据资本总量的差异，在法国阶级之间做出了划分。法国社会里存在着三个地位高低不同的阶级，即统治阶级、中产阶级和工人阶级。居于统治阶级和工人阶级之间的，是庞大的中间阶级，这个阶级拥有中等水平的资本。资本数量限制了可能的消费水平和能力；而不同类型的资本构成状况，则影响到消费决策的选择，资本构成不同，消费品位也大不相同。例如，那些拥有较多的经济资本和文化资本的中上阶层，会讲求消费的档次、质量与品牌，会更多地在享受型消费与发展型消费上下功夫；而经济资本和文化资本都较少的人则局限于生存性需求的满足，也就是说下等阶级的品位主要是生存必需所决定的，这与上等阶级不同，后者的资本相对来说不受生存必需的限制。拥有较多经济资本的新贵们会更加青睐如凡勃伦所说的“炫耀性消费”，而拥有较多文化资本的群体则会推崇其高雅的文化品位以与富人群体相区分。在消费领域发现的基本区别，甚至有甚于此，是奢侈（自由）品位与生存品位的对立。因此，一个人的阶级更多地是由“品位”或“生活风格”而不是由生产方式中的地位所决定的，“甚至确实是后者统治前者”。另外，品位不仅简单地反映了社会地位，而且是那些经济或政治等级高的人限制那些低阶的人接近并保持其政治特权和经济优势的一种手段。进而，布迪厄依据所拥有的资本的比例构成，对阶级类型进一步做了细分。他认为，在统治阶级内部，不同的成员因拥有的经济和文化资本的构成比例不同，可以有更细致的划分。拥有大量文化资本和相对较少经济资本的职业有作家、艺术家、大学教授等；而拥有大量经济资本和相对较少文化资本的职业有大公司的所有者、金融家等；居于这两种类型之间的是拥有中等量的经济和文化资本的自由职业者、私营和国营部门的高级管理人员等。与上述居于两个极端的阶级类型相比较，这类居于中间地位的职业，在经济资本和文化资本的拥有量上较为平衡。

在全球语境下，消费主义被全球化媒体卓有成效地扩散开来，那些受欢迎的货物、那些流行的音乐、那些时髦的服饰，或者那些时兴的“观赏性的东西”通过媒体的力量迅速地引起人们的关注。“一方面，每个国家的全球精英都在迅速地共享相似的生活方式，包括接受高等教育的模式（如到世界顶级的商业学校就读）和对奢侈品及服务的消费。全球精英们模仿彼此的生活方式和观点，这与他们的国籍无关”，“这种生活方式和获取行为强化了阶级统治”，“全球精英下面的高收入专家和技术人员，也似乎同其他国家的同行们具有更多的文化方面的共性”（罗宾逊，2009：39）。而在世界政治经济格局进入后金融危机时代的再平衡时段时，全球中产阶级区别于以往“老中产阶级”和“新中产阶级”的一个明显变化是乐观主义、安全感的消失和焦虑情绪的滋长。收入的减少、失业的威胁、竞争的压力，彻底破坏了新中产阶级乐观、安全的心理状态。在后危机时代的这些国家，全球中产阶级因全球贸易遭逆转而饭碗不保；投资了房屋和股票，但房价下跌和股市崩溃令其损失惨重；拥有储蓄却不敢肆意消费：而这样的经验教训又只会加剧他们天生的不安全感，使得玩世不恭、犬儒主义、“后现代”思潮迅速地在全球中产阶级中蔓延开来。而对于那些新近崛起、受惠于现代化进程中经济高速增长的新兴国家的中产阶级而言，旺盛的消费能力和积极的进取意识使他们在经济危机中被全世界寄予厚望，然而，基础脆弱的他们更易受到经济转轨阶段各种不确定因素的袭扰，一个不小心就可能跌入贫民阶层。事实上，金融危机打击下最大的受害群体，可能正是新兴市场那些刚刚摆脱贫困、进入中产的人们。尤其是拉美地区中产阶层正在迅速崛起的国家，高通胀、高债务的经济发展模式也使得拉美的中产阶层的境遇每况愈下。圣保罗坎皮纳斯州立大学的经济学家马西奥·波奇曼估计，在1980年以后，巴西有700万人退出了中产阶层行列(其中有300万人进入了上层阶层)（邓喻静等，2010)。

此外，需要强调的是，虽然这里用“全球中产阶级”一词指代在新经济形态下出现的群体，但并不代表这一群体已经以阶级的面目出现在我们面前。“全球中产阶级”这一指称的理由是这一群体的行动逻辑是指向全球的，而在马克思的阶级分析框架之下，他们始终处于社会结构的中层或中上层。因此，他们虽然生活方式趋于同质化，但并未形成相对稳定的阶级意识和阶级认同感。至少在全球维度上，全球中产阶级尚未形成一个稳定的阶级形态。在这一群体的构成仍然模糊不清的前提下，本书的意图不在于为其提供一个严格的分析框架，而是试图为以后的中产阶级研究提供一个新的想象空间与分析思路。我们试图在全球经济一体化的大背景下，重新审视全球生产网络下的这一群体，观察他们正在发生的行动逻辑以及由此产生的结构性结果。

结语：中产阶级成长的中国视野

全球化和社会转型，是自2001年以来学术界讨论中国中产阶级产生和成长时的两个交织的基本议题（Zhou & Qin，2010）。这两个议题之所以如此紧密地纠缠在一起，首先在于它们都是发生在20世纪80年代后的社会变迁过程。作为一种共时态的社会转变过程，全球化凭借资本、技术、商品、服务和劳动力跨越国家和地区的流动，使以美国等西方发达资本主义国家为代表的资本主义生产方式、生活方式乃至文化表现方式，在全球范围内扩展或推广开来，就像我们在本书导言和第三编中已经提及的那样，中产阶级也随之成为一种全球性的社会分层现象；而作为一种历时态的社会转变过程，社会转型以市场转型为前导，继而引发了中国社会各个领域的巨大变迁。其实，与其说社会转型是全球化的一种必然结果，不如说正是发生在中国以及东欧等原社会主义阵营中的这场转型，为真正意义上的“全球”化铺平了道路。进一步，正是社会转型导致了像中国这样的社会主义国家内部的阶级关系和社会结构的变动，而中国融入世界经济格局中的事实，又使得这一变动不能不受到全球产业结构、职业结构、劳动力市场和消费品市场变动的影响。

作为“国外社会建设理论的比较研究”项目的一部分，在我们用40余万字的篇幅讨论了西方中产阶级的理论和实践之后，有必要借“他山之石”，从全球化及社会转型的视角出发，讨论中国中产阶级是在何种背景下成为中国社会的现实的；中国中产阶级的建构路径有哪些特点，这些特点又以何种方式塑造了中国中产阶级的基本特征。最为重要的是，我们将结合全书关于西方发达国家中产阶级的讨论，为中国中产阶级的进一步成长及对中国社会建设的意义做出具有阐释力的说明。

一、社会转型与中国中产阶级的再造

从本书讨论的包括欧洲和美国在内的西方发达国家的经验来看，中产阶级最初是工业化的产儿。因为肇始于18世纪的工业革命摧毁了城市中的封建行会和农村中的庄园经济，在产生现代大工业的同时，也使得以市场为中心的整个资本主义体制得以确立；也因为工业革命带来了人口大量聚集的都市化，凭借自由的、不受约束的经济生活和复杂、多元的社会网络，以及随处可见的银行、办公大楼、饭店、俱乐部、电影院、博物馆、餐馆、咖啡馆、豪华公寓、会议中心、市政广场以及跑马场、教堂这些现代公共空间，对中产阶级的成长有着重要意义的市民社会得以出现（Taylor，1991）；还因为工业革命及作为其前导的技术革命，普通家庭的财富积累和文化养成成为可能，而20世纪20—30年代尤其是第二次世界大战后，随着薪金雇员即所谓“新中产阶级”人数的增长，西方世界很快出现了“橄榄形”的社会结构。

尽管我们一再强调，当代中产阶级的成长是在全球化的背景下展开的，但中国的故事却常常有着自己的内在逻辑。

中国内地大规模的工业化始于1949年后，具体说，始于1953年开始执行的国民经济发展的第一个五年计划（1953—1957年）。从1949年起直到改革开放的1978年，尽管中国社会历经磨难，但30年间中国的工业化还是取得了举世公认的成就，年平均增长率达到了6.1%。虽然几经反复，但到毛泽东去世之时，中国内地还是基本建成了比较完整的工业体系。而在这30年中，虽然工业化有了相当的进展，但工业化本身却并没有对包括中产阶级在内的中国社会阶层的变动产生必然的影响。

1949—1978年的30年间，中国的工业化并没有像西方世界那样打造一个中产阶级，这是由中国独特的政治和经济道路所决定的（周晓虹，2002b）。从政治上看，毛泽东时代中国的社会分层与阶级结构一直受到两个似乎对立的政策的影响：(1) 在1949年推翻原有的地主和资产阶级统治之后，首先是为了给毛泽东的“阶级及阶级斗争将长期存在”的论断以现实的支持，其次是为了赋予人民“翻身当家做主人”的感觉，中国内地在工人农民的对立面维持了一个“符号性”的剥削阶级达30年之久。在“阶级斗争”的路线指导下，不但已被推翻的地主和官僚资产阶级被视为阶级敌人，而且除工人和农民以外的阶级和阶层也都被打入另册。从本书所讨论的主题来看，老中产阶级被称为“民族资产阶级”或“小资产阶级”，他们一直是工商业的社会主义改造和思想改造的主体；而作为“小资产阶级”的另一构成部分的知识分子和专业人士同样也是一个灰色的标记，是1949年后30年中大大小小的思想改造运动或“洗澡”的主要对象（杨绛，2004）。在这样的情况下，进一步的阶级分化从政治上、文化上甚至心理上被遏制了。（2）在所谓“人民”的范围内实现平均主义的分配政策，1966年后甚至导致了社会结构的极端“去分层化”（destratification）。就平均主义的政策而言，据美国社会学家白威廉的研究，20世纪60—70年代，中国即使在社会主义国家中也是最平等的国家。当时中国高收入者的收入只是低收入者的2.2～2.3倍，而基尼系数更是只有0.20～0.21。这种平均主义的和“去分层化”的社会结构是通过多种经济和政治手段实现的，其中包括平均主义的工资制度[①]、减少工资差距的措施[②]、取消军衔制度（毛泽东时代军衔制度只实行过短短的10年）、日常消费的配给制度、住房的分配制度，以及“文革”中对计件工资制度、奖金制度的批判和停用；1966年后，一系列的极端政策更是导致了“文革”前比较平均的社会结构向“文革”后大平均主义的社会结构的转变。在后一种“去分层化”的状态下，个人的努力如个人教育程度的提高（在西方，这是成为新中产阶级的主要途径），常常反倒导致了其职业地位的降低（Parish，1984）。

从经济上看，导致中国社会无法产生一个与工业化相称的中产阶级的原因也是多样的。具体说来，由于受苏联经济模式的影响，中国工业化的道路是以优先发展重工业（包括军事工业）为前提的，因此与国民消费生活有关的轻工业和服务业一直严重滞后于人们改善和提高生活质量的需求。据统计，1950年在中国GDP的构成中，三次产业结构的比例为29∶29∶42，到1980年时为21.6∶57.8∶20.6，而1980年同期其他发展中国家GDP中三次产业结构的比例为24∶34∶42（周天勇，2008）。这说明，毛泽东时代中国的工业化超前，但与人民生活相关的第三产业的发展却严重滞后。加之农业因为1958年后实行“人民公社”制度、贯彻“以粮为纲”的原则以及粮食统购统销政策，包括粮食在内的农副业消费品也一直处在严重的短缺状态（毛泽东时代盛行的各种票证制度就是这种短缺的最好注脚）。而在国际事务中，由于先后与美国、印度和苏联的军事对峙，国防开支也一直占国民收入的相当大的比重……这一切都使得中国普通百姓的收

① 即使是这种近乎平均主义的工资制度，在“文化大革命”时期也受到了批判和挑战。例如，1975年毛泽东逝世前就曾开展过对工人中执行的“八级工资制”的批判，称之为“资产阶级法权”。

② 毛泽东本人也曾为减少这种差距做出过贡献。据传，1956年实行“薪金制”时，毛泽东将自己的工资级别从一级定为二级，并且说“人民是一级，我是二级”。

入在 1952—1980 年间没有什么实质性的增长。①这一切，加上政治上对社会分化的限制，都使得中国中产阶级的产生和成长成为天方夜谭。

变化出现在 1978 年后。自中共中央十一届三中全会后，中国开始了大规模的改革开放运动。这一运动首先从农村的联产承包责任制开始，然后转向城市的诸多经济领域。此后，中国经济的发展取得了举世瞩目的成就，35 年间，中国国内生产总值（GDP）从 1978 年的 3 645 亿元人民币增长到 2012 年的519 322亿元人民币，GDP 年均增长率高达 9%，成为仅次于美国的世界第二大经济强国。如果说中国经济在这 35 年中的迅猛发展，为中国人民生活的改善奠定了最基本的物质基础的话，那么中产阶级的出现和成长还与 1978 年后中国社会的转型有着最直接和密切的联系。这场规模浩大的转型源于从指令性的计划经济或者说再分配经济向现代市场经济的转变，但它很快带动了包括阶级关系和社会结构在内的整个社会的转型。

社会转型从根本上说是由市场转型引发的，但毛泽东时代固化了将近 30 年的阶级关系和社会结构的松动最初还是由政策的变动引起的。1979 年，中共中央宣布为“地富”及其子女摘帽，并结束先前的“以阶级斗争为纲”的基本路线，代之以“以经济建设为中心”。这一变化，伴以社会生活中的其他改变尤其是职业的分化，使得中国社会的分层得以从“符号性”的阶级标准转向职业标准，而这正是中产阶级得以出现的前提之一。

一旦政治分层的闸口被打开，1978 年后越来越强大的市场的力量就开始对社会结构的转变产生巨大的影响。当革命前的阶级出身不再成为人们的社会分层标准之时，他们通过自己的社会资本、经济资本和文化资本从市场上获得的财富的多寡自然就成了新的分层标准。总体上，在中国，与中产阶级产生相关的社会结构的转型分为两个鲜明的时期：（1）1978—1992 年的 15 年是第一个时期，在此阶段，随着对私营经济的“放生”和“允许一部分人先富起来”政策的推行，有两部分人首先成为中国的中产阶级：其一，城乡社会那些首先投身于市场经济的“弄潮儿”，这些人大多来自民间社会，他们的各类资本的积累主要是通过敏锐的市场意识和吃苦耐劳的经营，这与塞勒尼描绘的改革初期在匈牙利从事“第二经济”的人十分相似（Szelényi，1978）；其二，那些主要通过父母拥有的权力

① 据《中国农业年鉴》（1980 年）和《中国统计年鉴》（1981 年）统计，1952 年国家部门的年度平均工资实际为 446 元，1980 年为 529 元，28 年总增长率为 18.6%；农村集体人均收入在集体化后的 1953 年为 38.8 元，在毛泽东逝世前的 1975 年为 54.4 元，22 年的总增长率为 40.2%（麦克法考尔、费正清，1992：517）。

和“双轨制”政策而富裕起来的干部子弟，他们借用父母的政治和社会资本，将其顺利地转换成经济资本。(2) 1993 年至今是第二个时期，这一时期延续至今已经超过 20 年。在此阶段，随着再分配经济向市场经济的全面转轨，以及包括住房改革在内的一系列政策的推进，原先在再分配经济中具有优势的干部和专业技术人员，凭借着引导转型的政治资本或转型所需要的文化资本，很快成为中产阶级的主体成员。和塞勒尼描述的东欧的情形一样（Szelényi & Kostello，1996)，那些在第一个时期最先进入市场但受教育程度较低的人，此时被挤到了市场的边缘。改革开始时期“造导弹的不如买茶叶蛋的、拿手术刀的不如拿剃头刀的”抱怨成为历史遗迹，在现时的中国劳动力市场中，教育开始成为决定上下岗、再就业和收入的关键因素（Maurer-Fazio，1999；刘精明，2006），也因此成为影响社会分层和中产阶级成长的要素之一。

二、中国中产阶级的建构路径

我们已经从政治和经济诸方面论述过，1949 年后的前 30 年，中国工业化的成长为何没有能够像西方工业化那样，打造一个与之同步成长的中产阶级。确实，在消除阶级差别方面，中国共产党在前 30 年中的政治和经济政策发挥了极大的作用，但这些政策所以能够成功，与计划经济体制或再分配经济体制的确立有着十分密切的联系。如果说生产资料的私人所有权的被剥夺，导致了革命前不平等的分层体系的灭亡，那么，市场制度的连根拔除则将阶级分化的可能性彻底扼杀。建立在计划经济基础上的再分配体系，消除了通过市场的自由交换来积累财富和资本的可能，自然就消灭了因经济不平等而产生社会分化的可能。正如塞勒尼所注意到的，社会主义的不平等主要体现在公共物品的分配上，而权力和政治忠诚在其中起着关键作用（Szelényi，1978）。

这样一种叙事路径已经触及与本书主题有关的中国中产阶级的宏观或制度建构问题。显然，从宏观的制度背景上说，中国中产阶级在 1978 年后的重生，与其后推进的朝向市场的改革或转型息息相关。1978 年前，中国实行的是波兰尼所说的“再分配”经济（Polanyi，1957)，这种经济形式排除了生产者和消费者之间的横向联系，依靠自中央到地方的多层官僚体系调拨资源、分配收入。1978 年后，这种再分配体制逐渐为市场报酬体制所改变，而后一种体制要求使用要素者向提供要素者根据要素的市场价格或在可分配成果中的贡献来支付报酬，正是这种报酬体制确保了“允许一部分人先富起来”的政策成为现实。最早，倪志伟就敏锐地看到既然“由再分配向市场机会的转型包含资源调拨和分配方式的变化，那么这一转型很可能会改变分层秩序”(Nee，1989)。如此，随着1978年后30年中GDP的狂飙突进，这样一些与市场相关的分配机制的介入直接导致了社会分层秩序的变化和中产阶级的产生：(1) 以市场价格来支付报酬，必然导致不同人群和同一人群中的不同个人收入差距的扩大，基尼系数从20世纪60—70年代的0.21，增长到1980年的0.33，再增长到后来的0.474就是一个明证，收入差距的扩大为中产阶级的出现奠定了基础。(2) 由于再分配体制向市场体制的转变，国家权力和市场这两种基本力量控制资源的能力开始发生转变，这导致了利益格局的调整和改变，进而影响到中国中产阶级的构成的变化。在解释这种构成变化时，一直有两种针锋相对的观点：其一以倪志伟的观点为代表，强调市场和改革的力量，认为市场转型在导致政治权力的经济回报降低的同时，会提高人力资本的经济回报(Nee，1989)；其二如罗纳-塔斯、边燕杰和罗根等人，强调权力的变形和维系，或认为政治特权能够转换为经济优势(Rona-Tas，1994)，或认为再分配权力的收入回报随着改革反而有所提高(Bian & Logan，1996)。其实，因为中国市场经济的成长是在原有的政治力量在场的情况下实现的，国家权力和市场的力量并不一定此消彼长，相反它们都可能分别或交互发生作用。例如，在现今中国中产阶级主要的三大组成成分中，如果说国家公务员及社会组织的管理者更多依赖的是权力的力量，那么经理阶层和专业技术人员的中产地位则主要是市场化的结果。(3) 与市场化推进有关的税收制度、住房改革制度的实施，在一定程度上制约了收入分配差距的扩大，促进了中产阶级的成长。单以税收制度为例。众所周知，1980年个人所得税的实施本身就是中国市场化改革的结果，而这一税制由于采取的是累进税制，加上对中西部的优惠倾斜，对贫富之间和东部与中西部之间收入差距的缩小起到了一定的调节作用(宇都宫浩一，2009)；尽管从总体上说，中国的收入差距还在不断扩大，但通过税收阻止金钱和财富无节制地流向少数富裕阶层，加之个人所得税的最低征收标准的不断提高，也在客观上促进了中产阶级规模的扩大。

如果说上述朝向市场的改革是中国中产阶级产生的主要的宏观或制度背景的话，那么接下来我们要讨论的体现生活方式改变的消费，则是这一群体建构自我认同或赢得社会认同的微观或心理机制。考虑到中国人在近30年中的消费欲望和消费能力本身就是市场的转型所赋予的，我们其实能够在中国中产阶级产生的宏观背景和微观机制之间找到某种确切的联系或交互作用。

消费所以会成为中国中产阶级建构自我认同和寻求社会认同的主要途径，是由诸多历史、经济和社会的因素所决定的。从历史的因素来看，自“middle class”一词进入中国以来，它就一直被译为“中产阶级”，它强调了这一阶级或阶层在财产占有及由此决定的消费上的“中等性”。如前所述，1949 年后，毛泽东的革命结束了生产资料甚至生活资料的私人所有，在再分配体制下，连住房这样的最主要的生活资料都是由国家分配的，而私人轿车对任何人来说都是一个遥不可及的梦。在这样的背景下，社会分层是由人们在再分配体制中的权力大小决定的。但是，1978 年的改革以后，随着市场经济的逐步建立，私有财产的积累和合法性开始成为现实，它直接导致了社会分层逻辑的变化。变化的重要方面之一就是，人们无论是对自我阶层地位的认定还是对他人阶层地位的认定，都开始更多地依赖财富的多寡以及由此决定的消费层次的高低。与此同时，党和国家为了消解中产阶级的政治含义，一直有意无意将这一阶级称为“中等收入群体”的做法，进一步强化了人们根据收入及由收入决定的消费来进行社会分层的倾向。例如，在李春玲和我们的研究中，通过消费来实现中产阶级身份认同的现象都十分明显（李春玲，2005；周晓虹，2005a）。在我们 2005 年的调查中，被访者虽然对中产阶级所应该拥有的家庭资产众说纷纭（21.2%的人认为应该在 50 万以上，19.3%认为应该在 100 万以上，30.6%的人说不清），但他们都一致认为“有房、有车”大致应该是中产阶级的基本标志。

从经济的因素来说，消费之所以会成为中国中产阶级建构自我认同的主要途径，是因为这一阶级的经济地位既是由改革开放 30 年来 GDP 的快速提升奠定的，同时也是由前述一系列朝向市场的转型促进的。在 GDP 的连续增长和市场转型的过程中，城镇居民的收入不断增长。1978 年改革开放之时中国职工年平均工资仅为 615 元，此后这一数字不断增长：1985 年为 1 148 元，1990 年为 2 140元，1995 年为 5 500 元，2000 年为 9 371 元，2005 年为 18 364 元（国家统计局，历年），几乎每 5 年平均收入就能翻一番甚至更多。此后，虽然国家不再公布全行业的职工年平均工资，但工资的增长仍是一个基本趋势，2012 年年底召开的中共十八大也允诺要力保 2010—2020 年十年间中国人民的人均收入再翻一番。

在收入增长的同时，人们的消费行为开始得到国家的鼓励。国家鼓励消费的动机在不同时期有所不同：如果说 1997 年之前，国家采取增发工资、调整产业结构、降低年积累率等一系列政策提高人民的生活水平，主要是为了扭转毛泽东时代的“革命”给人民生活带来的影响，“克服合法性资源危机”（王宁，2009：235）的话，那么 1997 年后国家鼓励消费，则是因为此时东南亚经济危机和国内市场的消费需求不足，已经成为制约中国经济进一步发展的瓶颈。为了推动中国经济的进一步发展，党和政府明确提出“要积极培育住房等新的消费热点，使住房建设真正成为重要产业。积极发展电信、旅游、文化、娱乐、保健、体育等服务性消费”（朱镕基，2001：1174）。在政府的积极倡导和多种政策性鼓励之下，2000 年后，中国中产阶级的消费开始升级，从电视、洗衣机、电冰箱等耐用消费品转向更具身份性和外显性的住房和私人汽车。2000 年后的十多年中，中国的住房价格普遍翻了几番，沿海地区甚至翻了近十番，因为投资住房而暴富的人不计其数；2001 年因为中国加入世界贸易组织，这一年也成为汽车进入中国家庭的元年，国产轿车此后 6 年产销连续实现两位数的“井喷”式增长，从 2001 年的 82 万辆，增加到 2007 年的 532 万辆（李安定，2008），2009 年更是超过 1 300万辆，成为世界第一汽车制造大国。并且，住房和汽车消费不仅是中国中产阶级建构和获得认同的主要消费品，也开始成为他们转变消费观念的主要演习场。[①]

从社会的因素上说，党和国家对消费的倡导不仅导致了中国中产阶级的消费进入快车道，更重要的是由于国家的提倡和推动，加上进入 20 世纪 90 年代后越来越强大的全球化浪潮，在中国人尤其是先富起来的权力和财富精英阶层以及人数越来越多的中产阶级中，与消费主义相关联的价值观和生活方式开始形成，这对中产阶级的认同建构尤为重要。众所周知，在毛泽东时代，在国家意识形态的宣传中，消费一直是资产阶级生活方式的象征，在一定程度上它是浪费、奢靡和腐朽的同义语。改革开放尤其是 90 年代后，在主流话语体系中，消费概念本身也发生了“转型”，包括国家在内都意识到了消费对国民经济的拉动作用，而市场对消费的天然需求与国家意志的不谋而合，自然使得此后各种鼓吹消费的广告大行其道。并且，随着时间的推移，中国的广告诉求开始从功能性消费价值转向符号性消费价值（陈胜，2003）。这些围绕消费形成的公共性解释框架的变化，为包括中产阶级在内的富裕起来的阶层改善生活品质甚至通过消费实现与草根大众相区隔提供了合法性。自 2000 年开始，中国流行的各种房屋销售广告，其基本的诉求主题常常不是房屋本身的舒适性，而是房屋对个人地位的彰显和提升（Fraser，2000）。在中国的售楼广告中，“物以类聚，人以群分”“买新房，当老板”“教授、企业家和银行家的共同选择”等广告语比比皆是，它们都毫不掩饰

① 以贷款这种中国人原先不屑的“寅吃卯粮”的做法为例，2002 年中国住房贷款余额占金融机构的贷款总余额不到 2%，但仅仅一年后的 2003 年，中国住房贷款余额已经升至 1.2 万亿元，占金融机构贷款总余额的比例则上升到 10%。

地直言购房行为对一个人的阶层或社会地位的建构作用。而这些广告在房地产市场中的流行，也从一个侧面反映了消费对中产阶级认同的重要性。

三、中国中产阶级的两重特性

消费和中国中产阶级的密切关联，对半个多世纪前社会学家赖特·米尔斯在研究美国中产阶级时提出的那个“政治后卫”（Mills，1951：324－354）的著名论断具有某种补充意义。对中国中产阶级而言，最完整的特征描述应该是消费前卫和政治后卫，这直接影响到他们的价值观、生活态度和行为方式的定位。如果将中国中产阶级的成长置于一种国际比较的视野之下，我们能够发现，中国中产阶级在政治和消费两大领域完全相左的上述两重性，其实是由其形成时所经历的全球化浪潮和社会转型实践所决定的。

虽然米尔斯强调过第二次世界大战后美国新中产阶级的政治后卫特征，但众所周知，中产阶级在政治上的后卫姿态并不是与生俱来的。不仅在欧洲中产阶级的早期历史中，其反对封建主义的政治锋芒一向犀利无比，他们获得财产的私有性、市场的自由性和政治的参与性从来就是政治前卫的直接结果，并因此形成了欧洲市民社会的优良传统——这一包括民选议会制度和新闻自由在内的传统甚至在匈牙利等中欧国家的社会转型中也发挥了重要作用（伊亚尔、塞勒尼、汤斯利，2008：5），而且在一些新兴资本主义国家中，中产阶级一样继承了他们欧洲前辈的政治前卫特征。以韩国中产阶级为例，虽然他们具有政治上摇摆的一面（Koo，1993），但从20世纪60年代一直到80年代的社会抗议运动中，这一阶级也从来都没有作壁上观，他们积极地参与民主改革，本身就是“政治民主化的一个产物”（韩湘震，2009：427）。比较而言，在这些市场经济国家或资本主义国家中产阶级的成长过程中，只有美国是一个例外。因为从来没有专制主义的传统，加上自由经济和媒介所起到的政治消解作用，美国的中产阶级在政治态度上是后卫的，就像米尔斯所言，“美国政治舞台上从来不存在旗帜鲜明的中产阶级运动”（Mills，1951：351）。

一如作为法国大革命产儿的欧洲中产阶级必然带有那个时代的激进特征一样，中国中产阶级成长的年代和全球化的扩展时代的同步，自然也会赋予这一阶级诸多全球化的特征，其中最鲜明的就是消费主义特征。其实，这一特征并不独属于中国中产阶级，它也同样表现在另一个基本同时期大规模崛起的中产阶级群体——印度中产阶级身上（Varma，1998：26；拉加拉姆，2009；鲍斯，2009）。常常有人说中国特定的政治环境决定了中产阶级只能往消费的向度上发展，这大概只说对了一半，答案的另一半是：无论是中国还是印度，这两个政治制度完全不同的国家的中产阶级在消费上的相似性，都是由他们同时卷入的这个全球化的时代赋予的。我们不仅应该看到，全球化将资本主义的生产推向全球，推动了包括中国和印度在内的发展中国家的制造业和服务业的繁荣，也应该看到全球化形成了全球性的消费品市场，以及和这种市场相对应的消费主义的价值观、生活态度和行为方式。在这个全球化的时代，尽管中国和印度这些国家刚刚浮现的中产阶级在出身背景、政治身份、职业、宗教信仰甚至种族上各不相同，但他们在通过消费来建构自我认同上却有惊人的相似性：那就是都强调消费和生活方式对阶级身份和社会地位的重要性。在这样的意义上，无论是中国中产阶级还是印度中产阶级，他们在政治乃至一般的社会事务上的不作为，从根本上说是因为这些公共责任是与全球化所倡导的消费主义及其界定的个人成功的定义格格不入的。

除了全球化，中国中产阶级的消费前卫和政治后卫特征，还与1978年后的中国所经历的独特的社会转型有着密切的联系。在这一点上，尽管都发生了朝向市场的转型，但中国与前社会主义的苏联及其他东欧国家迥然不同。众所周知，在90年代初苏联解体之后，俄罗斯开始了激进的私有化，在这一过程中，由执政的官僚和经济寡头构成的俄罗斯统治阶级，用不到10年的时间就完成了西方国家需要几十年甚至上百年的资本原始积累（连连，2005：310），结果财富在私人手中的积累速度远远超过了市场制度的建立速度，形成了伊亚尔和塞勒尼等人所说的“没有资本主义的资本家”，并同时使私有化改革之初形成的中产阶级沦为贫困阶层；在匈牙利等中欧国家，由于长期以来的市民社会的传统，在后社会主义时代，其市场制度的建立比私有财产的发展速度更快，形成了“没有资本家的资本主义”（伊亚尔、塞勒尼、汤斯利，2008：6），并且在这一过程中，那些受过良好教育的文化资本的所有者——“尤其是那些在工程学和经济学方面受过训练的人”（伊亚尔、塞勒尼、汤斯利，2008：42）即中产阶级知识分子成了社会转型的受益者。

与苏联和其他东欧国家相比，中国的社会转型别具特色。由于中国的改革是在执政党的地位和政治制度没有发生根本动摇的情况下进行的，同时又由于它自改革之初就为私人经济的发展提供了充分的空间，1995年后更是全力推进朝向市场的转型，结果在国家和市场的互动中形成了一种典型的二元体制：一方面是社会主义的国家和国家权力机构的代理人，他们积极地推进市场经济；另一方面是充分的市场和资本所有者①，他们反过来使国家和国家代理人具备了更大的调控市场和汲取资源的能力（例如，在2009年的金融危机中，国家一次就投入4万亿人民币，是其经济能力提升的表征之一）。结果，在国家和市场中——所谓体制内和体制外——同时孕育了现在规模庞大的中产阶级。在这个意义上说，中国中产阶级在政治上的后卫姿态，既源于国家没有放弃政治上的控制，现有的政治格局为中产阶级留出的行动空间极为有限②；也源于国家通过市场经济的推进，同时保证了体制内外的中产阶级的经济利益，这在相当程度上降低了中产阶级通过政治行动进行利益诉求的动机。

四、中产阶级的培育与中国社会建设之路

在中国，自2000年前后开始论及培育与发展中产阶级之时，无论政府、媒介还是学界，其基本的动机或出发点大致都包括这样两条：其一，通过中产阶级的培育与发展，真正改善中国人民的生活条件与生存境况，用十八大后流行的政治话语来说，即在实现中华民族伟大复兴的同时，实现13亿中国人民追求生活幸福、地位平等、个性张扬、充分享有自由和民主的政治权利的人生梦想；其二，通过中产阶级的培育与发展，造就一个合理的橄榄形的中产阶级社会，由此解决我们目前在社会转型时期面临的诸多棘手的社会矛盾与社会问题，建设一个既富有生机勃勃之朝气又具备和谐稳定之局面的社会主义强国。

上述问题的第一个方面基本上没有什么争议。显然，通过本书的论述，我们已经看到，当今世界，凡中产阶级占主体的国家或社会，都处在发达之行列，其人民的生活幸福和人生自由也都获得了相当程度的保障。而上述问题的第二个方面则比较复杂一些。中产阶级的发展与社会稳定的关系，直接涉及这一阶级或阶层的政治与社会参与，而有关中国中产阶级的未来发展及其政治参与意愿，向来就是这一领域的热点之一（李春玲，2009）。在过去10年有关中国中产阶级的讨论中，大多数人都认为，中产阶级的发展能够成为一个快速发展的社会的稳定器，或者如我们所言，认为中国中产阶级具备消费前卫和政治后卫的基本特点（周晓虹，2002b）。不过，随着近年来社会矛盾的激化和尖锐，中产阶级是否能够有效地成为社会的稳定器受到人们的怀疑（张翼，2009）。由于草根阶级和中

① 如果单就市场的意义而言，相对于俄国的“没有资本主义的资本家”和中欧的“没有资本家的资本主义”，中国可以形象地被比喻为“既有资本家也有资本主义”。

② 在中国，目前中产阶级的组织化行动只指向具体的与行动者有关的群体性利益问题（如颇普遍的商品房质量问题和十分特殊的如厦门PX化工项目的污染问题，参见陈映芳，2006），基本不涉及政治和社会生活的一般性发展问题。

产阶级的阶级相邻性，他们的日常接触较多，社会比较的可能性也较大，这使得他们之间容易产生矛盾和冲突。所以，我们也很早就警示过，如果出现大规模的社会动乱，那么作为“先富起来的人群”，中国中产阶级极有可能成为中国改革开放的“替罪羊”（周晓虹，2007a）。而从历史上看，中产阶级的社会稳定器功能的实现确实不是没有条件的。例如，20世纪30年代法西斯德国的兴起中，处在大资产阶级的压榨和无产阶级的抗争之间的中产阶级就扮演了不光彩的角色（周晓虹，2005b：9－10），就像我们在本书“导言”中已经借西奥多·盖格之口交代的那样，“两头受气”最终使中产阶级成了“法西斯主义的社会基础”。

尽管有这样的历史教训和现实忧虑，但借鉴本书所研究的美国以及其他发达国家的经验，结合对中国情况的观察，起码到现在为止，中国中产阶级并没有表现出政治上的任何激进倾向，他们不仅与党和国家仍然处在一种积极的良性互动之中，而且在许多情况下他们也能够自觉地为草根大众的利益代言。例如，无论是深圳的“孙志刚事件”、厦门的“PX事件”、重庆的“李庄案件”，还是已经实行了五十多年的“劳教制度”的废弃，以律师、教师、记者、公务员等为代表的中产阶级群体，总体上说都能够站在民主和法制的立场上，以一己之力，维护草根大众的人生和经济权益，他们积极推进了中国社会的发展与进步。

在前面的论述中，我们已经表明，中国中产阶级在消费上的前卫特征是全球化所推崇的消费主义的产物，而它在政治上的后卫特征则是中国独特的社会转型所赋予的。人们能够注意到，中国的社会转型有两个鲜明的特征：其一，执政党的政治地位和原有的体制没有发生根本的动摇（尽管有所转变），它使得原先体制内的精英阶层及其后代能够顺利地复制其精英地位；其二，朝向市场的转型使得原先体制外的精英也能够通过经济活动或教育等途径富裕起来。经济的双轨制事实上也使得阶层再生产能够沿着同样的双重轨迹前进，它保证了30多年来中国社会转型过程中的政治稳定。

因此，在中国社会转型的过程中并不存在中产阶级和国家发生大规模冲突的可能，现在的问题倒越来越多地出现在普通草根大众和国家以及不同领域的利益群体之间。中国30多年的经济改革确实取得了巨大的经济成就，但现在却面临这一巨大的经济成就是否能够为全体人民所共享的严峻问题。因为现有的分配制度的不尽合理，加上社会保障机制的缺失，以及国家监管和调控的不力，近十年来中国社会以下层民众（农民工、失地农民、下岗工人和拆迁户）为主体的群体性利益诉求事件频繁出现，如孟连橡胶种植农民的冲突事件、重庆出租车罢运事件、陇南拆迁户事件等，其中最令人震惊的是2008年的“瓮安事件”和2009年的“通钢事件”。①不过，虽然这些冲突都发生在下层群众与资方或基层政府之间，但就像我们已经论述的那样，由于草根大众与中产阶级的阶级相邻性，他们的日常接触更多，发生矛盾和冲突的可能性更大，以致普通民众发泄社会怨恨和愤怒情绪往往以公务人员、执法人员、经理阶层和专业技术人员（如医生、法官和教师）等中产阶级群体为替代对象。因此，在民众与基层政府、民众与资本利益集团的冲突中，中产阶级是否能够独善其身开始成了一个现实的问题。因此，我们认为，无论是中国中产阶级的未来发展，还是它可能发挥的政治作用，都必然会受到上述社会矛盾的严峻程度以及解决矛盾的方式的影响。从这个意义上说，中国中产阶级或许已经开始面临某种政治抉择，他们应该意识到自己肩头的社会责任，意识到中国社会的稳定与和谐社会的建构同他们的社会责任感和对公共事务的投入息息相关。

如果说中产阶级或我们所说的“中等收入群体”对建构社会主义和谐社会具有现实的重要意义，那么在本书结束之前需要讨论的是，在现阶段如何培育或扩大中产阶级或中国社会的中间阶层，从而有效地建构和谐社会、推进社会建设？在中共十六大报告中，江泽民曾经指出要“以共同富裕为目标，扩大中等收入者比重，提高低收入者收入水平”（江泽民，2002）。10年后，中共十八大继续了这一发展思路，提出必须以保障和改善民生为重点，加强社会建设，并将解决贫富差距过大问题作为改善民生的切入点。而具体的措施就是“规范收入分配秩序，保护合法收入，增加低收入者收入，调节过高收入，取缔非法收入”（胡锦涛，2012）。从这10年来的发展思路来看，提高低收入者的收入水平和调节过高收入是一以贯之的，而这一政策显然是有效地扩大中等收入者即中产阶级比重的重要途径之一。结合这一思路，以及本书所描述的西方中产阶级的理论和实践，我们可以依据建构社会主义和谐社会的目标，将培育和扩大中产阶级或中等收入群体的基本途径概括为以下几个方面：

第一，加快城市化的进程，切实通过工业对农业的“反哺”、城市对农村的

---

① 2008年6月28日，因为女中学生李树芬溺水身亡，贵州瓮安县爆发了2万多人参与的焚烧县政府、县公安局、县民政局和县财政局大楼的“瓮安事件”。研究认为，围绕当地矿产资源的争夺，瓮安地区黑社会势力猖獗，民众利益受损且没有日常安全感，是瓮安事件的主因，李树芬的溺水不过是导火索(刘子富，2009)。一年多后的2009年7月24日，吉林通化市又因企业改制，工人无法获得利益保障，对政府代表失去信任，发生上万名钢铁工人的游行示威，并在此过程中导致了民营企业派出的总经理陈国君的死亡。

“反哺”，缩小城乡差别，缩小农民与市民之间的差别，为建设中产阶级或中等收入群体占主导地位的“橄榄形”社会奠定基础。城市化速度的快慢和程度的高低，与中等收入群体或中间阶层的扩大与否关系密切，在当代中国更是制约中等收入群体扩大的瓶颈之一。按普雷斯顿条律，工业劳动力占全体劳动力的比例每增加1%，城市人口占总人口的比例会增长2%。但是，我国自改革开放的1978年到2000年间，工业劳动者占群体劳动者的比例上升了28.2%，而我们的城镇人口比例却只上升了18.3%（转引自李强，2005b）。换言之，我们的城市化严重滞后于工业化，这种滞后导致了城乡差距的进一步扩大。据统计，城镇居民人均可支配收入与农村居民人均可支配收入的比例，1884年为1.71∶1，2003年达到3.23∶1，尽管此后差距有缩小的趋势，2011年下降到3.13∶1，但考虑到城市社会福利方面的因素，这种差距总体还是有5～6倍。事实上，人们已经注意到，中国基尼系数的增大，与城乡收入差距的增大有着最直接的联系，而庞大的农村人口不减少，中等收入群体的扩大就不可能，和谐社会的建构就难免遥遥无期。

第二，进一步调整产业结构，降低传统产业结构尤其是第一产业即农业的比重，在进一步推动工业化的同时，积极发展服务业，提高第三产业在国民经济中的比重，为中等收入群体尤其是新中间阶层的出现和壮大创造条件。从我们已经论述的包括美国在内的发达国家的情况来看，第二次世界大战后，中产阶级尤其是新中产阶级的增长与第三产业即服务业的快速增长密切相关。尽管自1978年的改革开放以来，中国也发生了传统产业比重下降、现代产业比重上升的急剧变化，在1978—2002年的25年间，在产业结构中第一产业的从业人员从70.5%降至50.0%，第二产业的从业人员从17.3%上升到21.4%，第三产业的从业人员则从12.2%上升到28.6%，此后的10年间第一产业从业人员的比重仍然在继续下降，第二产业尤其是第三产业从业人员的比重在继续上升，但是，由于前述城市化的进程较慢，且我们的第三产业发展中信息化的程度不够，不但农民进入城市的成本和代价过高，而且也阻碍了管理者和专业技术工作者等“白领”职业人数比重的提高。显然，在未来的发展中，我们只有继续降低传统产业从业人员的比重，提高第三产业从业人员的比重，中产阶级或中等收入群体的规模才有可能进一步扩大。

第三，职业结构的分化是工业化的必然结果，而职业分化又必然会导致不同职业群体的收入和声望等方面的经济与社会差异，这是产生中等收入群体或中间阶层的重要途径。我们已经看到，改革开放以来，随着经济与社会的发展，原有的职业结构也发生了从传统向现代的转变，一系列的与中等收入群体或中间阶层相关的职业应运而生，如独立执业的建筑师、律师、会计师、房地产评估师、营销人员、影视制作人、股票经营者、计算机软件设计者以及其他类型的自由职业者。下一步我们应该在产业结构优化的过程中，进一步加快职业结构的合理分化，并赋予其相应的经济报酬和社会地位评价，为促进中等收入群体的扩大提供适宜的温床。

第四，如前所述，制定合理的分配制度是建构社会主义和谐社会的有力杠杆，而协调社会各阶层利益的能力也是执政党的执政能力的体现之一。显然，无论我们的经济发生怎样的奇迹，如果不能遏制财富向少数富裕阶层的过度集中，就不仅会增加贫富间的差距、产生底层社会与上层社会的尖锐的阶层矛盾与冲突，而且也不利于中国中产阶级的成长与发育。中国中产阶级尤其是那些靠自己的脑力劳动吃饭的新中产阶级的收入合法性问题一直是人们关注的热点，显而易见的是，中国社会的上层“资本集团”及一部分中间阶层，不是来源于先前的权力中心，就是与权力中心有着这样那样的联系。他们的财富有一部分是依赖不平等的竞争，或利用国家体制和政策上的漏洞获取的。更重要的是，这部分人数量虽少，但却占有了相当大的社会财富。据统计，2012 年中国人均 GDP 已经达到 6 100美元，其中包括北京、上海、天津、南京、广州在内的近 50 个城市的人均 GDP 都已经超过 10 000 美元，已经达到甚至超过中等发达国家的水平。但是，贫富差距同样也前所未有地加大，尽管国家公布的 2012 年的基尼系数为 0.474，比 2008 年最高时的 0.491 有所回落，但民间的研究却认为高达 0.61，大大高于 0.44 的全球平均水平（高晨，2012）。显然，如果不能遏制财富向少数富裕阶层的过度集中，不仅会增加贫富间的差距、产生底层社会与上层社会的尖锐的阶层矛盾与冲突，同样也不利于中国中产阶级的成长与发育。国家应该通过健全法制和有效的税收体制以及建立相应的社会保障体系，在保护下层收入群体的经济利益的同时，使国民财富合理而有效地向中等收入群体流动，同时加强对中产阶级本身的法制约束，以避免他们也使用或寻求使用“特权”提高自己的经济地位，招致社会中下层阶级的批评与抵制，形成新的社会分裂。

第五，尽管中产阶级直接体现为其成员的收入水平的高低，但是所有的人都意识到扩大中产阶级或中等收入群体的关键因素在于发展教育事业。在当今中国社会，要有效地扩大中产阶级的规模，对教育领域而言主要有两个方面：其一，要积极稳妥地发展高等教育事业，优化专业结构，使得我们的高等教育体系能够适应社会主义现代化的需要，使得我们能够为更多的人成为中产阶级提供基本的教育和素质保障；其二，优化教育结构，平衡教育资源，在率先发展高等教育的同时，大力发展义务教育、农村教育和职业教育，即使我们不能在短期内将大多数低素质人口尤其是农村人口打造成中间阶层的后备军，我们起码也应该努力使他们的第二代能够获得与其未来相称的教育。对教育资源的平等占有在某种程度上比对物质资源的平等占有更重要，因为它直接影响一个人的前途和未来。社会主义和谐社会应该为每一个人的健康发展提供良机。

2012年中共十八大之后，以习近平为核心的新一届中央领导集体提出，要在中华民族迈向现代化的历史进程中，"实现中华民族的伟大复兴"，这是"中华民族近代以来最伟大的梦想"（新华社，2012）。围绕"中国梦"的伟大构想，一时间大批学者纷纷撰文，对"中国梦"的内涵和意义进行了深入阐释：有人认为，"中国梦"就是国家复兴、民族振兴、人民幸福，而"中国梦"的精神实质就是中国特色的社会主义（辛鸣，2013）；也有人认为，"中国梦"不仅是整个国家的富强之梦，而且是同国人的住房梦、就业梦、社会保障梦、生活环境优美梦等个人愿望直接相联系的，是中国人的总体追求与每个人的个体追求紧密结合在一起的憧憬和企盼（李君如，2013）；还有人认为，"中国梦"应该包括两个层次的深刻内容，即在整体上，"中国梦"是民族复兴、国家强盛之梦，对个体而言，"中国梦"是生活幸福、人生出彩之梦（熊若愚，2013）。

尽管在具体的表述上不同的学者各不相同，但我们对这些表述都基本持赞同的态度。事实上，因为在中华民族迈向现代化的历史进程中，不同的个体、不同的社会群体和不同的社会阶层，其个人背景不同、努力程度各异、人生道路不尽相同，因此即使"中国梦"的主体内涵有一致的地方，也并不存在完全一样的人生梦想。例如，从本书的主题出发，我们认为，从社会分层与社会流动的角度上说，"中国梦"就是在不远的将来，大多数中国人能够通过接受更好的教育和自我奋斗，在国家发展和民族富强的同时，成就自己的中产阶级梦想，或者说进入中等收入者群体。2002年，我们曾经描述过这一过程的两个阶段：其一，占中国人口半数以上的农民通过持续不断的工业化进入城市和城市生活，成为工人阶级的一员；其二，工人阶级的一部分以及他们的大部分子女，通过接受良好的教育尤其是高等教育，在不远的将来改变自己的经济与社会地位，成为人数越来越多的中产阶级的一员，实现向上流动的梦想（周晓虹，2002b）。

早在2005年，社会学家李培林就富有远见卓识地写道："给人们更多的向上流动机会，建立一种使人们通过辛勤劳动、艰苦奋斗、诚信经营可以向上流动的机制，代表了一个社会的希望。”（李培林，2005）正是在这个意义上，扩大中产阶级或中等收入者群体在中国社会中的比重既是建构社会主义和谐社会的题中应有之义，也是实现“中国梦”或中华民族伟大复兴的必由之路。显然，这将是一项更长远、更深刻的革命，它将影响我们民族的未来，影响中国社会的历史走向。

参考文献

（以作者姓氏汉语拼音或英文音序排列）

阿里，沃特金斯．1968年——反叛的年代．济南：山东画报出版社，2003.

阿隆，雷蒙．阶级斗争．南京：译林出版社，2003.

阿斯平-安德森．后工业经济的社会基础//格伦斯基，主编．社会分层．北京：华夏出版社，2005.

埃尔德曼，卡尔·迪特里希．德意志史：第4卷．北京：商务印书馆，1986.

安德森，库恩．西方的"1968"：学生运动的起源、过程和后果．史林，2012，5.

安然．福利国家改革与西方中产阶级的变迁研究．社会科学战线，2006，2.

安然．"里根革命"对美国旧中产阶级复兴的影响．同济大学学报：社会科学版，2007，2.

安然．20世纪60年代以来美国公共政策导向对中产阶级社会功能的影响．世界历史，2013，5.

巴恩斯，特雷弗·J. 经济地理学指南．北京：商务印书馆，2009.

班达，朱利安．知识分子的背叛．上海：上海人民出版，2005.

鲍斯．印度和中国的中产阶级兴起//李春玲，主编．比较视野下的中产阶级形成．北京：社会科学文献出版社，2009.

贝尔，丹尼尔．后工业社会的来临——对社会预测的一项探索. 北京：商务印书馆，1984.

贝尔，丹尼尔．资本主义文化矛盾．北京：三联书店，1989.

贝尔，丹尼尔．后工业社会的来临．北京：新华出版，1997.

贝拉，罗伯特，等．心灵的习性．北京：三联书店，1991.

波德里亚，让．消费社会．南京：南京大学出版社，2006.

波朗查斯，尼科斯．政治权力与社会阶级．北京：中国社会科学出版社，1982.

柏拉图．理想国．北京：商务印书馆，1985.

波兰尼，卡尔．大转型：我们时代的政治与经济起源．杭州：浙江人民出版社，2007.

波兰尼，卡尔．巨变：当代政治与经济的起源．北京：社会科学文献出版社，2013.

柏兰芝．如何思考城市问题．国际城市规划，2006，5.

伯恩施坦．社会主义的前提和社会民主党的任务．北京：三联书店，1958.

伯恩施坦．一个社会主义者的发展过程．北京：三联书店，1962.

伯恩施坦．社会主义的前提和社会民主党的任务．北京：三联书店，1965.

伯恩施坦．伯因施坦言论．北京：三联书店，1966.

伯恩施坦．社会主义的前提和社会民主党的任务．北京：三联书店，1973.

博尔哈，卡斯泰尔．本土化与全球化：信息时代的城市管理．北京：北京大学出版社，2008.

布雷弗曼．劳动与垄断资本．北京：商务印书馆，1978.

布罗代尔．15至18世纪的物质文明、经济和资本主义：第2卷．北京：三联书店，1993.

蔡禾，张应祥，编．城市社会学：理论与视野．中山：中山大学出版社，2003.

陈岱孙．陈岱孙文集：下卷．北京：北京大学出版社，1989.

陈恒．失落的文明：古希腊．上海：华东师范大学出版社，2001.

陈胜．欲望的渠道——对《羊城晚报》20年广告的内容分析．中山大学未发表的硕士学位论文，2003.

陈维纲．知识分子与意识形态．读书，1996，7.

陈义平．关于中产阶层概念的理论问题．广东社会科学，2002，1.

陈映芳．行动者与制度限制：都市运动中的中产阶级．社会学研究，2006，4.

陈禹，谢康．马克卢普知识产业论及其影响．图书情报工作，1997，7.

程巍．中产阶级的孩子们——60年代与文化领导权．北京：三联书店，2006.

大前研一．M型社会：中产阶级消失的危机与商机．北京：中信出版社，2010.

大前研一．创新者的思考：发现创业与创意的源头．北京：机械工业出版社，2013.

戴伯芬．从世界城市到全球化中的城市区域：东亚发展型国家的都市比较研究．未发表论文．

戴伯芬．全球化台北不可忽视的议题——以全球化人口流动及都市劳动力市场为例谈社会极化与薪资不均//Ginald Yin-Wang Kwok. *Globalizing Taipei*：*The Political Economy of Spatial Development*. New York：Routledge，2005.

戴晓辉．中国大都市中心城旧区的中产阶层化研究．同济大学城市规划与设计专业博士论文，2007.

德热拉斯，密洛凡．新阶级．北京：世界知识出版社，1963.

德瓦尔德，乔纳森．欧洲贵族．北京：商务印书馆，2008.

邓喻静，等．全球中产者的愤怒和中产阶级的危机．环球，2010，10.

迪肯，彼得．全球性转变——重塑21世纪的全球经济地图．北京：商务印书馆，2007.

丁栋虹．从创新资本经理型企业家到经理革命——管理革命形成机理的一个产权经济学分析．财经问题研究，1999，8.

丁栋虹．企业家理论研究的历史回顾与世纪发展．南京大学学报，2000，6.

丁则民，主编．美国内战与镀金时代．北京：人民出版社，1990.

端木美，周以光，张丽．法国现代化进程中的社会问题．北京：中国社会科学出版社，2001.

恩格斯．爱尔福特纲领草案批判（单行本）．北京：人民出版社，1957.

范塔西亚．从阶级意识到文化、行动与社会组织．国外理论动态，2012，3.

佛罗里达，理查德．创意经济．北京：中国人民大学出版社，2006.

弗里德曼，托马斯．世界是平的．北京：中信出版社，2005.

福格森，凯斯·E. 阶级意识与马克思主义辩证法：一个艰难的综合．上海行政学院学报，2008，4.

福赛尔，保罗．格调：社会等级与社会品位．北京：世界图书出版社，2012.

傅宏波．正在崛起的中国中产阶级．观察与思考，2004，7.

盖伊，彼得．魏玛文化．合肥：安徽教育出版社，2005.

高晨．中国家庭基尼系数达 0.61. 京华时报，2012-12-10.

高德步．经济学中的历史学派和历史方法．中国人民大学学报，1998（5）.

高铦．译者的话//贝尔．后工业社会的来临．北京：新华出版社，1997.

格伦斯基，戴维．社会分层．北京：华夏出版社，2006.

古尔德纳．知识分子的未来和新阶级的兴起．南京：江苏人民出版社，2002.

谷延方．重评圈地运动与英国城市化．天津师范大学学报，2008，4.

顾朝林，等．经济全球化与至中国城市发展．台北：台湾商务印书馆，2002.

顾俊礼，主编．福利国家论析——以欧洲为背景的比较研究．北京：经济管理出版社，2002.

郭存海．拉丁美洲中产阶级研究．中国社会科学院博士论文，2012.

国家统计局．中国统计年鉴．北京：中国统计出版社．

哈达赫，卡尔．二十世纪德国经济史．北京：商务印书馆，1984.

韩湘震，韩国中产阶级的政治动态：以“中民”为中心//李春玲，主编．比较视野下的中产阶级形成．北京：社会科学文献出版社，2009.

赫顿，吉登斯．在边缘：全球资本主义生活．北京：三联书店，2003.

黑格尔．法哲学原理．北京：商务印书馆，1961.

胡大平．弹性生产，全球资本主义和社会主义改革——20 世纪后半叶资本主义的变化及其政策启示．南京大学学报：哲学社会科学版，2003，1.

胡锦涛．坚定不移沿着中国特色社会主义道路前进，为全面建成小康社会而奋斗．北京：人民出版社，2012.

霍布斯鲍姆．帝国的年代．南京：江苏人民出版社，1999a.

霍布斯鲍姆，艾瑞克．极端的年代．南京：江苏人民出版社，1999b.

霍布斯鲍姆，艾瑞克．非凡的小人物．北京：新华出版社，2001.

《机会主义、修正主义资料选编》编译组．第二国际修正主义者关于帝国主义的谬论．北京：三联书店，1976.

基佐．欧洲文明史．北京：商务印书馆，2005.

吉登斯．现代性与自我认同——现代晚期的自我与社会．北京：三联书店，1998.

吉尔伯特，卡尔．美国阶级结构．北京：中国社会科学出版社，1992.

加尔布雷思．新工业国．上海：上海人民出版社，2012.

江泽民．全面建设小康社会，开创中国特色社会主义事业新局面——在中国共产党第十六次全国代表大会上的报告．人民日报，2002－11－18.

堺屋太一．知识价值革命．北京：三联书店，1987.

金碚，等．竞争力经济学．广州：广东经济出版社，2003.

卡利耶尔．乌托邦的年代．北京：商务印书馆，2010.

卡斯特，曼纽尔．网络社会的崛起．北京：社会科学文献出版社，2001.

卡斯特，曼纽尔．千年的终结．北京：社会科学文献出版社，2003.

考夫曼，弗兰茨-克萨韦尔．社会福利国家面临的挑战．北京：商务印书馆，2004.

柯茨，戴维．资本主义的模式．南京：江苏人民出版社，2001.

柯亨．卡尔马克思的历史理论．重庆：重庆出版社，1989.

科兰斯基．1968年——撞击世界的年代．北京：三联书店，2009.

克柳切夫斯基．俄国各阶层史．北京：商务印书馆，1990.

拉加拉姆．印度与中国的中产阶级：问题与关注//李春玲，主编．比较视野下的中产阶级形成．北京：社会科学文献出版社，2009.

拉斯韦尔，哈罗德·D. 政治学．北京：商务印书馆，2000.

赖特．后工业社会中的阶级．沈阳：辽宁教育出版社，2004.

赖特，埃里克·欧林．阶级．北京：高等教育出版社，2006.

郎嘉．拉美下层中产阶级在成长．［2007－09－02］．http：//www. cb-h. com/2008/shshshow. asp? n _ id＝34576.

勒特韦克，爱德华．涡轮资本主义：全球经济中的赢家与输家．北京：光明日报出版社，2000.

李安定．改革开放三十年：千万辆轿车开进中国家庭．经济参考报，2008－10－03.

李成，编著．中产中国，超越经济转型的新兴中国中产阶级．上海：上海译文出版社，2013.

李春玲．断裂与碎片：当代中国社会阶层分化实证分析．北京：社会科学文献出版社，2005.

李春玲．中国中产阶级研究的理论取向及关注点的变化//李春玲，主编．比较视野下的中产阶级形成．北京：社会科学文献出版社，2009.

李工真．德意志道路——现代化进程研究．武汉：武汉大学出版社，1997.

李健．全球生产网络治理的大都市区生产空间组织研究——上海的案例分析．南京社会科学，2011，5.

李健，宁越敏．全球生产网络的浮现及其探讨——一个基于全球化的地方发展研究框架．上海经济研究，2011，9.

李健，宁越敏，汪明峰．计算机产业全球生产网络分析——兼论其在中国大陆的发展．地理学报，2008，4.
李君如．论“中国梦”与改革开放．北京日报，2013－05－27.
李路路，王宇．当代中国中间阶层的社会存在：社会生活状况．江苏社会科学，2009，1.
李培林．社会流动与“中国梦”．经济导刊，2005，3.
李强．“丁”字型社会结构与结构紧张．社会学研究，2005，2.
李强．关于中产阶级的理论与现状．社会，2005，1.
李强．社会分层十讲．2版．北京：社会科学文献出版社，2011.
李青宜．西方马克思主义的当代资本主义理论．重庆：重庆出版社，1990.
李青宜．“西方马克思主义”的“新中间阶级”论述评．马克思主义与现实，1997，4.
李斯特．政治经济学的国民体系．北京：商务印书馆，1983.
李玉．三十年代日本急进的法西斯主义运动与中间阶层．世界历史，1987（3）.
李振华．上海市创意阶层休闲消费认同研究．华东师范大学博士学位论文，2008.
连连．转型中的俄罗斯中产阶级//周晓虹，主编．全球中产阶级报告．北京：社会科学文献出版社，2005.
联合国教科文组织世界报告．迈向知识社会．2005.
列宁全集：第12卷．中文2版．北京：人民出版社，1987.
林德山．渐进的社会革命．北京：中央编译出版社，2008.
林荣远．译者的话//达仁道夫．现代社会冲突．北京：中国社会科学出版社，2000.
刘长江．国家的现代化路径与中产阶级的类型．江苏行政学院学报，2006，4.
刘长江．中产阶级研究中的三个问题．唯实，2008，7.
刘精明．高等教育扩展与入学机会差异：1978—2003．社会，2006，3.
刘子富．新群体事件观．北京：新华出版社，2009.
隆沃思，理查德．全球经济自由化的危机．北京：三联书店，2002.
卢卡奇．历史与阶级意识．北京：商务印书馆，1992.
鲁友章，李宗正．经济学说史．北京：人民出版社，1983.
陆梅．中产阶级的概念及理论回顾．南通师范学院学报：人文社会科学版，1998，3.
陆伟芳．英国中产阶级与19世纪城市发展．扬州大学学报，2007，3.
陆象淦．经济全球化与当代资本主义民主危机——西方学者的若干论述．国外社会科学，2001，1.
陆学艺，主编．当代中国社会阶层研究报告．北京：社会科学文献出版社，2002.
陆学艺，主编．当代中国社会结构．北京：社会科学文献出版社，2010.
伦斯基．权力与特权：社会分层的理论．杭州：浙江人民出版社，1988.
罗宾斯，布鲁斯，主编．知识分子：美学、政治与学术．南京：江苏人民出版社，2002.
罗宾逊，威廉．全球资本主义论：跨国世界中的生产、阶级与国家．北京：社会科学文献出版社，2009.

罗晖，程如烟．建设知识社会是人类可持续发展的必由之路——对联合国教科文组织《迈向知识社会》报告的述评．中国软科学，2006，6.

吕庆广．60年代美国学生运动．南京：江苏人民出版社，2005.

马克思恩格斯选集：第1卷．2版．北京：人民出版社，1995a.

马克思恩格斯选集：第2卷．2版．北京：人民出版社，1995b.

马克思恩格斯选集：第3卷．2版．北京：人民出版社，1995c.

马克思恩格斯选集：第4卷．2版．北京：人民出版社，1995d.

马克思．资本论：第1卷．2版．北京：人民出版社，2004a.

马克思．资本论：第2卷．2版．北京：人民出版社，2004b.

马克思．资本论：第3卷．2版．北京：人民出版社，2004c.

马克思恩格斯全集：第2卷．中文1版．北京：人民出版社，1957.

马克思恩格斯全集：第6卷．中文1版．北京：人民出版社，1961a.

马克思恩格斯全集：第8卷．中文1版．北京：人民出版社，1961b.

马克思恩格斯全集：第19卷．中文1版．北京：人民出版社，1963.

马克思恩格斯全集：第20卷．中文1版．北京：人民出版社，1971.

马克思恩格斯全集：第21卷．中文1版．北京：人民出版社，1965a.

马克思恩格斯全集：第21卷．中文2版．北京：人民出版社，2003.

马克思恩格斯全集：第22卷．中文1版．北京：人民出版社，1965b.

马克思恩格斯全集：第26卷．第2册．中文1版．北京：人民出版社，1973.

马克思恩格斯全集：第26卷．第3册．中文1版．北京：人民出版社，1974.

马克思恩格斯全集：第34卷．中文2版．北京：人民出版社，2008.

马克思恩格斯全集：第42卷．中文1版．北京：人民出版社，1979a.

马克思恩格斯全集：第46卷．上册．中文1版．北京：人民出版社，1979b.

马斯泰罗内．欧洲民主史．北京：社会科学文献出版社，1990.

麦克法考尔，费正清，主编．剑桥中华人民共和国史：中国革命内部的革命．北京：中国社会科学出版社，1992.

麦克劳，托马斯．现在资本主义——二次工业革命中的成功者．南京：江苏人民出版社，2006.

曼，迈克尔．社会权力的来源：第二卷．上海：上海人民出版社，2007.

曼彻斯特，威廉．光荣与梦想．北京：商务印书馆，1978.

毛勤勇．亚里士多德论中产阶级与社会稳定和冲突．天府新论，2005（5）.

毛寿龙．政治社会学．北京：中国社会科学出版社，2001.

孟庆民，李国平，杨开忠．新国际劳动分工的动态、概念与机制．中国软科学，2000（9）.

孟钟捷．德国劳资关系演进中的里程碑：1920年《企业代表会法》的发生史研究．华东师范大学博士论文，2005.

米什拉．资本主义社会的福利国家．北京：法律出版社，2003.
倪力亚．论当代资本主义社会的阶级结构．北京：中国人民大学出版社，1989.
纽曼，奥托，等．信息时代的美国梦．北京：社会科学文献出版社，2002.
诺克斯，保罗，平奇，史蒂文．城市社会地理学导论．北京：商务印书馆，2005.
佩尔努．法国资产阶级史：从发端到近代．上海：上海译文出版社，1991.
皮尔逊，保罗．拆散福利国家．长春：吉林出版集团有限责任公司，2007.
钱乘旦．论工业革命造成的英国社会结构的变化//中国英国史研究会，主编．英国史论文集．北京：三联书店，1982.
钱乘旦，等．日落斜阳——20 世纪英国．上海：华东师范大学出版社，1999.
钱德勒．看不见的手——美国企业的管理革命．北京：商务印书馆，1987.
钱洛阳，朱海森．西方国家“绅士化”研究进展综述．世界地理研究，2008，4.
任雪飞．创造阶级的崛起与城市发展的便利性——评理查德· 佛罗里达的《创造阶级的兴起》. 城市规划学刊，2005，1.
如恩斯，奥利维尔．为什么 20 世纪是美国世纪．北京：新华出版社，2002.
若弗兰．1968 年 5 月法国的“文化大革命”．武汉：长江文艺出版社，2004.
萨拜因，乔治·霍兰．政治学说史．北京：商务印书馆，1990.
萨森，丝奇雅．全球城市：纽约，伦敦，东京．上海：上海社会科学学院出版社，2005.
塞德曼，史蒂文．有争议的知识——后现代时代的社会理论．北京：中国人民大学出版社，2002.
三浦展．下流社会：一个新社会阶层的出现．上海：文汇出版社，2007.
瑟罗，莱斯特·G. 得失相等的社会——分配和经济变动的可能性．北京：商务印书馆，1992.
沈汉．西方社会结构的演变——从中古到 20 世纪．珠海：珠海出版社，1998.
圣西门选集：第 1 卷．北京：商务印书馆，1979.
圣西门选集：第 2 卷．北京：商务印书馆，1982.
斯大林．十月革命与中间阶层问题．北京：外国文书籍出版局，1954.
斯凯思，理查德．阶级．长春：吉林人民出版社，2005.
斯克拉，理查德．后帝国主义：跨国公司扩张的阶级分析．马克思主义与现实，2006，4.
斯梅尔，约翰．中产阶级文化的起源．上海：上海人民出版社，2006.
斯密，亚当．国民财富的性质与原因的研究．北京：商务印书馆，1972.
斯塔夫里阿诺斯．全球通史．北京：北京大学出版社，2005.
宋亚萍．论 19 世纪法国中间阶层的兴起及其社会影响．徐州师范大学学报：人文社会科学版，1999，4.
孙群郎，常丹丹．美国内城街区的绅士化运动与城市空间的重构．历史研究，2007，2.
孙群郎，郑殿娟．经济全球化与世界城市发展的新格局//孙勋，编．都市、帝国与先知——都市文化研究：第 2 辑．上海：三联书店，2006.

孙寿涛．发达国家工人阶级的演变．北京：经济管理出版社，2007.
泰勒，彼得，张大川．世界城市网络的区域性．国际社会科学：中文版，2005，3.
汤普森．英国工人阶级的形成．南京：江苏译林出版社，2001.
汤在新．近代西方经济学史．上海：上海人民出版社，1990.
陶大镛，主编．现代资本主义论．南京：江苏人民出版社，1996.
图尔纳，阿兰．后工业社会．东京：何出书房新社，1970.
图海纳．行动社会学——论工业社会．北京：社会科学文献出版，2012.
托夫勒，阿尔文．第三次浪潮．北京：新华出版社，1984.
托夫勒，阿尔文，托夫勒，海蒂．再造新文明．北京：中信出版社，2006.
托克维尔．旧制度与大革命．北京：商务印书馆，1996.
王存福．论中产阶级与德国社会民主党的转型．德国研究，2006，3.
王缉慈，等．创新的空间——企业集群与区域发展．北京：北京大学出版社，2001.
王建平．国外有关中产阶级消费的社会学述评．天府新论，2006，2.
王俊，汤茂林，胡玉玲．国外创意阶层研究进展．江苏商论，2007，5.
王宁．从苦行者社会到消费者社会．北京：社会科学文献出版社，2009.
王学东．评德国社会民主党的转型．当代世界社会主义问题，2002，1.
王奕红．“中流社会”的名与实——日本中间层研究初探．日本学刊，2003.
威尔逊，斯隆．穿灰色法兰绒套装的男人．上海：上海译文出版社，2014.
威廉斯，雷蒙．关键词——文化与社会的词汇．北京：三联书店，2005.
魏建．德国历史学派兴衰述评．经济科学，1999，2.
吴启焰．大城市居住空间分异研究理论与实践．北京：科学出版社，2001.
吴启焰．城市中产阶层化研究进展回顾及未来展望．人文地理，2008，2.
吴友法，黄正柏，主编．德国资本主义发展史．武汉：武汉大学出版社，2000.
希法亭，鲁道夫．金融资本．北京：商务印书馆，1994.
西耶斯．论特权．北京：商务印书馆，1990.
夏建中，等．社会分层、白领群体及其生活方式的理论与研究．北京：中国人民大学出版社，2008.
夏铸九．全球经济中的跨界资本——台湾电子工业之生产网络．城市与设计学报，2000，11、12.
谢泼德，巴恩斯，主编．经济地理学指南．北京：商务印书馆，2009.
谢俊贵．凝视网络社会——卡斯特尔信息社会理论述评．湖南师范大学社会科学学报，2001，3.
新华社．习近平总书记深情阐释“中国梦”．人民日报，2012-11-30.
辛鸣．“中国梦”：内涵·路径·保障．理论导报，2013，1.
熊彼特．经济分析史：第1册．北京：商务印书馆，1991.

熊彼特．资本主义、社会主义与民主．北京：商务印书馆，1999.

熊若愚．中国梦具有十个方面的丰富内涵．学习时报，2013-04-09.

薛求知，诸葛辉．跨国公司与中国中产阶层的形成与发育．管理世界，1999，4.

亚里士多德．伦理学．北京：中国社会科学出版社，1999.

亚里士多德．政治学．颜一，秦典华，译．北京：北京大学出版社，2005.

杨绛．洗澡．北京：人民文学出版社，2004.

姚欣进．美国中产阶级的过去、现在与未来．台湾立报，2007-12-27.

伊亚尔，塞勒尼，汤斯利．无须资本家打造资本主义．北京：社会科学文献出版社，2008.

易华．创意阶层理论研究述评．外国经济与管理，2010，3.

殷叙彝．从"有组织的资本主义"到民主共和国崇拜——论鲁道夫·希法亭的国家观．当代世界社会主义问题，2003，3.

殷叙彝．伯恩施坦的生平和思想发展过程．当代世界社会主义问题，2005（1）.

殷叙彝．伯恩施坦读本．北京：中央编译出版社，2008.

余佳，丁金宏．全球化、新国际劳动分工与全球城市的崛起．华东师范大学学报：哲学社会科学版，2007，5.

余晓敏．经济全球化背景下的劳工运动：现象、问题与理论．社会学研究，2006，3.

宇都宫浩一．中国个人所得税的收入调节功能及其问题//周晓虹，谢曙光，主编．中国研究．2009年春季卷（总第九辑）．北京：社会科学文献出版社，2009.

张辉．产业集群研究的主要流派//顾强，编．中国产业集群：第1辑．北京：机械工业出版社，2005.

张亮．阶级、文化与民族传统．南京：江苏人民出版社，2008.

张世鹏．当代西欧工人阶级．北京：北京大学出版社，2001.

张戍凡．全球中产阶级的崛起——一个待探索的阶级议题．南京社会科学，2009，11.

张翼．中产阶级是社会稳定器吗？//李春玲，主编．比较视野下的中产阶级形成．北京：社会科学文献出版社，2009.

张占仓．国外产业集群研究走势．经济地理，2006，5.

赵汇．当代西方社会"中产阶级论"剖析．社会科学研究，2003，3.

赵梅．美国反文化运动探源．美国研究，2000，1.

赵修义．作为经济伦理的爱国主义——试论李斯特的经济伦理思想．华东师范大学学报，2000，1.

赵煦．英国城市化的核心动力：工业革命与工业化．兰州学刊，2008，2.

郑春生．"革命"的批判——1968年5月法国学生运动的性质探析．世界历史，1999，3.

郑杭生．中国社会结构变化趋势研究．北京：中国人民大学出版社，2004.

中共中央编译局国际共运研究室．德国社会民主党关于伯恩施坦问题的争论．北京：三联书店，1981.

钟政．评凡勃伦的经济学说//有闲阶级论．北京：商务印书馆，1964.

周琪．当代西方社会结构：理论与现状．北京：中国社会科学出版社，1995.

周蜀秦．西方城市社会学理论的范式演进．南京师范大学学报，2010，6.

周穗明．20世纪西方主流学术界的阶级与社会结构理论述评．当代世界社会主义问题，2007，2.

周穗明，等．西方左翼论当代西方社会结构的演变．南京：江苏人民出版社，2008.

周天勇．三十年前我们为什么要选择改革开放．学习时报，2008-08-26.

周宪．知识分子如何想象自己的身份//知识分子与社会转型．开封：河南大学出版社，2004.

周晓虹．西方社会学历史与体系：第1卷．上海：上海人民出版社，2002a.

周晓虹．中产阶级：何以可能与何以可为．江苏社会科学，2002b，6.

周晓虹，主编．中国中产阶级调查．北京：社会科学文献出版社，2005a.

周晓虹，主编．全球中产阶级报告．北京：社会科学文献出版社，2005b.

周晓虹．《白领》——中产阶级与中国的误读．读书，2007a，5.

周晓虹．全球化与中产阶级的形塑：理论与现实．天津社会科学，2007b，4.

周晓艳，黄永明．全球生产体系下台湾地区的个人计算机产业集群升级．当代亚太，2007，1.

朱镕基．政府工作报告//中共中央文献研究室，编．十五大以来重要文献选编：中．北京：人民出版社，2001.

朱士群，等．阶级意识、交往行动与社会合理性．合肥：中国科学技术大学出版社，2005.

朱伟珏．信息社会学理论概述．国外社会科学，2005，5.

朱孝远．中世纪欧洲贵族．广州：广东人民出版社，1996.

Anthinodors，C. & Ronald，H.，2002，“Theory building for experiential consumption：The use of the phenomenological tradition to analyze international tourism，” *American Marketing Association*，*Conference Proceeding*.

Armstrong，Philip，Andrew Glyn，John Harrison，1991，*Capitalism since 1945*，Oxford：Basil Blackwell.

Badcock，B.，2001，“Thirty years on：Gentrification and class changeover in Adelaide's inner suburbs，1966-96，” *Urban Studies*，38 (9)：1559-1572.

Bakunin，Michail，1966，Marx，“the Bismarck of Socialism，” in *Pattrens of Anarchy*，edited by L. I. Krimmerman and Lewis Perry，Garden City：Anchor Books.

Barlett，Donald L & James B. Steele，1996，*America：Who stole the dream*? New York：Andrews and McMee Press.

Barnes，Joseph，1936，“The Social Basis of Fascism，” *Pacific Affairs*，Vol. 9，No. 1.

Bazelon，David T.，1967，*Power in American*：*The Politics of the New Class*，New York：New American Library.

Beckerath，Erwin von，1937，“Fascism，” *Encyclopedia of the Social Science*，Vol. Ⅵ，New

York：Macmillan Press.

Bell，Daniel，1973，"The Coming of Post—Industrial Society," *Social Forecasting*，19.

Bell，Daniel，1976，"The Coming of Post-Industrial Society," Educational Forum.

Bell，Daniel，1999，*The Coming of Post-Industrial Society*. New York：Basic Books.

Bell，Daniel，2002，"Technology and Human Civilization," in *Speech on Television in Centennial Celebration of Nanjing University*.

Bell，Daniel，1981， "The New Class：A Muddled Concept," in *The New Class*? edited by Briggs，New York：McGraw Hill Book Company.

Berle，A. A. & Means，G. C.，2001，*The Modem Corporation and Private Property*，Piscataway：Transcation Publishers.

Bernstein，Edward，1961，*Evolutionary Socialism*. New York：Schocken Books.

Beveridge，William，1945，*Full Employment in a Free Society*，London：Pilot Press.

Beyers，W. B.，1993，"Service Industries," *Progress in Human Geography*，22（2）：12-18.

Bian，Yanjie & Logan，John，1996， "Market Transition and the Persistence of Power：The Changing Stratification System in Urban China," *American Sociological Review*，61：738-758.

Binkley，Luther J.，1969，*Conflict of Ideals*：*Changing Values in Western Society*，New York：Van Nostrand Peinhold Company.

Boggs，C.，1993，*Intellectuals and the Crisis of Modernity*，Albany：SUNY Press.

Borrus，M.，1997，"Left of Dead：Asian Production Networks and the Revival of U. S. Electronics," in *The China Circle*：*Economics and Electronics in the PRC*，*Taiwan*，*and Hong Kong*，edited by B. Naughton，Washington，D. C.：Brookings Institution Press.

Bourdieu，P.，1984，*Distinction*：*A Social Critique of the Judgement of Taste*，London：Routledge and Kegan Paul.

Briggs，B. Bruce，1981，"An Introduction to the Idea of the New Class," in *The New Class*? edited by B. Bruce-Briggs，New York：McGraw-Hill Book Company.

Brint，S.，2001， "Professionals and the knowledge economy：Rethinking the Theory of the Postindustrial Society," *Current Sociology*，49（1）：101-132.

Burnham，James，1941，*The Managerial Revolution*，Bloomington：Indiana University Press.

Burris，Val，1995， "The Discovery of the New Middle Classes," in Arthur J. Vidich，*The New Middle Classes*：*life-styles*，*Status Claims and Political Orientation*，London：Macmillan Press Ltd.

Butler，T.，2007，"Re-urbanizing London Docklands：Gentrification，suburbanization or new urbanism? " *International Journal of Urban and Regional Research*，31（4）：759-781.

Carchedi, G., 1977, *On the Economic Identification of Social Classes*, London: Routledge.

Castells, M. & Hall, P., 1994, *Technopolis of the World: The Making of Twenty-First-Century Industrial Complexes*, London: Routledge.

Castells, M., 1985, *High Technology, Spaced and Society*, Newbury Park: Sage Publication.

Castells, M., 1989, *The Informational City: Informational Technology, Economic Restructuring and the Urban-Regional Process*, Oxford: Blackwell.

Castells, M., 1994, *The Rise of the Network Society*, John Wiley & Sons.

Castells, M., 1996, *The Rise of the Network Society*, Oxford: Blackwell.

Castells, M., 1997, *The Power of Identity*, Oxford: Blackwelll.

Castells, Manuel & Aoyama, Yuko, *Paths Towards The Informational Society: A Comparative Analysis of the Transformation of Employment Structure in the G-7 Countries, 1920-2005*, pp. 27D, 27E, 27F. [2008-03-29]. http: //repositories. cdlib. org/ brie/ BRIEWP61.

Caute, David, 1988, *Sixty Eight: The Year of the Barricades*, London: Hamith Hamilton Books.

Centers, Richard, 1949, *The Psychology of Social Classes: A Study of Class Consciousness*, Princeton: Princeton University Press.

Chandler, Alfred D. Jr., 1999, *The Visible Hand*, Cambridge: Harvard University Press.

Childers, Thomas, edited, 1986, *The Formation of the Nazi Constituency, 1919-1933*, London: Croom Helm.

Clark, T. N. & Lipset, S. M., 1996, "Are Social Class Dying?" in *Conflicts about Class: Debating Inequality in Late Industrialism*, edited by D. J. Lee & B. S. Turner, London: Longman, 42-48.

Cliff, Tony, 1979, *State Capitalism in Russia*, London: Pluto Press.

Coe, N. M. & Yeung H. W-C., 2001, "Geographical Perspectives on Map Ping Globalization," *Journal of Economic Geography*, (1): 367-380.

Coe, N. M. & Hess, M., 2005, "The Internationalization of Retailing: Implications for Supply Network Restructuring in East Asia and Eastern Europe," *Journal of Economic Geography*, (5): 449-473.

Coe, N. M., Hess, M., Yeung H. W-C., Dicken, P. & Henderson, J., 2004, "Globalizing Regional Development: A Global Production Networks Perspective," *Transactions of the Institute of British Geographers*, New Series, (29): 468-484.

Coffey, W. J. & Bailly, A., 1992, "Producer Services and Systems of Flexible Production," *Urban Studies*, 29 (3): 857-868.

Coffey, W. J., 2000, "The Geographies of Producer Services," *Urban Geography*, 21 (2): 10-183.

Cole, G. D. H., 1960, *A History of Socialist Thought (Volume 5): Socialism and Fascism*, New York: St. Martin's Press.

Collins, Randal, 1979, *The Credential Society: An Historical Sociology of Education and Stratification*, New York: Academic Press.

Coser, L., 1977, *Master of Sociological Thought, Ideas in Historical and Social Context*, Second Edition, New York: Harcourt Brace Jovanovich, Inc.

Cross, Gray, 2000, *An All—Consuming Century: Why Commercialism Won Modern America*, New York: Columbia University Press.

Dahrendorf, Ralf, 1959, *Class and Class Conflict in Industrial Society*, Redwood City: Stanford University Press.

Davidson, M. & Lees, L., 2005, "New-build 'Gentrification' and London's Riverside Renaissance," *Environment and Planning A*, 37 (7): 1165-1190.

Davis, Deborah (ed.), 2000, *Consumer Revolution in Urban China*, Berkeley, California: University of California Press.

Davis, Diane E., 2004, *Discipline and Development: Middle Classes and Prosperity in East Asia and Latin America*, Cambridge: Cambridge University Press.

Davis, K. G., 1962, "The Mess of the Middle Class," *Past and Present*, (22): 77-78.

Davison, M., 2007, "Gentrification as Global Habitat: A Process of Class Formation or Corporate Creation?" *Transactions of the Institute of British Geographers NS*, 32 (4): 490-506.

Dawley, Alan, 1991, *Struggle for Justice: Social Responsibility and the Liberal State*, Massachusetts: The Belknap Press of Harvard University Press.

Dieter, E. & Kim, Linsu, 2002, "Global Production Networks, Knowledge Diffusion, and Local Capability Formation," *Research Policy*, 31 (8-9): 1417-1429.

Dieter, E., 2002, "Global Production Networks and the Changing Geography Innovation Systems: Implications for Developing Countries," *Journal of Economics Innovation and New Technologies*, 11 (6): 497-523.

Diner, Steven J., 1998, *A Very Different Age: Americans of the Progressive Age*, New York: Hill and Wang.

Donnison, D. & Eversely, D., 1973, *London: Urban Patterns, Problems and Policies*, London: Heinemann.

Draper, Hal, 1978, *Karl Marx's Theory of Revolution, Volume II: The Politics of Social Classes*, New York: Monthly Review Press.

Drucker, P. F., 1969, *The Age of Discontinuity*, NewYork: Harper.

Drucker, Peter F., 1995, *The Future of Industrial Man*, New Brunswick: Transaction Publisher.

Ehrenreich, Barbara & John, 1979, The Professional-Managerial Class, in *Between Labor and Capital*, edited by Pat Walker, Boston: South End Press.

Ehrenreich, Barbara, 1989, *Fear of Falling: the Inner Life of the Middle Class*, New York: Pantheon Books.

Eyal, Gil, Szelényi, Ivan & Townsley, Eleanor, 1998, *Making Capitalism without Capitalists: the New Ruling Elites in East Europe*, London and New York: Verso.

Felice, Renzo De, 1977, *Interpretations of Fascism*. Cambridge: Harvard University Press.

Florida, R., 2002a, "The Economic Geography of Talent," *Annals of the Association of American Geographers*, 92 (4): 743-745.

Florida. R., 2002b, *The Rise of the Creative Class and How it's Transforming Working, Leisure, Community and Everyday Life*, New York: Basic Books.

Florida, R., 2003, "Gay-tolerant societies prosper economically," *USA Today*, May 1. p. 13.

Florida, R., 2004, *The Rise of the Creative Class*, Basci Books.

Franco, R., Hopenhayn, M. & Arturo, L., 2011, "The Growing and Changing Middle Class in Latin America: An Update," *CEPAL Review*, (4): 103.

Fraser, David, 2000, "Inventing Oasis, Luxury Housing Advertisements and Reconfiguring Domestic Space in Shanghai," in *The Consumer Revolution in Urban China*, edited by Deborah Davis, Berkeley: University of California Press.

Fraser, Derek, 2004, *The evolution of the British welfare state: a history of social policy since the industrial revolution*, London: Palgrave Macmillan.

Friedmann, J. & Wolff, G., 1982, "World City Formation: An Agenda for Research and Action," *International Journal of Urban and Regional Research*, (22): 643-663.

Friedmann, J., 1986, "The World City Hypothesis," *Development and Change*, 17: 69-83.

Friedmann, J., 1995, "Where we Stand: a Decade of World City Research," in *World Cities in a World-System*, edited by Paul L. Knox, Peter J. Taylor, Cambridge: Cambridge University Press.

Friedman, T. L., 2007, *The World is Flat: The Globalization World in the Twenty-first Century*, UK: Penguin Books Ltd.

Fromm, Erich, 1941, *Escape from Freedom*, New York: Avon Books.

Fuhrman, Ellsworth R., 1984, "Alvin Gouldner and the Sociology of Knowledge: Three Significant Problem Shifts," *The Sociological Quarterly*, 25 (3).

Galbraith, J. K., 1984, *The Affluent Society*, Boston: Houghton Mifflin Company.

Galbraith, J. K., 1985, *The New Industrial State*, Boston: Houghton Mifflin Company.

Gerth and Mills, ed., 1958, *From Mar Weber: Essays In Sociology*, New York: Oxford University Press.

Gerth, Hans, 1940, "The Nazi Party: Its Leadership and Composition," *American Journal of Sociology*, No. 45.

Giddens, Anthony, 1975, *The Class Structure of Advanced Societies*, New York: Harper Collins.

Gilbert, D., 2007, *Mexico's Middle Class in the Neoliberal Era*, Tucson: University of Arizona Press.

Gintis, Herbert, 1970, "The New Working Class and Revolutionary Youth," *Continuum*, Vol. 8, No. 1 - 2.

Glass, R., 1964, *Introduction: Centre for Urban Studies*, London: Aspects of Change, MacGibbon & Kee.

Goldthorpe, John H., 1982, "On the Service Class, Its Information and Future," in Giddens and G. Mackenize, eds., *Social Class and the Division of Labor*, Cambridge: Cambridge University Press.

Goodman, David S. G., 1999, "The New Middle Class," in *The Paradox of China's Post-Mao Reforms*, edited by Merle Goldman & Roderick MacFarquhar, London: Harvard University Press.

Gorz, Andre, 1967, *Strategy for Labor: A Radical Proposal*, Boston: Beacon Press.

Gouldner, Alvin, 1979, *The future of Intellectuals and the Rise of the New Class*, New York: Seabury.

Gruskey, David B., 2001, "The Past, Present, and Future of Social Inequality," in *Social Stratification: Class, Race, and Gender in Sociological Perspective*, edited by D. B. Gruskey, Colorado: Westview Press.

Guerin, Daniel, 1973, *Fascism and Big Business*, New York: Monad Press.

Gunn, Simon & Rachel, Bell, 2002, *Middle Classes: Their Rise and Sprawl*, London: Cassell Books.

Hackworth, J. & Smith, N., 1994, "The changing state of gentrification. of economics or culture," *Progress in Human Geography*, 18 (2): 137 - 150.

Hall, P., 1996, *The World Cities*, London: Heinemann.

Hall, P., 2001, "Global City Regions in the 21st Century," in *Global City-Regions: Trends, Theory, Policy*, edited by A. J. Scott, New York: Oxford University Press.

Hamnett, C., 1991, "The blind men and the elephant: The explanation of gentrification," *Transactions of the Institute of British Geographers*, 16 (2): 173 - 189.

Hamnett, C., 2003a, "Gentrification and the middle-class remaking of inner London: 1961 - 2001," *Urban Studies*, 40 (12): 2401 - 2426.

Hamnett, C., 2003b, *Unequal city*, *London in Global Arena*, London: Routledge.

Hamnett. C., "Gentrification and residential location theory: a review and assessment," in D. T. Hervert & R. J. Johnston, 1984, *Geography and the Urban Environment*: *Progress in Research and Applications*, New York: Wiley.

Harvey, D., 1990, *The Condition of Post modernity*: *An Enquiry into the Origins of Cultural Change*, Oxford: Blackwell Publishers, Ltd.

Hofstadter, Richard, 1955, The Age of Reform, New York: Random House.

Hsiao, Hisn-Huang Michael, ed., 1993, *Discovering of The Middle Classes in East Asia*, Taipei: Institute of Ethnology, Academic Sinica.

Hugo, G. N. & Barry, L. I., 2009, *Social Stratification in Central Mexico*: *1500 - 2000*, University of Texas Press, 1st ed.

Inglehart, R., 1977, *The Silent Revolution*: *Changing Values and Political Styles in Advanced Industrial Society*, Princeton: Princeton University Press.

Inglehart, R., 1990, *Culture Shift in Advanced Industrial Soceity*, Princeton: Princeton University Press.

Inglehart, R., 1997, *Modernization and Postmodernization*: *Cultural*, *Economic and Political Change in Forty-Three Societies*, Princeton: Princeton University Press.

Inglehart, R., 2000a, "Culture and Democracy," in *Culture Matters*: *How Values Shape Human Progress*, edited by Lawrence Harrison & Samuel Huntington, New York: Basic Books.

Inglehart, R., 2000b, "Globalization and Postmodern Values," *The Washington Quarterly*, 23 (1): 215 - 228.

Johnson, J. J., 1958, *Political Change in Latin America*: *the Emergence of the Middle Sectors*, Stanford University Press.

Jenkins, Peter, 1987, *Mrs. Thatcher's Revolution*, London: Jonathan Cape, Ltd.

Johnson, Richard, 1972, *The French Communist Party versus the Students Revolutionary Politics in May-June 1968*, Yale University Press.

Kaiser, Charles, 1988, *1968 in America*: *Music*, *Politics*, *Chaos*, *Counterculture*, *and the Shaping of a Generation*, New York: Weidenfeld & Nicolson.

Kautsky, Karl, 1971, *The Class Struggle*, New York: W. W. Norton.

Kennedy, M. & Leonard, P., 2001, *Dealing with neighborhood change*: *A primer on gentrification and policy choices*, A Discussion Paper Prepared for the The Brookings Institute Center on Urban and Metropolitan Policy.

King，R. & Raynor，John，1981，*The Middle Class*，2nd Edition，Longman Group，Ltd.

Knorringa，P.，1998a，*New Dimensions in Enterprise Co Operation and Development*：*From to Industrial Districts*，Contribution to ATAS Bulletin XI.

Knorringa，P.，1998b，"New approaches to science and technology co-operation and capacity building，" *The Hague and Duisburg*，*November*（10）.

Knorringa，P. & Meyer-Stamer，J.，1998，"New Dimensions in Local Enterprise Co-operation and Development：From Clusters to Industrial Districts，" *Stamer*，10.

Knox，P. & Agnew，J.，1994，*The Geography of the World Economy*，London：Edward Arnold.

Koo，Hagen，1993，"The Social and Political Character of the Korean Middle Class，" in *Discovering of The Middle Classes in East Asia*，edited by Hisn-Huang Michael Hsiao，Taipe：Institute of Ethnology，Academic Sinica.

Lasswell，Harold，1933，"The Psychology of Hiterlism，" *Political Quarterly*，Vol. 4.

Lazonick，William，1991，*Business Organization and the Myth of the Market Economy*，New York：Cambridge University Press.

Lederer，Emil，1937，*The Problem of the Modern Salaried Employee*，New York：Department of Social Sciences，Columbia University.

Lee，L.，2006，"Super-gentrification in Barnsbury，London：Globalization and Gentrifying Global Elites at the Neighborhood Level，" *Transactions of the Institute of British Geographers*，31（4）：467－487.

Lees，L.，1994，"Rethinking gentrification：Beyond the Positions of Economics or Culture，" *Progress in Human Geography*，18（2）：137－150.

Lees，L.，2000，"A re-appraisal of gentrification：Towards a geography of gentrification，" *Progress in Human Geography*，24（3）：389－408.

Lees，L.，2003，"Super-gentrification：The Case of Brooklyn Heights，" *New York City Urban Studies*，40（12）：2487－2509.

Ley，D.，1983，*A social geography of the city*，New York：Harper & Row Publishers.

Ley，D.，1994，"Gentrification and the politics of the new middle class，" *Environment and Planning D*，12（1）：53－74.

Ley，D.，1996，*The New Middle Class and the Remaking of the Central City*，UK：Oxford University Press.

Li，Cheng，ed.，2010，*China's Emerging Middle Class*：*Beyond Economic Transformation*，Brookiongs Institution Press.

Lipset，Seymour Martin，1960，*Political Man*，New York：Anchor Books.

Lipset，Seymour Martin，1981，*Political Man*：*The Social Bases of Politics*，Baltimore：

Johns Hopkins University Press.

Lockwood, David, 1958, *The Blackcoated Worker: A Study in Class Consciousness*, London: Ruskin House.

Lockwood, David, 1977, "Review of The New Working Class," *American Journal of Sociology*, Vol. 83, No. 3.

Loomis, Charles & Beegle, J. Allen, 1946, "The Spread of German Nazism in Rural Areas," *American Sociological Review*, No. 11.

Machlup, F., 1962, *The Product ion and Distribution of Knowledge in the United States*, NJ: Princeton University Press.

Maddison, Angus, 1982, *Phases of Capitalist Economic Development*, Oxford: Oxford University Press, Inc.

Mallet, Serge, 1975, *The Working Class*, Nottingham: Spokesman Books.

Mann, Michael, 1986, *The Source of Social Power*, New York: Cambridge University Press.

Marcuse, P., & Kenpen R. V., 2000, *Globalizaing Cities: A New Spatial Order*? Oxford: Blackwell Publishers, Ltd.

Markusen, A., 1996, "Sticky Places in Slippery Space: A Typology of Industrial District," *Economic Geography*, 72 (3): 293 - 313.

Marshall, A., 1920, *Principles of Economics*, London: Macmillan. Massey, D., 1984.

Massey, D., 1984, *Spatial Divisions of Labor*, London: Macmillan.

Maurer-Fazio, Margaret, 1999, "Earnings and Education in China's Transition to a Market Economy," *China Economic Review*, Vol. 10, Issue 1.

May, J., 1996, "Globalization and the Politics of Place: Place and Identity in an Inner City London Neighborhood," *Transactions of the Institute of British Geographers*, 21 (1): 194 -215.

Maza, Sara, 1997, "Luxury, Morality, and Social Change: Why There was No Middle-Class Consciousness in Prerevolutionary France," *The Journal of Modern History*, 69 (June).

Mcallister, I., 1984, "Housing Tenure and Party Choice in Australia, Britain and the United States," *British Journal of Political Science*, 14 (4): 509 - 522.

Mills, C. Wright, 1951, *White Collar, The American Middle Classes*, Oxford: Oxford University Press.

Musterd, S. & Deurloo, R., 2006, "Amsterdam and the Precondition for A Creative Knowledge City," *Tijdschrift voor Economischeen Sociale Geografie*, 97 (1): 81 - 82.

Mytelka, L. & Farinelli, F., 2000, "Local Clusters, Innovation Systems and Sustained Competitiveness," *Discussion Paper Series*, 4.

Naisbitt, John, 1982, *Megatrends: Ten New Directions Transforming Our Lives*, Warner Books / Warner Communications Company.

Nee, Victor, 1989, "A Theory of Market Transition: From Redistribution to Market in State Socialism," *American Sociological Review*, 54: 663 - 681.

Neumann, Franz, 1951, Introduction, in Daniel Lerner, *The Nazi Elite*, Stanford: Stanford University Press.

Nutini, Hugo G. & Isaac, Barry L., 2010, *Social Stratification in Central Mexico*, University of Texas Press.

Parish, William L., 1984, "Destratification in China," in *Class and Social Stratification in Post-Revolution China*, edited by J. Waston, New York: Cambridge University Press.

Park, Richard, 1972, *The Myth of the Middle Class*, New York: Live Right Press.

Parkin, Frank, 1971, *Class Inequality and Political Order: Social Stratication and Communist Societies*, London: MacGibbon & Kee Ltd.

Parkin, Frank, 1979, *Marxism and Class Theory: A Bourgeois Critique*, New York: Columbia University Press.

Paul, H. R. & Anderson, S. R., 2000, *The Cultural Creatives: How 50 Million People Are Changing the World*, New York: Harmony Books.

Pearson, Margaret M., 1997, *China's New Business Elite, The Political Consequences of Economic Reform*, Berkeley and Los Angeles, California: University of California Press.

Perrucci, R. & Wysong, Earl., 2008, *The New Class Society: Goodbye American Dream?* Roman & Littlefield Publishers, Inc.

Phillips, M., 1993, "Rural gentrification and the processes of class colonization.," *Journal of Rural Studies*, 9 (2): 123 - 140.

Phillips, Kevin, 1993, *Boiling point: Democrats, Republicans and the Decline of Middle-class Prosperity*, New York: Random House.

Pilbeam, Pamela M., 1990, *The Middle Class Europe 1789—1914: France, German, Italy and Russia*, London: Macmillan.

Polanyi, Karl, 1957, *The Great Transformation: the Political and Economic Origins of Our Time*, Boston: Ms. Beacon.

Porat, M. U. & Rubin, M. R., 1972, *The Information Economy: Definition and Measurement*, United States. Dept. of Commerce. Office of Telecommunications, National Science Foundation.

Porter, M. E., 1998, "Clusters and the New Economics of Competition," *Harvard Business Review*, 10 - 11: 77 - 90.

Poulantzas, Nicos, 1975, *Classes in Contemporary Capitalism*, London: NLB.

Power, Sally & Whitty, Geoff, 2002, "Bernstein and the Middle Class," *British Journal of Sociology of Education*, Vol. 23, No. 4.

Pratt, Samuel, 1948, *The Social Basis of Nazism and Communism in Urban Germany*, M. A. Thesis: Michigan State University.

Ray, P. & Ruth, S., 2000, "Cultural Creatives: How 50 Million People are Changing the World," *Harmony Books*.

Reich, Wilhelm, 1970, *The Mass Psychology of Fascism*, New York: The Noonday Press.

Rex, J. & Moore, R., 1967, *Race, Community and Conflict*, London: Oxford University Press.

Rifkin, J., 2004, *The End of Work: The Decline of the Global Labor Force and the Dawn of the Post-Market Era*, Tarcher/Penguin.

Ringer, Robert J., 1979, *Restore the American Dream*, New York: Fawcett Crest Books.

Rizzi, Bruno, 1985, *The Bureaucratization of the World*, London: Tavistock Publications.

Rona-Tas, Akos, 1994, "The First Shall Be Last? Entrepreneurship and Communist Cadre in the Transition from Socialism," *American Journal of Sociology*, 100: 40-69.

Rose, D., 1984, "Rethinking Gentrification: Beyond the Uneven Development of Marxist Urban Theory," *Environment and Planning D*, 2 (1): 47-74.

Ross, J. P. and Rahkonen, Keijo, 1985, "In Search of the Finnish New Middle Class," *Acta Sociologica*, No. 28.

Sapoos, David, 1935, "The Role of the Middle Class in Social Development: Fascism, Populism, Communism, Socialism," in *Economic Essays in Honor of Wesley Claire Mitchell*, New York: Columbia University Press.

Sassen, S., 1991, *The global city*, Princeton University Press.

Saunders, P., 1978, "Domestic Property and Social Class," *International Journal of Urban and Regional Research*, (2): 233-251.

Saunders, P., 1979, *Urban Politics: A Sociological Interpretation*, London: Hutchinson.

Saunders, P., 1984, "Beyond Housing Classes: the Sociological Significance of Private Property Rights in Means of Consumption," *International Journal of Urban and Regional Research*, 8 (2): 202-227.

Saunders, P., 1986, *Social Theory and the Urban Question*, 2nd edition, London: Routledge.

Scott, A. J., 1986, "Industralization and Urbanization: A Geographical Agenda," *Annals of the Association of American Geographers*, 76: 25-37.

Scott, A. J., 1988a, *Metropolitics: From Division of Labor to Urban Form*, Berkeley and Los Angeles: University of California Press.

Scott, A. J., 1988b, *New Industrial Spaces: Flexible Production*, Organization and Regional Development in North America and Western Europe, London: Pion.

Scott, A. J., 1988c, "Flexible Production Systems and Regional Development: The Rise of New Industrial Spaces in North America and Western Europe," *International Journal of Urban and Regional Research*, 12: 171 - 186.

Shaw. K., 2008, "Gentrification: What it is, why it is, and what can be done about it," *Geography Compass*, 2 (5): 1697 - 1728.

Sklair, Leslie, 2001, *The Translational Capitalist Class*, Oxford: Blackwell.

Smail, John, 1994, *The Origins of Middle-Class Culture: Halifax, Yorkshire, 1660 - 1780*, Cornell University Press.

Smith, D., 2005, " 'Studentification': The Gentrification Factory?" in R. Atkinson & G. Bridge, *Gentrification in Global Context: The New Urban Colonialism*, London: Routledge.

Smith, N. & Williams, P., 1986, *Gentrification of the City*, Boston: Allen & Unwin.

Smith, N., 1982, "Gentrification and Uneven Development," *Economic Geography*, 58 (2): 139 - 155.

Smith, N., 1992, "Blind Man's Bluff, or Hamnett's Philosophical Individualism in Search of Gentrification," *Transactions of the Institute of British Geographers*, 17 (1): 110 - 115.

Smith, N., 1996, *The New Urban Frontier: Gentrification and the Revanchist City*, London: Routledge.

Smith, T., 2000, *Technology and Capital in the Age of Lean Production*, New York: State University of New York Press.

Smith, N., 1979, "Toward a theory of Gntrification: A back to the city movement by capital, not people," *Journal of the American Planners Association*, 45 (4): 538 - 548.

Smith, N., 2002, "New Globalism, New Urbanism: Gentrification as Global Urban Strategy," *Antipode*, 34 (3): 427 - 450.

Sulkunen, Pekka, 1992, *The European New Middle Class: Individuality and Tribalism in Mass Society*, Surrey: Ashgate Publishing Company.

Szelényi, Ivan & Martin, Bill, 1988, "The Three Waves of New Class Theories," *Theory and Society*, Vol. 17, No. 5.

Szelényi, Ivan & Kostello, Eric, 1996, "The Market Transition Debate: Toward a Synthesis?" *American Journal of Sociology*, 101 (4): 1082 - 1096.

Szelényi, Ivan, 1978, "Social Inequalities in State Socialist Redistributive Economies," *International Journal of Comparative Sociology*, 19: 63 - 68.

Szelényi, Ivan, 1982, "Gouldner's Theory of Intellectuals as a Flawed Universal Class," *Theo-*

ry and Society, Vol. 11, No. 6.

Taylor, Charles, 1991, "Models of Civil Society," *Public Culture*, 3 (1): 95－118.

Titmuss, Richard, 1950, *Problem of Social Policy*, London: HMSO.

Toffler, 1990, *Powershift*, New York: Bantam Books.

Tonnies, F., 1988, *Community and Society*, New Brunswick: Transaction Books.

Touraine, Alain, 1971, *The Post-Industrial Society, Tomorrow's Social History: Classes, Conflicts and Culture in the Programmed Society*, New York: Random House.

Trotsky, Leon, 1974, *The Revolution Betrayed*, New York: Pathfinder.

Tyckaert, Moud, 2007, 印度硅谷海德拉巴，南方人物周刊，3.

Uitermark, J., Duyvendak, J. W. & Kleinhans, R., 2007, "Gentrification as a Governmental Strategy: Social Control and Social Cohesion in Hoogvliet," *Rotterdam. Environment and Planning A*, 39 (1): 125－141.

United Nations Development Program (UNDP), 1996, *Human Development Report*, New York: Oxford University Press.

Varma, Pavan K., 1998, *The Great Indian Middle Class*, New Delhi: Viking.

Vaughan, Ted R., 1981, "Review on the Future of Intellectuals and the Rise of the New Class," *Contemporary Sociology*, Vol. 10, No. 1.

Veblen, Thorstein, 1963, *Engineers and the Price System*, New York: Harcourt and Brace.

Veblen, Thorstein, 1967, *The Theory of the Leisure Class*, New York: Penguin Book USA, Inc.

Vidich, Arthur J., 1995, *The New Middle Classes: Life-styles, Status Claims and Political Orientation*, London: Macmillan Press, Ltd.

Vogel, Ezra F., 1970, *Japan's New Middle Class*, Second Edition (First Edition, 1963), Berkeley, California: University of California Press.

Wallestein, Immanuel, 1991, 1968, "Revolution in the World System," in *Geo-politics and Geo-culture*, Cambridge: Cambridge University Press.

Weber, Max, 1968, *Economy and Society*, Berkeley: University of California Press.

Whyte, William H., 1956, *The Organization Man*, New York: Simon and Schuster.

Wistrich, Robert S., 1976, "Leon Trotsky's Theory of Fascism," *Journal of Contemporary History*, Vol. 11, No. 4.

Wood, P. A. & O' Farrell, P. N., 1999, "Formations of Strategically Alliances in Business Services: Towards a New Client-Oriented Conceptual Framework," *Service Industrial Journal*, 19: 133－151.

Yanowitch, Murray, and A. Fisher, Wesley, edit and translate, 1973, *Social Stratification and Mobility in the USSR*, New York: International Arts and Sciences Press.

Zhou, Nan & Belk, Russell W., 2004, "Chinese Consumer Readings of Global and Local Advertising Appeals," *Journal of Advertising*, Vol. 33, No. 3.

Zhou, Xiaohong & Qin, Chen, 2010, "Globalization, Social Transformation, and the Construction of China's Middle Class," in *China's Emerging Middle Class: Beyond Economic Transformation*, edited by Cheng Li, 2010, Washington, D.C.: Brookings Institution Press.

Zukin, S., 1982, *Loft Living: Culture and Capital in Urban Change*, Johns Hopkins University Press.

Zukin, S., 2005, "Gentrification, Cuisine, and the Critical Infrastructure: Power and Centrality Down town," in *Cities and Society*, edited by Nancy Kleniew ski, Malden, Mass: Blackw ell Publishing, Ltd.

外国人名表

（以汉语拼音音序排列）

阿德勒，维克多　Victor Adler
阿多诺　Theodor Wiesengrund Adorno
阿格纽，约翰　John Agnew
阿隆，雷蒙　Raymond Aron
阿隆索，威廉　William Alonso
艾伦瑞克，芭芭拉　Barbara Ehrenreich
艾伦瑞克，约翰　John Ehrenreich
艾森斯塔德　S. N. Eisenstadt
安德森，库恩　Kund Andresen
安德森，谢里　Sherry Ruth Anderson
安斯诺多　Anthinodors
奥巴马，乔治　George Obama
欧文，吉姆　Jim Owen
巴恩斯，特雷弗　Trevor Barnes
巴枯宁　M. A. Bakunin
巴师夏，弗雷德里克　Frederic Bastiat
巴特勒，蒂姆　Tim Butler
白恩汉，詹姆斯　James Burnham
白威廉　William L. Parish
柏拉图　Platon
柏林，简　Jean Berlin
拜尔斯，威廉　William Beyers
班达，朱利安　Julien Benda

鲍曼，齐格蒙特　Zygmunt Bowman
贝尔，丹尼尔　Daniel Bell
贝尔维尔，皮埃尔　Pierre Belleville
贝兹伦，大卫　David T. Bazelon
倍倍尔，奥格斯特　August Bebel
比戈，雷吉　Reggie Vigo
俾斯麦，奥托·冯　Otto Von Bismarck
别卡提尼　Becattini
波格斯，卡尔　Carl Boggs
波兰尼，卡尔　Karl Polanyi
波拿巴，拿破仑　Napoleon Bonaparte
波奇曼，马西奥　Marcio Pochmann
波特，迈克尔　Michael Porter
伯恩海姆，詹姆斯　James Burnham
伯恩施坦，爱德华　Eduard Bernstein
伯格，彼得　Peter L. Berger
伯利，阿道夫　Adolf A. Berle
博雷加德，罗伯特　Robert Beauregard
布迪厄，皮埃尔　Pierre Bourdieu
布东，雷蒙　Raymond Bouton
布劳，彼得　Blau, Peter
布雷弗曼，哈里　Harry Braverman
布里格斯，布鲁斯　B. Bruce-Briggs
布里斯，瓦尔　Val Burris
布林特，史蒂文　Seteven Brint
布鲁克斯，大卫　David Brooks
布鲁斯，迈克尔　Michael Bruce
布伦坦诺，弗朗茨　Franz Brentano
布罗代尔，费尔南　Fernand Braudel
蔡特金，克拉拉　Clara Zetkin
查德斯，托马斯　Thomas Childers
达伦多夫，拉尔夫　Ralph Dahrendorf
大前研一　Kenichi Ohmae
戴维斯，戴安　Diane Davis
德费利切，伦佐　Renzo De Felice

德鲁克，彼得　Peter F. Drucker
德玛里斯，柔斯　Rose Demaris
邓肯，奥迪斯　Otis Duncan
迪肯，彼得　Peter Dicken
迪鲁　Deurloo
迪纳，史蒂文　Steven J. Diner
迪特，恩斯特　Ernst Dieter
杜尔哥，罗伯特·雅克　Robert Jacques Turgot
恩格斯，弗里德里希　Frederick Engels
凡勃伦，索尔斯坦　Thorstein de Veblen
菲茨杰拉德　Francis Scott Key Fitzgerald
费瑞耐里，福维尔　Fulvia Farinell
费尤尔，路易斯　Lewis Feuer
弗兰克，罗纳尔多　Rolando Franco
弗里德曼，托马斯　Thomas Friedman
弗里德曼，约翰　John Friedmann
弗洛姆，埃里希　Erich Fromm
弗洛伊德，西格蒙德　Sigmund Freud
福格森，凯斯　Kathy E. Ferguson
福柯，米歇尔　Michel Foucault
福克斯，杰夫　Jeff Faux
福山，弗朗西斯　Francis Fukuyama
傅高义　Ezra F. Vogel
盖茨，比尔　Bill Gates
盖格，西奥多　Theodore Geiger
甘必大　Leon Gambetta
高德索普，约翰　John H. Goldthorp
高兹，安德烈　Andre Gorz
戈德索普，约翰　John Goldthorpe
戈斯，汉斯　Hans Gerth
格茨，杰弗里　Geoffrey Gertz
格尔，泰德·罗伯特　Ted Robert Gurr
格拉斯，卢斯　Ruth Glass
格林，丹尼尔　Daniel Guerin
格伦斯基，戴维　David Gruskey

葛德，帕特里克　Patrick Gedder
葛兰西，安东尼奥　Antonio Gramsci
古尔德纳，阿尔文　Alvin Gouldner
哈贝马斯，尤尔根　Jürgen Habermas
哈拉斯，霍米　Homi Kharas
哈洛克，凯文　Kavin Hallock
哈姆尼特，克里斯　Chris Hamnett
哈维，大卫　David Harvey
赫尔方德　I. Helphand
黑格尔，格奥尔格·威廉·弗里德里希　Georg Wilhelm Friedrich Hegel
华莱士，亨利　Henry A. Wallace
怀特，威廉　William H. Whyte
霍布斯鲍姆，艾瑞克　Eric Hobsbawm
霍尔，彼得　Peter Hall
霍夫斯塔德，理查德　Richard Hofstadter
霍哲，亨利　Harry Holzer
基佐，弗朗索瓦　Francois Guizot
吉尔伯特，丹尼斯　Dennis Gilbert
吉登斯，安东尼　Anthony Giddnes
吉尔伯特，丹尼尔　Daniel Gilber
吉拉斯，密洛凡　Milovan Djilas
季米特洛夫，格奥尔基　Georgi Dimitrov
加尔布雷思，约翰·肯尼思　John Kenneth Galbraith
金，罗格　Roger King
金蒂斯，赫伯特　Hebert Gintis
卡切迪，古格利尔莫　Guglielmo Carchedi
卡斯特，曼纽尔　Manuel Castells
凯鲁亚克，雅克　Jack Kerouac
康豪斯，威廉　William Kornhauser
康拉德，约瑟夫　Joseph Conrad
考茨基，卡尔　Karl Kautsky
柯亨　Gerald Allan Cohen
科恩豪泽，威廉　William Kornhauser
科菲，沃克·杰森　Walker Jackson Coffey
科诺林伽，彼得　Peter Knorringa

科斯，罗纳德·哈利　Ronald H. Coase
克拉克，特里　Terri Clark
克莱格，斯图尔德　Stewart Clegg
克里夫，托尼　Tony Cliff
克里斯托，欧文　Irving Kristol
克柳切夫斯基，瓦西里　O. Vasily O. Klyuchevski
克鲁格曼，保罗　Paul Krugman
克罗泽，米歇尔　Michel Crozier
克尼斯，卡尔·古斯塔夫·阿道夫　Karl Gustav Adolf Knies
肯尼迪，莫琳　Maureen Kennedy
肯彭，罗纳德·凡　Ronald van Kenpen
孔德，奥古斯特　Auguste Comte
魁奈，弗朗斯瓦　Franswa Quesnay
拉法格，保罗　Paul Lafargue
拉斯韦尔，哈罗德　Harold D. Lasswell
莱德勒，埃米尔　Emil Lederer
莱纳德，保罗　Paul Leonard
赖特，埃里克·欧林　Eric Olin Wright
赖希，威廉 Wilhelm Reich
勒特韦克，爱德华　Edward Luttwak
雷，保罗　Paul Ray
雷，大卫　David Ley
雷克斯，约翰　John Rex
雷诺，约翰　John Raynor
李嘉图，大卫　David Ricardo
李普塞特，西摩·马丁　Seymour Martin Lipset
李斯特，弗里德里希　Friedrich List
里夫金，杰里米　Jeremy Rifkin
里根，罗纳德　Ronald W. Reagan
里兹，布鲁诺　Bruno Rizzi
列宁　Lenin
隆沃思，理查德　Richard Longworth
卢卡奇，格奥尔格　Ceorg Lukacs
卢米斯，查尔斯　Charles P. Loomis
卢森堡，罗莎　Rosa Luxemburg

伦纳，卡尔　Karl Lunnar
罗根，约翰　John Logan
罗纳-塔斯，阿克斯　Akos Rona-Tas
罗奇，斯蒂芬　Stephen Roach
罗雪尔，威廉　William Roscher
洛克，约翰　John Locke
洛克伍德，大卫　David Lockwood
洛蕾塔，里斯　Lees Loretta
马查斯基，简·瓦拉　Jan Waclaw Machajski
马尔库塞，赫伯特　Herbert Marcuse
马尔萨斯，托马斯　Thomas Robert Malthus
马基雅维利，尼可罗　Nicolo Machiavelli
马克卢普，弗里兹　Fritz Machlup
马克思，卡尔　Karl Marx
马库森，阿尔弗雷德　Alfred Markusen
马库斯，彼得　Peter Marcuse
马勒，塞奇　Serge Mallet
马沙克，雅各布　Jacob Marschak
马斯特德　Musterd
马歇尔，阿尔弗雷德　Alfred Marshall
马歇尔，乔治·卡特莱特　George Catlett Marshall
麦迪逊，詹姆斯　James Madison
麦卡里斯特，伊恩　Ian Mcallister
麦克米伦　M. H. Macmillan
麦茜，多琳　Doreen Massey
曼，迈克尔　Michael Mann
曼彻斯特，威廉　William Manchester
曼恩，亨利·萨姆纳　Henry Sumner Mann
梅林，弗兰茨　Franz Merlin
孟德拉斯，亨利　Henri Mendras
米恩斯，加德纳　Gardiner C. Means
米尔斯，赖特　Charles Wright Mills
米涅，弗朗索瓦·奥古斯特·玛利　Francoi August Mary Minie
米塞斯，路德维格·冯　Ludwig von Mises
米特，里　Lynn Mytelka

米歇尔斯，罗伯特　Robert Michels
摩尔，罗伯特　Robert Moore
莫斯卡，加埃塔诺　Gaetano Mosca
墨索里尼，贝尼托　Benito Mussolini
奈斯比特，约翰　John Naisbitt
倪志伟　Victor Nee
纽曼，弗朗兹　Franz Neumann
努蒂尼，胡戈　Hugo Nutini
诺克斯，阿格纽　Agnew Knox
诺克斯，保罗　Paul Knox
诺曼德，马克斯　Max Nomad
帕金，弗兰克　Frank Parkin
帕克，理查德　Richard Parker
帕累托，维弗雷多　Vifredo Pareto
帕塞隆，吉恩克·劳德　Jean Claude Passeron
帕森斯，塔尔科特　Talcott Parsons
佩尔努，雷吉娜　Reginar Pernu
佩鲁西，罗伯特　Robert Perrucci
配第，威廉　William Petty
珀尔姆特，霍华德　Howard Perlmutter
珀拉德，马克·尤里　Marc Uri Porat
普拉特，塞缪尔　Samuel Pratt
普兰查斯，尼科斯　Nicos Poulantzas
普雷斯顿，塞缪尔　Samuel Preston
钱德勒，阿尔弗雷德　Alfred D. Chandler, Jr.
撒切尔，玛格丽特　Margaret H. Thatcher
萨波斯，大卫　David Sapoos
萨尔瓦托里，卢奇　Luigi Salvatorelli
萨森，萨斯基娅　Saskia Sassen
萨特，让·保罗　Jean-Paul Sartre
塞德曼，史蒂文　Steven Seideman
塞勒尼，伊万　Ivan Szelényi
塞林格，杰罗姆·大卫　Jerome David Salinger
桑德斯，彼得　Peter Saunders
沙赫特曼，马克斯　Max Shachtman

沙特尔沃思，阿兰　Alan Shuttleworth
圣西门　Comte de Saint-Simon
圣西门，克劳德·昂利　Claude Henri Sansimen
施穆勒，古斯塔夫·冯　Gustav von Schmoller
史密斯，尼尔　Neil Smith
史密斯，托尼　Tony Smith
斯宾格勒，奥斯瓦尔德　Oswald Spengler
斯大林，约瑟夫　Joseph V. Stalin
斯凯思，理查德　Richard Scase
斯科特，艾伦　Allen Scott
斯克拉，理查德　Richard Sklar
斯迈尔，约翰　John Smail
斯密，亚当　Adam Smith
斯塔夫里阿诺斯　Leften Stavros Stavrianos
梅耶-斯塔莫，约克　Jorg Meyer-Stamer
梭伦　Solon
泰勒，彼得　Peter Taylor
汤普森　E. P. Thompson
汤斯利，埃莉诺　Eleanor Townsley
滕尼斯，斐迪南德　Ferdinand Tonnies
梯叶里　Jacques Nicolas Augustin Thierry
图海纳，阿兰　Alain Touraine
涂尔干，爱米尔　Emil Durkheim
吐温，马克　Mark Twain
托夫勒，阿尔温　Alvin Toffler
托克维尔，阿历克西·德　Alexis de Tocqueville
托洛茨基，列奥　Leon Trotsky
瓦格纳，阿道夫　Adolf Wagner
威尔逊，斯隆　Sloan Wilson
威廉姆斯，彼得　Peter Williams
威廉姆斯，杰尼佛　Jennifer Williams
威廉斯，雷蒙　Raymond Williams
威松，厄尔　Earl Wysong
韦伯，马克斯　Max Weber
维迪奇，阿瑟　Arthur J. Vidich

沃伯顿，迈克　Mike Warburton

沃尔夫，乔治　George Wolff

沃根，泰德　Ted R. Vaughan

沃勒斯坦，伊曼纽尔　Immanuel Wallerstein

沃纳，劳埃德　Lloyd Warner

西斯蒙第，让·沙尔·列奥纳尔　Jean Charles Lnard Sismondi

希尔德，布兰德　Brand Hilde

希法亭，鲁道夫　Rudolf Hilferding

肖，凯特　Kate Shaw

肖韦尔，路易　Louis Chauvel

谢泼德，埃里克　Eric Sheppard

熊彼特，约瑟夫　Joseph A. Schumpeter

亚里士多德　Aristotle

伊萨克，班瑞　Barry Isaac

伊亚尔，吉尔　Gil Eyal

英格哈尔特，罗纳德　Ronald Inglehart

约翰逊，林登·贝恩斯　Lyndon Baines Johnson

约瑟夫，卡尔　Karl Joseph

祖金，沙朗　Sharon Zukin

图书在版编目（CIP）数据

西方中产阶级：理论与实践/周晓虹等著．—北京：中国人民大学出版社，2015.9
（国外社会建设理论比较研究丛书/周晓虹主编）
ISBN 978-7-300-21928-8

Ⅰ.①西…　Ⅱ.①周…　Ⅲ.①中等资产阶级-研究-西方国家　Ⅳ.①D750.6

中国版本图书馆 CIP 数据核字（2015）第 219692 号

"十二五"国家重点图书出版规划项目
国外社会建设理论比较研究丛书
主编　周晓虹
西方中产阶级：理论与实践
周晓虹　王浩斌　陆　远　张戌凡　著
Xifang Zhongchanjieji：Lilun yu Shijian

出版发行	中国人民大学出版社		
社　　址	北京中关村大街 31 号	邮政编码	100080
电　　话	010－62511242（总编室）		010－62511770（质管部）
	010－82501766（邮购部）		010－62514148（门市部）
	010－62515195（发行公司）		010－62515275（盗版举报）
网　　址	http://www.crup.com.cn		
	http://www.ttrnet.com(人大教研网)		
经　　销	新华书店		
印　　刷	北京鑫丰华彩印有限公司		
规　　格	170 mm×240 mm　16 开本	版　　次	2016 年 1 月第 1 版
印　　张	25.75 插页 2	印　　次	2016 年 1 月第 1 次印刷
字　　数	454 000	定　　价	68.00 元